普通高等院校土木专业"十二五"规划精品教材

道 路 勘 测 设 计

丛书审定委员会

王思敬　彭少民　石永久　白国良
李　杰　姜忻良　吴瑞麟　张智慧

主　编　韩　皓
副主编　刘兰辉　旭仁夫
参　编
刘兰辉　王岑屹　旭仁夫　刘雄伟
白丽霞　顾佳健　马　文　许占栋
房　放　杨　蕾　柯水平

华中科技大学出版社
中国·武汉

内 容 提 要

《道路勘测设计》是土木工程、交通工程、道路桥梁与渡河工程、港口航道与海岸工程、城市规划、交通运输等专业教学书籍,也是城市、港口、大型物流园区以及公路、城市道路、港区集疏运道路等相关工程规划、设计、研究人员的参考资料。本书分为十二章,依次为绪论、道路平面设计、道路纵断面设计、道路横断面、道路线形设计、道路选线及定线、道路平面交叉设计、道路立体交叉设计、城市高架路与高速公路设计、道路沿线设施设计与道路环境保护。

本书内容丰富,书的理论性与实践性、系统性与操作性并重,适应不同学校、不同专业的授课需要,可作为普通高等院校相关专业本科教学的教材,也可供相关工程研究人员、技术人员、管理人员参考。

图书在版编目(CIP)数据

道路勘测设计/韩皓,主编 . —武汉:华中科技大学出版社,2012.10(2021.8重印)
ISBN 978-7-5609-8436-0

Ⅰ.道… Ⅱ.韩… Ⅲ.①道路测量-高等学校-教材 ②道路工程-设计-高等学校-教材 Ⅳ.U412

中国版本图书馆 CIP 数据核字(2012)第 243026 号

道路勘测设计	韩 皓 主编

责任编辑:金 紫
装帧设计:王亚平
责任校对:张 琳
责任监印:徐 露
出版发行:华中科技大学出版社(中国·武汉)　　电话:(027)81321913
　　　　　武汉市东湖新技术开发区华工科技园　　邮编:430223
录　　排:武汉楚海文化传播有限公司
印　　刷:广东虎彩云印刷有限公司
开　　本:850mm×1065mm　1/16
印　　张:27
字　　数:550 千字
版　　次:2021 年 8 月第 1 版第 6 次印刷
定　　价:88.00 元

本书若有印装质量问题,请向出版社营销中心调换
全国免费服务热线:400-6679-118　竭诚为您服务
版权所有　侵权必究

普通高等院校土木类专业"十二五"规划精品教材

总　　序

　　教育可理解为教书与育人。所谓教书,不外乎是教给学生科学知识、技术方法和运作技能等,教学生以安身之本。所谓育人,则要教给学生做人道理,提升学生的人文素质和科学精神,教学生以立命之本。我们教育工作者应该从中华民族振兴的历史使命出发,来从事教书与育人工作。作为教育本源之一的教材,必然要承担教书和育人的双重责任,体现两者的高度结合。

　　中国经济建设高速持续发展,国家对各类建筑人才需求日增,对高校土建类高素质人才培养提出了新的要求,从而对土建类教材建设也提出了新的要求。这套教材正是为了适应当今时代对高层次建设人才培养的需求而编写的。

　　一部好的教材应该把人文素质和科学精神的培养放在重要位置。教材中不仅要从内容上体现人文素质教育和科学精神教育,而且还要从科学严谨性、法规权威性、工程技术创新性来启发和促进学生科学世界观的形成。简而言之,这套教材有以下特点。

　　一方面,从指导思想来讲,这套教材注意到"六个面向",即面向社会需求、面向建筑实践、面向人才市场、面向教学改革、面向学生现状、面向新兴技术。

　　二方面,教材编写体系有所创新。结合具有土建类学科特色的教学理论、教学方法和教学模式,这套教材进行了许多新的教学方式的探索,如引入案例式教学、研讨式教学等。

　　三方面,这套教材适应现在教学改革发展的要求,提倡所谓"宽口径、少学时"的人才培养模式。在教学体系、教材编写内容和数量等方面也做了相应改变,而且教学起点也可随着学生水平做相应调整。同时,在这套教材编写中,特别重视人才的能力培养和基本技能培养,适应土建专业特别强调实践性的要求。

　　我们希望这套教材能有助于培养适应社会发展需要的、素质全面的新型工程建设人才,我们也相信这套教材能达到这个目标,从形式到内容都成为精品,为教师和学生,以及专业人士所喜爱。

中国工程院院士　王思敬

2006年6月于北京

前 言

"道路勘测设计"是土木工程、交通工程、道路桥梁与渡河工程、港口航道与海岸工程、城市规划等专业的必修或选修课程。近几年,随着道路建设飞速发展,其设计理念、技术和方法不断更新,道路线形设计更加注重线形与环境的协调以及安全与效率的结合,有关标准、规范也相应地作了较大的修改和调整,原来使用的教材中部分内容已显陈旧,不适应目前教学的发展需求。本书在吸收以往各版本教材优点的基础上,根据编者在科研和教学中的实际经验,强调了道路设计的综合性和系统性,充分反映目前国内外道路勘测设计方面的新成果,并使新规范中的修订内容在教材里得到体现。

全书分10章,主要内容依次为绪论、道路平面设计、道路纵断面设计、道路横断面设计、道路线形设计、道路选线及定线、道路平面交叉口设计、道路立体交叉设计、城市高架道路和高速公路设计、道路沿线设施设计与道路环境保护。本书内容丰富,各教学单位可根据自身专业特点及要求,对教学内容进行适当调整和删减。

本书由上海海事大学韩皓教授等编写。参加编写的有韩皓(第一章至第五章、第七章)、刘兰辉(第九章)、王岑屹(第六章、第八章)、旭仁夫(第十章),杨蕾、柯水平、刘雄伟、白丽霞、顾佳健、马文、房放等同志对部分章节进行了整理。全书由韩皓负责统稿和审核,辽宁大学旭仁夫对第六章、第八章、第十章进行了校核。本书中的部分图片和表格由王岑屹、刘雄伟等进行了处理。

感谢各位同行对本书编写提出的宝贵建议。本书在编写过程中参考了有关标准、规范、教材和论著,在此谨向有关编著者表示衷心的感谢!由于编者水平有限,书中不妥之处在所难免,恳请读者批评指正。

编 者
2013年8月

目　录

第一章　绪论 …… (1)
　　第一节　交通运输系统及道路运输 …… (1)
　　第二节　我国道路发展的历史现状与发展规划 …… (4)
　　第三节　道路的分级与技术标准 …… (8)
　　第四节　道路勘测设计的阶段和任务 …… (14)
　　第五节　道路勘测设计的依据 …… (18)
　　第六节　汽车行驶理论 …… (34)
　　第七节　港区集疏运道路 …… (51)
　　第八节　本课程研究内容与方法 …… (58)

第二章　道路平面设计 …… (59)
　　第一节　道路平面线形概述 …… (59)
　　第二节　直线 …… (61)
　　第三节　圆曲线 …… (64)
　　第四节　缓和曲线 …… (69)
　　第五节　道路平面设计成果 …… (75)

第三章　道路纵断面设计 …… (81)
　　第一节　概述 …… (81)
　　第二节　纵坡及坡长设计 …… (82)
　　第三节　爬坡车道 …… (95)
　　第四节　合成坡度 …… (97)
　　第五节　纵断面设计方法及设计成果 …… (99)
　　第六节　城市道路纵断面设计要求及排水设计 …… (103)

第四章　道路横断面设计 …… (107)
　　第一节　道路横断面组成 …… (107)
　　第二节　车行道宽度 …… (113)
　　第三节　人行道、路肩、分车带与路缘石 …… (123)
　　第四节　路拱及超高 …… (134)
　　第五节　视距的保证 …… (143)
　　第六节　道路建筑限界与道路用地 …… (151)

第七节　横断面设计方法 …………………………………………………… (153)
　　第八节　路基土石方数量计算及调配 ……………………………………… (162)
　　第九节　桥梁隧道的横断面布置 …………………………………………… (167)
第五章　道路线形设计 …………………………………………………………… (170)
　　第一节　平面线形设计 ……………………………………………………… (170)
　　第二节　纵断面线形设计 …………………………………………………… (180)
　　第三节　平、纵线形组合设计 ……………………………………………… (188)
　　第四节　线形设计检验与评价 ……………………………………………… (197)
第六章　道路选线及定线 ………………………………………………………… (209)
　　第一节　选线新理念与总体设计 …………………………………………… (209)
　　第二节　路线方案选择 ……………………………………………………… (217)
　　第三节　各种地形选线 ……………………………………………………… (223)
　　第四节　道路定线 …………………………………………………………… (239)
第七章　道路平面交叉口设计 …………………………………………………… (268)
　　第一节　平面交叉口概述 …………………………………………………… (268)
　　第二节　交叉口交通组织 …………………………………………………… (275)
　　第三节　平面交叉视距设计与转弯设计 …………………………………… (284)
　　第四节　交叉口拓宽设计 …………………………………………………… (287)
　　第五节　环形交叉口设计 …………………………………………………… (293)
　　第六节　交叉口立面设计 …………………………………………………… (299)
第八章　道路立体交叉设计 ……………………………………………………… (309)
　　第一节　概述 ………………………………………………………………… (309)
　　第二节　立体交叉的类型与适用条件 ……………………………………… (311)
　　第三节　立体交叉的布置规划与形式选择 ………………………………… (321)
　　第四节　匝道和端部设计 …………………………………………………… (328)
　　第五节　立体交叉的其他设计 ……………………………………………… (346)
　　第六节　道路与铁路、乡村道路及管线交叉 ……………………………… (347)
　　第七节　人行天桥和地道 …………………………………………………… (349)
第九章　城市高架道路和高速公路设计 ………………………………………… (351)
　　第一节　高架道路的特点和设置原则 ……………………………………… (351)
　　第二节　高架道路匝道 ……………………………………………………… (354)
　　第三节　高架道路横断面设计 ……………………………………………… (362)
　　第四节　高架道路线形设计 ………………………………………………… (364)
　　第五节　高速公路几何线形设计 …………………………………………… (368)

第六节　高速公路横向通道设计 …………………………………(373)
　　第七节　高速公路交通安全设施 …………………………………(375)
　　第八节　高速公路监控系统 ………………………………………(377)
　　第九节　高速公路收费管理和服务设施布设 ……………………(380)
第十章　道路沿线设施设计 ……………………………………………(398)
　　第一节　城市道路排水设计 ………………………………………(398)
　　第二节　公共交通站点的布置 ……………………………………(409)
　　第三节　停车场设计 ………………………………………………(411)
　　第四节　道路照明设计 ……………………………………………(415)
参考文献 …………………………………………………………………(421)

第一章 绪 论

本章主要介绍交通运输系统及道路运输的特点、地位与作用；我国道路发展历史、现状及规划；道路的分类和技术标准；道路设计的控制因素和条件；道路勘测设计阶段划分和设计内容；汽车行驶理论以及港区集疏运道路特征和分析框架、流程等。

第一节 交通运输系统及道路运输

一、交通运输系统

1. 交通运输系统的组成及其特点

出行是人类日常最普遍的活动。交通是人和货物在地点间的运输和语言及图文的传递。交通运输是人和货物借助交通工具的载运，产生有目的的空间位移。

现代交通运输是国民经济的大动脉，是联系工业和农业、城市和乡村、生产和消耗的纽带。交通运输的发展，有利于促进整个社会的经济发展和人民物质文化生活水平的提高，有利于加强国防建设。交通运输是一个国家得以繁荣昌盛的重要的物质基础。因此，要实现国民经济的高度发展与现代化，就要求首先必须实现交通运输的现代化。

按照运输线路和运载工具的不同，一个完整的交通运输系统可分为铁路运输、道路运输、水路运输、航空运输及管道运输。各种运输方式由于技术经济特征不同，各有其优势及弊端。

(1) 铁路运输远程客货运量大、连续性较强、成本较低、速度较高，但建设周期较长、投资大。

(2) 道路运输机动灵活、批量不限、货物送达速度快、覆盖面广，但养护、运营费用较高。

(3) 水路运输通过能力高、运量大、耗能少、成本低、投资省，但受自然条件限制大、连续性较差、速度慢。

(4) 航空运输速度快、两点间运距短。但其运量小、成本最高。

(5) 管道运输连续性强、成本低、安全性好、损耗少，但其灵活性较差、运输对象单一、通用性差。

在交通运输方式的选择上，五种交通运输方式在技术上各有长短，都有适宜的使用范围。

(1) 铁路：大宗、笨重的中远程运输；要求准时远程客货运输；容易死亡、变质的活物、鲜活的中远程运输。

（2）道路：少量货物的短途运输；短途客运；容易死亡、变质的活物、鲜货的短途运输。

（3）水运：大宗、笨重、远程、不急需的货物。

（4）航空：贵重、急需运输且重量适宜、数量不大的货物；大城市和国际的快速客运；报刊、邮件运输等。

（5）管道：大宗流体货物运输。

2. 交通运输系统的性质

交通运输业是一个特殊的物质生产部门，具有物质生产的三个要素：从事交通运输生产的劳动者，线路、机场、码头、机车、汽车、飞机、船舶等劳动资料，作为劳动对象的旅客或货物。三要素中劳动者和劳动资料可由运输部门控制，但劳动对象运输部门只提供服务而不能自由支配。因此交通运输具有服务功能，应能安全、舒适、快捷地满足运输需求，以适应国民经济和社会发展的需要。

3. 交通运输系统的协调发展

发展交通运输体系要符合我国的国情：一是地域辽阔、人口众多，存在大量短、中、长途运输；二是东部经济发达、中西部资源丰富，形成大量北煤南运、西气东输、南粮北调，以及较集中的暑运和春运等；三是我国处于社会主义初级阶段，人民生活处于小康水平，需要大量运费低廉、安全可靠、快捷方便的运输方式。

当今世界，交通运输发展水平是国力的展示，是经济社会繁荣进步的标志之一。交通运输事业全面、协调、可持续发展，要以科学发展观为指导，以科学的规划为基础，实现各种运输方式安全、快速、高效、畅通的发展目标。

二、道路运输

1. 道路运输的地位

道路是为国民经济、社会发展和人民生活服务的公共基础设施，道路运输在整个交通运输系统中处于基础地位。道路运输系统是社会经济和交通运输系统的重要组成部分，社会经济水平和交通运输需求决定着道路交通的发展进程，而道路交通也会影响并制约社会经济和交通运输的发展水平。国家在宏观调控时，会将资金重点投入到基础设施建设上，包括道路建设，以促进国民经济的增长。随着国家经济和科学技术的发展，道路交通的地位越来越重要。

2. 道路运输的特点

道路运输的特点主要表现在以下方面。

（1）机动灵活，适应性强。

由于道路运输网一般比铁路、水路网的密度要大十几倍，分布面也广，因此道路运输车辆可以"无处不到、无时不有"。道路运输在时间方面的机动性也比较大，车辆可随时调度、装运，各环节之间的衔接时间较短。尤其是道路运输对客、货运量的多少具有很强的适应性，汽车的载重吨位有小有大，既可以单个车辆独立运输，也可以由若干车辆组成车队同时运输，这一点对抢险、救灾工作和军事运输方面具有特别重要的意义。

(2) 可实现"门到门"。

由于汽车体积较小,中途一般也不需要换装,除了可沿分布较广的路网运行外,还可离开路网深入到工厂企业、农村田间、城市居民住宅等地,即可以把旅客和货物从始发地门口直接运送到目的地门口,实现"门到门"直达运输。这是其他运输方式无法比拟的优点。

(3) 原始投资少。

道路运输与铁、水、航运输方式相比,所需固定设施简单,车辆购置费用一般也比较低。因此,投资兴办容易,投资回收期短。据有关资料表明,在正常经营情况下,道路运输的投资每年可周转 1~3 次,而铁路运输则需要 3~4 年才能周转 1 次。

(4) 驾驶技术容易掌握。

与火车司机或飞机驾驶员的培训要求来说,汽车驾驶技术比较容易掌握,对驾驶员的各方面素质要求相对也比较低。

(5) 运量较小,成本较高。

目前,世界上载重量最大的汽车与火车、轮船相比仍小得多;由于汽车载重量小,行驶阻力比铁路大 9~14 倍,所消耗的燃料又是价格较高的液体汽油或柴油。因此,除了航空运输,就属汽车运输成本最高了。

(6) 运行持续性较差。

据有关统计资料表明,在各种现代运输方式中,道路的平均运距是最短的,运行持续性较差。

3. 道路的种类

道路是供各种车辆(无轨)和行人等通行的工程设施。道路按其用途分为公路、城市道路、林区道路、厂矿道路和乡村道路等。

(1) 公路:联结城市、乡村和工矿基地等,主要供汽车行驶、具备一定技术条件和设施的道路。

(2) 城市道路:在城市范围内,供车辆及行人通行的具有一定技术条件和设施的道路。

(3) 林区道路:建在林区,主要供各种林业运输工具通行的道路。

(4) 厂矿道路:主要供工厂、矿山运输车辆通行的道路,通常分为厂外道路、厂内道路和露天矿山道路。

(5) 乡村道路:建在乡村、农场,主要供行人及各种农业运输工具通行的道路。

各类道路设计原理和方法基本相同。一般根据交通特性、使用性质、任务及行业主管部门不同,分别制定了行业技术标准,道路设计应分别遵照执行。

另有一些专用道路,如港区集疏运道路。港区集疏运道路一般指与港口生产作业直接相关的位于依托城市内部的货物集散通道、港区内部集散道路以及港区与腹地城市间的主要联系道路等。此外还有机场道路、景区道路、国防公路等,这类道路无专用技术标准,一般参照相关类型道路的行业技术标准进行设计。

第二节　我国道路发展的历史现状与发展规划

一、道路发展的历史

我国道路建设历史悠久，在汽车还没有出现以前，就在道路建设方面创造了光辉的业绩。早在西周时期（公元前 11 世纪—前 771 年），就已经将城乡道路按不同等级进行统一规划，修建了从镐京（今西安市长安区境内）通往各诸侯城邑的牛、马车道路，形成以都城为中心的道路体系。秦始皇统一中国后，颁布"车同轨"法令，大修驰道、直道，使得道路建设得到较大发展。公元前 2 世纪的西汉，开通了连接欧亚大陆的丝绸之路，由长安出发，经河西走廊、塔里木盆地直达中亚和欧洲，对当时东西方各国的交往起到了重要的沟通作用。唐代（公元 618—907 年）是我国古代道路发展的极盛时期，初步形成了以城市为中心四通八达的道路网。到清代全国已形成了层次分明、功能较完善的"官马大路"、"大路"、"小路"系统，分别为京城到各省城、省城至地方重要城市及重要城市到市镇的三级道路，其中"官马大路"长达四千余华里，折合成现代单位约两千三百千米。

二、道路发展的现状

1. 公路发展现状

1901 年我国开始进口汽车，通行汽车的道路在原有大车道的基础上开始发展起来。从 1906 年在广西友谊关修建第一条公路开始到 1949 年新中国解放的 40 多年间，历经清末、北洋军阀、民国、抗日战争、解放战争各个历史时期，由于旧中国社会的不稳定，经济的落后，到 1949 年，全国公路能通车的里程仅有 8.07 万公路，且缺桥少渡，标准很低，路况极差。

中华人民共和国成立以后，为了迅速恢复和发展国民经济，巩固国防，国家在国力非常薄弱的条件下，对公路建设作出了很大努力，取得了显著成就，到 1978 年的 30 年间，我国公路总里程增加到 89 万千米。

改革开放以来，国家把交通作为国民经济发展的战略重点之一，为公路交通事业快速发展提供了机遇。这一阶段的工作方针是统筹规划、条块结合、分层负责、联合建设，筹资渠道是国家投资、地方筹资、社会融资、引进外资。1978 年以来，是我国公路事业发展最快、建设规模最大、最具活力的时期，我国公路建设实现了跨越式发展，取得了举世瞩目的成就。

道路发展的突出成就是高速公路和快速路（统称为高速道路）的快速发展，高速公路是交通运输现代化的重要标志之一。1988 年 10 月，我国高速公路实现了零的突破。高速公路的建设带动了沿线经济的发展，快速运输日益显示出巨大的经济效益和社会效益，形成了快速发展的"高速公路产业带"。高速公路不仅技术标准高、线性顺畅、路面平整、沿线设施齐全，而且全立交、全控制出入、双向隔离行驶、无混合交通干扰,为公路运输的安全、快速、高效、便捷和舒适提供了技术保证。截至2011年底,全国已建成通车的公路总里程达到405.5万千米,其中高速公路通车里程已达8.5万千米。

尽管我国公路建设取得了巨大的成就,但由于公路交通基础设施薄弱,各地发展不平衡,与发达国家相比尚有较大差距,还不能适应国民经济和社会发展的需要。存在的主要问题:一是数量少,按国土面积计算的公路网密度仍然很低,只相当于印度的1/5,美国的1/7,日本的1/30;二是质量差、标准低,在通车里程中,大部分为等级较低的三、四级公路,还有达不到技术标准的"等外路"。因此在今后相当长的时期内,加快新建公路和低等级公路的改建,将是我国公路建设的主要任务。

2. 城市道路发展现状

新中国成立以来,我国城市道路交通建设有了很大发展。回顾城市交通的发展大致可以分为以下几个阶段。

新中国成立初期:为配合重点工程项目的建设,在一些重点城市中进行了大规模的基础设施建设,道路条件明显改善。至1957年底,全国城市道路长度和面积分别比1949年增加64%和71%。而同期的机动车增长速度比较缓慢,道路容量大于交通需求,城市交通比较畅通,车速稳定。与此同时,水网地区的城市水运衰落,城乡间拖拉机运输大增。

二十世纪六七十年代:城市道路建设资金比例下降,道路建设发展缓慢。1966年至1977年,道路面积年平均增长率仅为2%,而同期城市机动车保有量的年平均增长率为6%~10%,不少大城市交通开始出现拥挤现象。这一时期,由于实行鼓励自行车交通出行的财政补贴政策,使自行车作为城市居民使用较多的代步工具。

二十世纪八十年代:由于城市基础设施建设投资不足,造成严重的供需失调,各大中城市普遍产生交通问题。该时期,由于城市机动车辆剧增,交通堵塞严重,事故率上升,车速普遍下降,城市道路供给不足,交通成为城市管理的主要难题。

二十世纪九十年代:城市用地面积成倍扩大,也是机动车增长很快的时期,车流更加向市中心区集中,由交通压力带来的矛盾极其尖锐。为改变城市交通面貌,不少大城市开始建设环路、大型立交、高架道路、轨道交通。但由于决策不当,政策制定者往往只注意局部地区交通改善,只能取得短期效果,特别是大城市道路与交通问题依然严峻。这一时期我国的交通建设状况与道路交通建设良好的欧洲发达国家相比还相差甚远。另外,很多城市的道路在等级结构和布局结构等方面也存在相当的问题。

二十一世纪初至今:由于城市机动车保有量的剧增,我国一些特大城市经常发生大面积且持续时间较长的交通拥堵。为缓解大城市严峻的道路与交通问题,出现了以提高停车收费标准、机动车牌照拍卖制度以及机动车尾号限行措施为代表的交通需求管理。另外,在此期间,我国以北京和上海为首的城市轨道交通也得到了迅猛发展。

目前我国城市正处于经济与城市建设快速发展时期,正确、合理的道路规划设计是保证城市各项建设的基础,作为相关专业的学生应该充分认识到道路建设的重要性。

三、发展规划

1. 公路发展目标

根据我国国民经济和社会发展的长远规划,中国公路在未来几十年内,将通过"三个发展阶段"实现现代化的奋斗目标。

第一阶段:近期达到交通运输紧张状况有明显缓解,对国民经济的制约状况有明显改善。

第二阶段:将在 2020 年左右达到公路交通基本适应国民经济和社会发展的需要。

第三阶段:将在 21 世纪中叶基本实现公路交通运输现代化,达到中等发达国家水平。

2. 国道主干线系统规划

国道主干线系统规划始于 20 世纪 80 年代,当时随着改革开放的推进和经济社会的发展,交通基础设施对国民经济发展的"瓶颈"制约进一步加剧。为此,原交通部编制了《"五纵七横"国道主干线系统规划》,并于 1992 年得到国务院认可,1993 年正式发布实施。该规划由 5 条南北纵线和 7 条东西横线组成,简称"五纵七横",总里程约 3.5 万公里,总投资 9000 多亿元。该规划全部是高速公路和一、二级公路,其中高速公路约占 76%,连接了首都、各省会、直辖市、经济特区、主要交通枢纽和重要对外开放口岸,覆盖了全国所有人口在 100 万以上的特大城市和 93% 的人口 50 万以上的大城市,是具有全国性政治、经济、国防意义的重要干线公路规划。

3. 国家高速公路网规划

目前,中国已进入全面建设小康社会的新时期,逐步实现现代化是我们目前所走的道路,社会经济发展对我国高速公路发展提出了更高要求,从国家发展战略和全局考虑,为保障我国高速公路快速、持续、健康发展,进一步适应国民经济快速发展和满足人民群众安全便捷出行需求,有必要规划一个国家层面的高速公路网。因此,原交通部编制了《国家高速公路网规划》,并于 2004 年 12 月 17 日由国务院发布实施,这标志着我国高速公路建设发展进入了一个新的历史时期。国家高速公路网规划采用放射线与纵横网格相结合的布局方案,形成由中心城市向外放射以及横连东西、纵贯南北的大通道。高速公路网由 7 条首都放射线、9 条南北纵向线和 18 条东西横向线组成,简称"7918 网",包含"五纵七横"在内,总规模约 8.5 万公里,其中主线 6.8 万公里,地区环线、联络线等约 1.7 万公里。该规划服务对象进一步扩展到所有人口在 20 万以上的城市、国家 4A 级及以上旅游景区城市等,规划技术等级全部为高速公路。国家高速公路网布局方案如图 1-1 所示。此外,各省、市、自治区还根据本区的情况,正在规划建设省级干线网和地方道路系统。这些规划完全实现后,我国的公路交通将彻底改变面貌。城市道路的规划建设,全国各城市结合自己地区的特点进行规划,不尽相同。除了新建城市以外,总的发展方向是在原有城市道路网的基础上,重新调整规划道路网,使之更能适应城市交通和城市发展的需要;按规划逐步建设城市直达快速道路、环城快速道路以及放射状快速出入道路;积极修建城市与卫星城高速公路、机场高速公路、港口高速公路、经济开发区高速公路、旅游风景区高速公路;一些大城市已修建或正在拟建城市快速高架道路;对原有道路的拓宽改造和重要交叉口的渠化交通或修建立体交叉也在快速发展之中。

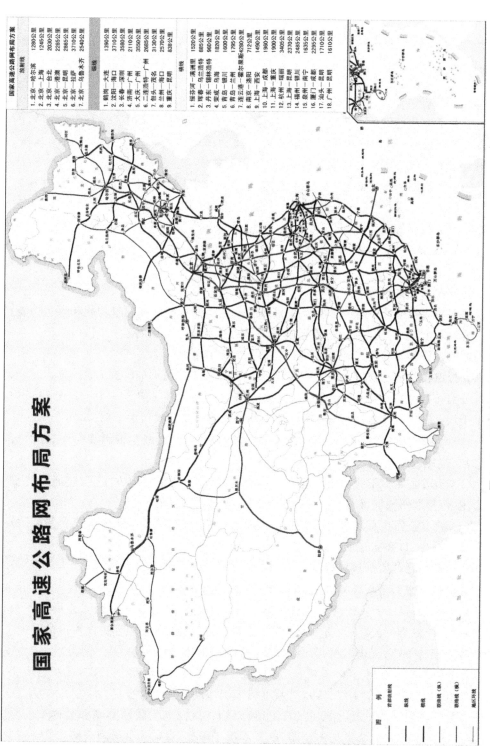

图 1-1 国家高速公路网布局方案示意图

第三节 道路的分级与技术标准

一、道路功能

道路是能够提供各种车辆和行人等通行的工程设施。道路运输是交通运输的主要方式,道路则是交通得以正常运行的重要物质载体之一。道路是交通的基础,负担着城市内部和城际之间交通中转、集散的功能。

各种构筑物的使用效益,有赖于道路先行来实现。在道路建设过程中,各项基础设施得以同步进行,道路的建成可使土地与开发得以迅速发展,经济得以繁荣,所以健全的道路系统能促进经济发展,方便生活。道路是经济建设的先行设施,它对商品流通、发展经济、巩固国防、建设边疆、开发山区和旅游事业的发展等方面都有巨大的作用。

1. 道路功能的概念

道路功能是指道路能为用路者提供交通服务的特性,它包括通过功能和通达功能。

通过功能是道路能为用路者提供安全、快捷、大量交通的特性。

通达功能是道路能为用路者提供与出行端点连接的特性。

2. 公路按功能分类

公路按功能可划分为干线公路、集散公路和地方公路三类。其中干线公路又分为主干线公路和次干线公路,集散公路分为主集散公路和次集散公路。

(1) 干线公路应为用路者提供高效的通过性功能,尽量减少或消除平面交叉、出入口和支路汇入。

(2) 集散公路为干线公路与地方公路的连接公路,以汇集地方交通、疏通干线交通为主,应控制平面交叉、出入口和支路汇入。

(3) 地方公路应直接与用路者的出行端点连接,以提供通达性为主要功能,开放平面交叉、出入口和支路汇入。

3. 公路按行政管理属性分类

公路按行政管理属性划分为国道、省道、县道和乡道四类。

(1) 国道(国家干线公路):具有全国性政治、经济、国防意义的国家主要干线公路,包括重要的国际公路、国防公路、联结首都与各省、自治区首府和直辖市的公路,联结各大经济中心、交通枢纽、商品生产基地和战略要地的公路。

(2) 省道(省干线公路):具有全省(自治区、直辖市)政治、经济意义,联结省内中心城市和主要经济区的干线公路,以及不属于国道的省际重要公路。

(3) 县道(县公路):具有全县(县级市)政治、经济意义,联结县城和县内主要乡(镇)、主要商品生产和集散地的公路,以及不属于国道、省道的县级间公路。

(4) 乡道(乡公路):为乡(镇)的经济、文化、行政服务的公路,以及不属于县道以上公路的乡与乡之间及乡与外部联络的公路。

国道的规划与变更由国家交通主管部门制定,省道及县、乡道由省级交通主管部门编制。公路功能分类与公路行政等级的对应关系如表1-1所示。

表1-1 公路功能分类与公路行政等级的对应关系

公路功能	公路层次	层次细分	行政区域	行政等级
干线公路	主干线	国家高速公路网	国家	国道
		主干线公路	国家	
	次干线	省际公路	国家与省	省道
		省内干线公路	省、直辖市	
集散公路	主集散路		省、直辖市	省道
	次集散路		省、直辖市	县道
地方公路			县、乡、村	乡村公路

二、道路分级及技术标准

(一) 公路分级与技术标准

1. 公路分级

为了满足经济发展、设计交通量、路段建设和功能等的要求,公路必须分等级建设。原交通部2004年发布的《公路工程技术标准》(JTG B01—2003),将公路根据功能和适应的交通量分为五个等级。

(1) 高速公路:为专供汽车分向、分车道行驶并应全部控制出入的多车道公路。四车道高速公路能适应将各种汽车折合成小客车的年平均日交通量为25000～55000辆;六车道高速公路应能适应将各种汽车折合成小客车的年平均日交通量为45000～80000辆;八车道高速公路应能适应将各种汽车折合成小客车的年平均日交通量为60000～100000辆。

(2) 一级公路:为供汽车分向、分车道行驶,并可根据需要控制出入的多车道公路。四车道以及公路应能适应将各种汽车折合成小客车的年平均日交通量为15000～30000辆;六车道一级公路应能适应将各种汽车折合成小客车的年平均日交通量为25000～55000辆。

(3) 二级公路:为供汽车形式的双车道公路。双车道二级公路应能适应将各种汽车折合成小客车的年平均日交通量为5000～15000辆。

(4) 三级公路:为供汽车行驶的双车道公路。双车道三级公路应能适应将各种汽车折合成小客车的年平均日交通量为2000～6000辆。

(5) 四级公路:为供汽车行驶的双车道或单车道公路。双车道四级公路应能适应将各种汽车折合成小客车的年平均日交通量为2000辆以下;单车道四级公路应能适应将各种汽车折合成小客车的年平均日交通量为400辆以下。

全部控制出入的高速公路应符合的条件:必须具有四条或四条以上的车道,必须设置中间带,必须设置禁入栅栏,必须设置立体交叉。

2. 公路技术标准

公路技术标准是指在一定自然环境条件下能保持车辆正常行驶性能所采用的技术指标体系。公路技术标准反映了我国公路建设的技术方针,是法定的技术要求,公路设计时都应当遵守。各级公路的具体标准是由各项技术指标体现的,如表1-2。

表 1-2　各级公路的主要技术指标汇总表

公路等级	高速公路			一级公路			二级公路		三级公路		四级公路
设计速度/(km/h)	120	100	80	100	80	60	80	60	40	30	20
车道数(条)	4,6,8	4,6,8	4,6	4,6	4,6	4	2	2	2	2	1或2
路基宽度/m(一般值)	28.0 34.5 42.0	26.0 33.5 41.0	24.5 32.0	26.0 33.5	24.5 32.0	23.0	12.0	10.0	8.5	7.5	4.5 或 6.5
停车视距(m)	210	160	110	160	110	75	110	75	40	30	20
圆曲线半径(m) 一般值	1000	700	400	700	400	200	400	200	100	65	30
圆曲线半径(m) 最小值	650	400	250	400	250	125	250	125	60	30	15
最大纵坡(%)	3	4	5	4	5	6	5	6	7	8	9

各级公路的技术指标是根据公路在公路网中的功能、设计交通量和交通组成、设计速度等因素确定的。其中设计速度是技术标准中最重要的指标,它对公路的几何形状、工程费用和运输效率影响最大,在考虑路线的使用功能和设计交通量的基础上,根据国家的技术政策制定设计速度。

3. 公路等级的选用

公路等级应根据公路的功能、路网规划和设计交通量,结合项目所在地区的综合运输体系、社会经济等因素,经论证后确定。国家及省属干线公路可选用高速公路、一级公路或二级公路,交通量不大的干线公路或一般县乡公路可选用三级公路,交通量小的县乡公路可选用四级公路。公路功能与各级公路的关系参见表 1-3 所示。

表 1-3 公路功能与各级公路的对应关系

公路功能	高速公路	一级公路	二级公路	三级公路	四级公路
主要干线	★				
次要干线		★	★		
主要集散		★	★		
次要集散			★	★	
地方公路				★	★

对纵、横向干扰少的干线公路,宜对选用一级公路或高速公路进行论证,若选用一级公路,则必须采用确保较高运行速度和安全的措施。对大、中城市城乡结合部及混合交通量大的集散公路可选用一级公路,其里程不宜过长、设计速度不宜太高,且应设置相应设施以保证通行能力和安全。当二级公路作为干线公路时,应采取相应安全措施。当二级公路作为城乡结合部及混合交通量较大的集散公路时,应设置相应设施以确保通行能力和安全。上述保证通行能力和安全的措施包括:设置慢车道、增大平面交叉间距、采用渠化平面交叉、采用主路优先或信号交通管理方式等。

一条公路可根据其功能和设计交通量等情况分段采用不同的公路等级、设计速度及车道数,但应结合地形条件选择合适的变更地点。在相互衔接处前后一定长度范围内主要技术指标应逐渐过渡,避免产生突变,设计速度高的一端应采用较低的平、纵技术指标,反之则应采用较高的平、纵技术指标,以使平、纵线形技术指标较为均衡。变更地点原则上选在交通量发生较大变化或驾驶员能够明显判断前方需要改变行车速度处,高速公路、一级公路宜设在互通式立体交叉或平面交叉处;二、三、四级公路宜设在交叉路口、桥梁、隧道、村镇附近或地形明显变化处。

(二)城市道路分类与技术标准

1. 城市道路分类

按照道路在城市道路网中的地位、交通功能以及对沿线建筑物的服务功能,将城市道路分为四类。

(1)快速路:设有中间带,双向四车道以上,全部或部分采用立体交叉与控制出入,供车辆以较高速度行驶的道路。快速路沿线两侧不能设置吸引大量车流、人流的公共建筑物的进出口,当进出口较多时宜在两侧另建辅道,在过路行人集中的地点必须设置人行天桥或人行地道。

(2)主干路:在城市道路网中起骨架作用,连接城市各主要分区的干线道路,以交通功能为主。非机动车交通量大时应设置分隔带与机动车分离行驶,主干路两侧不宜设置吸引大量车流、人流的公共建筑物的进出口。

(3)次干路:与主干路结合组成城市道路网,起集散交通的作用,兼有服务功能。

次干路两侧可设置公共建筑物的进出口,并可设置机动车和非机动车的停车场、公共交通站点和出租车服务站。

(4)支路:为次干路与居民区、工业区、市中心区、市政公用设施用地、交通设施用地等内部道路的连接线,解决局部区域交通,以服务功能为主。支路可与平行于快速路的道路相接,但不得与快速路直接相接。支路需要与快速路交叉时应采用分离式立体交叉。

2.城市道路分级

根据城市规模、设计交通量和地形等因素,除快速路外,各类道路划分为Ⅰ、Ⅱ、Ⅲ级。大城市应采用各类道路中的Ⅰ级标准;中等城市应采用Ⅱ级标准;小城市应采用Ⅲ级标准,见表1-4。

表1-4 各类各级城市道路主要技术指标表

类别	级别	设计速度/(km/h)	双向机动车道数/条	机动车道宽度/m	分隔带设置	采用横断面形式
快速路		80,60	≥4	3.75	必须设	双、四幅
主干路	Ⅰ	60,50	≥4	3.75	应设	单、双、三、四
主干路	Ⅱ	50,40	3~4	3.75	应设	单、双、三
主干路	Ⅲ	40,30	2~4	3.75,3.5	可设	单、双、三
次干路	Ⅰ	50,40	2~4	3.75	可设	单、双、三
次干路	Ⅱ	40,30	2~4	3.75,3.5	不设	单
次干路	Ⅲ	30,20	2	3.5	不设	单
支路	Ⅰ	40,30	2	3.5	不设	单
支路	Ⅱ	30,20	2	3.5	不设	单
支路	Ⅲ	20	2	3.5	不设	单

在选用城市道路分级时,受地形限制的山城可降低一级,特殊发展的中、小城市可提高一级。有特殊情况需要变更级别时,应做技术经济论证,报规划审批部门批准。

城市道路设计交通量达到饱和状态时的设计年限,《城市道路设计规范》(CJJ 37—90)规定:快速路和主干路为20年;次干路为15年;支路为10~15年。

城市可按照其市区和近郊区(不包括所属县)的非农业人口总数划分为:大城市(指人口在50万以上的城市)、中等城市(人口为20万~50万)和小城市(人口在20万以下)。大中小型城市道路的规划指标应符合表1-5、表1-6。

表 1-5 大、中城市道路网规划指标

项目	城市规模与人口/万人		快速路	主干路	次干路	支路
机动车设计速度/km/h	大城市	>200	80	60	40	30
		≤200	60~80	40~60	40	30
	中等城市		—	40	40	30
道路网密度/(km/km²)	大城市	>200	0.4~0.5	0.8~1.2	1.2~1.4	3~4
		≤200	0.3~0.4	0.8~1.2	1.2~1.4	3~4
	中等城市		—	1.0~1.2	1.2~1.4	3~4
道路中机动车车道条数/条	大城市	>200	6~8	6~8	4~6	3~4
		≤200	4~6	4~6	4~6	2
	中等城市		—	4	2~4	2
道路宽度/m	大城市	>200	40~45	45~55	40~50	15~30
		≤200	35~40	40~50	30~45	15~20
	中等城市		—	35~45	30~40	15~20

表 1-6 小城市道路网规划指标

项目	城市人口/万人	干路	支路
机动车设计速度/(km/h)	>5	40	20
	1~5	40	20
	<1	40	20
道路网密度/(km/km²)	>5	3~4	3~5
	1~5	4~5	4~6
	<1	5~6	6~8
道路中机动车道条数/条	>5	2~4	2
	1~5	2~4	2
	<1	2~3	2
道路宽度/m	>5	25~35	12~15
	1~5	25~35	12~15
	<1	25~30	12~15

第四节 道路勘测设计的阶段和任务

道路建设项目一般需要经过准备、实施和总结三个程序,具体可分为:项目建议书(立项)、可行性研究、设计、开工准备、施工、竣工验收、通车运行、后评价。道路设计阶段与建设程序关系见图1-2所示,其中道路勘测设计主要涉及可行性研究和设计。

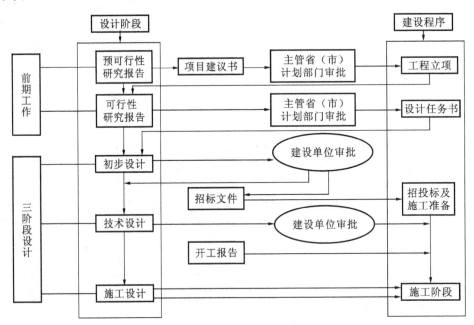

图1-2 道路设计阶段与建设程序关系图

一、工程可行性研究

工程可行性研究是基本建设前期工作的一项重要内容,是项目基本建设程序的组成部分,是工程决策民主化、科学化的可靠基础。国家规定,没有进行可行性研究和技术经济论证的重大工程,不得列入国家计划。工程可行性研究的目的是对工程项目建设必要性、技术可行性、经济合理性、实施可能性等进行综合研究,推荐最佳方案,进行投资估算和经济评价,为建设项目的决策审批和编制设计任务书提供科学依据。

对一些大型工程建设项目,可在项目建议书和工程可行性研究之间增加预可行性研究阶段。预可行性研究的主要任务是复查、落实项目建议书中提供的投资机会,对不同建设方案作出粗略分析、比选,明确项目中哪些问题是关键,是否有必要列专题研究。预可行性研究的内容结构与工程可行性研究基本一致,但论证依据不必详细,数据资料的准确程度也不要求很高,投资费用可参考现有可比项目得到。

公路工程可行性研究一般包括下列内容。

(1) 总论(或概述)。包括建设任务依据和历史发展背景、研究范围与主要内容、研究主要结论和存在问题与建议等。

(2) 现有公路技术状况评价。包括区域运输网现状和存在问题、拟建项目在区域运输网中的地位与作用、现有公路技术状况及适应程度等。

(3) 经济与交通量发展预测。包括项目所在区域经济特征、经济发展与公路运量和交通量的关系、交通量的发展预测。

(4) 建设规模与标准。包括项目建设规模、采用的等级和主要技术指标。

(5) 建设条件和方案比选。包括调查沿线自然条件和社会条件、进行方案拟订与比选、提出推荐方案走向及主要控制点和工程概况,对环境影响作出分析并编制环境影响评价报告。

(6) 投资估算与资金筹措。包括主要工程数量、公路建设与拆迁、项目总投资估算、资金来源和筹措办法。若为贷款或引资,还要研究利率、偿还方式及可能性等。

(7) 工程建设实施计划。包括勘测设计和工程施工的计划与要求、工程管理人员和技术人员的培训等。

(8) 经济评价。包括运输成本等经济参数的确定、建设项目的直接经济效益和费用的估算、进行经济评价敏感性分析、建设项目的间接经济效益分析。对于贷款项目还要进行项目的财务评价。

根据上述研究结果,通过综合分析评价,提出技术先进、投资少、效益好的最优建设方案。

二、设计阶段及其内容

1. 设计阶段

《公路工程基本建设项目设计文件编制办法》规定,公路工程基本建设项目可以采用一阶段设计、二阶段设计或三阶段设计。

一阶段设计即施工图设计,适用于技术简单、方案明确的小型建设项目。

二阶段设计即初步设计和施工图设计,适用于一般建设项目。

三阶段设计即初步设计、技术设计和施工图设计,适用于技术复杂、基础资料缺乏和不足的建设项目或建设项目中的个别路段、特大桥、互通式立体交叉、隧道等。

2. 各设计阶段主要内容

(1) 初步设计:两阶段和三阶段设计中的初步设计应根据批准的可行性研究报告、设计任务书(或测设合同)和初测资料编制。初步设计阶段的目的是确定设计方案,主要内容包括拟定修建原则、选定设计方案、计算工程数量和主要材料数量、提出施工方案、编制设计概算、提供文字说明及图表资料。初步设计在选定方案时,应对路线的走向、控制点和方案进行现场核查,征求沿线地方政府和建设单位意见,基本落实路线布置方案。一般应进行纸上定线,赴实地核对,落实并放出必要的控制线位桩。对复杂困难地段的路线、互通式立体交叉、隧道、特大桥、大桥的位置等,一般应选择两个或两个以上的方案进行同深度、同精度的测设工作和方案比选,提出推荐方案。

初步设计文件由总说明、总体设计、路线、路基路面及排水、桥梁涵洞、隧道、路线交叉、交通工程及沿线设施、环境保护、渡口码头及其他工程、筑路材料、施工方案、设计概算及附件组成。

(2)技术设计:三阶段设计中的技术设计应根据批准的初步设计和定测资料编制。技术设计阶段的目的是对重大、复杂的技术问题进一步落实设计方案。主要内容包括通过科学试验、专题研究,加深勘探调查及分析比较,解决初步设计中未解决的问题,落实技术方案,计算工程数量,提出修正的施工方案,修正设计概算。

(3)施工图设计:一阶段施工图设计应根据批准的可行性报告、设计任务书(或测设合同)和定测资料编制;两阶段设计中的施工图设计应根据批准的初步设计和定测资料编制;三阶段设计中的施工图设计应根据批准的技术设计和补充定测资料编制。

施工图设计阶段的目的是对采用方案进行详细设计以满足施工的要求。主要内容包括对审定的修建原则、设计方案具体设计,确定各项工程数量,提出文字说明和图表资料以及施工组织计划,并编制施工图预算,满足施工需求。

施工图设计文件由总说明、总体设计、路线、路基路面及排水、桥梁涵洞、隧道、路线交叉、交通工程及沿线设施、环境保护、渡口码头及其他工程、筑路材料、施工组织设计、施工图预算及附件组成。

三、公路安全性评价

(一)公路安全性评价及其目的和作用

公路安全评价是针对公路行车安全进行的一个系统评价程序,它将公路行车安全和降低交通事故的概念引入公路工程可行性研究及设计工作中。公路安全性评价是公路建设、管理的基本程序。2004年我国发布了推荐性行业标准《公路项目安全性评价指南》(JTG/TB 05—2004)。我国标准规定高速公路、一级公路设计完成后,宜进行安全性评价,但未作为必须执行的标准。

公路安全性评价的目的是从公路使用者行车安全的角度,对公路可行性研究、设计阶段的成果及运营公路进行安全性评价,以达到减少交通事故、降低交通事故危害程度的目的。

公路安全性评价的作用如下:
(1)将由于公路及其周围环境影响而产生的事故降低到最低限度;
(2)将已建成公路的后续安全整治费用降低到最低限度;
(3)减少项目在设计、建设和养护的整个使用寿命期内的总费用;
(4)增加设计者、管理者和其他所有相关人员在规划、设计、建设和养护工作中的安全意识。

公路安全性评价通过两种途径实现上述目标：在规划和设计阶段发现并消除可能产生事故的因素；对现有公路通过采用安全措施（如防滑路面、防撞护栏）消除或减少交通事故。

（二）安全性评价要点

安全性评价工作应贯穿于公路的整个寿命周期，通常分为可行性研究、设计和运营三个阶段，以下介绍前两个阶段安全性评价要点。

1. 可行性研究阶段安全性评价要点

可行性研究阶段重点对公路技术标准、技术方案和环境影响等进行评价。

1）技术标准评价

根据拟建或改建项目的交通量、交通组成、公路功能及在路网中的地位、沿线地形等，从行车安全方面评价公路等级、设计速度、路基横断面宽度等技术指标选用的合理性及可行性。

2）技术方案评价

根据交通量及其组成、技术标准、气候条件等，从安全方面对技术指标、路线起讫点、平面交叉、互通式立交、跨线桥与通道方案、改建项目施工期间的分流方案或不中断交通施工时的交通组织方案等进行评价。

3）环境影响评价

根据不利降雨、冰冻、积雪等自然气候条件和不良地质情况，对工程方案采取的安全措施进行评价。根据动物活动区及迁徙路线，对设置隔离栅或动物通道的必要性进行评价。

2. 设计阶段安全性评价要点

设计阶段重点对公路总体评价以及对路线、路基路面、桥梁、隧道、路线交叉、交通工程及沿线设施等专项设计进行评价。

1）总体评价

根据技术标准、规范及有关技术规定，对设计成果采用的技术指标进行设计符合性检查。根据预测的运行速度，对相邻路段的运行速度协调性进行评价。根据设计速度与运行速度的差值，对同一路段设计速度与运行速度协调性进行评价。

2）路线评价

根据同一路段设计速度与运行速度协调性评价结果，提出路段平面、纵断面、横断面等技术指标的调整建议。根据运行速度对停车视距进行检查，并对爬坡车道、避险车道设置的必要性及设置方案进行评价。

3）路基路面评价

根据运行速度对路侧安全净空区进行检查，提出调整建议。根据同一路段设计速度与运行速度协调性及行车安全要求，提出路基路面等设计方案调整建议。

4) 桥梁评价

根据设计速度与运行速度协调性，提出桥梁接线路段平、纵、横调整建议和行车安全要求，提出桥梁护栏、桥面铺装、排水设施及桥头衔接等调整建议。

5) 隧道评价

根据设计速度与运行速度协调性，提出隧道接线路段平、纵、横调整建议和行车安全要求，提出隧道与路基衔接、路面、排水及运营管理等调整建议。

6) 路线交叉评价

根据项目特点、设计速度与运行速度协调性，提出平面交叉或立体交叉位置、形式等调整建议。根据运行速度对变速车道、视距三角区以及匝道平、纵、横等进行检查，并提出调整建议。

7) 交通工程及沿线设施评价

根据设计速度与运行速度协调性，对标志位置、版面和字体尺寸、收费站位置等提出调整建议。根据安全要求，对标志基础、护栏位置与形式、标线与诱导标志的有效性进行检查，提出调整建议。

第五节 道路勘测设计的依据

道路几何设计必须符合技术标准的规定，必须与地形、地质等自然条件相适应，必须满足交通流特性要求，也必须符合道路网规划，这些都是控制道路设计的因素。

一、技术依据

道路勘测设计主要的技术依据有以下几种：

《公路工程技术标准》(JTGB 01—2003)；

《公路路线设计规范》(JTGD 20—2006)；

《城市道路设计规范》(CJJ 37—90)。

道路勘测设计相关的技术依据为：

《公路勘测规范》(JTGC 10—2007)。

道路勘测设计其他的技术依据有以下几种：

《公路工程基本建设项目设计文件编制办法》；

《城市道路交通规划设计规范》(GB 50220—95)；

《厂矿道路设计规范》(GBJ 22—87)；

《公路环境保护设计规范》(JTJ/T 006—98)。

二、自然条件

我国幅员辽阔，各地地理位置和自然条件各不相同，而道路是设置在大地表面的带状建筑物，因此道路设计受到各种自然条件的限制。影响道路的自然因素主要有地形、气候、水文、地质、土壤及植被等,这些自然因素主要影响道路等级和设计速度的选用、路线方案的确定、路线平纵横的几何形状、桥隧等构造物的位置和规模、工程数量和造价等。

地形决定了选线条件,并直接影响道路的技术标准和指标。按道路布线范围内地表形态、相对高差、倾斜度及平整度,将地形大致划分为平原、微丘地形和山岭、重丘地形。平原、微丘地形中,平原地形指一般平原、山间盆地、高原等,地表平坦、无明显起伏、地面自然坡度一般在3°以内;微丘地形指起伏不大的丘陵,地面自然坡度在20°以下,相对高差在100 m以下,布线一般不受地形限制;对于河湾顺适、地形开阔且有连续宽台地的河谷地形,河床坡度多在5°以下,地面自然坡度在20°以下,沿河布线一般不受地形限制,路线纵坡平缓或略有起伏,也属平原微丘地形。山岭、重丘地形中,山岭地形指山脊、陡坡、悬崖、峭壁、峡谷、深沟等,地形变化复杂、地面自然坡度大多在20°以上,路线平、纵、横面大部分受地形限制,桥、隧、涵及防护支挡构造物增多,工程数量及造价明显增加;重丘地形指连续起伏的山丘,且有深谷和较高的分水岭,地面自然坡度一般在20°以上,路线平、纵面大多受地形限制;高原地带的深侵蚀沟,以及有明显分水线绵延较长的高地,地面自然坡度在20°以上,路线平、纵面大部分受地形限制,也属山岭重丘地形。

气候状况直接或间接地影响地面水的数量、地下水位高度、路基水温状况,以及泥泞期、冬季积雪和冰冻期等,影响路线平面位置和竖向高度的确定。

水文情况决定排水结构物的位置、数量和大小,水文地质情况决定了含水层厚度和位置、地基或边坡的稳定性。

地质构造决定了地基和路基附近岩层的稳定性,决定路线方案和布设,同时也决定了土石方施工的难易程度和筑路材料的质量。

土是路基和路面基层的材料,它影响路基形状和尺寸,也影响路面类型和结构的确定。

地面的植物覆盖影响暴雨径流、水土流失程度,经济种植物还影响到路线的布设。

上述自然条件是相互联系和相互制约的,并且处于不断变化的过程中。因此道路勘测时要细致调查、实地观察,并注意今后的自然变化和道路建成后的影响,正确处理路线绕避、趋就、穿越不良自然条件区域,保证道路在复杂的自然条件下坚固稳定,确保交通运输的畅通。

三、交通特性

(一)设计车辆

设计车辆是指道路设计所采用的具有代表性的车辆。道路上行驶的车辆主要是汽车,对于混合交通的道路还有一部分非机动车。汽车的行驶性能、外廓尺寸以及不同种类车辆的组成对道路几何设计具有决定作用,比如确定路幅组成、车道宽度、平曲线加宽、纵坡大小、行车视距等都与设计车辆有密切关系。因此,选择有代表性的车辆作为道路设计的依据是必要的。

道路上行驶车辆的种类较多,按使用目的、结构或发动机的不同,作为道路设计依据的车辆可分为四类:小客车、载重汽车、鞍式列车、铰接车,其外廓尺寸见表1-7和图1-3,其中前悬指车体前端到前轮车轴中心的距离,轴距指前轮车轴中心到后轮车轴中心的距离,后悬指后轮车轴中心到车体后端的距离。

表1-7 设计车辆外廓尺寸

尺寸/m 项目	总长	总宽	总高	前悬	轴距	后悬
小客车	6	1.8	2	0.8	3.8	1.4
载重汽车	12	2.5	4	1.5	6.5	4
鞍式列车	16	2.5	4	1.2	4+8.8	2
铰接车	18	2.5	4	1.7	5.8+6.7	3.8

鞍式列车适用于大型集装箱运输,可作为高速公路、一级公路和有大型集装箱运输公路的设计依据。其他公路必须保证小客车及载重汽车的安全和顺适通行。铰接车适用于城市道路控制之用。

小客车的最小转弯半径为6 m,载重汽车和鞍式列车为12 m。确定路缘石或交通岛的转弯车道半径时,一般应以鞍式列车的转弯半径作为控制。

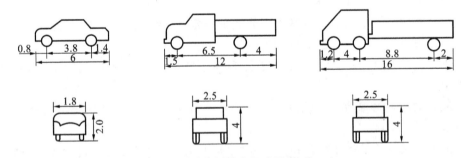

图1-3 设计车辆外廓尺寸图(单位:m)

自行车在城市或近郊数量最多,设计时应予以充分考虑。自行车的外廓尺寸为宽0.75 m,长2.00 m,载人后的高为2.25 m。

(二) 设计速度与运行速度

1. 设计速度

设计速度(又称计算行车速度),是指当气候条件良好、交通密度小、汽车运行只受道路本身条件(几何要素、路面、附属设施等)的影响时,中等驾驶技术的驾驶员能保持安全顺适行驶的最大行驶速度。

设计速度是决定道路几何形状的基本依据。道路的曲线半径、超高、视距等直接与设计速度有关。同时也影响车道宽度、中间带宽度、路肩宽度等指标的确定。

《公路工程技术标准》对各级公路规定了不同的设计速度分档,如表 1-2 所示。公路设计中应根据公路的功能、等级及交通量,结合沿线地形、地质状况等,经论证后确定合适的设计速度。

高速公路作为国家及省属重要干线公路,或作为交通量大的国家及省属干线公路,或位于地形、地质良好的平原、丘陵地段时,经技术经济论证,其设计速度宜采用 120 km/h 或 100 km/h;当受地形等自然条件限制时,经论证可选用 80 km/h;个别特殊困难地段因修建公路可能诱发病害时,经论证并报主管部门批准,其局部路段可采用 60 km/h 的设计速度。

一级公路作为干线公路,且纵、横向干扰小时,设计速度宜采用 100 km/h 或 80 km/h;当作为大、中城市城乡结合部混合交通量大的集散公路时,应结合平面交叉的数量、安全措施等进行论证,其设计速度可采用 80 km/h 或 60 km/h。

二级公路作为干线公路或城市间的干线公路时,其设计速度可选用 80 km/h;作为城乡结合部混合交通量大的集散公路时,其设计速度宜选用 60 km/h;位于地形等自然条件复杂的山区,经论证局部路段可采用 40 km/h。

三级公路作为支线公路时,其设计速度可用 40 km/h;作为县乡公路或位于地形等条件限制路段可选用 30 km/h。

四级公路设计速度采用 20 km/h。

城市道路与公路相比,具有功能多样、组成复杂、行人交通量大、车辆多、车速差异大、交叉口多的特点,平均行驶速度比公路低。《城市道路设计规范》(CJJ 37—90)规定的各类各级道路的设计速度见表 1-5 和表 1-6,条件许可时宜采用较大值。

2. 运行速度

一条道路的设计速度是一个固定值,设计速度对极限值指标的选用,如最小半径、最大纵坡等,具有控制作用,但对非极限值指标无控制作用。设计中,只要自然条件允许,尽量采用对提高车速有利的指标值,比如曲线半径很大、坡度很缓,汽车实际行驶速度比设计速度高出很多;相反,受自然条件限制时,不得不采用小的半径、陡的坡度,使大型载重汽车上坡行驶速度降低很多,甚至远低于设计速度。在这种道路上汽车的实际行驶速度变化很大,与设计速度固定值不一致,当车速由高到低无足够的过渡时,便产生速度的突变,容易发生交通事故。

针对设计速度存在的不足,避免产生速度突变,保证汽车行驶的连续性,引入运行速度的概念及其应用方法。

运行速度是指中等技术水平的驾驶员在良好的气候条件、实际道路状况和交通条件下所能保持的安全速度。通常采用测定的第 85 百分位行驶速度作为运行速度。

应用运行速度的设计方法:根据设计速度初定道路线形,通过测算模型计算路段运行速度,用速度差控制标准检查和修正线形,以修正后的运行速度为依据确定路线其他设计指标。

(三) 交通量

1. 设计交通量

交通量是指单位时间内通过道路某一断面的车辆数,其计量单位常用年平均日交通量(pcu/d,用全年总交通量除以 365 而得)或小时交通量(pcu/h)。设计交通量是指拟建道路到预测年限时所能达到的年平均日交通量,其值可根据历年交通观测资料预测求得,目前多按年平均增长率计算确定。

$$AADT = ADT \times (1+\gamma)^{n-1}$$

式中 AADT——设计交通量(pcu/d);
ADT——起始年平均日交通量(pcu/d);
γ——年平均增长率(%);
n——预测年限(年)。

预测年限规定:国家及省属重要干线公路的设计交通量应按 20 年预测;国家及省属干线公路应按 15 年预测,但对于国家及省属干线的高速公路和一级公路应按 20 年预测;县公路的设计交通量宜按 10 年预测。另外,设计交通量的预测起算年应为该项目可行性研究报告中的计划通车年;当提交可行性研究报告年到公路通车年超过 5 年时,在编制初步设计前应对设计交通量予以核对。

设计交通量在确定道路等级、论证道路的计划费用或进行各项结构设计时有重要作用,但不宜直接用于道路几何设计。因为一年中的每月、每日、每小时交通量都在变化,在某些季节、某些时段可能高出年平均日交通量数倍,所以不宜作为具体设计的依据。

2. 设计小时交通量

小时交通量是以小时为计算时段的交通量,是确定车道数、车道宽度和评价服务水平的依据。统计表明,在一天及全年,每小时交通量的变化很大。若以一年中最大的高峰小时交通量作为设计依据,会造成浪费,但如果采用日平均小时交通量则不能满足高峰交通需求,造成交通拥挤或阻塞。为使设计交通量的取值既保证交通安全畅通,又能使工程造价经济、合理,需要借助一年中每小时交通量的变化曲线来确定设计小时交通量。

将一年中所有小时交通量(双向)按其与年平均日交通量的百分数大小顺序排列并绘成曲线如图1-4。由图可知在 20~40 位小时交通量附近,曲线急剧变化,其右侧曲线明显变缓,而左侧曲线坡度则较大。如以第 30 位小时交通量作为设计依据,在一年中只有 29 个小时的交通量超过设计值,会发生拥挤,占全年小时数的 0.33%,而全年 99.67% 的时间能够保证交通畅通。因此,设计小时交通量宜采用第 30 位小时交通量,也可根据当地调查结果采用第 20~40 位小时之间最为经济合理的时位。设计小时交通量是指采用的第 20~40 位小时交通量。

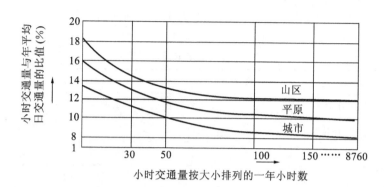

图 1-4　年平均日交通量与小时交通量的关系曲线

在确定设计小时交通量时,应根据平时观测资料绘制各条路线交通量变化曲线,没有观测资料的路段可参考性质相似、交通状况相仿的其他道路资料确定。

设计小时交通量按下式计算

$$DDHV = AADT \times D \times k$$

式中　DDHV——主要方向设计小时交通量(pcu/h);

　　　AADT——设计交通量,即预测年的年平均日交通量(pcu/d);

　　　D——方向不均匀系数,一般取 $D=0.5\sim0.6$;

　　　k——设计小时交通量系数(%),为选定时位小时交通量与年平均日交通量的比值,当有观测资料时绘制图 1-4 求得 k 值,无观测资料时可根据气候分区按表 1-8 取值。

表 1-8　设计小时交通量系数 k 值(%)

地　　区		华北	东北	华东	中南	西南	西北
		京、津、冀、晋、蒙	辽、吉、黑	沪、苏、浙、皖、闽、赣、鲁	豫、湘、鄂、粤、桂、琼	川、滇、黔、藏	陕、甘、青、宁、新
城市近郊	高速公路	8.0	9.5	8.5	8.5	9.0	9.5
	一级公路	9.5	11.0	10.0	10.0	10.5	11.0
	二、三级公路	11.5	13.5	12.0	12.5	13.0	13.5
城间公路	高速公路	12.0	13.5	12.5	12.5	13.0	13.5
	一级公路	13.5	15.0	14.0	14.0	14.5	15.0
	二、三级公路	15.5	17.5	16.0	16.5	17.0	17.5

3. 车辆折算系数

道路上行驶的车辆种类较多,其速度、行驶规律以及占用道路的净空差异较大,但作为道路设计的交通量应折算成某一标准车型。我国《公路工程技术标准》规定标准车型为小客车,用于道路规划与技术等级划分的机动车折算系数按表 1-9 采用。三、四级公路上行驶的拖拉机当每小时大于10辆时,每辆拖拉机可折算为4辆小客车。

城市道路上各种车辆的折算系数可按《城市道路设计规范》规定采用。

表1-9 各级公路车辆折算系数

车型编号	代表车型	折算系数	车种说明
1	小客车	1.0	额定座位≤19座的客车和载重量≤2t的货车
2	中型车	1.5	额定座位>19座的客车和2t<载重量≤7t的货车
3	大型车	2.0	7t<载重量≤14t的货车
4	拖挂车	3.0	载重量>14t的货车

(四)通行能力与服务水平

1. 通行能力

通行能力是在一定的道路、环境和交通条件下,单位时间内道路某个断面上所能通过的最大车辆数,是特定条件下道路能承担车辆数的极限值,用辆/小时(pcu/h)表示。对通行能力和交通量的分析,可正确确定道路的等级、规模、主要技术指标和几何线形要素。高速公路及一、二、三级公路的路段,高速公路及一级公路互通式立体交叉匝道和交织区段,一、二、三级公路的平面交叉等,按规定需进行通行能力和服务水平的分析、评价。影响道路通行能力的因素主要有道路条件、交通条件、控制条件及环境条件等。道路通行能力分为基本通行能力、可能通行能力和设计通行能力三类。

基本通行能力是指在理想的道路和交通条件下,某一条车道或某个断面上,单位时间内所能通过小客车的最大数量,是计算各种通行能力的基础。理想条件包括道路条件和交通条件,即道路方面车道宽、侧向净宽足够,平、纵线形及视距条件良好;交通方面车道上只有单一标准车行驶,没有其他车型混入且车速不受限制。基本通行能力的计算可采用"车头时距"或"车头间距"求得。车头时距是指连续两车通过车道或道路上同一地点的时间间隔,车头间距是指交通流中连续两车之间的距离。

可能通行能力是在实际道路和交通条件下,单位时间内道路某一点所能通过的最大交通量。计算时以基本通行能力为基础,考虑道路和交通实际状况,选定相应修正系数,再乘以基本通行能力得到可能通行能力。

设计通行能力是道路交通运行状态保持在某一设计的服务水平时,单位时间内道路上某一断面可以通过的最大车辆数。设计通行能力由可能通行能力乘以与该路服务水平相应的最大服务交通量和基本通行能力之比(V/C)得到。

各种通行能力的计算方法详见交通工程有关内容。

2. 服务水平

1) 服务水平的定义

服务水平是车辆在运行过程中驾驶员和乘客所感受的质量量度。服务交通量是指在普通的道路、交通和管制条件下,在规定时间周期内能保持规定的服务水平时,道路某一断面或均匀路段所能通过的最大小时交通量。服务交通量越小,驾驶自由度就越大,舒适性和安全性就越好,运行质量就越高。反之,服务交通量大,则服务水平低。

2)服务水平的分级

对服务水平的分级各国不同,一般根据道路交通的具体条件划分为3~6个等级,如日本分为三个等级。美国分为 A、B、C、D、E、F 六个等级,我国将服务水平划分为一、二、三、四级。

一级:交通量小,车流为自由流,车辆相互间不受或很少受影响,驾驶便利,乘客舒适;

二级:交通量增加,车流基本处于稳定流,车辆开始相互受到影响,驾驶和舒适质量下降;

三级:交通量较大,车流接近不稳定状态,行驶速度和驾驶自由度受到约束,乘客舒适性下降;

四级:交通量大,车流处于强制状态,车辆出现排队,停停走走,极不稳定。

各级公路的设计服务水平应与其技术等级相适应。高速公路、一级公路应按二级服务水平设计;二、三级公路上的无信号交叉可按三级服务水平设计;四级公路可视需要确定。各级公路的服务水平与服务交通量规定如表1-10~表1-12。

表 1-10 高速公路服务水平分级表

服务水平等级	密度/$\left(\dfrac{pcu}{km/h}\right)$	设计速度 120 km/h			设计速度 100 km/h			设计速度 80 km/h		
		速度/(km/h)	V/C	最大服务交通量/$\left(\dfrac{pcu}{h \cdot ln}\right)$	速度/(km/h)	V/C	最大服务交通量/$\left(\dfrac{pcu}{h \cdot ln}\right)$	速度/$\left(\dfrac{km}{h}\right)$	V/C	最大服务交通量/$\left(\dfrac{pcu}{h \cdot ln}\right)$
一	≤7	≥109	0.34	750	≥96	0.33	700	≥78	0.30	600
二	≤18	≥90	0.74	1600	≥79	0.67	1400	≥66	0.60	1200
三	≤25	≥78	0.88	1950	≥71	0.86	1800	≥62	0.78	1550
四	≤45	≥48	接近1.0	<2200	≥47	接近1.0	<2100	≥45	接近1.0	<2000
	>45	<48	>1.0	0~2200	<47	>1.0	0~2100	<45	>1.0	0~2000

注:V/C是在理想条件下,最大服务交通量与基本通行能力之比,基本通行能力是四级服务水平上半部分的最大交通量。

表 1-11 一级公路服务水平分级

服务水平等级	密度/(pcu/km/h)	设计速度 100 km/h			设计速度 80 km/h			设计速度 60 km/h		
		速度/(km/h)	V/C	最大服务交通量/(pcu/(h·ln))	速度/(km/h)	V/C	最大服务交通量/(pcu/(h·ln))	速度/(km/h)	V/C	最大服务交通量/(pcu/(h·ln))
一	≤7	≥92	0.32	650	≥75	0.29	500	≥57	0.25	400
二	≤18	≥73	0.65	1300	≥60	0.61	1100	≥50	0.56	900
三	≤25	≥68	0.85	1700	≥56	0.78	1400	≥47	0.72	1150
四	≤40	≥50	接近1.0	<2000	≥46	接近1.0	<1800	≥40	接近1.0	<1600
	>40	<50	>1.0	0~2000	<46	>1.0	0~1800	<40	>1.0	0~1600

表 1-12 二、三级公路服务水平分级

服务水平等级	延误率/(%)	V/C 80 km/h				60 km/h				≤40 km/h			
		速度/(km/h)	不准超车区(%)			速度/(km/h)	不准超车区(%)			速度/(km/h)	不准超车区(%)		
			<30	30~70	>70		<30	30~70	>70		<30	30~70	>70
一	≤30	≥76	0.15	0.13	0.12	≥65	0.15	0.13	0.11	≥54	0.14	0.13	0.10
二	≤60	≥67	0.40	0.34	0.31	≥56	0.38	0.32	0.28	≥48	0.37	0.25	0.20
三	≤80	≥58	0.64	0.60	0.57	≥48	0.58	0.48	0.43	≥42	0.54	0.42	0.35
四	<100	≥48 / <48	1.0	1.0	1.0	≥40 / <40	1.0	1.0	1.0	≥37 / <37	1.0	1.0	1.0

注：不同设计速度下，9 m 宽双车道公路的基本通行能力分别为 2500 pcu/h、2300 pcu/h、2000 pcu/h。

四、道路网

(一) 公路网

公路网是在全国或一个区域内，由各等级公路组成的一个四通八达的网络系

统。区域内的城市、集镇以及某些运输集散点(如大型工矿、农牧业基地、车站、港口等)称作节点(或运输点)。公路设计是以公路网为基础,按其规划要求分段分级逐步实施。公路在公路网中的使用性质、任务和功能,决定了公路的等级;两节点的方向决定了公路的基本走向。对公路网的基本要求是四通八达、干支结合、布局合理、效益最佳。

合理的公路网一般应具备的条件:具有必要的通达深度和公路里程长度;具有与交通量相适应的公路技术标准和使用质量;具有经济合理的平面网络。

公路网的主要功能是:满足区域内外的交通需求,承担城市之间的运输联系;维持区域内交通的通畅及保证交通运输的快速和高效益;确保交通安全和提供优质运输服务;维护生态平衡,防止水土流失,注意环境保护,方便人民生活。

公路网系统具有如下特性。

(1) 集合性。公路网是由众多节点和线按一定规律集合组成的系统,由于各节点的重要性不同,形成了不同的路网结构和层次。我国公路网分为国道网、省道网和地方道路(县乡公路)网三个层次。国道网为沟通全国主要节点的道路系统,是全国公路网的主骨架,它与省道网形成全国和省(市)公路运输的主动脉,地方道路网形成微血管,三者组成一个有机整体。

(2) 关联性。公路网的布局或结构组成是与区域的自然条件、经济条件以及交通等有关条件相适应的,是一个具有特定功能和高效益的有机整体。路网中任意一条公路的新建或改建,都要受到全局因素的制约。由于区域经济和交通运输需求是随着时间变化和发展的,因此公路网建设是一个动态的发展过程。

(3) 目标性。公路网具有特定的功能,是有明确目标的,各条公路正是按照既定目标组合而成公路网系统,否则就不能充分发挥公路网的整体效益。

(4) 适应性。公路网应该适应于区域国土开发利用和经济发展规划,适应于区域综合运输规划和公路交通需求。

区域公路网作为一个整体,在平面上表现出的结构形式是由节点和连线组成的图式。节点的位置主要取决于区域内各运输点的地理位置,一般不会有大的变动;而连线是表示公路的基本走向,作为网络图式可以是直线,但实际上为迂回的曲线。公路网的结构形式受区域内运输点地理位置和制约公路走向诸因素的影响而千差万别,各区域的路网图式不可能是相同的格式,图 1-5 为归纳总结的几种典型公路网结构形式。平原、微丘区宜采用三角形、棋盘形和放射形路网;而重丘区和山区因受山脉及河川的限制,适宜采用并列形、树权形或条形路网;区域内的主要运输点(省、市或县的行政机关所在地等)偏于边缘时,可能产生扇形或树权形路网;在狭长地带的地方道路网中也可以采用条形路网;在较大区域内各种图式可相互配合使用而形成混合型路网,我国国道网就是采用放射形和格网形组合的图式。

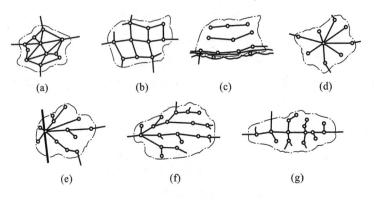

图 1-5 典型公路网结构形式示意图
(a)三角形;(b)棋网形;(c)并列形;(d)放射形;(e)扇形;(f)树杈形;(g)条形

公路网规划是公路建设发展到一定阶段所必需的工作。公路网规划是依据经济发展预测未来路网结构形式并安排建设项目实施的过程或行为。公路网规划的目的是依据区域社会经济发展对公路交通的需求,确定公路网建设的合理规模(通车里程和等级结构)及其合理布局,做出公路网项目建设分期实施计划,以使公路网建设最大限度地满足公路交通的需求。

公路网规划的主要内容:收集资料和调查分析;现状剖析和评价;社会经济发展与公路交通需求预测;合理规模确定;路网布局优化;建设序列安排和方案实施计划;综合评价;资金筹措及跟踪调整等。其中合理规模确定及路网布局优化是核心内容,合理的路网布局是指能满足给定条件并达到预期目标的一个公路网整体设计方案,从效果上应能充分体现安全、快速、畅通、经济、方便、舒适、低公害和低能耗等较高的服务水平。

(二) 城市道路网与红线规划

1. 城市道路网

宏观上城市道路网是公路网的某一节点,微观上城市道路网是由城市范围内所有道路组成的一个系统。城市道路网是编制城市规划时拟定的,它从总体上对每条道路提出了明确的目的与任务。新建或改建一条城市道路时,明确该路在城市道路网中的功能及其与相邻道路的关系,才能做出技术经济合理的设计。对城市道路网的基本要求是必须满足交通安全、方便、快速和经济,满足城市环境宁静、清洁和美观。城市道路网的主要功能是:满足交通需求;注重环境保护;为市政工程提供场地;保证建筑艺术上的要求。城市道路系统是城市中供车辆、行人交通往来的道路,是连接城市各组成部分,并与郊区公路、铁路场站、港口、码头、航空机场相贯通的交通纽带,也是布置城市公用管线、街道绿化、组织沿街建筑和划分街坊的基础。因此,城市道路网是城市市政设施的重要组成部分。城市道路网的特点表现在:功能多样,组成复杂;车辆多、类型杂、车速差异大,行人交通量大;道路交叉点多,沿线建筑密集;景观和建筑艺术要求高;规划设计影响因素多,政策性强。

城市道路网的结构形式是指一座城市中所有道路组合的轮廓或几何形状,它与城市的规模、城市中交通吸引点的分布以及城市所在地自然条件等密切相关。城市道路网的几何形状一旦形成,整个城市的运输系统、建筑布置、居民点以及街区规划也就确定了。通常改变一座城市的道路网形状是困难的,也是不经济的,对城市道路网进行改造和规划应在原有结构基础上进行。对国内外已建城市路网结构的归纳和总结,城市道路网可有四种基本形式:方格网式、环形放射式、自由式和混合式,如图 1-6 所示。

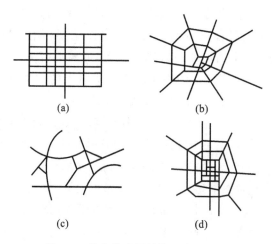

图 1-6 城市道路网结构形式示意图
(a)方格网式;(b)环形放射式;(c)自由式;(d)混合式

(1) 方格网式:每隔一定间距设置接近平行的干道,在干道之间再布设次要道路,形成方格棋盘状道路网。方格网是最常见的城市道路结构形式,其特点是街坊整齐,有利于建筑布置和方向识别;交叉简单,多为十字形,个别为 T 形,交通组织简单便利;交通分散,不会造成市中心的交通压力过重;车流重新分配灵活性大,车辆绕行方便;但对角线方向交通不便,非直线系数(两点间实际交通距离与直线距离之比)高达 1.2~1.41。为解决对角线方向交通可采用方格对角线式,但因不规则街坊和畸形交叉口多,故采用城市不多。方格网式道路网适用于地形平坦的中、小城市或大城市的局部区域。我国许多建于平坦地区的古城,如北京、西安、太原、郑州、石家庄、开封等城市的旧城区均属于方格网式。另外一些沿江(河)、沿海的城市,由于顺应地形而形成了不规则的棋盘状道路网,如洛阳、福州、苏州等城市。

(2) 环形放射式:是由放射状道路和环状道路组成的道路网。放射状道路主要承担对外交通联系,环状道路承担各区间联系,并连接放射式道路以分散部分过境交通。一般由旧城中心地区逐渐向外发展,并在外围区域布设环城道路演变而来。其特点是能使市中心区与郊区、外围相邻各区间交通联系方便;道路有直有曲,易与地形相适应;非直线系数小,一般在 1.1 左右;缺点是市中心地区交通压力大,交通灵活性不如方格网式好，小范围使用会出现不规则街坊。为分散市中心交通，放射性干道的布设应止于城市的内环路或二环路，并禁止过境交通进入市区，有些大城市也可设置两个或两个以上的中心区。环形放射式道路网应结合城市自然条件规划，不应机械地追求几何图形，环形道路可以是半环或多边折线，放射道路也不一定在城市各个方向都设置。环形放射式道路网适用于大城市或特大城市的干道系统。国内外许多大城市都采用这种道路网形式，如成都、莫斯科、巴黎、伦敦、柏林、东京等城市。

(3) 自由式：道路弯曲自然、无一定规则几何形状的道路网。一般是由于城市地形起伏，道路结合地形条件而形成的。其特点是能充分利用地形使线形自然顺适、工程造价降低，但因路线曲折而使非直线系数大、不规则街坊多、建筑用地分散。自由式道路网适用于地形起伏较大的中小城市或大城市的局部区域。我国许多山丘区城市，如重庆、渡口、九江、遵义、南宁、青岛等均属自由式道路网。

(4) 混合式：是结合城市用地条件，采用前三种形式组合而成的道路网。有一些城市是分阶段发展的结果，如在旧城区方格网式基础上，分期修建放射道路和环形道路而形成混合式道路网。其特点是能因地制宜，发扬前三种的优点，避免缺点，达到较好的效果。混合式道路网适用于大、中城市的道路系统。我国许多大、中城市，如北京、西安、南京、上海、武汉、杭州、郑州、合肥等都采用混合式道路网。

为了优化城市用地布局，提高城市的运转效能，提供安全、高效、经济、舒适和低公害的交通条件，应对城市道路交通进行科学、合理的规划。城市道路交通网络规划的内容包括：确定城市公共交通系统、各种交通的衔接方式、大型公共换乘枢纽和公共交通场站设施的分布和用地范围；确定各级城市道路红线宽度、横断面形式、主要交叉口的形式和用地范围，以及广场、公共停车场、桥梁、渡口的位置和用地范围；平衡各种交通方式的运输能力和运量；对网络规划方案作技术经济评估；提出分期建设与交通建设项目排序的建议。

2. 城市道路红线规划

道路红线是指城市道路用地和城市建筑用地的分界控制线。红线之间的宽度即道路用地范围，称之为道路建筑红线宽度或路幅宽度。规划道路红线就是确定道路的边线，目的是全面规定各级道路、广场、交叉口等用地范围，便于道路设计、施工及两侧建筑物的安排布置，也是各项管线工程设计、施工和调整的主要依据。道路红线一经确定，红线以外的用地就要按规划进行建设，各种管线也要按红线进行布设，一旦建成后就难以改变，因此规划红线是十分重要的。道路红线通常是由城市规划部门依据城市总体规划确定的道路网形式和各条道路的功能、性质、走向和位置等因素确定的。道路红线规划设计的主要内容如下。

(1) 确定道路红线宽度：根据道路的性质与功能，考虑适当的横断面形式，定出机动车道、非机动车道、人行道、绿带等各部分的合理组成及宽度，确定合理的道路红线宽度。定红线宽度一般应考虑:交通功能需要的宽度,日照、通风需要的宽度,防空、防火、防地震要求的宽度,建筑艺术要求的宽度等。红线宽度规划过窄不能满足各种影响因素的要求,给以后改扩建带来困难,过宽又会造成城市用地不经济。所以,定红线宽度时应充分考虑"近远结合,以近为主"的原则。

(2) 确定道路红线位置:在城市总平面图基础上,对新区道路,根据规划路中线的位置,按拟定的红线宽度画出红线。对旧区改建道路,如计划近期一次扩宽至红线宽度,根据少拆迁原则,可一侧或两侧拓宽,以一侧拓宽为宜;经长期控制按红线逐步形成时,可保持现状中线不动,两侧建筑物平均后退。

(3) 确定交叉口形式:按照近、远期规划和交叉口处具体条件,确定交叉口的形式、用地范围、具体位置和主要几何尺寸,并以红线方式绘于平面图上。

(4) 确定控制点坐标和高程:规划道路中线的转折点和各条道路的交叉点即为控制点。控制点的平面坐标可直接实地测量,控制高程则由竖向规划确定。

五、道路建筑限界与道路用地

1. 道路建筑限界

道路建筑限界是为保证车辆和行人正常通行,规定在道路的一定高度和宽度范围内不允许有任何设施及障碍物侵入的空间范围。道路建筑限界是横断面设计的重要依据,设计时应充分研究组成路幅要素的相互关系及道路各种设施的设置规划,在有限空间内做出合理的安排。不允许桥台、桥墩以及照明灯柱、护栏、信号机、标志、行道树、电杆等设施侵入道路建筑限界以内。

道路建筑限界又称净空,由净高和净宽两部分组成。净高是指道路在横断面范围内保证安全通行所必须满足的竖向高度,净高应考虑汽车装载高度、安全高度及路面铺装等因素确定。我国载重汽车的装载高度限制为 $4.0\ m$,外加 $0.5\ m$ 的安全高度,一般采用不小于 $4.5\ m$ 的净高。考虑到大型设备运输的发展、路面积雪和路面铺装在养护中的加厚等因素,规定高速公路和一级、二级公路的净高为 $5.0\ m$,三、四级公路为 $4.5\ m$。对于路面类型为中级或低级的三、四级公路,考虑到路面铺装的要求,其净高可预留 $20\ cm$。一条公路应采用相同的最小净高。当构造物位于凹形竖曲线上方时,长大车辆通过会形成悬空而降低构造物下有效净高,设计时应保证有效净高的要求;公路下穿时应保证公路距构造物底部任意点均应满足净高的需要。城市道路最小净高:各种汽车 $4.5\ m$,无轨电车 $5.0\ m$,有轨电车 $5.5\ m$,自行车和行人 $2.5\ m$,其他非机动车 $3.5\ m$。

净宽是指道路在横断面范围内保证安全通行所必须满足的横向宽度。净宽包括行车带、路肩、中间带、绿带等宽度。路肩是在净空范围之内,因此道路上各种设施(标志、护栏等)均应设置在右路肩以外的保护性路肩上,而且必须保证其伸入部分在净高以上。设于中间带和路肩上的桥墩或门式支柱不应紧靠建筑限界设置,应留有设置防护栏位置(不小于 0.5 m)的余地。

桥梁、隧道及高架道路的净空一般应与路段相同,有时为了降低造价需压缩净空时,其压缩部分主要体现在侧向宽度上。但在桥梁、隧道中需设人行道,且当人行道宽度大于侧向宽度时,其增加的宽度应包括在净宽之内。人行道、自行车道、检修道与行车道分开设置时,其净高一般为 2.5 m。

各级公路建筑限界规定如图 1-7 所示。图中:W 为行车道宽度;L_1 为左侧硬路肩宽度;L_2 为右侧硬路肩;S_1 为左侧路缘带宽度;S_2 为右侧路缘带宽度;L 为侧向宽度,高速公路、一级公路的侧向宽度为硬路肩宽度 L_1 或 L_2,其他等级公路为路肩宽度减去 0.25 m;隧道内侧向宽度应符合最小侧向宽度的规定;C 为安全带宽度,当设计速度大于 100 km/h 时为 0.5 m,等于或小于 100 km/h 时为 0.25 m;M_1 为中间带宽度;M_2 为中央分隔带;J 为隧道内检修道宽度;R 为隧道内人行道宽度;d 为隧道内检修道或人行道高度;E 为建筑限界顶角宽度,当 $L \leqslant 1$ m 时,$E=L$,当 $L>1$ m 时,$E=1$ m;H 为净空高度。

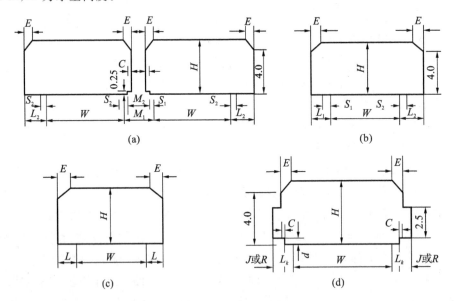

图 1-7 各级公路建筑限界(单位:m)

(a)高速公路、一级公路(整体式);(b)高速公路、一级公路(分离式);(c)二、三、四级公路;(d)公路隧道

城市道路建筑限界规定如图 1-8 所示,w_{sm} 为中间分车带宽度;w_{dm} 为中间分隔带宽度;w_c 为机动车行车道宽度或机动车与非机动车混合行驶的行车道宽度;w_1 为侧向净宽;w_{mc} 为机动车道路缘带宽度;w_{mb} 为非机动车道路缘带宽度;w_{sc} 为机动车行车道安全带宽度;w_b 为非机动车行车道宽度;w_a 为路侧带宽度;w_f 为设施带宽度;w_p 为人行道宽度;h_b 为自行车道人行道及其他非机动车行车道的最小净高;h_c 为机动车行车道最小净高;e 为顶角抹角宽度。

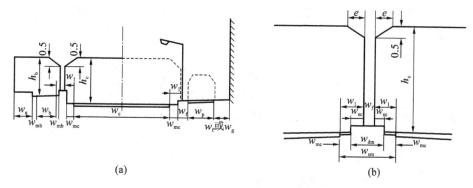

图 1-8 城市道路建筑限界(单位:m)
(a)无中间带;(b)有中间带

道路建筑限界的边界线规定如图 1-9 所示。对设路拱的路段,上缘边界线为一条水平线,两侧边界线与水平线垂直;对设超高的路段,上缘边界线是与超高横坡平行的斜线,两侧边界线与超高横坡线垂直。

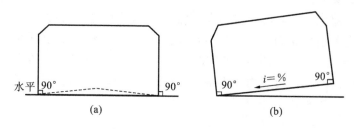

图 1-9 建筑限界的边界线
(a)一般路拱路段;(b)设置超高路段

2. 道路用地

道路用地是指为修建、养护道路及布设沿线设施等规定所征用的土地。道路用地必需按国家有关政策办理征地手续。在道路用地范围内不得修建非路用建筑物,如开挖渠道,埋设管道、电缆、电杆及其他设施。在确定用地中,既要满足修建道路所必需的用地范围,又要充分考虑我国土地资源珍贵的特点,应尽可能从设计和施工等方面节省每一寸土地,不占或少占高产田,提倡利用取土或弃土整田造地。公路用地范围规定如下。

(1)公路路堤两侧排水沟外边缘(无排水沟时为路堤或护坡道坡脚)以外,或路堑坡顶截水沟外缘(无截水沟时为坡顶)以外不小于 1 m 的土地,在有条件的地段,高速公路和一级公路不小于 3 m、二级公路不小于 2 m 的土地为公路路基用地范围。

(2)在风沙、雪害等特殊地质地带,需设置防护林、种植固沙植物、安装防沙或防雪栅栏以及设置反压护道等设施时,应根据实际需要确定用地范围。

(3)桥梁、隧道、立体交叉、平面交叉、服务设施、安全设施、管理设施、绿化及料场和苗圃等,应根据实际需要确定用地范围。

(4)有条件或环境保护要求种植多行林带的路段,应根据实际需要确定用地范围。

(5) 改建公路可参考新建公路确定用地范围。城市道路的用地是指道路红线以内的范围。

第六节 汽车行驶理论

道路主要是为汽车行驶服务的,道路设计应以满足汽车行驶的要求为前提,即安全、迅速、经济与舒适。因此,研究汽车在道路上的行驶特性及其对道路设计的具体要求,是道路设计的理论基础,制定道路线形几何标准的理论依据。本章主要介绍汽车的动力特性及其与道路设计的基本关系。

一、汽车的牵引力及行驶阻力

为研究汽车在道路上的运动状况,首先分析汽车的驱动原理,掌握沿汽车行驶方向作用于汽车的各种外力,即牵引力与行驶阻力。

1. 汽车的牵引力

汽车在道路上行驶时,必须有足够的驱动力来克服各种行驶阻力。汽车行驶的驱动力来自它的内燃发动机。燃料和空气在发动机内燃烧,通过活塞、曲轴将热能转化为机械能,产生有效功率 N,驱使曲轴以 $n(\mathrm{r/min})$ 的转速旋转,产生扭矩 M,在经过离合器、变速器、传动轴、主传动器、差速器和半轴等一系列的变速和传动,将曲轴的扭矩传给驱动轮,产生扭矩 M_k 驱动汽车行驶。

(1) 发动机曲轴扭矩 M。

如将发动机的功率 N,扭矩 M 以及燃料消耗率 g_e 与发动机曲轴的转速 n 之间的函数关系以曲线表示,当发动机节流阀全开时,该曲线称为发动机外特性曲线,如图 1-10。而对汽车驱动性能进行分析时,只需研究外特性中功率 N 和扭矩 M 与转数 n 之间的关系曲线。

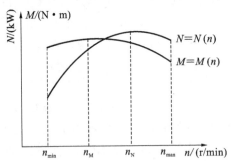

图 1-10 某汽油发动机外特性曲线

对于不同类型的发动机,其输出的功率不同,故产生的扭矩也不同。它们之间的关系如下。

$$N = M\omega(\mathrm{W}) = M\omega/1000 \ (\mathrm{kW}) \tag{1-1}$$

$$\omega = 2\pi n/60 \text{ (rad/s)}$$

代入式(1-1)得

$$N = \frac{Mn}{9549}$$

$$M = 9549 \frac{N}{n} \tag{1-2}$$

式中　M——发动机曲轴的扭矩(N·m)；

　　　N——发动机的有效功率(kW)；

　　　n——发动机曲轴的转速(r/min)。

(2) 驱动轮扭矩 M_k。

发动机曲轴上的扭矩 M，经过一系列的变速、传动后传递给驱动轮，使驱动轮产生扭矩 M_k，在 M_k 的作用下车轮滚动前进。汽车车轮根据受力情况不同分为驱动轮与从动轮，从动轮上无扭矩的作用，是驱动轮上的力经车架传至从动轮的轮轴上而产生运动。普通汽车均系前轮从动，后轮驱动，只有某些特殊用途的汽车如牵引车、越野车的前后轮均为驱动轮。

发动机曲轴上的扭矩 M 经过离合器、变速箱(速比 i_k)和主传动器(速比 i_0)两次变速，设这两次变速的总变速比为 $\gamma = i_0 \cdot i_k$，传动系统的机械效率为 η_T，则传到驱动轮上的扭矩 M_k 为

$$M_k = M\gamma\eta_T \tag{1-3}$$

式中　M_k——汽车驱动轮扭矩(N·m)；

　　　M——发动机曲轴扭矩(N·m)；

　　　γ——总变速比，$\gamma = i_0 \cdot i_k$；

　　　η_T——传动系统的机械效率，一般载重汽车为 0.80～0.85，小客车为 0.85～0.95。

此时，驱动轮上的转速 n_k 为

$$n_k = \frac{n}{i_0 i_k} = \frac{n}{\gamma}$$

相应的车速 V 为

$$V = 2\pi r \frac{n}{\gamma} \frac{60}{1000} = 0.377 \frac{nr}{\gamma} \tag{1-4}$$

式中　V——汽车行驶速度(km/h)；

　　　n——发动机曲轴转速(r/min)；

　　　r——车轮工作半径，m，即变形半径，它与内胎气压、外胎构造、路面的刚性与平整度以及荷载等有关，一般为未变形半径 r_0 的 0.93～0.96 倍。

从以上可以看出，通过变速箱和主传动器的二次降速，其主要目的在于增大扭矩。

(3) 汽车的牵引力。

如图 1-11，把驱动轮上的扭矩 M_k 用一对力偶 T_a 和 T 代替，T_a 作用在轮缘上与路面水平反力 F 抗衡，T 作用在轮轴上推动汽车前进，成为牵引力，与汽车行驶阻力 R 抗衡。

$$T = \frac{M_k}{r} = \frac{M\gamma\eta_T}{r} = 0.377\frac{n}{V}M\eta_T = 3600\frac{N}{V}\eta_T \text{ (N)} \tag{1-5}$$

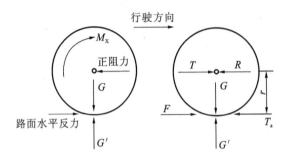

图 1-11　汽车驱动轮受力分析

由式(1-5)可知，如要获得较大的牵引力 T，必须要有较大的总变速比 γ。但 γ 增大，则车速 V 就降低，因此，对同一发动机不可能同时获得大的牵引力和高的车速。为此，对汽车设置了几个排挡，每一排挡都具有固定的总变速比 γ，以及该挡的最大车速和最小车速。当使用低挡时，用较大的 γ 值，获得较小的牵引力和较高的车速。从式(1-5)也可看出牵引力 T 与功率 N 之间的关系，发动机的有效功率越大，汽车的牵引力越大。

2. 汽车的行驶阻力

汽车行驶时需要不断克服运动过程中所遇的各种阻力。这些阻力有空气阻力、道路阻力和惯性阻力。

(1) 空气阻力。

汽车在行驶中，由于迎面空气的压力、车后的真空吸力及空气与车身表面的摩擦力阻碍汽车前进，总称为空气阻力。当行驶速度在 100 km/h 以上，约一半的功率用来克服空气阻力。

汽车在行驶时所产生的空气阻力 R_w 可以用下式计算

$$R_w = \frac{KAV^2}{21.15} \text{ (N)} \tag{1-6}$$

式中　K——空气阻力系数；

　　　A——汽车迎风面积(m^2)，KA 也称为汽车流线型因数；

　　　V——汽车与空气的相对速度(km/s)可近似地取汽车的行驶速度。

(2) 道路阻力。

道路阻力主要包括滚动阻力、坡度阻力和惯性阻力。

① 滚动阻力。车轮在路面上滚动所产生的阻力，是由轮胎与路面变形引起的。它与路面类型、轮胎结构及行驶速度等有关。滚动阻力与轮胎承受的力成正比，即

$$R_f = Gf \text{ (N)}$$

若坡道倾角为 α，其值可用下式计算：

$$R_f = Gf\cos\alpha$$

由于坡道倾角 α 一般较小，可认为 $\cos\alpha \approx 1$，则

$$R_f = Gf \tag{1-7}$$

式中　R_f——滚动阻力(N)；

　　　G——汽车的总重力(N)；

　　　f——滚动阻力系数，见表 1-13。

表 1-13　各类路面滚动阻力系数 f 值

路面类型	水泥及沥青混凝土路面	表面平整的黑色碎石路面	碎石路面	干燥平整的土路	潮湿不平整的土路
f 值	0.01~0.02	0.02~0.025	0.03~0.05	0.04~0.05	0.07~0.15

② 坡度阻力。汽车在坡道上行驶时，汽车重量在平行于路面方向又分力，上坡时分力与汽车前进方向相反，阻碍汽车行驶；而下坡时分力与前进方向相同，推动汽车行驶。坡度阻力可用下式计算：

$$R_i = G\sin\alpha$$

式中　α——道路纵坡倾角。

因坡道倾角一般较小，可认为 $\sin\alpha \approx \tan\alpha \approx i$，则

$$R_i = Gi$$

式中　R_i——坡度阻力(N)；

　　　G——车辆总重力(N)；

　　　i——道路纵坡度，上坡为正，下坡为负。

从以上可以看出，滚动阻力和坡度阻力均与道路状况有关，且都与汽车的总重力成正比，将它们统称为道路阻力，以 R_R 表示，即

$$R_R = G(f+i) \text{ (N)} \tag{1-8}$$

③ 惯性阻力。汽车变速行驶时，需要克服其质量变速运动时产生的惯性和惯性力矩称为惯性阻力，用 R_I 表示。汽车的质量分为平移质量和旋转质量(如飞轮、齿轮、传动轴和车轮等)两部分。变速时平移质量产生惯性力，旋转质量产生惯性力矩。

由于惯性力矩计算比较复杂，为计算方便，一般给平移质量惯性力乘以大于 1 的系数 δ，来代替旋转质量惯性力矩的影响。即

$$R_I = \delta \frac{G}{g} a \tag{1-9}$$

式中　R_I——惯性阻力(N)；

　　　G——车辆总重力(N)；

g——重力加速度(m/s^2);

δ——惯性力系数(或旋转质量换算系数);

a——汽车行驶的加速度(m/s^2)。

因此,汽车的总行驶阻力为 $R = R_W + R_R + R_I$。

3. 汽车的运动方程式和行驶条件

(1) 汽车的运动方程式。

汽车在道路上行驶时,必须有足够的牵引力来克服各种行驶阻力。当牵引力与各种行驶阻力的代数和相等时,称为牵引平衡。其牵引平衡方程式(也称汽车的运动方程式)为

$$T = R = R_W + R_R + R_I \tag{1-10}$$

式(1-10)中牵引力 T 为节流阀全开的情况。如果节流阀部分开启,要对驱动力 T 进行修正。修正系数用 U 表示,称为负荷率。即

$$T = U \frac{M \gamma \eta_T}{r}$$

一般,负荷率 U 为 80%~90%。将有关公式代入式(1-10),则汽车的运动方程式为

$$U \frac{M \gamma \eta_T}{r} = \frac{KAV^2}{21.15} + G(f+i) + \delta \frac{G}{g} a \tag{1-11}$$

(2) 汽车的行驶条件。

汽车在道路上行驶,必须有足够的牵引力来克服各种行驶阻力,则要求:

$$T \geqslant R \tag{1-12}$$

式(1-12)是汽车行驶的必要条件(即驱动条件)。

只有足够的牵引力还不能保证汽车正常的行驶。若驱动轮与路面之间的附着力不够大,车轮将在路面上打滑,不能正常行驶。所以,汽车牵引力的发挥,还要受轮胎与路面之间附着条件的制约。即汽车行驶的充分条件是驱动力小于或等于轮胎与路面之间的附着力,即

$$T \leqslant \varphi G_k \tag{1-13}$$

式中 φ——附着系数,主要取决于路面的粗糙程度和潮湿泥泞程度,轮胎的花纹和气压,以及车速和荷载等,计算时可按表1-14选用;

G_k——作用在驱动轮的荷载。一般情况下,小汽车为总重的 0.5~0.65 倍,载重车为总重的 0.65~0.80 倍。

表 1-14 各类路面上附着系数 φ 的平均值

路面类型	路面状况			
	干燥	潮湿	泥泞	冰滑
水泥混凝土路面	0.7	0.5	—	—
沥青混凝土路面	0.6	0.4	—	—
过渡式及低级路面	0.5	0.3	0.2	0.1

根据以上汽车行驶条件,在实际工作中对路面提出了一定要求,从宏观上讲要求路面平整而坚实,尽量减少滚动阻力;从微观上讲要求路面粗糙而不滑,以增大附着力。

二、汽车的动力特性

汽车的动力性能是指汽车所具有的加速、上坡、最大速度等性能。研究汽车的动力性能的目的主要是为道路纵断面设计提供理论依据。

1. 汽车的动力因数

为便于分析,将式(1-9)作如下变换

$$T - R_W = R_R + R_I$$

上式等号左端 $T - R_W$ 为汽车的后备牵引力,它与汽车的构造和行驶速度有关,等号右端为汽车在道路上行驶时的道路阻力 R_R 和惯性阻力 R_I 之和,其值主要与道路状况和汽车的行驶状态有关,将右端行驶阻力表达式代入,得

$$T - R_W = G(f + i) + \delta \frac{G}{g} a$$

为便于不同类型汽车的动力性能进行比较,将上式两端分别除以车辆总重力 G,得

$$\frac{T - R_W}{G} = (f + i) + \frac{\delta}{g} a \tag{1-14}$$

令上式左端为 D,即

$$D = \frac{T - R_W}{G} \tag{1-15}$$

D 称为动力因数,即为单位车中具备的牵引潜力。它表征某型汽车在海平面高程上、满载情况下,每单位车重克服道路阻力和惯性阻力的性能。将有关公式代入式(1-15)得

$$D = \frac{T}{G} - \frac{R_W}{G} = \frac{U M \gamma \eta_T}{r \cdot G} - \frac{K A V^2}{21.15 G}$$

从上式可以看出 D 是关于 V 的二次函数,为使用方便,将 D 与 V 的函数关系用曲线表示,称为动力特性图。利用该图可直接查出各排挡时不同车速对应的动力因数值,图 1-12 以东风 EQ—140 为例绘制了其动力特性图。

动力因数和动力特性图是按海平面及汽车满载情况下的标准值计算绘制的。若道路的高程既不在海平面上,汽车也不是满载,则应对动力因数 D 进行修正。方法是给 D 乘以一个修正系数 λ,如图 1-13,可推出汽车载重与修正系数的关系式。

$$\lambda D = (f + i) + \frac{\delta}{g} a \tag{1-16}$$

λ 称为动力因数 D 的荷载修正系数,其值为

$$\lambda = \xi \frac{G}{G'}$$

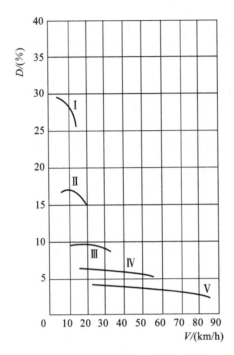

图 1-12 东风 EQ—140 载重车的动力特性

式中 ξ——海拔系数,见图 1-13,或 $\xi=(1-2.26\times10^{-5}H)^{5.3}$,$H$ 为海拔高度(m);

G——满载时汽车的总重力(N);

G'——实际装载时汽车的总重力(N)。

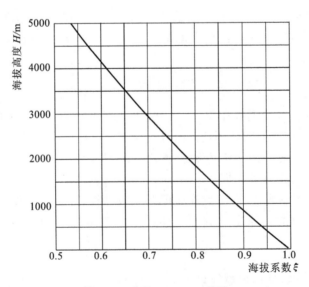

图 1-13 东风 EQ—140 载重

2. 汽车的行驶状态

由式(1-16)可得

$$a = \frac{\lambda g}{\delta}(D - \psi) \tag{1-17}$$

式中
$$\psi = \frac{f + i}{\lambda}$$

对不同排挡的 D—V 曲线，D 值都有一定使用范围，挡位越低，D 值越大，而车速越低。

在某瞬时，当汽车的动力因数为 D，道路阻力为 ψ，汽车的行驶状态有以下 3 种情况：

当 $\psi < D$ 时，$a = \frac{\lambda g}{\delta}(D - \psi) > 0$　　加速行驶；

当 $\psi = D$ 时，$a = 0$　　等速行驶；

当 $\psi > D$ 时，$a = \frac{\lambda g}{\delta}(D - \psi) < 0$　　减速行驶。

在动力特性图上，与任意的 $D = \psi$ 相应等速行驶的速度称为平衡速度，用 V_P 表示。

如图 1-14，若汽车在道路阻力为 ψ_1 的坡道上行驶时，与 $D_1 = \psi_1$ 对应的平衡速度为 V_1。

当汽车的行驶速度 $V > V_1$ 时减速行驶，直到等于 V_1 为止；当 $V < V_1$ 时加速行驶，直到等于 V_1 为止。

每一排挡都存在各自的最大动力因数 D_{max}，与之对应的速度称作临界速度，用 V_k 表示。

如图 1-15，若汽车以某一排挡作等速行驶，当 $D_2 = \psi_2$ 时，汽车可采用 V_1 或 V_2 的任一速度行驶。

当汽车采用 $V_1 > V_k$ 的速度行驶时，若道路阻力额外增加（如道路局部坡度增大，路面出现坑凹或松软等），汽车可在原来排挡上降低车速，以获得较大 D 值来克服额外阻力，待阻力消失后可立即提高到 V_1 的速度行驶。这种行驶状态称为稳定行驶。

当汽车采用 $V_2 > V_k$ 的速度行驶时，若道路阻力额外增加，汽车减速行驶而 D 值随之减小，如果此时不换挡或开大节流阀，汽车将因发动机熄火而停驶。这种行驶状态称为不稳定行驶。

因此，临界速度 V_k 是汽车稳定行驶的极限速度。一般情况下汽车都采用大于某一排挡的临界速度 V_k 作为行驶速度，以便克服额外阻力而连续行驶。

如果道路阻力 ψ_3 更大，使得车速降低较快，若车速降至本挡 V_k 时，需要换挡行驶；相反，道路阻力 ψ_3 更小时车速增加较快，当增至本挡最高车速 V_{max} 时需要换高挡行驶。

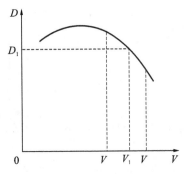
图1-14 平衡速度与行驶状态分析

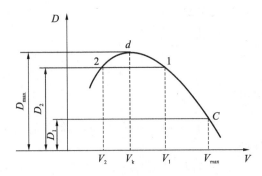
图1-15 某排挡动力特性图

汽车的最高速度是指节流阀全开、满载（不带挂车），在表面平整坚实水平路段上作稳定行驶时的速度。每一排挡都有各自的最高速度，除个别车型外，一般直接挡的最高速度最大。

汽车的最小稳定速度是指满载（不带挂车）在路面平整坚实的水平路段上，稳定行驶时的最低速度（即临界速度 V_k）。汽车的最高速度与最小稳定速度之间的差值越大，表示汽车对道路阻力的适应性越强。其他排挡也同样存在着这两个对应值。

3. 汽车的爬坡能力

汽车的爬坡能力是指汽车能克服坡度的能力。汽车的最大爬坡能力是用最大爬坡坡度评定的。最大爬坡度系指汽车在坚硬路面上用最低挡做等速行驶时所能克服的最大坡度。因 $a=0$，则

$$i = \lambda D - f \tag{1-18}$$

由于最低挡爬坡能力大，坡道倾角 α 也大，此时 $\cos\alpha<1$，$\cos\alpha \neq \tan\alpha = i$，应该用下式计算

$$\lambda D_{1\max} = f\cos\alpha + \sin\alpha$$

解此三角函数方程式，得

$$\alpha_{1\max} = \arcsin \frac{\lambda D_{1\max} - f \sqrt{1 - \lambda_{1\max}^2 + f^2}}{1 + f^2} \tag{1-19}$$

则

$$i_{\max} = \tan\alpha_{1\max}$$

式中　$\alpha_{1\max}$——最低挡所能克服的最大坡道倾角；
　　　f——滚动阻力系数；
　　　$D_{1\max}$——最低挡的最大动力因数。

但在实际行驶中，驾驶员往往在上坡之前加速，让汽车得到较高的车速，利用惯性力爬坡，这种克服坡度的方法称为动力爬坡。

三、汽车的行驶稳定性

汽车的行驶稳定性是指汽车在行驶过程中，在外部因素作用下，汽车尚能保持正常行驶状态和方向，不致失去控制而产生滑移、倾覆等现象的能力。

影响汽车行驶稳定性的因素主要有汽车本身的结构参数、驾驶员的操作技术以及道路与环境等外部因素的作用。

以下采用力学平衡的原理分析汽车行驶的稳定性,从而为道路线性设计提供依据。

1. 汽车行驶的纵向稳定性

图 1-16 为汽车在直坡道上低等速上坡行驶受力图,惯性阻力为零,因车速降低可略去空气阻力和滚动阻力。图中 G 为汽车总重力,α 为坡道倾角,h_g 为重心高度,Z_1 和 Z_2 为作用在前、后轮上的法向反作用力,X_1 和 X_2 为作用在前、后轮上的切向反作用力,L 为汽车轴距,l_1 和 l_2 为汽车重心至前、后轴的距离,O 点为汽车重心,O_1 和 O_2 为前、后轮与路面接触点。

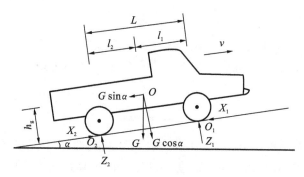

图 1-16 汽车等速上坡受力示意图

(1) 纵向倾覆条件分析。

产生纵向倾覆的临界状态是汽车前轮法向反作用力 Z_1 为零,此时,汽车可能绕 O_2 点发生倾覆现象。对 O_2 点取矩,并让 $Z_1=0$,得

$$Gl_2\cos\alpha_0 - Gh_g\sin\alpha_0 = 0$$

$$i_0 = \tan\alpha_0 = \frac{l_2}{h_g} \tag{1-20}$$

式中　α_0——Z_1 为零时极限坡道倾角;

i_0——Z_1 为零时道路的纵坡度。

当坡道倾角 $\alpha \geqslant \alpha_0$(即道路纵坡 $i \geqslant i_0$)时,汽车可能产生纵向颠覆。

(2) 纵向倒溜条件分析。

根据附着条件,驱动轮不产生纵向滑溜的状态是下滑力与附着力平衡。即

$$G\sin\alpha_\varphi = \varphi G_k$$

其中对点 O_1 取矩,可得

$$Z_2 L = Gl_1\cos\alpha_\varphi + Gh_g\sin\alpha_\varphi$$

$$Z_2 = \frac{G\cos\alpha_\varphi l_1 + G\sin\alpha_\varphi h_g}{L}$$

则

$$\tan\alpha_\varphi = \frac{l_1 + h_g\tan\alpha_\varphi}{L}\varphi$$

因 h_g、$\tan\alpha_\varphi$ 较小,可略去不计,且 $\dfrac{l_1}{L} \approx \dfrac{G_k}{G}$,则

$$i_\varphi = \tan\alpha_\varphi = \dfrac{G_k}{G}\varphi \tag{1-21}$$

式中　α_φ——产生纵向倒溜临界状态时坡道倾角;

　　　i_φ——产生纵向倒溜临界状态时道路纵坡度。

当坡道倾角 $\alpha \geqslant \alpha_\varphi$(即道路纵坡 $i \geqslant i_\varphi$)时,汽车可能产生纵向倒溜。i_φ 的取决于驱动轮荷载 G_k 与汽车总重力 G 的比值以及附着系数 φ 值,详见式(1-21)和表1-14。

(3) 纵向稳定性的保证。

分析式(1-20)和式(1-21),一般 $1/h_g$ 接近1,而 $\varphi G_k/G$ 远远小于1,所以

$$\dfrac{G_k}{G}\varphi < \dfrac{l_2}{h_g} \quad 即 \quad i_\varphi < i_0$$

也就是说,汽车在坡道上行驶时,纵向倒溜现象发生在纵向颠覆之前。为保证汽车行驶的纵向稳定性,纵坡设计应满足不产生纵向倒溜为条件。则汽车行驶时纵向稳定性的条件为

$$i < i_\varphi = \dfrac{G_k}{G}\varphi \tag{1-22}$$

当道路纵坡度 i 满足上式条件时,一般汽车满载都能保证纵向行驶的稳定性。但在运输中装载过高时,由于重心高度 h_g 的增大而破坏纵向稳定性条件,所以,应对汽车装载高度有所限制。

2. 汽车行驶的横向稳定性

(1) 汽车在平曲线上行驶时受力分析。

汽车在平曲线上行驶时会产生离心力,其方向水平背离圆心。离心力大小为

$$F = \dfrac{Gv^2}{gR}$$

式中　F——离心力(N);

　　　R——平曲线半径(m);

　　　v——汽车行驶速度(m/s)。

离心力对汽车在平曲线上行驶的稳定性影响很大,它可能使汽车向外侧滑移或倾覆。为了减少离心力的影响,保证汽车在平曲线上稳定行驶,必须使平曲线上路面做成外侧高、内侧低呈单项横坡的形式,这种设置称为超高,i_h 称超高横坡度值。如图1-17所示。

将离心力 F 与汽车重力 G 分解为平行于路面的横向力 X 和垂直于路面的竖向力 Y,即

$$X = F\cos\alpha - G\sin\alpha$$

$$Y = F\sin\alpha + G\cos\alpha$$

由于路面横向倾角 α 一般很小,则 $\sin\alpha \approx \tan\alpha = i_h$,$\cos\alpha \approx 1$,其中

$$X = F - Gi_h = \frac{Gv^2}{gR} - Gi_h = G\left(\frac{v^2}{gR} - i_h\right)$$

上式中，竖向力 Y 是稳定因素，横向力 X 是汽车行驶的不稳定因素。由于同样大小的力作用在不同重量汽车上其稳定性程度是不一样的，于是采用横向力系统来衡量，其意义为单位车重力的横向力，即

$$\mu = \frac{X}{G} = \frac{v^2}{gR} - i_h$$

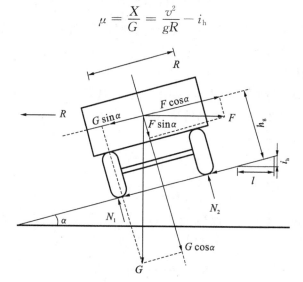

图 1-17　曲线上汽车的受力分析

将车速 v(m/s)化成 V(km/h)，则

$$\mu = \frac{V^2}{127R} - i_h \tag{1-23}$$

式中　R——平曲线半径(m)；

　　　μ——横向力系数；

　　　V——行车速度(km/h)；

　　　i_h——横向超高坡度值。

式(1-23)表达了横向力系数与车速、平曲线半径及超高之间的关系。μ 值越大，汽车在平曲线上的横向滑动稳定性越差。

(2) 横向倾覆条件分析。

汽车在具有超高的平曲线上行驶时，由于横向力的作用，可能使汽车绕外侧车轮触地点产生向外横向倾覆的危险。为使汽车不产生倾覆，必须使倾覆力矩小于或等于稳定力矩。即

$$Xh_g \leqslant Y\frac{b}{2} = (Fi_h + G)\frac{b}{2}$$

因 Fi_h 比 G 小得多，可略去不计，则

$$\mu = \frac{X}{G} \leqslant \frac{b}{2h_g} \tag{1-24}$$

式中　　b——汽车轮距(m)；

　　　　h_g——汽车重心高度(m)。

将式(1-23)代入式(1-24)并整理,得

$$R \geqslant \frac{V^2}{127\left(\dfrac{b}{2h_g}+i_h\right)} \quad (1-25)$$

利用式(1-25)可计算汽车在平曲线上行驶时,不产生横向倾覆的最小平曲线半径 R 或最大允许行驶速度 V。

(3) 横向滑移条件分析。

汽车在平曲线上行驶时,因横向力的存在,可能使汽车沿横向力的方向产生向外横向滑移。为使汽车不产生横向滑移,必须是横向力小于或等于轮胎和路面之间的横向附着力,即

$$X \leqslant Y\varphi_h \approx G\varphi_h$$

$$\mu = \frac{X}{G} \leqslant \varphi_h \quad (1-26)$$

式中　　φ_h——横向附着系数,一般 $\varphi_h=(0.6\sim0.7)\varphi$；$\varphi$ 值详见表 1-14。

将式(1-26)代入式(1-23)并整理,得

$$R \geqslant \frac{V^2}{127(\varphi_h+i_h)} \quad (1-27)$$

利用式(1-27)可计算出汽车在平曲线上行驶时,不产生横向滑移的最小平曲线半径 R 或最大允许行驶速度 V。

(4) 横向稳定性的保证。

由式(1-24)和式(1-26)可知,汽车在平曲线上行驶时的横向稳定性主要取决于横向力系数 μ 值的大小。现代汽车在设计制造时重心较低,一般 $b \approx 2h_g$,即 $\dfrac{b}{2h_g} \approx 1$。而 $\varphi_h < 0.5$,所以 $\varphi_h < \dfrac{b}{2h_g}$。也就是汽车在平曲线上行驶时,横向滑移现象发生在横向倾覆之前,因此道路设计中平曲线最小半径满足式(1-27)条件。一般在满载情况下能够保证横向行车的稳定性。但装载过高可能发生倾覆现象。因此应控制汽车装载高度。

四、汽车的制动性能

汽车的制动性能是指汽车行驶中强制降低车速以至停车,或在下坡时能保持一定速度行驶的能力。

汽车的制动性能直接关系到汽车的行驶安全,影响路线设计行车视距、山区公路中陡坡长度指标及缓和坡段的设置等。一些重大交通事故往往与制动距离太长有关,所以具有良好的制动性能是汽车行驶安全的重要保障。

1. 制动平衡方程式

汽车的制动过程就是人为地增加汽车的行驶阻力，使汽车的动能或位能（当汽车下坡时）转化为热能的过程。车轮制动是利用制动器内的摩擦阻力矩来形成路面对车轮的切向摩擦阻力，简称为制动力。制动力 P 阻止车轮前进，在急刹车时 P 值最大，而最大的 P 值取决于轮胎与路面之间的附着力。在附着系数较小的路面上，若制动力大于附着力，车轮将在路面上滑移，易使制动方向失去控制。所以，P 值的极限值为

$$P = G\varphi \tag{1-28}$$

式中　G——分配到制动轮上的汽车重力，现代汽车全部车轮均为制动轮，一般制动时采用后轮制动，紧急制动时前后轮均制动，G 值为汽车的总重力（N）；

　　　φ——路面与轮胎之间的附着系数，与轮胎、路面及制动条件有关，其值见表1-14。

制动力 P 的方向与汽车运动方向相反。另外，因制动时速度减小很快，可略去空气阻力的影响，所以，制动平衡方程式为

$$P + R_R + R_I = 0$$

即

$$G\varphi + G\psi + \delta\frac{G}{g}a = 0 \tag{1-29}$$

$$a = -\frac{g}{\delta}(\varphi + \psi) \tag{1-30}$$

式中　a——制动减速度（m/s²）；

　　　h_g——道路阻力系数，$\psi = f + i$。

2. 制动距离方程式

由式（1-30）得

$$S = \frac{\delta}{g(\varphi + \psi)}\int_{V_1}^{V_2} V dV$$

将 v(m/s) 化为 V(km/h) 并积分

$$S = \frac{V_1^2 - V_2^2}{254(\varphi + \psi)} \tag{1-31}$$

式中　S——制动距离（m）；

　　　V_1——制动初速度（km/h）；

　　　V_2——制动终速度（km/h）。

当制动到汽车停止时，$V_2 = 0$，则

$$S = \frac{V_1^2}{254(\varphi + \psi)} \tag{1-32}$$

五、汽车的燃油经济性

目前,绝大多数汽车都是燃油汽车,如何减少对石油产品的消耗,一直是世界各国所关心的问题。对于汽车运输业,减少汽车的燃油消耗不仅是节约能源的问题,也是节约财力的问题,因其费用占整个汽车运输成本的30%左右,所以,汽车的燃油经济性是汽车使用性能中的重要性能。

1. 汽车燃油经济性的评价指标

汽车燃油经济性,常用一定运行的工况下,汽车行驶的百公里燃油消耗量或一定燃油量能使汽车行驶的里程来衡量。在我国,通常用单位行程内的燃油消耗量(L/100 km)来评价,即行驶100 km,所消耗的燃油升数(L)。其数值越大,汽车的燃油经济性越差。

2. 汽车燃油经济性的计算

等速百公里耗油量 Q_c 可由发动机每小时耗油量 Q_t 和平均车速 v_a 确定

$$Q_c = \frac{Q_t \times 100}{v_a} \tag{1-33}$$

式中的 Q_t 与发动机的有效燃油消耗率 g_e(g/kW·h)和发动机功率 P_e 有以下关系

$$g_e = \frac{102 Q_t \times 10^{-3} \gamma g}{P_e} \tag{1-34}$$

式中　Q_t——每小时耗油量(L/h);

　　　γ——燃油的密度,汽油可取为 710～730 kg/m³ 或 6.96～7.15 N/L;柴油可取为 810～830 kg/m³,或 7.94～8.13 N/L;

　　　g——重力加速度;

　　　P_e——发动机功率(kW)。

从式(1-33)和式(1-34)可得

$$Q_c = \frac{P_e g_e}{1.02 v_a \times 10^{-3} \gamma g} \tag{1-35}$$

汽车在行驶过程中,克服运动阻力,发动机所消耗的功率可以下式计算

$$P_e = \frac{1}{\eta_T} \left(\frac{G_a f \cos\alpha v_a}{3600} + \frac{G_a \sin\alpha v_a}{3600} + \frac{C_D A v_a^2}{76140} + \frac{\delta G_a v_a j}{3600 g} \right) \tag{1-36}$$

并将式(1-36)代入式(1-35),得

$$Q_c = \frac{g_e}{1.02 v_a \times 10^{-3} \gamma g \eta_T} \left(\frac{G_a f \cos\alpha v_a}{3600} + \frac{G_a \sin\alpha v_a}{3600} + \frac{C_D A v_a^2}{76140} + \frac{\delta G_a v_a j}{3600 g} \right)$$

若考虑 $\cos\alpha \approx 1, \sin\alpha \approx 1$,即为

$$Q_c = \frac{g_e}{1.02 v_a \times 10^{-3} \gamma g \eta_T} \left(\frac{G_a f v_a}{3600} + \frac{G_a v_a}{3600} + \frac{C_D A v_a^2}{76140} + \frac{\delta G_a v_a j}{3600 g} \right) \tag{1-37}$$

式(1-37)反映了汽车燃油消耗量与发动机经济性 g_e、汽车结构参数(G_a, A, η_T)和行驶条件(v_a, i, f)等之间的关系,成为燃油消耗方程式。该式对于分析燃油经济性具有指导性意义,但不便于计算,所以汽车燃油消耗量多用试验方法测定。

在设计新车时,为了预测其燃油经济性,可根据已选定的发动机负荷特性曲线及汽车的功率平衡图,用理论计算方法求出等速百公里油耗。

计算汽车等速百公里油耗方法如下。

首先在图 1-18(a)的横坐标轴上任意给出一车速 v_a'(即 c 点),此时,相应的发动机部分负荷曲线与阻力功率曲线平衡于 b 点,由此可算出该车速下的负荷率 $v' = \dfrac{\overline{bc}}{\overline{ac}}$ 及发动机相应功率 P_e',并根据式(1-4)求出与 v_a' 相对应的发动机转速 n_e',然后在图 1-18(b)上相应于 v_a' 和 n_e' 的 g_e'。有了 v_a'、p_e' 和 g_e',代入式(1-35)中,即得车速为 v_a' 时的等速百公里油耗 Q_c'。若隔 10 km/h 求出相应的百公里油耗,便可得到图 1-18(c)所示等速百公里油耗曲线。图中绘出了三种不同道路阻力系数 $\psi_1 \sim \psi_3$ 的等速百公里油耗曲线。

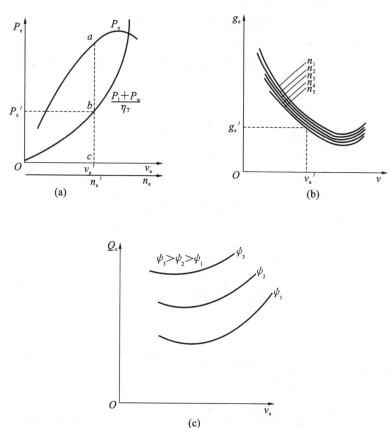

图 1-18 用汽车功率平衡与负荷特性计算等速百公里油耗图

3. 汽车燃油经济性的特征

燃油经济性指标 Q_c 是汽车结构和使用条件的函数,当汽车以某一挡位在道路阻力系数为 ψ 的路面上等速行驶时,式(1-35)可简化为

$$Q_c = f(v_a)$$

该式表达的关系曲线,称为燃油经济特性。

图 1-19 为几种车型的满载行驶时,由试验测得的等速百公里油耗曲线。其绘制方法如下:在规定的试验条件下,测出汽车等速通过测量路段所需时间及油耗量,并换算为该车速下的百公里油耗。然后每隔若干速度进行一次同样试验,求出各车速下的百公里油耗,便得到等速百公里油耗曲线。但等速百公里油耗与实际行使中常出现的加速、减速、怠速等工况有出入,故只能作为车辆之间相对比较性的燃油经济性指标。

图 1-19 中与最低油耗量相对应的车速为经济车速。经济车速应尽可能接近常用车速,以降低运输成本。

为了使测定的油耗接近实际工况,各国都制定了典型的行驶工况,以便考核,评价相应行驶工况下的油耗。如我国标准 JB 3804—84 规定了评价指标 Q_c 等速油耗和六工况油耗关系。图 1-20 为六工况油耗的试验图。六工况行驶试验是在 1075 m 的行驶过程中有三个不同车速(25 km/h、40 km/h 和 50 km/h)的匀速行驶工况、两个加速工况和一个减速工况,因此其耗油量比等速行驶的耗油较接近实际。

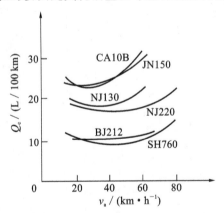

图 1-19 汽车等速百公里油耗曲线

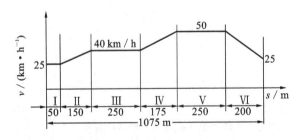

图 1-20 六工况油耗试验图

目前我国还采用欧洲的十五工况油耗量。十五工况是由怠速、加速、等速、减速等共计 15 种不同车速和负荷组成一个试验循环的一种试验工况。按规定试验车辆必须在 195 秒的时间内,完成这 15 个工况一个循环的运行,完成全部试验需要进行 4 个循环的十五工况运行。在城市行驶中,车辆经常碰到红灯、频繁停车、低速行驶、经常制动、减速等,而十五工况法与这些情况很相似,基本上可真实反映在城市中开车时的耗油状况。

第七节 港区集疏运道路

港区集疏运交通可分为集疏运交通和生活性交通。港区集疏运交通主要包括与港区生产作业直接相关的依托城市内部的交通、港区与腹地之间的联系交通、港区内部货运交通等。生活性交通主要指港区常规的客货运交通,如上班交通和公务交通等。港口集疏运道路包括与港口生产作业直接相关的位于依托城市内部的货物集散通道、港区内部集散道路,以及港区与腹地城市间的主要联系道路等。

我国众多港口城市特别是上海等沿海特大城市,不仅要求具有适应亲和、宜居、安全工作和生活环境的便捷的多模式交通,还要有发达的、综合的、高效的、衔接便捷的易于发展多式联运的港口集疏运网络。集疏运交通特别是港口集装箱运输在整个运输体系里地位非常重要。

集装箱港区水平运输系统是一个复杂的随机动态物流系统,泊位分配、装卸、运输、堆场堆存等各个环节相互衔接、相互影响、相互制约,其整体协调作业非常重要。

一、集装箱码头交通特征分析

集装箱码头道路设计是集装箱码头平面布置和设计的重要内容之一,码头道路同时也是整个水陆联运的重要组成部分。码头道路交通状况直接制约到港口的通过能力和码头作业效率。与城市道路交通相比,集装箱码头的装卸工艺、码头车辆的特点以及规模使得码头道路交通有其特殊性。

1. 集装箱码头的特点

随着世界经济的发展,集装箱运输以其高效快捷、货损货差小等优点,逐渐取代了传统件杂货运输,从而集装箱运输迅猛发展。装箱运输是一种资金和技术密集的运输方式。对集装箱码头的道路交通提出了下列要求。

码头前沿:道路交通能够适应高效的装卸设备。

有足够的堆场面积:堆场道路的规划和设计应适应码头车辆行驶,其路网容量应与码头交通需求相匹配。

后方的集疏运道路:应满足集装箱在港口的快速集结疏散。

2. 集装箱码头装卸工艺对交通的要求

集装箱码头不同的装卸工艺对码头道路交通的要求有所不同。集装箱码头的装卸船设备是岸边集装箱装卸桥。新型的集装箱装卸桥越来越多的应用于新建码头。不论是其外形尺寸、起重能力还是装卸效率都远远高于普通型集装箱装卸桥。

岸边集装箱装卸桥的主要参数包括起重量、外形尺寸及工作速度。其中对码头交通影响较大的是外形尺寸和工作速度。码头前沿宽度包括三部分:码头前沿至岸边集装箱装卸桥海侧轨中心区的船舶系缆区;岸边集装箱装卸桥轨距范围内的集卡通道区;岸边集装箱装卸桥陆侧轨至码头后沿的仓盖板堆放区。

岸边集装箱装卸桥设置的数量也影响码头前沿道路交通。集卡在装卸作业时会暂时停在装卸点等待,对其他集卡的通行造成影响。岸边集装箱装卸桥布置过密,虽然能够减少装卸作业时间,但是如果没有合理的组织前沿交通,合理确定集卡装卸位置,会降低泊位通过能力。

轮胎式龙门起重机跨距的大小取决于所需跨越的集装箱列数和集卡的通道宽度。根据集装箱堆场的布置,通常标准的轮胎式龙门起重机横向可跨 6 列集装箱和一条车道,可堆 3~4 层。跨下集装箱布置方式有两种,一种是集卡通道放在中间,两边各 3 列集装箱,另一种是将通道设置一边。第二种布置方式便于集装箱牵引车驾驶员操作,并且可以与堆场道路连在一起,驾驶员驾驶车辆比较方便。

二、集装箱码头车辆特性

码头道路的规划设计要适应码头车辆的行驶,码头车辆的特性影响码头道路交通的规划和设计。集装箱码头内部的交通流仅由集卡——包括集疏运集装箱卡车(简称外卡)和装卸船集装箱卡车(简称内卡)组成,车辆类型比较单一。

集装箱卡车根据挂车的不同分为半挂车和全挂车。如图 1-21 所示。

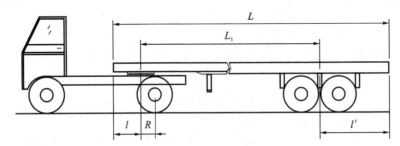

图 1-21 集装箱卡车简图

1. 集卡外廓尺寸和载重要求

集卡的外廓尺寸和载重决定了码头道路的宽度。外廓尺寸要求主要包括车长、车宽、车高,而载重则反映了集卡的货物装载能力,一般载重能力越大的车辆外廓尺寸也会更大,两者之间存在着关联性。集卡不论外廓尺寸还是载重都大于一般城市货车,这就使得码头道路的设计区别于城市道路。

表 1-15 是国家标准《道路车辆外轮廓尺寸、轴荷及质量限值》对货车车型的外廓尺寸和载重要求详细列表。

表 1-15 货车车型的外廓尺寸和载重要求

车辆类型				车长	车宽	车高
	三轮汽车			4600	1600	2000
汽车	货车及半挂牵引车		最高设计车速小于 70 km/h 的四轮货车	6000	2000	2500
		二轴	最大设计总质量≤3500 kg	6000	2500	4000
			最大设计总质量>3500 kg,且≤8000 kg	7000		
			最大设计总质量>8000 kg,且≤12000 kg	8000		
			最大设计总质量>12000 kg	9000		
		三轴	最大设计总质量≤20000 kg	11000		
			最大设计总质量>20000 kg	12000		
		四轴		12000	2500	4000
挂车	半挂车	一轴		8600	2500	4000
		二轴				
		三轴				
	中置轴(旅居)挂车			8000		
	其他挂车	最大设计总质量≤10000 kg		7000		
		最大设计总质量>10000 kg		8000		
汽车车列	铰接列车			16500	2500	4000
	货车列车			20000		

2. 车辆通道圆与外摆值

在车辆的运行过程当中,车辆转弯产生车辆通道圆与外摆值。车辆通道圆与外摆值影响道路设计和交通安全,必须予以考虑。集卡外廓尺寸较大,使得外摆值较普通小汽车大,在转弯时占用相邻车道,导致其他车辆停车等待。集卡运行情况都与小汽车差别很大,并且比较难以控制,因此以集卡为主的码头道路交通设计与城市道路交通设计不同。图 1-22 为车辆通道圆与外摆值示意图。

在港区集疏运道路设计过程中,集卡在场地中转弯,其行驶速度一般控制在 15~30 km/h。

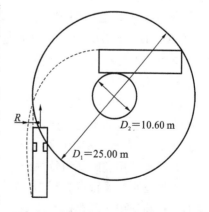

图 1-22 车辆通道圆与外摆值示意图

根据车辆通道圆和外摆值,集卡在转弯时由于车辆尺寸较大,会产生转弯占用相邻车道的情况,在交叉口设计时应根据车辆的外摆值对交叉口转弯处进行处理。

三、集装箱码头陆域交通规划设计特点

1. 影响码头堆场交通状况的因素

在码头装卸工艺和设备类型、数量都已经确定的情况下,能够影响堆场交通状况主要有以下几个方面的因素。

1) 箱区布置形式

集装箱码头堆场的箱区布置方式主要有平行岸线布置和垂直岸线布置两种。前者是码头堆场的传统布置形式,而后者是全自动码头堆场惯用的布置形式,也是未来大型现代化集装箱码头堆场布置形式的发展趋势。堆场布置形式不同,集卡进入堆场装卸作业时所选择的路径和行驶距离也大不同,从而影响整个码头水平运输系统的交通状况。

2) 道路宽度

目前堆场内的道路一般按其重要性可以分为以下三种:A. 主干道:整个集装箱码头内的主要道路,一般为连接前沿、堆场和进出闸口等主要出入口的道路;B. 次干道:主要是指码头堆场、生产辅助设施之间交通运输较为繁忙的道路;C. 辅助道路:包括库场引道、消防道路,以及车辆和行人均较少的道路。

3) 交叉路口的控制

堆场是整个码头交叉路口最多的地方,而交叉路口又是各种交通冲突最集中的地方,其交通状况的好坏对整个堆场路网交通起着至关重要的作用。所以,码头堆场内交通的管理和控制,主要是对各个交叉路口交通的管理和控制。研究交叉路口的交通冲突和解决途径,对于改善道路交通状况、提高道路通行能力,都是十分重要的。

4) 堆场作业计划

堆场作业计划是对集装箱在堆场内进行装卸、搬运、储存、保管的安排,是为经济、合理的使用码头堆场和有计划地进行集装箱装卸工作而制定的。堆场作业计划主要是确定集装箱的堆放位置和堆高层数,以及装卸的先后顺序。

5) 其他

由于潮汛的影响,码头前沿停靠船舶的船头朝向不一定相同,而船头朝向又决定了装卸船卡车的车流方向。此外,集装箱的堆场存放时间也会影响集疏运卡车的到港频率,从而影响堆场的车流量。

2. 码头堆场道路交通特性分析

堆场道路交通特性分析,是进行合理的、科学的码头交通规划、设计、营运和管理的前提和基础。既要研究交通流的基本特性,又要研究其道路交通特性,以及各交通要素之间的关系。

3. 集装箱码头集疏运道路交通特殊性

集装箱枢纽港的集疏运方式主要以集装箱形式进行,经过调查分析,得出码头后方道路交通特征不同于城市道路交通。

第一,交通量生成影响因素与城市交通量生成影响因素有很大不同,码头泊位的繁忙程度对整个集疏运道路系统的交通量影响很大,装卸作业越繁忙,产生的交通量越多。

第二,机动车总量随时间变化的幅度不是很大,不像城市交通那样具有明显的早晚高峰期。另外,全天交通量大体保持平衡。

第三,港区范围和城市区域相比,相对较小,行人较少,车辆行驶速度较慢,道路路面布置及交通管理也都和城市交通有很大差别,这在码头集疏运道路交通组织规划中都要认真考虑。

第四,集疏运道路交通是以集装箱运输为主,因此交通量预测和设计车辆就应以集装箱卡车为主。

四、集装箱码头规模预测

集装箱码头交通是由船舶装卸作业引发的,码头规模大小、装卸量的多少直接影响到码头交通量的大小。

1. 集装箱码头规模影响因素和预测流程

影响港口吞吐量的因素大体可以分为两种类型,一种是客观的区域因素,如腹地的大小,生产力发展水平的高低,外向型经济发展状况和进出口商品的数量等等;另一种是港口本身的建港条件,包括自然条件和社会经济因素。而在上述条件一定的情况下,劳动组织与管理水平、装卸机械数量和技术水平、船型、车型、水文气象条件、工农业生产的季节性、车船到港的均衡性,以及经由港口装卸的货物品种与数量,均可能成为影响港口吞吐能力的重要因素。

影响港口吞吐量因素的复杂性决定了预测的不确定性,在进行预测时应综合考虑各方面因素,科学合理地确定港口吞吐量。图 1-23 为港口吞吐量预测系统。

2. 集装箱码头规模对道路交通的要求

吞吐量确定后,即可通过分析计算来确定集装箱码头的规模。集装箱码头的规模中的停船吨级除了取决于吞吐量外,还取决于货种和航线运距。泊位数量取决于码头的装卸效率和船舶周转量(一年间到港船舶的数量)。

码头所需泊位数 S 可按下式计算:

$$S = \frac{码头年作业量}{一个泊位年通过能力} = \frac{Q}{P_t}$$

1) 集装箱装卸桥及集卡配备数量

设计船型和泊位数的确定使得集装箱码头陆域设施应与之相匹配。不同的码头规模对码头的道路交通影响不同。表 1-16 为《海港总平面设计规范》中不同的船

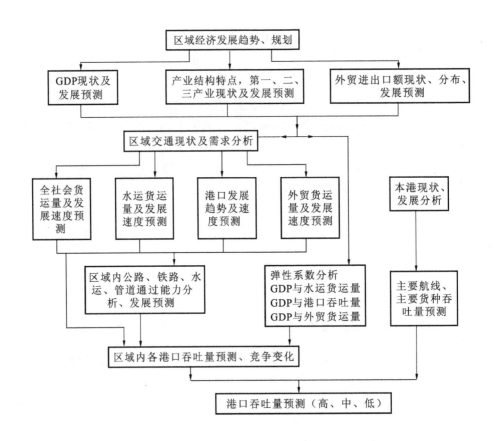

图 1-23 港口吞吐量预测系统

舶吨级所配备的装卸桥数。

表 1-16 集装箱码头装卸桥配备数量

集装箱船舶吨级 DWT/t	集装箱装卸桥配备台数/台
4000～15000(100017500)	1～2
15000～30000(17501～32500)	2～3
30000～40000(32501～45000)	2～3
40000～50000(45001～65000)	4
≥50000(≥65001)	4～5

大型岸边集装箱起重机大致分为 5 类：普通型、双 20 英尺型、双 40 英尺型、双小车双 20 英尺型和双小车双 40 英尺型，新型岸边集装箱起重机理论装卸效率高达 80～90 TEU/h。普通型和双 20 英尺型每次只要 1 辆集卡配合装卸，而双 40 英尺型需要 2 辆车同时配合装卸。

一般每台常规岸边集装箱起重机配 4～6 台集卡。而双 40 英尺型、双小车型是新型岸桥，还没有普及使用，它们的集卡配置方案需要深入研究，但肯定数量会增多。

2) 集装箱码头前沿交通量计算

交通量是指单位时间内通过道路某一断面的车辆数。对于集装箱码头前沿来说,交通量是指单位小时内通过集装箱码头前沿某一断面的集卡数。假设装卸作业是连续的,集卡调度能够与岸桥的装卸效率相适应,根据岸桥的理论装卸效率可以得出所需集卡配合的数量。以普通型和双 20 英尺型集装箱岸桥为例,其理论装卸效率为 80~90 TEU/h,则一座岸桥所需调配的集卡数量为 80~90 辆/h。由此可初步计算船舶到港时码头前沿的交通量为

$$Q_{交通} = n \times P_L \tag{1-38}$$

式中 $Q_{交通}$——船舶到港时码头前沿的交通量(辆/h);
  n——同时作业集装箱岸桥数量;
  P_L——集装箱岸桥装卸效率(TEU/h)。

由式(1-38)可以看出,当集装箱岸桥型号确定以后,码头前沿交通量就与同时作业岸桥数量有关。

$$n = \frac{Q_{船舶装卸}}{t_{装卸} \times P_L} \tag{1-39}$$

式中 $Q_{船舶装卸}$——到港船舶集装箱装卸量;
  $t_{装卸}$——装卸作业时间。

综合式(1-38)和式(1-39),可得出

$$Q = \frac{Q_{船舶装卸}}{t_{装卸}} \tag{1-40}$$

由式(1-40)可以看出,集装箱码头前沿交通量与到港船舶装卸集装箱数量、装卸作业时间有关系。到港船舶装卸集装箱量越大,则码头前沿交通量越大,反之,越小;船舶在港装卸作业时间越短,码头前沿交通量越大,反之,则越小。

由于船舶到港是随机的,每次到港船舶装卸集装箱数量有所不同,对于码头建设来说,码头前沿的道路交通应既满足船舶最大装卸量的需要,又要考虑码头的建设成本。如果码头前沿道路以最大到港船舶装卸集装箱量为标准建设,会使得码头前沿道路建设成本增加,这也是不必要的。而以平均到港船舶装卸集装箱量为设计依据的话,如果大于平均装卸量的船舶艘数过多的话,就会导致码头前沿道路交通无法满足装卸作业要求。

港区道路一般参照公路或城市道路进行设计,可在对集装箱码头交通量调查基础上进行统计分析,得出港区道路设计交通量。

五、集疏运道路空间布置思考

某些情况下集疏运交通和生活性交通这两种交通流在同一道路重合,往往会造成较为严重的交通拥堵,对出行造成较大影响。除了交通拥堵之外,承担港区集疏运交通的集装箱车辆会对道路两侧造成较大的振动和噪声污染,所以在进行港区周边道路交通规划和组织时,要尽量分开集疏运交通流和港区周边的生活流交通,避

免两种交通流的相互干扰。

比如上海的东海大桥、S2 沪芦高速东南段、上海 G1501 郊环线都是洋山港区的集疏运道路。若某条道路两者兼顾且两种流量都比较大,则尽量采用高架道路形式,也可采取主路与辅路隔离的四块板道路断面形式。

若采取主路与辅路隔离的四块板道路断面形式,推荐将主路设置为集卡专用通道,让生活性交通流在辅路上通行。同时,按照通行效率和行车安全的要求,一般货运繁忙道路,应提倡并研究按客、货车辆划分道路车道。

第八节 本课程研究内容与方法

一、本课程研究内容

道路勘测设计课程的主要研究对象是道路几何设计和路线勘测的理论与方法,只有掌握了道路勘测设计的基本理论与方法,才能从总体上合理地进行道路设计。所以说,道路勘测设计是交通土建工程专业的一门重要专业课,是理论与实践紧密结合的一门科学。

道路是一种带状工程结构物,其主要包括路基、路面、桥涵、隧道等工程实体。几何设计是对道路空间几何形状的研究,属于本课程研究的范围,结构设计是对道路各工程实体的研究,属于各相关课程学习研究的范围。结构方面的设计是以几何设计为基础的,而几何设计又要考虑各结构方面的要求,所以本课程是一门具有综合性的专业课程。

本课程要涉及的是人、车、路、环境之间的相互关系。驾驶员的心理和乘客的感觉,汽车的行驶轨迹和动力性能、交通流量和交通特性以及道路修建和汽车交通对环境的影响等方面都与道路的几何设计有着直接关系,要做好道路设计必须研究这些问题。但因篇幅所限,书中只略加论述或直接引用有关的研究结论。

二、本课程研究方法

道路作为一种三维空间实体,设计时既要作为整体考虑,同时为研究的方便也要把它剖解为平面、纵断面和许多横断面分别研究处理。本课程研究的方法是先对平、纵、横三个基本几何构成分别进行讨论,然后以汽车行驶特性和自然条件为基础,把它们组合成整体综合研究,以实现空间实体的几何设计。

道路勘测设计是一门综合性课程,具有实践性和操作性强的特点,全国高等学校土木工程、交通工程专业教学指导委员会确定的指导性教学计划中规定,道路勘测设计课程包括理论授课、课程设计和生产实习三个环节,对每个教学环节分别进行考核和评定,以保证学生切实掌握道路勘测设计这一重要专业理论和实践技能。

第二章 道路平面设计

本章主要介绍汽车行驶轨迹特性与道路平面线形要素；直线的特点和运用、直线最大长度和最小长度的要求；圆曲线半径大小及其长度确定；缓和曲线的性质、形式及最小长度和参数要求；道路平面设计主要成果等内容。

第一节 道路平面线形概述

一、路线

道路是一条三维空间的带状实体。它是由路基、路面、桥梁、隧道和沿线设施所组成的线形构造物。一般说来，道路中线的空间位置为路线。路线在水平面上的投影称作路线的平面，如图 2-1 所示。沿中线竖直剖切再行展开则是路线的纵断面，中线上任一点法向切面是道路在该点的横断面。路线的平面、纵断面和各点的横断面是道路的几何组成。路线设计是指确定路线空间位置和各部分几何尺寸。设计一个道路，对平、纵、横三个方面，既要分别进行，又要综合考虑。

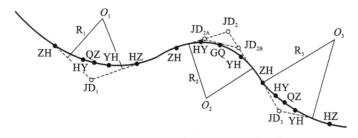

图 2-1 路线的平面

路线中线的平面位置，是考虑社会经济、自然条件和技术标准等因素，经过平、纵、横综合设计，反复修正才能确定，沿中线的桩志进行高程测量和横断面测量，取得地面线和地质、水文及其他必要资料后再设计纵断面和横断面。

二、汽车行驶轨迹与道路平面线形

现代道路的主要服务对象是汽车，所以研究汽车行驶规律是道路设计的基本课题。在路线的平面设计过程中，主要考察汽车的行驶轨迹。只有当平面线形与这个轨迹相符或相接近时，才能保证行车的顺畅与安全，特别是在高速行驶的情况下，对汽车的行驶轨迹的研究尤为重要。

经过大量的观测研究表明，汽车的行驶轨迹的几何特性有以下特征：

① 轨迹是连续和圆滑的，即轨道上任一点不出现转折和破折；
② 轨迹的曲率是连续的，即轨迹上任一点不出现两个曲率值；
③ 轨迹的曲率变化率是连续的，即轨迹上任一点不出现两个曲率变化率的值。

路线平面的形状称为平面线形。通过对汽车行驶轨迹的研究，能了解道路平面线形的几何构成。理想的道路平面线形应与汽车的重心轮迹线完全重合。若道路的平面线形由直线和圆曲线构成，则仅符合汽车行驶轨迹特性的第①条，满足了车辆的直行和转弯要求，但在直线和圆曲线相切处出现曲率不连续（直线上曲率为0，圆曲线上曲率为1/R），如图2-2所示，与汽车行驶轨迹之间有较大偏离。随汽车交通量的增加和行驶速度的提高，道路在直线和圆曲线之间引入了一条曲率逐渐变化的"缓和曲线"，使整条线形符合汽车行驶轨迹特性的第①条和第②条，保持了线形的曲率连续，如图2-3所示，但在直线、圆曲线及缓和曲线的连接点曲率的变化率不连续。

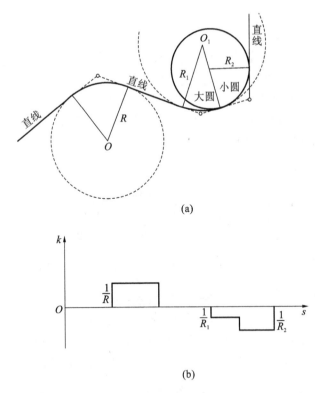

图 2-2 曲率不连续的路线
(a)路线图；(b)曲率图

道路的平面线形，当受地形、地物等障碍的影响而发生转折时，在转折处就需要设置曲线或组合的曲线。曲线一般为圆曲线，为保证行车的舒顺与安全，在直线、圆曲线间或不同半径的两圆曲线之间要插入缓和曲线。因此，直线、圆曲线和缓和曲线是平面线形的主要组成要素，称之为平面线形三要素。

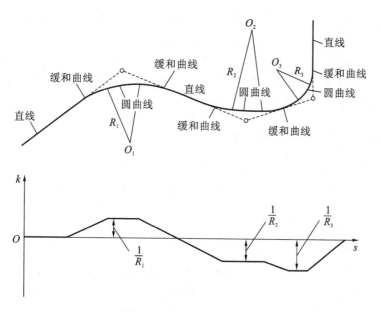

图 2-3 曲率连续的路线

三、路线平面设计的内容

道路平面线形设计,是根据汽车行驶的力学性质和行驶轨迹要求,合理地确定平面线形三要素的几何参数,保持线形的连续性和均衡性,并注意使线形与地形、地物、环境和景观相协调。由于线形要素的确定是以设计速度为依据的,因此,对车速较高的道路,线形设计还应该考虑汽车行驶美学及驾驶员视觉和心理上的要求。本章将重点讨论根据设计速度确定直线、圆曲线及缓和曲线的方法,结合自然条件的具体路线设计将在选线、定线中论述。

第二节 直 线

一、直线的特点

直线是平面线形的基本要素之一,具有能以最短的距离连接两控制点和线形易于选定的特点。

直线适用于地形平坦、视线目标无障碍处。在平原区,直线作为主要线形要素较为适宜。直线有测设简单、前进方向明确、路线短捷等优点,直线路段能提供较好的超车条件,对双车道公路有必要在适当距离处设置一定长度的直线。

由于直线缺乏变化,在地形变化复杂地段,由于直线具有不易与地形相适应等原因,位于山岭重丘区公路时,直线路段施工往往会造成工程量增大、工程费用高、破坏自然环境等弊端;在高速公路、一级公路行车速度快的情况下,更易使驾驶者感到单调、疲乏、难以准确目测车间间距,增加夜间行车车灯炫目的危险,还会导致出现超高速行驶状态。因而在设计直线线形和确定直线长度时,必须慎重考虑后选用。

由于城市道路交叉口多、地下管线多,则应首先考虑以直线为主的线形,尤其是长大桥梁、隧道等构造物路段,路线转折点尽量设在交叉口。为了保证车辆行驶安全与舒适,线形转折时要合理地设置平曲线。

二、直线的最大长度和最小长度

在道路平面线形设计时,一般应根据沿线地形、地物条件,驾驶员的视觉、心理感受以及保证行车安全等因素,合理布设直线路段,对直线的最大长度与最小长度应有所限制。

1. 直线的最大长度

合理的直线长度应根据驾驶员的心理反应和视觉效果确定,但目前这一问题尚在研究中。各国普遍从经验出发,根据调查结果规定直线的最大长度。

有些国家对长直线的运用有条件地加以限制。像日本和意大利这样的多山国家,高速公路平面以曲线为主。如日本和德国,一般规定直线的最大长度(以 m 计)不超过 $20V$(V 为设计速度,以 km/h 计),俄罗斯规定为 8.0 km,美国规定为 4.83 km(3 mile),而法国认为长直线宜采用半径 5000 米以上的圆曲线代替。

我国地域辽阔,地形差异较大,对直线长度很难做出统一规定,加之在混合交通的道路上,超车、会车、错车以及避让非机动车和行人的情况甚多,驾驶员的感觉与国外不尽相同。目前我国在《公路工程技术标准》中,未作明确规定,而在《公路路线设计规范》中仅规定"直线的长度不宜过长",给设计人员留下空间去做分析、判断,以使设计更加符合实际。

一般设计者可根据地形、地物、自然景观以及经验等决定直线的最大长度,既不追求长直线,也不强设平曲线。经过不同路段调查,按 100 km/h 的车速行驶时,驾驶员和乘客的心理反应和感受有如下结果。

① 位于城市附近的道路,作为城市干道部分,因路旁高大建筑和城市景观,无论路基高低均被纳入视线范围,驾驶员和乘客无直线过长希望驶出的不良反应。

② 位于乡间平原区的公路,随季节和地区不同,驾驶员有不同反应。北方的冬季,绿色枯萎,景色单调,太长的直线使人情绪受到影响。夏季有所改善,但驾驶员加速行驶,希望尽快驶出直线的心理普遍存在。

③ 位于戈壁、草原的公路,直线长度可达数十公里,驾驶员极易疲劳,车速超过设计速度很多。但在这种特殊的地形条件下,除了直线别无其他选择,人为设置弯道,不但不能改善其单调,反而增加路线长度。

因此,直线的最大长度,在城镇及其附近或其他景色有变化的地点大于 $20V$ 是可以接受的,在景色单调的地点最好控制在 $20V$ 以内;而在特殊的地理条件下应特殊处理,若作某种限制是不现实的。

但必须强调,无论是高速路还是低速路,在任何情况下都要避免追求长直线的错误倾向。

2. 直线的最小长度

考虑到线形的连续和行驶的方便,相邻两曲线之间应有一定的直线长度。这个直线长度是指前一曲线的终点到后一曲线起点之间的长度。

(1) 同向曲线间直线的最小长度。

同向曲线是指两个转向相同的圆曲线中间用直线或缓和曲线或径相连接而成的平面线形,如图2-4(a)所示。这种线形当直线较短时,容易产生把直线与两端的曲线看成为反向曲线的错觉;当直线过短甚至把两个曲线看成是一个曲线,破坏了线形的连续性,形成所谓的"断背曲线",易造成驾驶操作失误,应尽量避免。《公路路线设计规定》(JTG D20—2006)(以下简称《规定》)规定:当设计速度不小于 60 km/h 时,同向圆曲线间的直线最小长度(以 m 计)以不小于设计速度(以 km/h 计)的 6 倍为宜。

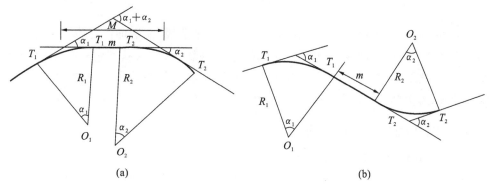

图 2-4 曲线间的直线
(a)同向曲线;(b)反向曲线

这种要求在车速较高的道路($V \geqslant 60$ km/h)上宜尽可能保证,而对于低速道路($V \leqslant 40$ km/h)可参考执行。在受条件限制时,无论是高速道路还是低速道路,都宜将同向曲线间插入大半径曲线或将两曲线作为复曲线、卵形曲线或C形曲线。

(2) 反向曲线间直线的最小长度。

反向曲线是指两个转向相反的圆曲线之间以直线或缓和曲线径相连接而成的平面线形,如图2-4(b)。因两弯道转弯方向相反,考虑超高和加宽过渡的需要以及驾驶员操作的方便,其间直线的最小长度应予以限制。《规定》规定:当设计速度不小于 60 km/h 时,反向圆曲线间直线最小长度(以 m 计)以不小于设计速度(以 km/h 计)的 2 倍为宜;当曲线两端设有缓和曲线时,也可以直接相连,构成S形曲线。

三、直线的运用

平面线形采用直线时应注意线形与地形的关系,并应符合上述直线的最大长度和最小长度的要求;在运用直线线形并决定其长度时,原则是宜直则直、宜曲则曲。

在下述路段上可采用直线。

① 路段完全不受地形、地物限制的平坦地区或山间的宽阔河谷地带。
② 城镇及其近郊道路，或以直线为主体进行规划的区域。
③ 长大桥梁、隧道等构造物路段。
④ 路线交叉点及其附近。
⑤ 双车道公路提供超车的路段。

必须采用长直线时，相应纵坡不应过大；若两侧地形过于空旷时，宜采用植树或设置一定建筑物等技术措施予以改善；定线时应将能引起兴趣的自然风景或建筑物纳入驾驶员的视线范围。在长直线尽头设置的平曲线，除曲线半径、超高、视距等符合规定外，还必须采取设置标志、增大路面抗滑能力等安全保障措施，以确保行车安全。

第三节 圆 曲 线

各级公路和城市道路不论转角大小均应设置平曲线，而圆曲线是平曲线中的主要组成部分。路线平面线形中常用的单曲线、复曲线、双交点或多交点曲线、虚交点曲线、回头曲线等中一般均包含了圆曲线。圆曲线具有易与地形相适应、可循性好、线形美观、易于测设等优点，使用十分方便。

一、圆曲线半径影响因素

由汽车横向稳定性的分析可知

$$R = \frac{V^2}{127(\mu \pm i_h)} \tag{2-1}$$

式中　R——圆曲线半径(m)；
　　　V——行驶速度(km/h)；
　　　μ——横向力系数；
　　　i_h——超高值。

在指定车速 V 下，最小 R_{min} 取决于容许的最大横向力系数 μ_{max} 和该圆曲线的最大超高值 $i_{h(max)}$。对这些因素讨论如下。

1. 最大横向力系数 μ_{max}

横向力的存在对行车产生种种不利影响，μ 越大越不利，表现在以下几个方面。

(1) 危及行车安全。

汽车能在圆曲线上行驶的基本前提是轮胎不在路面上滑移，要求横向力系数 μ 低于轮胎与路面之间所能提供的横向摩阻系数 φ_h，即

$$\mu \leqslant \varphi_h \tag{2-2}$$

φ_h 的大小影响着汽车的稳定程度、乘客的舒适感、燃料和轮胎的消耗及其他方

面,取值大小与车速、路面及轮胎等有关。一般在干燥路面上为 0.4~0.8;在潮湿的沥青路面上汽车高速行驶时,降低到 0.25~0.40;路面结冰和积雪时,降到 0.2 以下;在光滑的冰面上可降到 0.06(不加防滑链)。

(2) 增加驾驶操纵的困难。

在横向力的作用下,弹性的轮胎会产生横向变形,使轮胎的中间平面与轮胎前进方向形成一个横向偏移角(见图 2-5)。它的存在增加了汽车在方向操纵上的困难,车速越高,这种操作的困难性就越大。经验表明,当横向偏移角超过 5°时,驾驶员就不易保持驾驶方向的稳定,对行车安全不利。

(3) 增加燃料消耗和轮胎磨损。

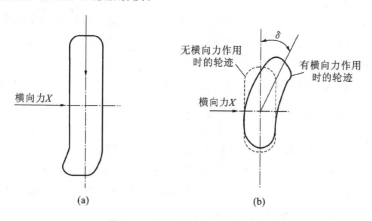

图 2-5 汽车轮胎的横向偏移角
(a)轮胎横向变形;(b)轮迹的偏移角

μ 的存在使轮胎和路面之间的摩阻力增加,车辆的燃油消耗和轮胎磨损增加,表 2-1 为实测损耗值。

表 2-1 实测损耗值

横向力系数(μ)	燃料消耗(%)	轮胎磨损(%)
0	100	100
0.05	105	160
0.10	110	220
0.15	115	300
0.20	120	390

μ 值过大,汽车不能连续稳定行驶,有时还需要减速。在圆曲线半径小的曲线上驾驶员要尽量大回转,易离开车道发生事故。当 μ 超过一定数值时,驾驶员要采用增加汽车稳定性的措施,增加了驾驶员在圆曲线道路上行驶的紧张。对乘客,μ 值增大会感到不舒适,据试验,乘客随 μ 值的变化其心理反应如下。

当 $\mu < 0.10$ 时,不感到有曲线存在,很平稳;

当 $\mu = 0.15$ 时,稍感到有曲线存在,尚平稳;

当 $\mu = 0.20$ 时,已感到有曲线存在,稍感到不稳定;

当 $\mu = 0.35$ 时,感到有曲线存在,不稳定;

当 $\mu \geqslant 0.40$ 时,非常不稳定,有倾覆的危险感。

综上所述,μ 的采用值关系到行车的安全、经济与舒适。为计算最小圆曲线半径,应考虑各方面因素采用一个合适的 μ 值。一般 μ_{max} 可取为 $0.10 \sim 0.16$,车速高时取低值,车速低时取高值。

2. 最大超高值 $i_{h(max)}$

在车速较高的情况下为了平衡离心力要用较大的超高,但道路上行驶车辆的速度差异较大,特别是在混合交通的道路上,不仅要照顾快车,也要考虑慢车的安全。对于慢车,乃至因故暂停在弯道上的车辆,其离心力接近于 0 或等于 0。如超高值过大,超出轮胎与路面间的横向摩阻系数,车辆有沿路面最大合成坡度下滑的危险,必须满足

$$i_{h(max)} \leqslant \varphi_w \tag{2-3}$$

式中 φ_w ——一年中气候恶劣季节路面的横向摩阻系数。

制定最高超高值 $i_{h(max)}$,除考虑道路所在地区的气候条件外,还必须给驾驶员和乘客以心理上的安全感。对重山区、城市附近、道路交叉口以及有相当数量非机动车行驶的道路,最大超高值应比一般道路小些。

我国《标准》对各级公路的最大超高规定:一般地区的高速公路、一级公路为 8% 或 10%;二、三、四级公路为 8%;积雪冰冻地区的各级公路均为 6%;二、三、四级公路接近城镇且混合交通量大的路段,车速受到限制时和城市道路当设计速度为 80 km/h,最大超高取 6%;当设计速度为 60 km/h、50 km/h 时,最大超高取 4%;当设计速度为 40 km/h、30 km/h、20 km/h 时,最大超高取 2%。

二、圆曲线最小半径的计算

汽车在圆曲线上行驶时保持稳定的必要条件是汽车所受横向力被轮胎与路面之间的摩阻力抵消,若横向力大于摩阻力,则汽车出现横向滑移。因此,在设计时应控制横向力系数 μ 不超过摩阻系数 φ_h。

横向力系数 μ 实际是受摩阻系数 φ_h 约束的,即在不发生横向滑移前提下,μ 值不会超过 φ_h 值。因此,用 φ_h 代替 μ 值来计算圆曲线的最小半径更加符合实际情况。《标准》采用摩阻系数 φ_h 作为计算圆曲线最小半径的指标,即

$$R = \frac{V^2}{127(\varphi_h + i_h)} \tag{2-4}$$

式中 R ——圆曲线半径(m);

V ——设计速度(km/h);

φ_h——路面与轮胎之间的横向摩阻系数;

i_h——超高坡度值。

圆曲线最小半径包括极限最小半径、一般最小半径、不设超高的最小半径。我国《标准》根据不同的 φ_h 值,对不同等级的公路规定了极限最小半径、一般最小半径和不设超高的最小半径,见表 2-2。城市道路圆曲线的最小半径见表 2-3。

表 2-2 各级公路圆曲线最小半径

设计速度/(km/h)		120	100	80	60	40	30	20
极限最小半径/m		650	400	250	125	60	30	15
一般最小半径/m		1000	700	400	200	100	65	30
不设超高的最小半径/m	路拱≤2%	5500	4000	2500	1500	600	350	150
	路拱>2%	7500	5250	3350	1900	800	450	200

表 2-3 城市道路圆曲线最小半径

设计速度/(km/h)	80	60	50	40	30	20
设超高的最小半径/m	250	150	100	70	40	20
设超高的推荐最小半径/m	400	300	200	150	85	40
不设超高的最小半径/m	1000	600	400	300	150	70

(一)极限最小半径

极限最小半径是指为保证车辆按设计速度安全行驶所规定的圆曲线半径最小值。《标准》中的极限最小半径是在规定的设计速度时,$i_h=8\%$,$\varphi_h=0.1\sim0.16$,用式(2-4)计算取整得到。当地形困难或条件受限时方可采用,道路曲线半径为极限最小半径时,设置最大超高。

(二)一般最小半径

一般最小半径是指各级公路对按设计速度行驶的车辆能保证其安全性和舒适性时推荐采用的最小圆曲线半径,它介于极限最小半径与不设超高的最小半径之间,其超高值随半径增大而按比例减小。标准中的一般最小半径值按 $i_h=6\%\sim8\%$、$\varphi_h=0.05\sim0.06$ 计算取整得到的。

一般最小半径是在通常情况下推荐采用的最小半径。一是考虑汽车在这种圆曲线上以设计速度或以接近设计速度行驶时,旅客有充分的舒适感;二是考虑在地形比较复杂的情况下不会过多增加工程量。

(三)不设超高的最小半径

所谓不设超高的最小半径是指道路曲线半径放大、离心力较小时汽车沿双向路拱(不设超高)外侧行驶的路面摩擦力足以保证汽车行驶安全稳定所采用最小半径。平曲线半径大于一定数值时,若把横向力系数控制到最小值,以保证行驶的稳定性,可以不考虑设置曲线超高,允许设置等于直线段路拱的反超高。从舒适和安全的角度考虑,φ_h值应尽可能小,以使乘客在圆曲线上有大致相同的感觉。《标准》中不设超高的最小半径是分别取 $\varphi_h=0.035$、$i_h=-0.025$ 按式(2-4)计算取整得到的。

三、圆曲线的特点及运用

(一)圆曲线的特点

各级道路不论转角大小均应设置圆曲线。一般认为,圆曲线作为平面线形要素之一,具有以下主要特点:

① 圆曲线上任意点的曲率半径 $R=$ 常数,曲率 $1/R=$ 常数,故测设和计算简单;

② 圆曲线上任意一点都在不断地改变着方向,比直线更能适应地形的变化,由不同半径的多个圆曲线组合而成的复曲线,对地形、地物和环境有更强的适应能力;

③ 汽车在圆曲线上行驶要受到离心力的作用,对行车的安全性和舒适性等产生不利影响,圆曲线半径越小,行驶速度越高,行车越危险;

④ 汽车在圆曲线上转弯时各轮轨迹半径不同,比在直线上行驶多占用路面宽度;

⑤ 汽车在小半径的圆曲线内侧行驶时,视距条件较差,视线会受到路堑边坡或其他障碍物的阻挡,易发生行车事故。

(二)圆曲线设计要点

道路平面设计时,应根据沿线地形、地物等条件,尽量选用较大半径,以保证行车安全舒适。在选定半径时既要技术合理,又要经济适用;既不盲目采用高标准(大半径)而过分增加工程量,也不只考虑眼前通行要求而采用低标准。

(1) 在适宜地形的情况下宜选用较大的圆曲线半径。

(2) 圆曲线半径且确定要点。

圆曲线能较好地适应地形变化,并可获得圆滑的线形,使用范围较广且灵活。在确定半径时,应注意以下几点。

① 一般情况下宜采用极限最小半径的4~8倍或超高值为2%~4%的圆曲线半径为宜;

② 地形条件限制时,可采用大于或接近圆曲线一般最小半径;

③ 地形条件特别困难不得已时,方可采用圆曲线极限最小半径;

④ 应同前后线形要素相协调,使之构成连续、均衡的曲线线形;

⑤ 应同纵断面线形相结合,避免小半径曲线与陡坡相重叠;

⑥ 每个弯道半径值的确定,应按技术标准根据实地的地形、地物、地质、人工构造物及其他条件的要求,按合理的曲线位置,用外距、切线长、曲线长、曲线上任一点线位、合成纵坡等控制条件反算并结合标准综合确定。

(3) 圆曲线是平面线形的三大要素之一,运用时应注意与前后直线、回旋线相配合,参数的选用应符合标准及规范的要求。

第四节 缓 和 曲 线

缓和曲线是道路平曲线形要素之一,它是设置在直线与圆曲线间或半径相差较大、转向相同的两同圆曲线间的一种曲率连续变化的曲线。《标准》规定,除四级公路可不设缓和曲线外,其余各级公路都应设置缓和曲线。在高速公路上,有时缓和曲线所占比例超过了直线和圆曲线,成为平面线形主要组成部分。在城市道路上,缓和曲线也被广泛使用。以下主要介绍缓和曲线的性质、形式、长度、参数等。

一、缓和曲线的作用与性质

当汽车从直线进入圆曲线时,驾驶员应逐渐改变前轮的转向角,使其适应相应半径的圆曲线。前轮的逐渐转向是在进入圆曲线前的一段内完成的。在直线上半径无穷大,在进入圆曲线时,半径为 R,从直线过渡到圆曲线,汽车的行驶曲率半径时是不断变化的,这一变化路段即为缓和曲线段。

(一) 缓和曲线的作用

缓和曲线具有以下三个作用:
① 离心加速度逐渐变化,不致产生侧向冲击;
② 缓和超高,作为超高变化的过渡段,使行车更加平稳;
③ 通过曲率的逐渐变化,适应汽车转向操作的行驶轨迹及路线的顺畅,以构成美观及视觉协调的最佳线形(见图 2-6)。

(a)　　　　　　　　　　　　　　(b)

图 2-6　直线与曲线连接效果图
(a)不设缓和曲线感觉路线扭曲;(b)设置缓和曲线后变得平顺美观

(二) 缓和曲线的性质

为研究汽车由直线进入圆曲线的行驶轨迹,假定汽车是等速行驶,驾驶员匀速转动转向盘。当转向盘转动角度为 ϕ 时,前轮相应转动角度为 φ,它们之间的关系为

$$\varphi = k\phi \; (\text{rad})$$

式中　k——小于1的系数。

$$\varphi = \omega t \text{（rad）}$$

式中　ω——转向盘转动的角速度（rad/s）；
　　　t——行驶时间（s）。

汽车前轮的转向角为

$$\varphi = k\omega t \text{（rad）}$$

设汽车前后轮轴距为 d，前轮转动 φ 后，汽车行驶轨迹的曲率半径为 r，由图 2-7 可知

$$r = \frac{d}{\tan\varphi} \text{（m）}$$

因 φ 很小，可近似地认为

$$r \approx \frac{d}{\varphi} = \frac{d}{k\omega t} \text{（m）} \tag{2-5}$$

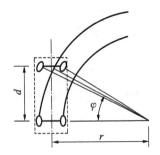

图 2-7　汽车的转弯行驶

汽车以 v(m/s)等速行驶，经时间 t(s)后，其行驶距离（弧长）为

$$l = vt \text{（m）} \tag{2-6}$$

由式(2-5)得

$$t = \frac{d}{k\omega r}$$

代入式(2-6)得

$$l \approx v\frac{d}{k\omega r} \tag{2-7}$$

式中，v、d、k、ω 均为常数，令

$$\frac{vd}{k\omega} = C$$

则

$$l = \frac{C}{r}$$

或

$$rl = C \tag{2-8}$$

式中　l——汽车自直线终点开始转弯，经 t 时间后行驶的弧长(m)；
　　　r——汽车行驶 t 时间后在 l 处的曲率半径(m)；
　　　C——常数。

此式为驾驶员以不变角速度转动转向盘等速行驶的轨迹，即汽车匀速由直线驶入圆曲线或圆曲线驶入直线，其行驶轨迹的弧长与曲率半径之乘积为一常数。

二、缓和曲线的形式

(一) 回旋线作为缓和曲线

1. 回旋线的基本公式

一般,缓和曲线多采用回旋线方程,其行驶轨迹方程为

$$rl = A^2 \tag{2-9}$$

式中 r——回旋线上某点的曲率半径(m);

l——回旋线上某点到原点的曲线长(m);

A——回旋线参数。

回旋线参数 A 表征回旋线曲率变化的缓急程度,在回旋线内 r 是随 l 的变化而变化的。在回旋线起点曲率为零,曲率半径为无穷,但在回旋线终点处,$l=L_s$,$r=R$,则 $RL_s = A^2$,即

$$A = \sqrt{RL_s}$$

式中 R——回旋线所连接的圆曲线半径(m);

L_s——回旋线所缓和曲线长度(m)。

2. 回旋线的相似性

回旋线的曲率是连续变化的,而且其曲率的变化与曲线长度的变化呈线性关系。回旋线的形状只有一种,只要改变参数 A 就能得到不同大小的回旋线,A 相当于回旋线的放大系数。$A=1$ 时的回旋线叫单位回旋线。

(二) 其他形式的缓和曲线

1. 三次抛物线

按行驶轨迹导出的缓和曲线一般方程(2-8)中的弧长 l,用 l 在横轴上的投影 x 代替,则得到三次抛物线的方程,即

$$r = \frac{C}{x} \tag{2-10}$$

如果仅取回旋线坐标方程中的第一项,可得三次抛物线上各点的直角坐标方程

$$x = l \tag{2-11}$$

$$y = \frac{x^3}{6C} \tag{2-12}$$

式中,$C = R \cdot L_s$。

三次抛物线的曲率半径与回旋线一样,也是随长度由无穷大逐渐减小的。但当缓和曲线角 β 达到 24°后,又开始增加,所以三次抛物线用作缓和曲线的条件为 $\beta \leqslant 24°$。

2. 双纽线

将式(2-8)中的弧长 l 用曲线的弦长 a 代替,则得双纽线方程

$$r = \frac{C}{a} \tag{2-13}$$

双纽线的极角为45°时,曲率半径最小,此后半径增大至原点,全程转角达到270°。因此,当曲线转角较大、半径较小时,如在回头曲线或立体交叉的匝道上可采用双纽线设置整个曲线,代替两段回旋线和一段主曲线。

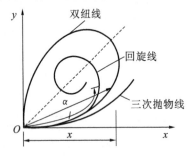

图 2-8 回旋线、三次抛物线和双纽线

如图 2-8,回旋线、三次抛物线和双纽线在极角较小(5°~6°)时,几乎没有差别。随着极角的增加,三次抛物线的长度比双纽线的长度增加得快些,而双纽线的长度又比回旋线的长度增加得快些。回旋线的曲率半径减少得最快,而三次抛物线则减少最慢。为保证汽车平顺行驶,三种曲线都可作为缓和曲线。

此外,也有使用 n 次($n \geq 3$)抛物线、正弦形曲线、马克康奈尔曲线作为缓和曲线。但世界各国使用回旋线居多,我国标准推荐的缓和曲线也是回旋线。

应说明的是,近年由于公路测量中广泛地使用光电测距仪、全站仪和袖珍型计算机,无论用多么复杂的数学公式作为缓和曲线都可以方便、迅速地计算出中桩坐标并精确敷设在地面上。

三、缓和曲线的最小长度及参数

(一) 缓和曲线的最小长度

缓和曲线必须有足够的长度,以避免离心加速度增长过快和驾驶员转动方向盘过急,应使行车安全、舒适、线形圆滑顺适。缓和曲线的最小长度一般应满足以下几个方面的要求。

1. 离心加速度变化率不易过大

汽车在缓和曲线上行驶,由离心力产生的离心加速度 $a = V^2/r$,在 $t(s)$ 时间内汽车从缓和曲线的起点到达缓和曲线终点,曲率半径 r 由 ∞ 均匀地变化到 R,离心加速度有零均匀地增加到 V^2/R,离心加速度的变化率为

$$a_s = \frac{a}{t} = \frac{V^2}{Rt}$$

假定汽车作等速行驶,则 $t = L_s/V$,此时

$$a_s = \frac{V^3}{RL_s}$$

则

$$a_s = \frac{V^3}{Ra_s}$$

式中离心加速度变化率 a_s 采用值各国不尽相同。一般高速公路,英国采用0.3,美国采用0.6,我国一般控制在(0.5~0.6) m/s³ 范围内。若以 V(km/s)表示设计速度,则最小缓和曲线长度 $L_{s(min)}$ 的计算公式为

$$L_{s(min)} = 0.0214 \frac{V^3}{Ra_s} \text{ (m)} \tag{2-14}$$

2. 控制超高附加纵坡不过陡

因在缓和曲线上设置超高过渡段,若过渡段太短则会因路面急剧地由双坡变为单坡而形成一种扭曲的面,对行车和路容均不利。

在超高过渡段上,路面外侧逐渐抬高,从而形成一个"附加坡度"。当圆曲线上的超高值一定时,该附加坡度取决于过渡段长度。附加坡度(也称超高逐变率)太大和太小都不利,太大会使行车左右摇摆影响行车安全,太小对排水不利。根据超高逐变率,导出计算过渡段最小长度的公式,即

$$L_{s(min)} = \frac{B'\Delta i}{p} \text{ (m)} \tag{2-15}$$

式中 B'——旋转轴至行车道(设路缘带时为路缘带)外侧边缘的宽度(m);
Δi——超高坡度(超高值)与路拱坡度代数差(%);
p——超高逐变率。

3. 控制行车时间不过短

缓和曲线不管其参数如何,都不可使车辆在缓和曲线上的行驶时间过短,过短会使驾驶员操作不便,甚至造成驾驶操纵的紧张和忙乱。一般认为汽车在缓和曲线上的行驶时间至少应有 3 s,于是

$$L_{s(min)} = \frac{V}{1.2} \text{ (m)} \tag{2-16}$$

4. 符合视觉条件的要求

根据计算表明,为了使线形舒顺协调,应满足

$$l = \frac{R}{9} \sim R$$

根据影响缓和曲线长度的各项因素,《公路工程技术标准》按汽车在缓和段行驶 3 s,离心加速度变化率控制在 0.5~0.6 m/s³,根据相应等级公路的设计速度,即可计算出缓和曲线最小长度。各级缓和曲线最小长度,如表 2-4。《城市道路设计规范》规定了城市道路的最小缓和曲线长度,如表 2-5。其中表 2-4 规定的最小值是由式(2-21)计算并取整得到,若采用最小值则不一定满足附加坡度的要求,经验算后取整为 5 或 10 的倍数确定采用值。

表 2-4 各级公路缓和曲线最小长度

设计速度/(km/h)		120	100	80	60	40	30	20
缓和曲线最小长度/m	一般值	130	120	100	80	50	40	25
	最小值	100	85	70	60	40	30	20

表 2-5 城市道路缓和曲线最小长度

设计速度/(km/h)	80	60	50	40	30	20
缓和曲线最小长度/m	70	50	45	35	25	20

(二) 回旋线参数 A 值

回旋线参数 A 值决定了回旋线曲率变化的缓急程度。A 的最小值应根据汽车在缓和曲线上缓和行驶的要求、行驶时间要求以及允许的超高渐变率要求等决定。我国《规范》规定了缓和曲线最小长度,由公式 $RL_s=A^2$ 可知,也确定了最小参数 A 值。因此,在进行平面线形设计时,可选定缓和曲线长度,也可选定回旋线参数 A 值。

回旋线参数应与圆曲线半径相协调,研究认为:回旋线参数 A 与连接的圆曲线半径之间,只要保持 $R/3 \leqslant A \leqslant R$,便可获得视觉上协调、舒顺的线形。当 R 接近 100 m 时,宜取 $A=R$;若 $R<100$ m,则选择 $A \geqslant R$;当 $100<R<3000$ m 时,可选择 $A=R/3$;当 $R>3000$ m 时,取 $A<R/3$。

(三) 不设缓和曲线的圆曲线半径

当圆曲线半径相当大时,从几何线形来看,不论加入缓和曲线与否,线形与形状都没有多大区别,故可不设缓和曲线。所以《规范》规定,在下列情况下可不设缓和曲线。

① 在直线与圆曲线间,当圆曲线半径大于或等于"不设超高的最小半径"时。
② 半径不同的同向圆曲线间,当小圆半径大于或等于"不设超高的最小半径"时。
③ 小圆半径大于表 2-6 中所列复曲线中小圆临界曲线半径,且符合下列条件之一时:

表 2-6 复曲线中小圆临界曲线半径

设计速度/(km/h)	120	100	80	60	40	30
临界面线半径/m	2100	1500	900	500	250	130

a. 小圆曲线按规定设置相当于最小缓和曲线长度的回旋线时,其大圆与小圆的内移值之差不超过 0.10 m;

b. 设计速度 $\geqslant 80$ km/h 时,大圆半径 R_1 与小圆半径 R_2 之比小于 1.5;

c. 设计速度<80 km/h 时,大圆半径 R_1 与小圆半径 R_2 之比小于 2。

《城市道路设计规范》规定的不设缓和曲线的最小圆曲线半径如表 2-7。

表 2-7 城市道路不设缓和曲线的最小圆曲线半径

设计速度/(km/h)	80	60	50	40
不设缓和曲线的最小圆曲线半径/m	2000	1000	700	500

第五节 道路平面设计成果

根据《公路工程基本建设项目设计文件编制办法》规定,体现路线平面设计的成果主要是路线设计的图纸和表格。其中主要的图纸有平面总体设计图、路线平面图、公路用地图、纸上移线图等。主要的表格有直线、曲线及转角一览表,总里程及断链桩号表,公路用地表,赔偿树木、青苗表,砍树挖根数量表,拆迁建筑物表,拆迁电力、电讯设施表,逐桩坐标表、控制测量成果表等。公路设计各种图纸和表格的样式在交通运输部所颁布的"设计文件图表示例"中有介绍,这里仅就主要的表格"直线、曲线及转角一览表"和主要的图纸"公路路线平面设计图"及"城市道路平面设计图"予以说明。

一、道路平面设计的表格

反应路线平面线形设计成果的主要表格有直线、曲线及转角表、逐桩坐桩表、导线点一览表、路线固定表等。下面就直线、曲线及转角表和逐桩坐标表作一介绍。

1. 直线、曲线及转角表

直线、曲线及转角表全面反映了路线的平面位置和路线平面线形的各项指标,它是道路设计的主要成果之一。只有在完成"直线、曲线及转角表"之后,才能根据此计算"逐桩坐标表"和"路线平面设计图",同时在进行路线的纵断面设计、横断面设计和其他构造物设计时,都要使用本表的数据。该表的格式见表 2-8。本表对公路和城市道路都是用,其中"交点坐标"一栏视道路等级和测设情况取舍。

2. 逐桩坐标表

逐桩坐标表是等级较高道路平面设计成果组成之一,是道路中线放样的重要资料。等级较高道路的线形指标高,圆曲线半径较大,缓和曲线较长,在测设和放样时须采用坐标法,方能保证其测量精度。

逐桩坐标法即各个中桩的坐标见表 2-9,其计算和测量的方法是按"从整体到局部"的原则进行的。一般是根据导线点坐标用全站仪或 GPS 测量路线交点坐标或从图上直接量取(纸上定线时)交点坐标,计算交点转角和方位角、交点间距;再根据计算的结果、选定的圆曲线半径和曲线长度,计算中线上各桩点的坐标。

表 2-8 直线、曲线及转角表（某公路某段）

交点号	交点坐标/m		交点桩号	转角值	曲线要素值/m					
	X	Y			半径	缓和曲线长度	切线长度	曲线长度	外距	校正值
1	2	3	4	5	6	7	8	9	10	11
起点	41808.204	90033.595	K0+000.000							
2	41317.589	90464.099	K0+652.716	右 35°35′23.8″	800.000	0.000	256.775	496.929	40.198	16.620
3	40796.308	90515.912	K1+159.946	左 57°32′51.8″	250.000	50.000	162.511	301.099	35.692	23.922
4	40441.519	91219.007	K1+923.562	左 34°32′06.9″	150.000	40.000	66.753	130.413	7.5449	3.093
5	40520.204	91796.474	K2+503.273	右 78°53′21.9″	200.000	45.000	187.381	320.376	59.534	54.386
6	40221.113	91898.700	K2+764.966	左 51°40′28.6″	224.130	40.000	128.668	242.141	25.224	15.194
7	40047.399	92390.466	K3+271.313	左 34°55′48.9″	150.000	40.000	67.322	131.447	7.715	3.198
8	40190.108	92905.941	K3+802.980	右 22°25′23.6″	600.000	0.000	118.930	234.816	11.673	3.044
终点	40120.034	93480.92	K4+379.175							

续表

交点号	曲线位置					直线长度及方向			测量断链		备注
	第一缓和曲线起点	第一缓和曲线终点或圆曲线起点	曲线中点	第一缓和曲线终点或圆曲线终点	第二缓和曲线起点	直线长度/m	交点间距/m	计算方位角或计算方向角	桩号	增减长度/m	
1	12	13	14	15	16	17	18	19	20	21	22
起点						395.940	652.715	138°44′01.5″			
2	K0+997.435	K0+395.940	K0+644.405	K0+892.870		104.565	523.850	174°19′25.3″			
3	K1+856.809	K1+047.435	K1+147.984	K1+248.534	K1+298.534	558.276	787.539	116°46′33.5″			
4	K2+315.892	K1+896.809	K1+922.016	K1+947.222	K1+987.222	328.669	582.803	82°14′26.6″			
5	K2+636.298	K2+360.892	K2+476.079	K2+591.268	K2+636.268	0.030	316.078	161°07′48.5″			
6	K3+203.995	K2+676.298	K2+757.368	K2+838.439	K2+878.439	325.556	521.546	109°27′19.9″			
7	K3+684.055	K3+243.995	K3+269.719	K3+295.442	K3+335.442	348.613	534.865	74°31′31″			
8		K3+684.055	K3+801.463	K3+918.871		460.304	579.233	96°56′54.6″			
终点											

表 2-9 逐桩坐标表（某公路某段）

桩号	坐标/m X	坐标/m Y	方向角	桩号	坐标/m X	坐标/m Y	方向角
K1+500.00	40632.336	90840.861	116°46′33.0″	K2+100.00	40465.757	91396.895	82°14′27.0″
K1+540.00	40614.316	90976.527	116°46′33.0″	K2+120.00	40468.459	91416.712	82°14′27.0″
K1+570.00	40600.801	90903.355	116°46′33.0″	K2+140.00	40471.158	91436.529	82°14′27.0″
K1+600.00	40587.286	90930.139	116°46′33.0″	K2+160.00	40473.858	91456.346	82°14′27.0″
K1+630.33	40573.623	90957.216	116°46′33.0″	K2+180.00	40476.558	91476.463	82°14′27.0″
K1+669.00	40556.202	90991.561	116°46′33.0″	K2+200.00	40479.258	91495.98	82°14′27.0″
K1+680.00	40551.246	90991.74	116°46′33.0″	K2+220.00	40481.959	91515.797	82°14′27.0″
K1+700.00	40542.236	91019.416	116°46′33.0″	K2+240.00	40484.659	91535.613	82°14′27.0″
K1+720.00	40533.226	91037.272	116°46′33.0″	K2+260.00	40487.359	91555.43	82°14′27.0″
K1+750.00	40519.711	91064.055	116°46′33.0″	K2+280.00	40490.059	91575.247	82°14′27.0″
K1+780.00	40506.196	91090.838	116°46′33.0″	K2+300.00	40492.759	91595.064	82°14′27.0″
K1+800.00	40497.186	91108.694	116°46′33.0″	ZH+315.00	40494.905	91610.809	82°14′27.0″
K1+820.00	40488.176	91126.549	116°46′33.0″	K2+340.00	40497.902	91634.73	84°05′26.5″
K1+840.00	40479.166	91144.405	116°46′33.0″	HY+360.00	40499.302	91655.568	88°41′08.7″
ZH+856.31	40471.593	91159.412	116°46′33.0″	K2+380.00	40498.828	91674.665	94°09′37.3″
K1+870.00	40465.708	91171.216	115°56′42.1″	K2+400.00	40496.383	91694.506	99°53′23.8″
HY+896.81	40455.191	91195.860	109°08′09.7″	K2+420.00	40491.969	91714.005	105°37′10.3″
K1+900.00	40454.177	91198.885	107°55′03.1″	K2+440.00	40485.631	91732.965	111°20′56.7″
QZ+922.01	40448.963	91220.253	99°38′19.1″	K2+460.00	40477.431	91751.198	117°04′43.2″
K1+940.00	40447.061	91238.126	92°38′19.1″	QZ+476.00	40469.544	91765.206	121°41′06.9″
YH+947.00	40446.902	91245.344	89°52′50.9″	K2+500.00	40455.794	91784.761	128°32′16.2″
K2+960.00	40447.413	91258.112	85°46′43.6″	K2+520.00	40442.573	91799.757	134°32′16.2″
K1+980.00	40449.567	91277.993	82°14′27.0″	K2+540.00	40427.92	91813.357	139°59′49.1″
HZ+987.22	40450.531	91285.148	82°14′27.0″	K2+560.00	40411.983	91825.427	145°43′35.6″
K2+000.00	40452.257	91297.811	82°14′27.0″	K2+580.00	40394.921	91835.845	151°27′22.1″
K2+010.00	40453.607	91307.719	82°14′27.0″	K2+591.27	40384.857	91840.947	154°41′05.3″
K2+030.00	40456.307	91327.536	82°14′27.0″	K2+600.00	40376.91	91844.518	156°56′35.0″
K2+050.00	40459.007	91347.353	82°14′27.0″	K2+620.00	40358.262	91851.74	160°17′15.4″
K2+070.00	40461.707	91367.170	82°14′27.0″	GQ+636.27	40342.893	91857.077	161°07′48.0″
K2+650.00	40329.916	91861.563	160°31′48.6″	K2+700.00	40284.324	91881.898	149°57′30.4″
K2+670.00	40311.219	91866.655	157°30′02.7″				

二、道路平面设计图

1. 公路平面设计图

公路"路线平面设计图"是公路设计文件的主要图纸之一，它综合反映了路线的平面位置线形和几何尺寸，反映了沿线人工构造物和重要工程设施的布置，及公路与沿线地形、地物和行政区划的关系等。

路线平面设计图一般包括以下内容：

① 导线及道路中线的展绘；

② 控制点的描绘；
③ 各类构造物的描绘；
④ 水系及其附属物的测绘；
⑤ 地形、地貌、植被、不良地质带等均应详细测绘并用等高线和国家测绘局制定的"地形图图式"符号及数字注明。

平面设计图的比例尺一般为1：2000～1：5000，参见图2-9。

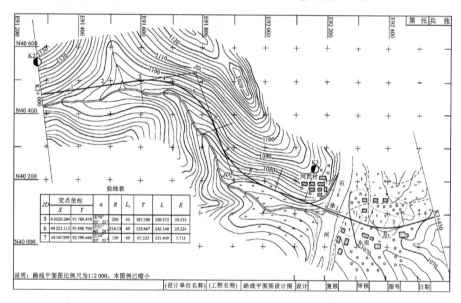

图 2-9 路线平面设计图

等级较高公路的设计文件中，除应绘制上述路线平面设计图外，还应增绘公路平面总体设计图。公路平面总体设计图，除应绘制路线平面图的内容外，还应给出路基边线、坡脚或坡顶线、路线交叉及其平面形式，标示出服务区、停车场、收费站等。

2. 城市道路平面图

城市道路平面图是城市道路设计成果的重要图纸组成之一。城市道路设计文件中所提供的平面设计图包括两种图式：一种是直接在地形图上所做的平面布置图，红线以内和红线以外的地形地物一律保留；另一种是只绘红线以外的地形地物，红线以内只绘车道线和道路上的各种设施而不绘地形地物，两种图各有优缺点。前者可以看出设计人员如何处理道路与地形地物之间的关系（包括拆迁情况），后者则可更清晰地表现在道路上各种设施的位置和尺寸，前者一般用在方案研究和初步设计中，后者一般用在技术设计或施工图设计中。

城市道路平面图一般应标明路线、规划红线、行车道线、人行道线、停车场、绿化、交通标志、人行横道线、沿线建筑物出入口、各种地上地下管线的走向位置、雨水进出口、窨井等，标明交叉口及沿线里程桩，弯道及交叉口处应标明曲线要素、交叉口转角缘石的转弯半径等，比例尺一般为1：500～1：1000，参见图2-10。

80 道路勘测设计

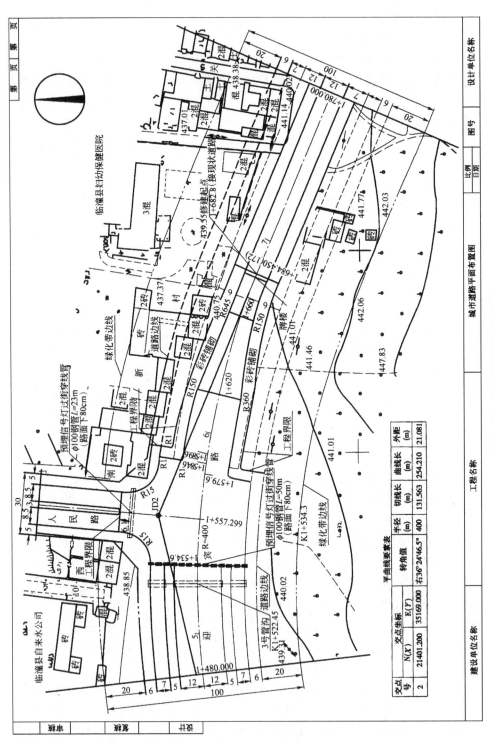

图 2-10 城市道路平面布置图

第三章 道路纵断面设计

本章主要介绍纵断面及其线形几何要素;最大坡长及最小坡长;竖曲线及竖曲线半径计算;爬坡车道设计;合成坡度设计;纵断面设计方法及其设计成果;道路纵断面设计要求及排水设计等内容。

第一节 概 述

道路纵断面线形指道路中线在垂直水平面方向上的投影,它反映道路竖向走向、高程和纵坡的大小,即道路起伏情况。道路纵断面设计,是结合城市规划要求,地形、地质情况,以及路面排水、工程管线埋设等综合因素考虑,所确定的一组由直线和曲线组成的线形设计(见图 3-1)。

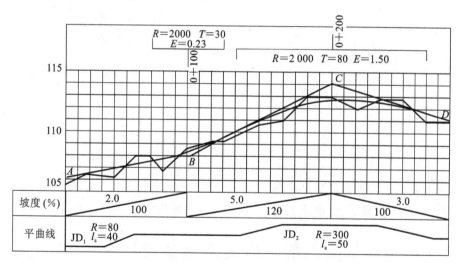

图 3-1 路线纵断面示意图

道路纵断面设计的主要内容是根据道路性质、等级、行车技术要求和当地气候、地形、水文、地质条件、排水要求以及城市竖向设计要求、现状地物、土方平衡等,合理地确定连接有关竖向控制点(或特征点)的平顺起伏线形。它具体包括:确定沿线纵坡大小及坡段长度以及变坡点的位置;选定满足行车技术要求的竖曲线;计算各桩点的施工高度,以及确定桥涵构筑物的标高等。

纵断面图上有两条主要线形:一条是地面线,它是根据中线上各桩点的高程而点绘的一条不规则的折线,反映了原地面沿中线的起伏变化情况;另一条是设计线,它是设计者经过技术上、经济上以及美学上等多方面比较后设计出的一条具有规则形状的几何线,反映了道路设计路线的起伏变化情况。纵断面设计线由直坡线和竖曲线组成。

直坡线(即均匀坡度线)有上坡和下坡,其大小用纵坡和坡长表示。

不同纵坡转折处称为变坡点,为平顺过渡应设置竖曲线,按纵坡转折形式的不同,竖曲线分为凹曲线和凸曲线,其大小用半径和水平长度表示。

路线纵断面图上的设计高程,即路基设计高程,一般情况有如下规定。

1. 新建公路的路基设计高程

高速公路和一级公路采用中央分隔带的外侧边缘高程;二、三、四级公路采用路基边缘高程;在设置超高、加宽地段应采用设超高、加宽前该处边缘高程。

2. 改建公路的路基设计高程

一般按新建公路的规定设计,也可视具体情况采用行车道中线处的高程。

3. 城市道路设计高程

一般城市道路设计高程可视具体情况采用中央分隔带边缘、中线或行车道外侧边缘作为设计高程,如图3-2。

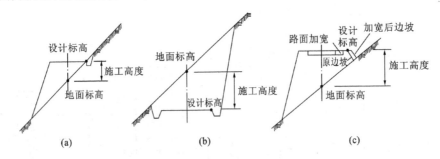

图 3-2 路基的地面标高和设计标高
(a)路堤;(b)路堑;(c)超高与加宽

纵断面设计的主要任务是根据汽车的动力特性、道路等级、地形、地物、水文地质,综合考虑路基稳定、排水及工程经济等,研究纵坡的大小、长短、竖曲线半径等。

第二节 纵坡及坡长设计

道路纵坡是指路线纵断面上同一坡段两点间的高差与其水平距离之比,用百分率表示。坡长是纵断面相邻变坡点桩号之差,即水平距离。对一定纵坡长度的限制称为坡长限制,包括最大坡长限制和最小坡长限制。道路纵坡的大小关系到交通条件、排水状况与工程经济等,因此,需要对各种影响因素进行分析。

一、最大纵坡

最大纵坡是根据道路等级、自然条件、行车要求及临街建筑等因素所限定的路线纵坡最大值,是道路纵断面设计的重要控制指标。在地形起伏较大地区,直接影响路线长短、使用质量、运输成本及造价。

(一) 最大纵坡的影响因素

确定最大纵坡时,不仅要考虑行车技术要求、工程经济等因素,同时还必须根据道路类型、交通性质、当地自然环境以及临街建筑规划布置等要求,来拟定相应的技术标准。

1. 一般公路考虑各种机动车辆的动力要求

对汽车动力因数分析可知,当车辆驶上较大纵坡时,必然要降低车速,从而导致车流密度的增加,因此,为了保证一定的设计行车速度,道路纵坡就不能过大。

坡度过陡,下坡行驶的车辆容易溜坡,且下坡时因冲力过大而易出事故。一般说来,在纵坡大于8%的路段,下坡时,由于车辆刹车次数增加,而使制动器发热导致刹车失效,容易酿成车祸,因此,在一般情况下,机动车道的最大纵坡不超过8%。

2. 城市道路考虑非机动车行驶要求

适合自行车骑行的道路纵坡宜为2.5%以下,适合平板三轮车骑行的纵坡宜为2%及以下。一般平原城市道路的纵坡应尽可能控制在2.5%以下,城市机动车道的最大纵坡宜控制在5%以下。

同时,当纵坡较大时,对坡长也应有所控制。因为,当纵坡大于2%时,自行车上坡速度会降低。若纵坡是3%,则上坡速度会降到7~8 km/h。骑车人不自觉地在调整爬坡的功率。从一个人做功特点来分析,骑车上坡所消耗的功率和持续时间有关。根据自行车实际爬坡情况,可以找出一条比较省力的功率-时间曲线,再根据骑车爬坡速度换算成一条坡度与坡长的关系曲线如图3-3所示,可供设计自行车道纵断面时参考之用。

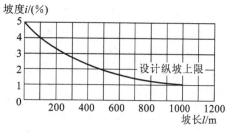

图 3-3 骑车爬坡坡度与坡长关系曲线

在设计纵坡时,还应考虑自行车下坡的冲坡情况,一般在3%左右的长坡道上溜行,车速可达18~20 km/h,这时可在路面上铺设振动带,使骑车人自觉降低车速;若坡度大于4%,车速太快,容易发生危险,坡长应有适当控制,即只宜用短陡坡,并且宜在坡道末端加一段小于1%的缓坡段,以缓和车速。同理,对于爬陡坡或长坡的人,也需要隔一段有一个缓坡段,使体力得到调解,心理因素获得改善。

因此,为了充分发挥机动车的爬坡能力,又照顾到非机动车的安全通畅行驶,有时候可将机动车与非机动车交通分开,并分别采用各自容许的较大纵坡度。

3. 考虑自然条件的影响

我国幅员辽阔,各地自然气候、地理环境差异较大。一般来说,道路所在地区的地形起伏、海拔高度、气温、雨量、湿度等,都在不同程度上影响机动车辆的行驶状况和爬坡能力。例如,在气候寒冷、路面上易产生季节性冰冻积雪的北部地区,或气候湿热多雨的东南、南方地区,若路面泥泞,车轮与路表面间的摩擦系数较正常情况要小,从而使汽车的牵引力得不到充分发挥,故需要在清扫路面、保持清洁的同时,适当降低最大容许纵坡的取值。

对于高原城市,车辆的有效牵引力常因空气稀薄而减小,从而相应降低了汽车的爬坡能力,因此,从道路设计角度考虑,一般将最大容许纵坡折减1%～3%。《公路工程技术标准》中规定的纵坡折减值见表3-1。同时,由于北方冬天风大、多雪、易结冰,为保证安全,多数人不骑车而改乘公交,由此会对公交服务产生较大影响。在道路设计中,对此也应有所考虑。

表3-1 高原地区公路纵坡折减值

海拔高度/m	3000～4000	4000～5000	5000 以上
最大纵坡折减值/(%)	1	2	3

4. 考虑沿街建筑物的布置与地下管道敷设要求

纵坡过大,不仅将增加地下管道埋设的困难,如需要增加跌水井的设备,或将不必要的管道埋深,而且还会给临街建筑及街坊内部的建筑布置带来不便,并影响街景美观。因此,选择纵坡最大值,应在路网规划布局的基础上,结合城市规划、管线综合状况慎重考虑。

(二) 最大纵坡要求

综合以上因素,设计中最大纵坡容许值可参考表3-2 和表3-3,结合实际情况确定。山城道路应控制平均纵坡度。越岭路段的相对高差为200～500 m时,平均纵坡度宜采用4.5%;相对高差大于500 m时,宜采用4%,任意连续3000 m长度范围内的平均纵坡度不宜大于4.5%。因受地形条件的限制和工程经济方面的考虑,各类道路的设计最大纵坡有可能在部分路段超出建议值,此时,需要采取相应措施,如加设交通标志、降低设计车速等以保证行车安全。

表3-2 各级公路大纵坡限制值

计算行车速度/(km/h)	120	100	80	60	40	30	20
最大纵坡/(%)	3	4	5	6	7	8	9

表3-3 城市道路机动车道最大纵坡限制值

计算行车速度/(km/h)	80	60	50	40	30	20
最大纵坡限制值/(%)	6	7	7	8	9	9
最大纵坡推荐值/(%)	4	5	5.5	6	7	8

注:海拔高度在3000～4000 m 的高原地区城市道路最大纵坡推荐值按列表数值折减1%(见表3-1)。积雪寒冷地区最大纵坡度推荐值不超过6%。

(三) 理想最大纵坡和不限长度最大纵坡

理想最大纵坡是指设计车型在油门全开的情况下,持续以希望速度等速行驶所能克服的纵坡。希望速度对小客车而言为设计速度,就载重车而言为汽车最大行驶速度。

不限长度最大纵坡是指设计车型在油门全开的情况下,持续以容许速度等速行驶所能克服的纵坡。容许速度一般为设计速度的 1/2~2/3,高速路取低限值,低速路取高限值。

理想最大纵坡虽好,但常因地形等条件制约,不可能总争取到。有必要允许车速由希望速度降到容许速度,以获得较大纵坡,在不限长度最大纵坡上,汽车将以容许速度等速行驶。

当汽车在纵坡小于或等于不限长度最大纵坡的坡道上行驶时,只要初速度大于容许速度,汽车至多减速到容许速度;当纵坡大于不限长度最大纵坡时,为防止汽车行驶速度低于容许速度,应对其坡长加以限制。

二、最小纵坡

道路最小纵坡指能适应路面上雨水排除,不造成雨水排泄管道淤塞所必需的最小纵向坡度。为保证道路地面水与地下排水管道内的水能通畅快速地排除,道路纵坡也不宜过小,一般希望道路最小纵坡应大于或等于 0.5%,困难时可大于或等于 0.3%,遇特殊困难纵坡小于 0.3% 时,应设置锯齿形街沟或采取其他排水措施。

纵坡应根据当地雨季降雨量大小、路面类型以及排水管道直径大小而定,一般取 0.3%~0.5%。不同类型路面的最小纵坡限制值见表 3-4。

表 3-4 不同类型路面最小纵坡限制值

路面类型	高级路面	料石路面	块石路面	砂石路面
最小纵坡/(%)	0.3	0.4	0.5	0.5

三、坡长限制

道路纵坡一定时,应该对陡坡路段的坡长适当限制,其中包括最大坡长限制和最小坡长限制。坡长过短时,汽车往往可借行驶中原有动能的辅助,不变排挡而升坡;坡道过长,则往往需要换挡降速行驶来爬坡,结果会增加燃料消耗和机件磨损,并影响正常交通。

(一)最大坡长限制

最大坡长限制是指控制汽车在坡道上行驶,当车速下降到最低容许速度时所行驶的距离。最低容许速度 v_2 对应纵坡为不限长度的最大纵坡 i_2,凡大于 i_2 的纵坡其长度都应加以限制。

纵坡越陡,坡长越长,对行车影响也越大。主要表现在:行驶速度显著下降,甚至要换低排挡克服坡度阻力;易使水箱"开锅",导致汽车爬坡无力,甚至熄火;下坡行驶制动次数频繁,易使制动器发热失效,甚至造成车祸;影响交通安全、通行能力和服务水平。因此,对纵坡长度必须加以限制。我国在制定各级公路纵坡长度的限制标准时,进行了大量的调查和试验研究工作,同时也参考了国内外大量资料。

纵坡的坡长限制可参见表 3-5、表 3-6。

表 3-5　各级公路纵坡长度限制(单位:m)

设计车速/(km/h)		120	100	80	60	40	30	20
纵坡坡度/(%)	3	900	1000	1100	1200			
	4	700	800	900	1000	1100	1100	1200
	5		600	700	800	900	900	1000
	6			500	600	700	700	800
	7				400	500	500	600
	8					300	300	400
	9						200	300
	10							200

表 3-6　城市道路纵坡坡长限制值

计算行车速度/(km/h)	80			60			50			40		
纵坡/(%)	5	5.5	6	6	6.5	7	6	6.5	7	6.5	7	8
坡长限制/m	600	500	400	400	350	300	350	300	250	300	250	200

非机动车车行道纵坡度宜小于 2.5%。大于或等于 2.5% 时,应按表 3-7 规定限制坡长。

表 3-7　城市道路非机动车道纵坡坡长限制值(单位:m)

坡度/(%) \ 车种	自行车	三轮车、板车
3.5	150	—
3.0	200	100
2.5	300	150

(二) 缓和坡段

在纵断面设计中,当纵坡的长度达到限制坡长时,按规定设置的较小纵坡路段称为缓和坡段。其作用是恢复在较大纵坡上降低的速度;减少下坡制动次数,保证行车安全;确保道路通行质量。在缓坡上汽车加速行驶,缓坡的长度应适应该加速过程的需要。

缓和坡段的具体位置应结合纵向地形起伏情况,尽量减少填挖方工程数量,同时应考虑路线的平面线形要素。缓和坡段宜设在平面的直线或较大半径的平曲线上,以充分发挥缓和坡段的作用,提高整条道路的使用质量。在必须设置缓和坡段而地形又困难的地段,可将缓和坡段设于半径比较小的平曲线上,但应适当增加缓和坡段的长度,以使缓和坡段端部的竖曲线位于小半径平曲线之外。这种要求对提高行驶质量、保证行车安全是必要的。

(三) 最小坡长限制

坡长不宜过长,但也不宜过短。根据汽车行驶平顺性要求,过短的坡段,使边坡点增多,路线起伏频繁,汽车行驶在连续起伏路段产生的增重与减重变化频繁,导致乘客感觉不舒适,车速越高表现越明显;缓坡太短上坡不能保证加速行驶要求,下坡不能减速制动;从路容美观、相邻竖曲线的设置和断面视距等方面考虑也要求坡长应有一定最短长度。因此最小坡长对行车、道路视距及临街建筑布置均不利,一般其最小长度应不小于相邻两竖曲线切线长度之和。当车速在 20~50 km/h 之间时,坡段长不宜小于 140 m。纵坡最小坡长见表 3-8 和表 3-9。

表 3-8 各级公路纵坡最小坡长

设计速度/(km/h)		120	100	80	60	40	30	20
最小坡长/m	一般值	400	350	250	200	160	130	80
	最小值	300	250	200	150	120	100	60

表 3-9 城市道路纵坡最小坡长

计算行车速度/(km/h)	80	60	50	40	30	20
城市道路坡段最小长度/m	290	170	140	110	85	60

四、竖曲线

(一) 竖曲线的作用

纵断面的设计坡度线,是由许多折线所组成的,车辆在这些折线处行驶时,会产生冲击颠簸。当遇到凸形转折的长坡段时,易使驾驶人员视线受阻;当遇到凹形转折时,由于行车方向突然改变,不仅会使乘客感到不舒服,而且由于离心力的作用,会引起车辆底盘下的弹簧超载。因此,为了使路线平滑柔顺,行车平稳、安全和舒适,必须在路线竖向变坡点处设置平滑的竖曲线,将相邻直线坡段衔接起来。

竖曲线是指在道路纵坡的边坡处设置的竖向曲线。竖曲线的线形可采用圆曲线或抛物线,在使用范围内二者差别不大,但在设计和计算上,抛物线比圆曲线方便,一般采用二次抛物线作为竖曲线。

竖曲线因坡段转折处是凸形或凹形的不同而分为凸形竖曲线和凹形竖曲线两种(见图 3-4)。图中 ω 为转坡角,其大小等于两相交坡段线的倾斜角之差。一般情况下,由于纵坡不大,倾斜角较小,α_1、α_2、α_3 等的值与其正切函数值接近,因而道路纵断面上的转坡角可近似以两相邻坡段的纵坡度代数差来表示。即:$\omega = i_1 - i_2$,式中,i_1 和 i_2 分别为两相邻直线坡段的设计纵坡(以小数计);升坡为正,降坡为负。ω 值为正,变坡点在曲线上方,为负,变坡点在曲线下方。

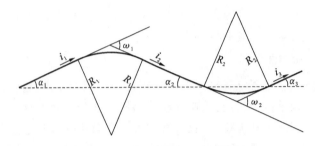

图 3-4 纵断面各变坡点的布置示意

凸形竖曲线设置的目的在于缓和纵坡转折线,保证汽车的行驶视距。如图 3-5 所示,如变坡角较大时,不设竖曲线就可能影响视距。凹形竖曲线主要为缓和行车时的颠簸与振动而设置。各级道路纵坡变更处应设置竖曲线,以保证行车安全与线形的平顺。

图 3-5 凸形转坡点处转坡角与视距的关系

(二) 竖曲线基本要素

竖曲线有圆弧线形和抛物线形两种。目前,我国多采用圆弧线形,简称圆形竖曲线。其基本组成要素包括竖曲线长度 L、切线长度 T 和外距 E,如图 3-6 所示设 R 为竖曲线半径,ω 为两纵坡地段的变坡角。

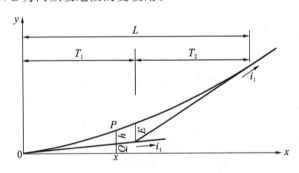

图 3-6 圆形竖曲线基本要素

在图 3-7 坐标系下,二次抛物线一般方程为

$$y = \frac{1}{2k}x^2 + ix \tag{3-1}$$

竖曲线上任意一点 P,其斜率为

$$i_P = \frac{dy}{dx} = \frac{x}{k} + i \tag{3-2}$$

抛物线上任意一点的曲率半径为

$$R = \left[1 + \left(\frac{dy}{dx}\right)^2\right]^{3/2} \Big/ \frac{d^2 y}{dx^2} \tag{3-3}$$

式中，$\frac{dy}{dx} = i$，$\frac{d^2 y}{dx^2} = \frac{1}{k}$，代入得

$$R = k(1 + i^2)^{3/2} \tag{3-4}$$

因 i 介于 i_1 和 i_2 之间，且 i_1、i_2 均很小，故 i^2 可略去不计，则

$$R \approx k \tag{3-5}$$

当 $x = 0$ 时，$i = i_1$，则

$$y = \frac{x^2}{2R} + i_1 x \tag{3-6}$$

当 $x = L$ 时，$i = \frac{L}{k} + i_1 = i_2$，则

$$k = \frac{L}{i_2 - i_1} = \frac{L}{\omega} \tag{3-7}$$

即

$$R = \frac{L}{\omega}, \quad L = R\omega \tag{3-8}$$

因

$$T = T_1 \approx T_2$$

则

$$T = \frac{L}{2} = \frac{R\omega}{2} \tag{3-9}$$

竖曲线上任意一点的竖距 h

因

$$h = PQ = y_P - y_Q = \frac{x^2}{2R} + i_1 x - i_1 x, \text{则}$$

$$h = \frac{x^2}{2R} \tag{3-10}$$

竖曲线外距 E

$$E = \frac{T^2}{2R} \quad \text{或} \quad E = \frac{R\omega^2}{8} = \frac{L\omega}{8} = \frac{T\omega}{4} \tag{3-11}$$

五、竖曲线半径的计算与确定

竖曲线设计，关键曲线在半径的选择。一般而言，应根据道路交通要求、地形条件，力求选用较大的半径，至于凸形、凹形竖曲线容许最小半径值，则分别按视距要求及行车不产生过分颠簸来控制。

（一）凸形竖曲线半径

1. 凸形竖曲线极限最小半径确定考虑因素

（1）缓和冲击。

汽车行驶在竖曲线上时，产生径向离心力，使汽车在凸形竖曲线上重量减小，所以确定竖曲线半径时，对离心力要加以控制。

（2）经行时间不宜过短。

当竖曲线两端直线坡段的坡度差很小时，即使竖曲线半径较大，竖曲线长度也有可能较短，此时汽车在竖曲线段倏忽而过，冲击增大，乘客不适；从视觉上考虑也会感到线形突然转折。因此，汽车在凸形竖曲线上行驶的时间不能太短，通常控制汽车在凸形竖曲线上行驶时间不得小于 3 s。

(3) 满足视距的要求。

汽车行驶在凸形竖曲线上，如果竖曲线半径太小，会阻挡司机的视线。为了行车安全，对凸形竖曲线的最小半径和最小长度应加以限制。

2. 凸形竖曲线半径计算

凸形竖曲线半径的确定，是以在凸形转坡点，前进的车辆能看清对面的来车、前方的车尾或地面障碍物为原则，按以下两种情况分析。

① 竖曲线长 L 大于行车容许最小安全视距 S 的情况，即 $L > S$，见图 3-7(a)。

从图中可知

$$S = S_1 + S_2 \tag{3-12}$$

$$(R + d_1)^2 = S_1^2 + R^2 \quad S_1^2 = (2R + d_1)d_1 \tag{3-13}$$

式(3-13)中 d_1 与 $2R$ 值相比很小，故可略去 d_1，从而近似地得

$$S_1 = \sqrt{2Rd_1} \tag{3-14}$$

同理可得

$$S_2 = \sqrt{2Rd_2} \tag{3-15}$$

以 S_1 与 S_2 的数值代入式(3-12)中，移项整理得

$$S = S_1 + S_2 = \sqrt{2R}(\sqrt{d_1} + \sqrt{d_2}) \quad 或 \quad R_凸 = \frac{S^2}{2(\sqrt{d_1} + \sqrt{d_2})} \tag{3-16}$$

运用式(3-16)的条件是 $L > S$，显然 ω 必定要大于 β。若近似地令 S 等于 $R\beta$，则 $\omega > S/R$。将其代入式(3-16)，即可得出 $L > S$ 时的计算条件为

$$\omega > \frac{2(\sqrt{d_1} + \sqrt{d_2})^2}{S} \tag{3-17}$$

若 S 为会车视距 $S_会$，d_1 等于 d_2，则式(3-16)、式(3-17)可分别改写为

$$\omega > \frac{8d_1}{S_会} \tag{3-18}$$

$$R_凸 = \frac{S_会^2}{8d_1} \tag{3-19}$$

若 S 为停车视距 $S_停$，则式(3-18)与式(3-19)可分别改写为

$$\omega > \frac{2d_1}{S_停} \tag{3-20}$$

$$R_凸 = \frac{S_停^2}{2d_1} \tag{3-21}$$

② 竖曲线长 L 小于行车容许最小安全视距 S 的情况，即 $L < S$，见图 3-7(b)。

从图中可知，ω 值很小，可以近似地认为切线的总长 $(CP_1 + P_1P_2 + P_2D)$ 等于竖

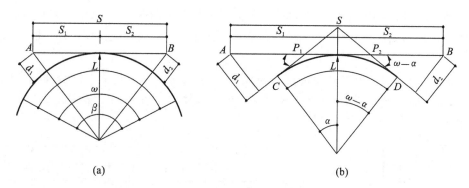

图 3-7 竖曲线半径计算
(a) $L>S$; (b) $L<S$

曲线长度 L。故 $P_1P_2 = \dfrac{L}{2} = \dfrac{R\omega}{2}$，因此

$$S = AP_1 + P_1P_2 + P_1B = \dfrac{d_1}{\alpha} + \dfrac{R\omega}{2} + \dfrac{d_2}{\omega-\alpha} \tag{3-22}$$

从前面计算可知

$$\dfrac{d_1}{\alpha} + \dfrac{d_2}{\omega-\alpha} = r_{\min} = \dfrac{(\sqrt{d_1}+\sqrt{d_2})^2}{\omega} \tag{3-23}$$

将式(3-23)代入式(3-22)可得

$$S = \dfrac{R\omega}{2} + \dfrac{(\sqrt{d_1}+\sqrt{d_2})^2}{\omega} \tag{3-24}$$

故

$$R_{凸} = \dfrac{2}{\omega}\left[S - \dfrac{(\sqrt{d_1}+\sqrt{d_2})^2}{\omega}\right] \tag{3-25}$$

若 S 为会车视距 $S_{会}$，d_1 等于 d_2，则上式变为

$$R_{凸} = \dfrac{2}{\omega}\left[S_{会} - \dfrac{4d_1}{\omega}\right] \tag{3-26}$$

若 S 为停车视距 $S_{停}$，d_2 为零，则上式变为

$$R_{凸} = \dfrac{2}{\omega}\left[S_{停} - \dfrac{d_1}{\omega}\right] \tag{3-27}$$

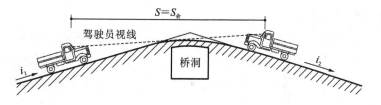

图 3-8 汽车通过桥梁时的最小安全视距

通常,可以利用查表法来求得凸形竖曲线半径。从图3-9中,只要已知计算行车速度和两相邻纵坡段的坡度差,即可直接查得满足安全行车视距的凸形竖曲线要求半径。

需要指出的是,当车辆通过城市桥梁时(见图3-8),由于其上下行分车道,标志清晰,且一般不允许超车,故此处S可采用停车视距$S_{停}$;在双向车辆混用车道时,S应采用$S_{会}$。

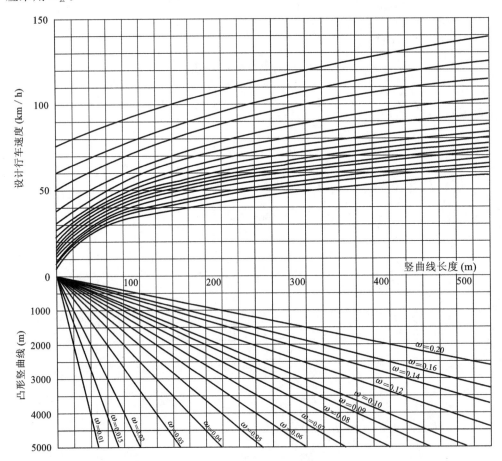

图 3-9 计算行车速度、坡度值代数差与凸形竖曲线长度、半径间的关系

(二) 凹形竖曲线半径

当车辆沿凹形竖曲线行驶时,为了不致产生过大颠簸,从而使汽车支架弹簧超载过多,一般应对离心力及离心加速度加以限制。通常认为,为保证行车条件适应乘客舒适的要求,离心加速度 a 的值不宜超过 $0.5 \sim 0.7 \text{ m/s}^2$。根据运动学原理,离心加速度为 $a = \dfrac{v^2}{R} \text{ (m/s}^2\text{)}$,有

$$R_{凹} = \frac{v^2}{a} = \frac{V^2}{3.6^2 a} = \frac{V^2}{13a} \tag{3-28}$$

设 a 为 0.5 m/s^2 代入上式,可得

$$R_{\min} = \frac{V^2}{13 \times 0.5} = \frac{V^2}{6.5} \text{ (m)} \tag{3-29}$$

式中,v 与 V 均为计算行车速度,单位分别以 m/s、km/h 计。

当车辆通过下穿道路或铁路的通道时,凹形竖曲线半径的设置除了应考虑上述要求外,还需保证桥下视距要求(见图 3-10)。若上下行分车道,S 为停车视距 $S_停$,若双向车辆混用车道时 S 应采用 $S_会$。

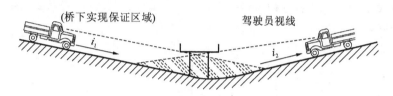

图 3-10 汽车通过桥洞时的最小安全视距

一般竖曲线半径应按 100 的整数倍取设计值。不同车速时的竖曲线最小半径值如表 3-10 所示。竖曲线半径一般应尽量采用大于竖曲线一般最小半径的数值,其值约为极限最小半径的 1.5 倍;当有特殊困难时,应大于或等于极限最小半径值。

表 3-10 不同车速竖曲线半径选用表

计算行车速度/(km/h)		80	60	50	45	40	35	30	25	20	15
凸形竖曲线	极限最小半径/m	3000	1200	900	500	400	300	250	150	100	60
	一般最小半径/m	4500	1800	1350	750	600	450	400	250	150	90
凹形竖曲线	极限最小半径/m	1800	1000	700	550	450	350	250	170	100	60
	一般最小半径/m	2700	1500	1050	850	700	550	400	250	150	90

注:非机动车道,凸、凹形竖曲线最小半径为 500 m。

(三)应用举例

【例 1】 某城市大学园区内主干路,计算行车速度为 40 km/h(见图 3-11)。图中,$L_1 = 326$ m,$L_2 = 270$ m,$L_3 = 185$ m,$i_1 = 1.0\%$,$i_2 = 3.0\%$,$i_3 = 3.24\%$。试根据给出的坡度、坡长分别求出 A、B 两转折点处的竖曲线半径及竖曲线各要素。

【解】 由公式 $\omega = i_2 - i_1$ 可求得 ω_A、ω_B 分别为 $\omega_A = -4.0\%$,为凸曲线;$\omega_B = 6.24\%$,为凹曲线。

查表 3-10 可知,A 处的最小半径应为 1000 m,B 处的最小半径应为 500 m。考虑到在坡长容许的情况下可以使行车更为舒适,因此半径可以更大,故可确定 A 处

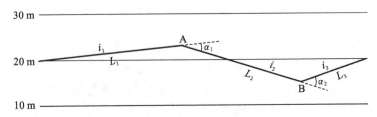

图 3-11 例一之简图

的半径值 $R_A=4000$ m,B 处的半径值 $R_B=2000$ m。当然,也可查图 3-9 来求得较适宜的半径值。

根据公式

$$L = R\omega$$
$$T = \frac{R\omega}{2}$$
$$E = \frac{L^2}{8R}$$

计算,求得竖曲线各项要素为:$L_A=160$ m,$T_A=80$ m,$E_A=0.8$ m,$L_B=124.8$ m,$T_B=62.4$ m,$E_B=0.97$ m。

(四) 竖曲线最小长度

为满足汽车司机操作的需要,竖曲线最小长度按计算行车速度行驶 3 s 的距离计算

$$L = 3 \times \frac{V}{3.6} \tag{3-30}$$

式中 V ——计算行车速度(km/h)。

我国《城市道路设计规范》对竖曲线最小长度的规定如表 3-11。

表 3-11 不同车速竖曲线最小长度

计算行车速度/(km/h)	80	60	50	45	40	35	30	25	20	15
竖曲线最小长度/m	70	50	40	40	35	30	25	20	20	15

实际工作中,竖曲线的长度一般至少为 20 m。

(五) 竖曲线的连接

竖曲线之间连接时,可以在其间保留一段直坡段,也可以不留直坡段而直接将竖曲线连接成同向或反向复曲线形式,只要不使两竖曲线相交或搭接即可。若两相邻的竖曲线相距很近,中间直坡段太短,应将两者结合并成复曲线形式。在一般情况下,则应力求两竖曲线之间留一段直坡段 L,坡长建议以不小于汽车行驶 3 s 的距离为宜

$$L \geqslant \frac{V}{3.6} \times 3 = 0.83V \tag{3-31}$$

式中 V ——计算行车速度(km/h)。

第三节 爬坡车道

爬坡车道是指设置在高速公路或其他高等级公路的上坡路段,供慢速上坡车辆行驶的附加车道。

一般通过精选路线,最理想的路线纵断面应按不设爬坡车道设计,但会造成路线迂回或路基高填深挖而增大工程费用。在某些情况下,采用稍大的纵坡而增设爬坡车道会产生经济而安全的效果。

一、设置爬坡车道的条件

在公路纵坡较大路段上,载重车爬坡时需克服较大的坡度阻力,使输出功率与车重比值降低,车速下降,大型车与小型车的速差变大,超车频率增加,对行车安全不利。速差较大的车辆混合行驶,必然减小快车的行驶自由度,导致通行能力降低。为消除上述不利影响,宜在陡坡路段增设爬坡车道,将载重车从正线车流中分离出去,以提高小客车行驶的自由度,确保行车安全,提高路段的通行能力。

四车道高速公路、一级公路及双车道二级公路连续上坡路段,应对载重车上坡行驶速度的降低值、通行能力及技术经济指标进行验算,符合下列情况之一者,可在上坡方向行车道右侧设置爬坡车道。

① 沿上坡方向载重车的行驶速度降低到表 3-12 最低容许速度以下时,可设置爬坡车道。

表 3-12　上坡方向最低容许速度

设计速度/(km/h)	120	100	80	60	40
容许最低速度/(km/h)	60	55	50	40	25

② 上坡路段的设计通行能力小于设计小时交通量时,应设置爬坡车道。

③ 经设置爬坡车道与改善主线纵坡不设爬坡车道技术经济比较论证,设置爬坡车道的效益费用比、行车安全性较优时,可设爬坡车道。

爬坡车道设计通行能力的计算方法与正线通行能力计算方法相同。

对隧道、大桥、高架构造物及深挖路段,当因设置爬坡车道使工程费用增加很大时,可以缩短或不设爬坡车道。

对山岭区高速公路,因地形复杂,纵坡设计控制因素较多,设计速度一般在 80 km/h 以下,是否设置爬坡车道,必须在上述基本条件下,从公路建设的目的、服务水平、工程建设投资规模等方面综合分析比较后确定。

二、爬坡车道的设计

(一)横断面组成

爬坡车道设于上坡方向正线行车道右侧,宽度一般为 3.5 m,包括设于其左侧路缘带的宽度0.5 m,如图3-13所示。爬坡车道的平曲线需要加宽时,应按一个车道规定值设计。

高速公路爬坡车道可占用原有的硬路肩宽度,爬坡车道的外侧可只设土路肩,见图3-13(a)。

一级公路、二级公路的爬坡车道紧靠行车道外侧设置,原硬路肩部分移至爬坡车道的外侧,供混合车辆行驶,见图3-13(b)、(c)。

窄路肩不能提供停车使用,对高速公路、一级公路爬坡车道长度大于500 m时,其右侧应按规定设置紧急停车带。

(二)横坡度

因爬坡车道的行驶速度比正线低,为行车安全,正线超高坡度与爬坡车道的超高坡度之间对应关系见表3-13。

表3-13 爬坡车道的超高坡度

正线的超高坡度/(%)	10	9	8	7	6	5	4	3	2
爬坡车道的超高坡度/(%)	5				4			3	2

超高的旋转轴为爬坡车道内侧边缘线。

若爬坡车道位于直线路段时,其横坡度的大小同正线路拱坡度,采用直线式横坡,坡向向外。另外,爬坡车道右侧路肩的横坡度大小和坡向参照正线与右侧路肩之间关系确定。

(三)平面布置与长度

爬坡车道的平面布置如图3-12所示。其总长度由分流渐变段长度、爬坡车道长度和合流渐变段长度组成。

爬坡车道的起点应设于陡坡路段上载重车运行速度降低到表3-12中"最低容许速度"处。爬坡车道的终点应设于载重车爬经陡坡路段后恢复至"最低容许速度"处,或陡坡路段后延伸附加长度的端部,陡坡路段后延伸的附加长度规定见表3-14。

表3-14 陡坡路段后延伸的附加长度

附加路段的纵坡/(%)	下坡	平坡	上坡			
			0.5	1.0	1.5	2.0
附加长度/m	100	150	200	250	300	350

相邻两爬坡车道相距较近时,宜将爬坡车道直接相连,成为一个连续的爬坡车道。

分流渐变段长度用以使正线车辆驶离正线进入爬坡车道,合流渐变段长度用以使车辆驶离爬坡车道进入正线(见表3-15)。

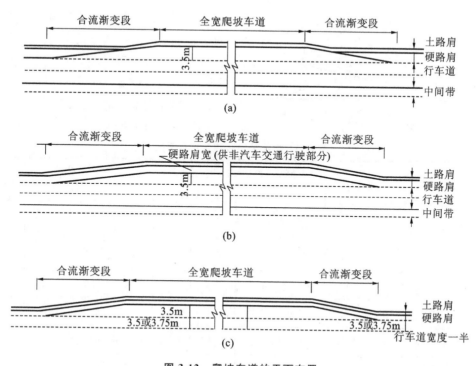

图 3-12 爬坡车道的平面布置
(a)高速公路；(b)一级公路；(c)二级公路

表 3-15 渐变段长度（单位：m）

公路等级	分流渐变段长度	合流渐变段长度
高速公路、一级公路	100	150~200
二级公路	50	90

爬坡车道起、终点的具体位置除按上述方法确定外，还应考虑与线形的关系，通常应设在通视条件良好、容易辨认并与正线连接顺适的地点。

第四节 合 成 坡 度

当汽车行驶在弯道与陡坡相重叠的路段上时，行车条件十分不利。从道路线形分析来看，在小半径弯道上行车，因弯道内侧行车轨迹半径较道路中心线的半径小，故弯道内侧车行道的圆弧长度较道路中线处短，因而车行道内侧的纵坡就相应大于道路中线处的设计纵坡，这一特点在弯道处半径愈小愈明显（见图 3-13）。

综上分析可知，为了保证汽车在小半径弯道路段上安全而不降速行驶，必须使该处道路设计纵坡比直线段上所容许的最大纵坡有所减少。使得道路弯道超高的坡度与道路纵向坡度所组成的矢量和，即合成坡度在规定范围内（表 3-16、表 3-17）。

设计时应尽可能避免陡坡与急弯组合。

对于合成坡度的计算公式为

$$i_合 = \sqrt{i_超^2 + i_纵^2} \qquad (3-32)$$

式中 $i_合$——合成坡度(%)；

$i_超$——超高横坡度(%)；

$i_纵$——弯道上的纵坡(%)。

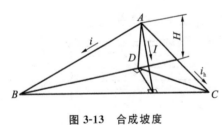

图 3-13 合成坡度

表 3-16 各级公路合成纵坡计算表

公路等级	高速公路、一级公路				二、三、四级公路				
P 设计速度/(km/h)	120	100	80	60	80	60	40	30	20
最大纵坡 j_{max}/(%)	3	4	5	6	5	6	7	8	9
最大超高横坡 $i_超$/(%)	10	10	10	10	8	8	8	8	8
平曲线最小半径 R/m	1000	700	400	200	400	200	100	65	30
$(V^2/13gR) \cdot j_h$/(%)	1.10	1.10	1.23	1.38	0.98	1.10	0.98	0.85	0.82
$i_纵$/(%)	1.90	2.90	3.77	4.62	4.02	4.89	6.02	7.15	8.18
计算值 $i_合$/(%)	10.20	10.40	10.69	11.00	8.95	9.38	10.00	10.70	11.40
《规范》采用值 $i_合$/(%)	10.00	10.00	10.50	10.50	9.00	9.50	10.00	10.00	10.00

表 3-17 城市道路合成坡度限制

计算行车速度/(km/h)	80	60	50	40	30	20
合成坡度/(%)	6	6.5	6.5	7	7	8

注：积雪地区道路合成坡度应小于或等于6%。

合成纵坡的方向一般是斜向路基边缘，某些情况下，会给行车带来危险。冬季路面有积雪、结冰的地区，车辆横移性增大；自然横坡陡峻的傍山路段，斜滑后果严重；非汽车交通比率高的路段，斜移将对非机动车造成较大危害。在具体设计时，应多方面考虑，对由斜移形成斜滑易造成严重后果的路段，以采用较小合成坡度 8%为宜。

合成坡度还关系到路面排水问题，合成纵坡过小则排水不畅，路面积水易使汽车滑移，前方车辆溅水造成的水幕影响通视，使行车中易发生事故。为此，应保证路面有 0.3%～0.5%的合成坡度。合成坡度较小时，必须在排水设计上多加考虑。

已知横向坡度和纵向坡度的路段，其合成坡度是否符合规定，可以用合成坡度计算公式来检查。但是，为简化起见，可以应用"合成坡度临界线图"(见图 3-14)，在图中查出与横向坡度和纵向坡度相对应的点，该点如在竖横轴与临界线之间或在临界线上，设计就可以采用。

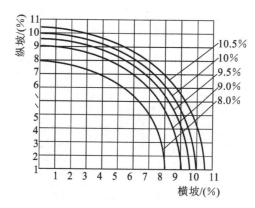

图 3-14 合成坡度临界线图

第五节 纵断面设计方法及设计成果

一、纵断面线形设计的方法、步骤

纵坡是通过公路定线和室内设计两个阶段来实现的。在定线阶段,选线人员在现场或纸上定线时结合平面线形、地形等对公路纵坡进行全面的考虑,并在室内根据选线时的记录,以及桥涵、地质等方面对路线的要求,综合考虑工程技术与经济的因素,最后定出路线的纵坡。

(一)准备工作

纵坡设计(俗称拉坡)前首先应按集和研究地形、地质、水文、筑路材料的各项记录、图表等野外资料,熟悉领会设计意图和各项具体要求。然后,在纵断面图上点绘出里程、桩号、地面高程和地面线、直线与平曲线,并将桥梁、涵洞、隧道、交叉、地质、土质等与纵坡设计有关的资料在纵断面图上标明,以便供拉坡时参考。

(二)纵坡设计

1. 标注控制点的位置

控制点是指影响纵坡设计的高程控制点。如路线的起终点、垭口、桥涵、地质不良地段、最小填坡高度、最大挖深、沿河线的洪水位、隧道进出口、路线交叉点以及受其他因素限制路线必须通过的高程控制点等,都应作为控制坡度的依据。

对山岭公路,除上述控制点外,还应根据路基平衡关系控制路中心填挖值的标高点,称为经济点,如图 3-15 所示。其含义是指如果纵坡设计线刚好通过经济点,则在相应横断面上填方和挖方基本平衡,最为经济。经济点的位置是用"路基断面透明模板"在横断面图上得到的。路基断面透明模板可用透明胶片或透明描图纸制作,在其上按比例绘制路基宽度和各种不同边坡坡度线。使用时将透明模板扣在横断面上,中心线与路基中心线重合,上下移动透明模板,使填挖方面积大致相等,此时透明模板上路基顶面至地面线之间的高差即为经济填挖值,将这些值点绘到纵断面相应的桩号上即为经济点。

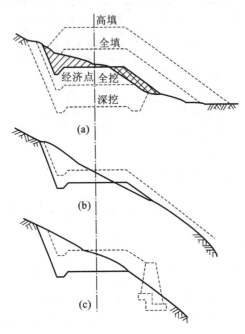

图 3-15 填挖方平衡关系

控制点和经济点在纵断面上的标记,通常可用不同的符号表示,如经济点用"⊙";必须通过的控制点用"×";路线只能上不能下的控制点用"♂";只能下不能上的控制点用"♀";表示挡土墙时用"△"等。

2. 试坡

在已经标出控制点与经济点的纵断面图上,以控制点为依据,尽量照顾经济点为原则,根据定线意图,结合地面起伏情况,在控制点与经济点之间进行插点穿线,试定出纵坡。在试定纵坡时,每定一个变坡点,均需全面考虑前后几个变坡点的情况,要前后照顾,定出变坡点的位置。一般来说,如果试定的纵坡线既能符合技术标准,又能满足控制点要求,而且土石方工程量又较省,则这样的设计纵坡是最理想的,关键是要抓住主要矛盾,反复比较,通盘考虑。

3. 调整纵坡

试定纵坡之后,首先将所定的坡度与定线时所考虑的坡度进行比较,两者应基本相符。若有较大差异,应全面分析,找出原因,决定取舍。然后检查纵坡度、坡长、合成坡度等是否符合《公路工程技术标准》规定,平、纵面组合是否合理,若有问题应进行调整。

调整纵坡的方法一般有抬高、降低、延长、缩短坡线和加大、减小纵坡度等。调整时应以少脱离控制点,尽量减少填挖量,与自然条件协调为原则,使调整后的纵坡与试定纵坡基本相符。以避免因纵坡调整产生填挖不合理等现象。

4. 与横断面进行核对

根据已调整的纵坡线,选择有控制意义的重点横断面,如高填深挖、挡土墙、重要桥涵等横断面,在纵断面上直接估读出填挖高度,对照相应的横断面图进行认真的核对和检查。若出现填挖工程量过大、填方坡脚落空以及挡土墙工程量过大等情况,应再次调整纵坡线,直到满足要求为止。

5. 确定纵坡

纵坡线经调整核对无误后,即可确定纵坡。方法是从起点开始,根据纵坡度和坡长分别计算出各变坡点的设计标高。公路的起终点设计标高是根据接线的需要事先确定的。变坡点设计标高确定后,公路纵坡设计线也随之确定。

(三) 注意事项

(1) 在回头曲线地段设计纵坡时,应先确定回头曲线上的纵坡,然后从两端接坡,以满足回头曲线的特殊纵坡要求。

(2) 大、中桥上,一般不宜设竖曲线。桥头两端的竖曲线,其起终点应设在桥头 10 m 以外。

(3) 小桥涵可设在斜坡地段和竖曲线上。但对等级较高的公路,为使公路纵坡具有一定的平顺性,应尽量避免小桥涵处出现急变的"驼峰式"纵坡。

二、纵断面设计成果

(一) 纵断面图

纵断面设计图,一般应由上、下两部分组成:上半部主要用来绘制地面线和纵断面设计线,下半部主要用来填写有关数据。

上半部分包括:道路中线的地面标高线,纵坡设计线,竖曲线及其组成要素,起、终点及其他各桩点的设计标高,施工高度,土质剖面图,桥涵位置,孔径和结构类型以及相交道路交汇点、重要临街建筑物出入口的地坪标高、已有地下管线位置和地下水位线等。同时,对沿线的水准点位置、高程及最高洪水位线也应加以标明。此外,还应绘制路线平面简图以资对照。

下半部分数据包括:a. 直线与平曲线;b. 里程桩号;c. 地面高程;d. 设计高程;e. 填挖高度;f. 纵坡/坡长;g. 地质概况说明等内容。

在技术设计阶段,一般水平方向用 1:500~1:1000 的比例尺,垂直方向用 1:50~1:100 的比例尺。对地形平坦的路段,垂直方向还可放大。至于作路网规划方案比较或初步设计时,也可采用水平方向为 1:2000 以上的小比例尺。

道路纵断面图示例如图 3-16。

(二) 设计表格

(1) 纵坡、竖曲线设计表中主要填写竖曲线特征值以及纵断面设计的坡度和坡长,如表 3-18 所示。

表 3-18 城市道路纵坡、竖曲线设计表

序号	桩号	标高/m	竖曲线 凸曲线半径 R/m	竖曲线 凹曲线半径 R/m	竖曲线 切线长 T/m	竖曲线 外距 E/m	起点桩号	终点桩号	纵坡/(%) +	纵坡/(%) −	变坡点间距 (m)	直坡段长 (m)	备注
55	K36+200	156.650		15000.000	292.500	2.852	K35+907.500	K36+492.500		—			
56	K37+800	174.250	18000.000		189.000	0.992	K37+611	K37+989	1.100		1600.000	1118.500	
57	K38+400	168.250		16000.000	261.600	2.139	K38+138.400	K38+661.600		−1.000	600.000	149.400	第五合同段终点 K38+100.000 第六合同段起点
58	K39+400	190.950	17000.000		260.950	2.003	K39+139.050	K39+660.950	2.270		1000.000	477.450	
59	K40+750	180.150		20000.000	162.800	0.663	K40+587.200	K40+912.800		−0.800	1350.000	926.250	
60	K41+250	184.290	18000.000		193.320	1.038	K41+056.680	K41+443.320	0.828		500.000	143.880	
61	K42+150	172.410		14000.000	138.040	0.681	K42+011.960	K42+288.040		−1.320	900.000	568.640	
62	K42+650	175.670	20000.000		155.200	0.602	K42+494.800	K42+805.200	0.652		500.000	206.760	
										−0.900	450.000	104.800	

编制: 复核: 审核: 图号:

（2）路基设计表是公路设计文件的组成内容之一。表中填写路线平、纵面等主要测设与设计资料；里程桩号；填、挖宽度（包括加宽）；超高值等有关内容，为公路横断面设计提供基本数据，同时也可作为路基施工的依据之一。路基设计表见第四章的表 4-26。

第六节　城市道路纵断面设计要求及排水设计

一、纵断面设计原则

城市道路纵断面设计原则有以下几点：

① 纵坡设计必须符合《公路工程技术标准》中有关纵坡的各项规定，如各级公路的最大纵坡，按排水要求的最小纵坡等；
② 为保证汽车以一定的车速安全顺利地通过，纵坡应具有一定的平顺性；
③ 对沿线的自然条件，应作通盘研究，依据不同的具体情况分别处理，使公路畅通和稳定；
④ 按路线起伏综合考虑农田水利方面的特殊要求；
⑤ 在水文条件不良或地下水位很高的路段，应考虑适当的路基高度；
⑥ 在保证路基的强度和稳定的前提下，争取填挖平衡，节省土石方及其他工程量，降低工程造价；
⑦ 考虑到公路改建时，尽量利用原有路面作为新路面的基层或面层的下层；
⑧ 纵坡设计应与平面设计密切配合。

城市道路纵断面设计原则除参照公路纵断面设计的原则外，尚须注意下列各点：

① 为使道路两侧街坊地面水的顺利排除，一般应使路缘石顶面标高低于两侧建筑物的地面标高；
② 要为城市各种地下管线的埋设提供有利条件，并保证人防工程与各类管线有必要的最小覆土厚度；
③ 对一些具有影响的立面控制点，必须与道路平面控制点综合分析研究；
④ 应与相交的道路、广场等出入口有平顺的衔接；
⑤ 对非机动车行驶较多的道路，应充分考虑非机动车的爬坡能力和下坡时的安全性；
⑥ 研究附近地区的竖向设计，以协调城市地区的立面布置和填挖土石方的调配。

城市道路纵断面图示例如图 3-16 所示，城市道路纵坡、竖曲线设计表如表 3-18 所示。

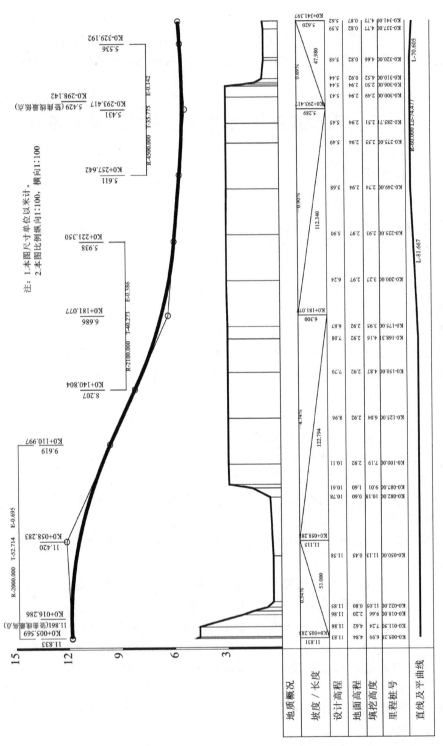

图 3-16 城市道路纵断面图示例

二、锯齿形街沟设计

街沟纵坡（或平石纵坡）由升坡到降坡再到升坡，如此连续交替进行，街沟的纵坡如同锯齿形状的，称为锯齿形街沟。

所谓街沟即指露出路面部分的侧石与路面边缘或平石，作为城市道路排水的三角形沟。

当道路纵坡很小时，积留的雨、雪水很难沿街沟的纵向排除，尤其是在暴雨或多雨季节，路面成片积水，既影响路基路面的稳定，又妨碍交通。

当道路纵坡小于 0.3% 时，为利于路面雨水的排除，将位于街沟附近的路面横坡在一定宽度内变化，提高街沟的纵坡，使其大于 0.5%，从而形成锯齿形边沟如图 3-17 所示。

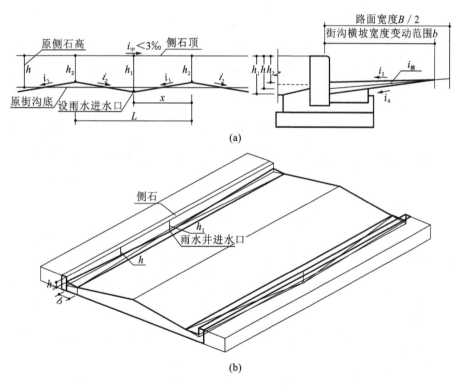

图 3-17 锯齿形街沟示意图

锯齿形街沟设置的方法是保持侧石顶面线与路中心线平行（即两者纵坡相等）的条件下，交替地改变侧石顶面线与平石（或路面边缘）之间的高度，即交替地改变侧石外露于路面的高度（见图 3-17(a)）。在最低处设置雨水进水口，使进水口处的路面横坡 i_4（见图 3-17(b)）大于正常横坡 $i_{横}$，而在两相邻近进水口之间的分水点的路面横坡 i_3 小于正常横坡。这样雨水由分水点流向两旁低处进水口，街沟纵坡（即平石纵坡或路面边缘纵坡）升降交替，成锯齿形。

锯齿形街沟设计中,首先要确定好街沟纵坡转折点间的距离,以便布置雨水口。雨水口位置布设的关系因素如图 3-18。图中 h_1、h_2 分别为雨水口、分水处的侧石高度;l 为雨水井的间距;$i_中$ 为道路中线纵坡;i_1 及 i_2 为锯齿形街沟设计纵坡。从图中可知分水点距两边的雨水口距离分别为 x 及 $(L-x)$。

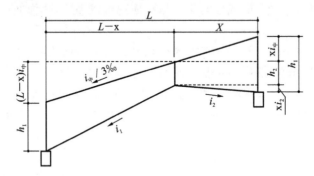

图 3-18 锯齿形街沟雨水口布置计算图

标准侧石高 $h=15$ cm,使 h 在 12~20 cm 间变化,常取 $i_1=i_2$,此时

$$L = \frac{(h_1-h_2)2i_1}{i_1^2-i_中^2} \tag{3-33}$$

$$x = \frac{L(i_1-i_中)}{2i_1} \tag{3-34}$$

横坡变动宽度 b 视道路的宽度而定,一般以 1 m 宽为宜。

第四章　道路横断面设计

本章主要介绍道路横断面组成及其类型;车行道、人行道、路肩、分车带与路缘石的设计;路拱及超高的设计;行车视距及视距保证;道路建筑界限及道路用地控制;横断面设计方法及其设计成果;路基土石方数量计算及调配;桥梁隧道的横断面布置等内容。

第一节　道路横断面组成

道路横断面是指中线上任意一点的法向切面,它由横断面设计线和地面线组合而成。其中设计线包括车行道和人行道的布置,路面各部分宽度的确定,路面横坡的设计,交通分隔带、停车带、林荫带、公共交通站台等在路面的布置,地下管线的布置,多层式道路对地上层、地面层、地下层的布置等。地面线是表征地面起伏变化情况的线,它是通过现场实测或由大比例尺地形图、航测图片、数字地面模型等途径获得。路线设计研究的横断面设计只限于与行车直接有关的路幅部分,即两侧路肩外缘(城市道路为规划红线)之间各组成部分的宽度、横向坡度等问题。边坡、边沟、截水沟、护坡道等设计在路基工程中研究。

一、公路横断面组成及类型

公路横断面的组成和各部分的尺寸要根据设计交通量、交通组成、设计速度、地形条件等因素确定。在保证公路通行能力、交通安全与畅通的前提下,尽量做到用地省、投资少,使公路发挥其最大的经济效益与社会效益。

(一)公路横断面组成

对高等级、交通量大的公路(如高速公路、一级公路),通常是将上、下行车辆分开。分隔的方式有两种:一种是等宽同高的用分隔带分隔,另一种是将上、下行车道放在不同的平面上分隔。前者称作整体式断面,后者称作分离式断面。整体式断面包括行车道、中间带、路肩以及紧急停车带、爬坡车道、避险车道、变速车道等组成部分,而分离式断面不包括中间带。不设分隔带的整体式断面(如二、三、四级公路)包括行车道、路肩以及错车道等组成部分。城郊混合交通量大,施行快、慢车道分开的路段,其横断面组成还有人行道、自行车道等,应根据实际情况选用。

公路横断面组成图如图 4-1 所示。

公路在直线段和小半径平曲线段路基宽度不同,在小半径平曲线上,路基宽度还包括行车道加宽的宽度。

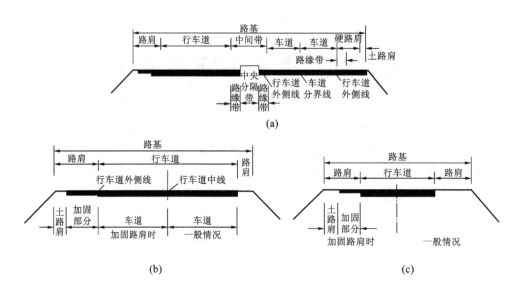

图 4-1 公路横断面组成图

(a)高速公路、一级公路路基标准横断面；(b)二、三级公路路基标准横断面；(c)四级公路路基标准横断面

（二）公路横断面类型

1. 单幅双车道

单幅双车道公路是指整体式供双向行车的双车道公路。在我国公路总里程中双车道占的比重大，适用于二级、三级公路和一部分四级公路。这类公路适应的交通量范围大，最高达 15000 辆小客车/昼夜，设计速度范围为 20～80 km/h。在这种公路上行车，只要机动车各行其道、视距良好，车速一般不会受影响；但当交通量大、非机动车多、视距条件较差时，其车速和通行能力则降低较多。所以对混合行驶相互干扰较大的路段，可设专用非机动车道和人行道，与机动车分离行驶。

2. 双幅多车道

双幅多车道是指设分隔带的或分离的四车道及其以上多车道公路。有些分离式路基为利用地形或处于风景区等，甚至做成两条独立的单向行车公路（见图 4-2）。

此类公路车速高、通行能力大，每条车道能担负的交通量比一条双车道公路还多，且行车顺畅、事故率低，但造价高，适用于高速公路和一级公路。

3. 单车道

交通量小、地形复杂、工程艰巨的山区公路或地方道路采用错车道的单车道公路，这种情况适用地形困难的四级公路。此类公路造价低，但适应的交通量小、车速低。为错车的需要，应在不大于 300 m 的距离内选择有利地点设置错车道，使驾驶员能看到相邻错车道之间的车辆。错车道处的路基宽度不小于 6.5 m，有效长度不小于 20 m。错车道布置示意图见图 4-3 。

图 4-2　两条独立的单向行车的公路

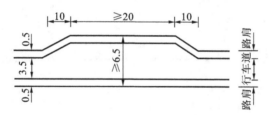

图 4-3　错车道布置示意图

二、城市道路横断面组成及类型

(一) 城市道路横断面组成

城市道路横断面由车行道、人行道、绿化带和道路附属设施用地等组成。其总宽度为城市道路横断面的路幅宽度(见图 4-4、图 4-5)。规划道路的路幅边线常用红线绘制，是道路交通用地、道路绿化用地与其他城市用地的分界线，其路幅宽度称为红线宽度。其宽度的确定主要是满足机动车、非机动车和行人的交通需求及埋设城市地下工程管线和地面杆线设施的需要而提出的，道路宽应能容纳地下工程管线所需的宽度，若它所需的宽度超过交通所需的宽度，道路宽度可适当放宽。宽度中还包含种植各种行道树和设置分隔带所需的宽度。但在道路设置展览的街心花园，以及在道路外侧至建筑物之间布置的沿街绿地带，均属于城市用地分类中的公共绿地，不属于城市道路用地范围。

(二) 对道路横断面布置的要求

我国城市道路分为快速路、主干路、次干路和支路四类。其车速由大到小，在功能上由以"通"为主向以"达"为主逐渐过渡(图 4-6)。

根据城市道路功能与等级的不同，又按照人与车分流，机动车与非机动车分流，

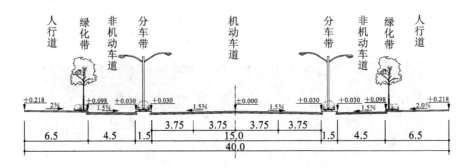

图 4-4 城市道路横断面示例

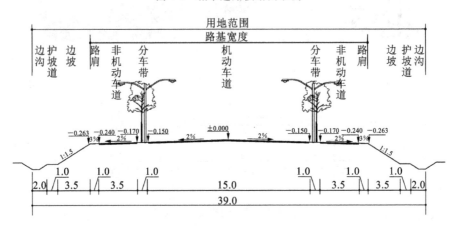

图 4-5 近郊区道路横断面示例

快车与慢车分流,各行其道的原则,城市道路横断面可以布置成为不同的形式。可以将不同速度的人、车交通设置在不同道路上,例如：人行专用路、自行车专用路、机动车专用路等,也可以布置在同一条道路上加以分隔。

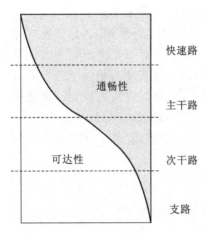

图 4-6 城市道路的通达性质

对于城市道路横断面的规划设计,应根据城市规模、道路等级、交通需求、沿街建筑的性质、地形等具体情况,确定各组成部分的宽度和相互的横向位置及高差,既要满足道路交通安全和畅通,又要满足环境保护、路容景观、城市风貌、分期建设和远期发展等的需要,又要节约城市用地和投资。

城市道路横断面的宽度和形式在城市总体规划阶段已基本确定,但在控制性详细规划阶段,可根据实际情况作必要的修改,使其更臻完善。

（三）城市道路横断面布置类型

城市道路常见的断面形式如下。

1. 单幅路

其俗称"一块板"断面，各种车辆在行车道上混合。

（1）画出快、慢车行驶分车线，快车和机动车在中间行驶，慢车和非机动车靠两侧行驶。

（2）不划分车线，在不影响安全的条件下车道可调剂使用。通常，快车靠中线行驶，慢车靠外侧行驶。当外侧车道有临时停车或公交车辆进站时，慢车可临时占用靠中线车道，快车减速通过或临时占用对向车道。也可调整交通组织，如只允许机动车沿同一方向行驶的"单行道"；限制载重车和非机动车行驶，只允许小客车和公交车通行的街道；限制各种机动车，只允许行人通行的"步行道"等。上述措施可相对不变，也叫按规定周期变换。

2. 双幅路

其俗称"两块板"断面，在行车道中心用分隔带或分隔墩将行车道分为两部分，上、下行车辆分向行驶，各向视需要可划分快、慢车道。

3. 三幅路

其俗称"三块板"断面，中间为双向行驶的机动车车道，两侧为靠右侧行驶的非机动车车道。机动车和非机动车车道之间用分隔带或分隔墩分隔。

4. 四幅路

其俗称"四块板"断面，在三幅路的基础上，再用中间带将机动车车道一分为二，分向行驶。

上述四种横断面布置形式见图 4-7。

（四）横断面形式的选用

单幅路占地少，投资省，但各种车辆混合行驶，对交通安全不利，仅适用于机动车交通量不大且非机动车较少的次干路、支路以及用地不足和拆迁困难的旧城改建的城市道路。

双幅路断面将对向行驶的车辆分开，减少了对向行车干扰，提高了车速，分隔带可用作绿化、布置照明和敷设管线，但各种车辆单向混合行驶干扰较大。其主要用于各向至少具有两条机动车道、非机动车较少的道路，有平行道路可供非机动车通行的快速路、郊区道路、横向高差大或地形特殊的路段也可采用。

三幅路将机动车与非机动车分开，对交通安全有利；分隔带上可以布置绿化带，利于夏天遮阳防晒、布置照明和减少噪声等。在机动车交通量大、非机动车多的城市道路上宜优先采用三幅路；由于三幅路占地较多，只有当红线宽度等于或大于 40 m 时才能满足车道布置的要求。

四幅路不但将机动车和非机动车分开，还将对向行驶的机动车分开，在安全和车速方面较三幅路更为有利；但其占地更多，造价更高，适用于机动车车速较高、各

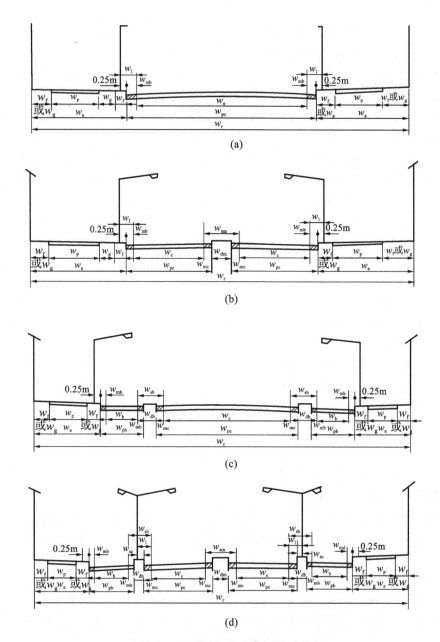

图 4-7 几种城市道路横断面形式
(a)单幅路;(b)双幅路;(c)三幅路;(d)四幅路

向两条机动车道以上、非机动车多的快速路与主干路。

一条道路宜采用相同形式的横断面。当道路横断面形式或横断面各组成部分的宽度变化时,应设过渡段。过渡段的起、止点宜选择在交叉口或结构物处。

第二节　车行道宽度

道路上供各种车辆行驶的部分,统称为车行道。供各种机动车行驶的部分称为机动车道,供各种非机动车行驶的部分称为非机动车道。

一、机动车道行车道宽度

机动车道宽度是根据设计车辆宽度、设计交通量、交通组成和汽车行驶速度确定的。公路的行车道一般包括两条以上车道。高速公路和一级公路有四条以上车道,每侧再划分快车道和慢车道或超车道和主车道。城市道路横断面布置与公路有较大区别。

(一)一般双车道公路行车道宽度确定

双车道公路有两条车道,行车道宽度包括汽车宽度和富余宽度。汽车宽度取载重汽车车厢的总宽度 2.5 m。富余宽度是指对向行驶时两车厢之间的安全间隙、汽车轮胎至路面边缘的安全距离,如图 4-8 所示。双车道公路每一条单向行驶的车道宽度可用式(4-1) 计算

$$B_{单}=\frac{a+c}{2}+x+y \tag{4-1}$$

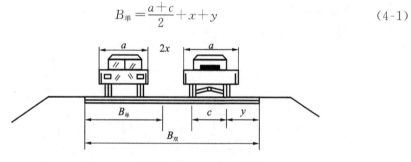

图 4-8　双车道公路的行车道宽度

两条车道

$$B_{双}=a+c+2x+2y$$

式中　a——车厢宽度(m);

　　　c——汽车轮距(m);

　　　$2x$——两车厢安全间隙(m);

　　　y——轮胎与路面边缘间的安全距离(m)。

根据试验观测,计算 x、y 的经验公式为

$$x=y=0.50+0.0005v \tag{4-2}$$

式中　v——行驶速度(km/h)。

从式(4-2)可知,行车道的富余宽度与车速有关,此外还与路侧环境、驾驶员心理、车辆状况等有关。当双车道公路设计速度为 80 km/h 时,取一条车道宽度 3.75 m 是

合适的。对车速较低、交通量不大的公路可取较小宽度,双车道公路行车道宽度根据设计速度一般取 7.5 m、7.0 m、6.5 m、6.0 m,见表 4-1。

表 4-1 各级公路行车道宽度

公路等级	高速公路、一级公路					
设计速度/(km/h)	120、100			80		60
车道数	8	6	4	6	4	4
车道宽度/m	3.75	3.75	3.75	3.75	3.75	3.5
行车道宽度/m	2×15.0	2×11.25	2×7.5	2×11.25	2×7.5	2×7.0
公路等级	二、三、四级公路					
设计速度/(km/h)	80	30	40	30	20	
车道数	2	2	2	2	1 或 2	
车道宽度/m	3.75	3.5	3.5	3.25	3.5 或 3.0	
行车道宽度/m	7.5	7	7	6.5	6.5 或 3.5	

(二)有中央分隔带公路行车道宽度

高速公路、一级公路有四条以上车道,一般设中央分隔带。分隔带两侧的行车道只有同向行驶的汽车,如图 4-9 所示。

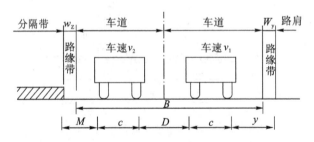

图 4-9 有中央分隔带的公路行车道宽度

车速、交通组成和大型车混入率对行车道宽度确定有较大影响。根据实地观测,得出下列关系式

$$y = 0.0103v_1 + 0.56 \tag{4-3}$$

$$D = 0.000066(v_2^2 - v_1^2) + 1.49 \tag{4-4}$$

$$M = 0.0103v_2 + 0.46 \tag{4-5}$$

式中 D——两汽车后轮外缘之间的安全间隙(m);

M——左后轮外缘与车道(或路缘带)左侧之间的安全间隙(m);

y——右后轮外缘与车道(或路缘带)右侧之间的安全间隙(m);

v_1、v_2——被超车与超车的车速(km/h)。

则单侧两条行车道宽度:

$$B = y + D + M + 2c - w_z - w_y \qquad (4-6)$$

式中 w_z、w_y——汽车左侧与右侧路缘带宽度(m);

c——汽车后轮外缘间距(m)。

根据上式计算,设计速度 $v \geqslant 80$ km/h 时,每条车道的宽度可采用 3.75 m;当 $v \leqslant$ 80 km/h,每条车道的宽度可采用 3.50 m,见表 4-1。

当高速公路的交通量超过四个车道的容量时,其车道数可按现数增加。

(三)城市道路行车道宽度

1. 横向安全距离

横向安全距离一般是指对向行车安全距离 x、同向行车安全距离 d、与路缘石的安全距离 c,以及与墙面等构筑物的安全距离 c'。横向安全距离与行驶车速、车辆行驶时的摆动宽度以及在小弯道上行驶时向内侧偏移的宽度有关。相对车速高,对横向安全距离要求也大,一般存在以下关系式:

$$x = 0.7 + 0.02(v_1 + v_2)^{3/4} \qquad (4-7)$$
$$d = 0.7 + 0.02v^{3/4} \qquad (4-8)$$
$$c = 0.4 + 0.02v^{3/4} \qquad (4-9)$$

式中 v_1、v_2——两个方向的设计车速。

城市道路中一般要求同向行车安全距离 d 达到 1.0~1.4 m,与路缘石的安全距离 c 达到 0.5~0.8 m,与墙面等构筑物的安全距离 c',如在隧道中行驶的右侧安全距离 1.0 m。设计车速达 40~60 km/h 时,对向行车安全距离 x 为 1.2~1.4 m;设计车速 $\geqslant 60$ km/h 时,宜用中间分隔带分开,使车辆单向行驶,与非机动车也应分隔开。

2. 车道宽度

在机动车道上为每一纵列的车辆提供安全行驶的地带,称为一条车道。其宽度应根据行驶车辆的车身宽度,及车辆在行驶时距横向物体或车辆的安全距离确定(图 4-10)。

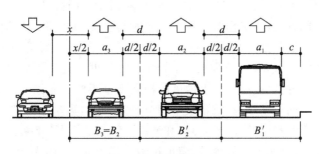

图 4-10 车道宽度确定示意图

车道的宽度(B)可分为供沿路边右侧停靠车辆用的车道。停小客车,宽度为 2.5 m,停大客车和公交车为 3.0 m。供车速为 40 km/h 各种车辆行驶的车道,为

3.5 m,供车速大于 40 km/h 各种车辆混行和供大型公交车辆和载重汽车行驶的车道,为3.75 m;交叉口的进口道,小客车专用道,宽度为 3.0 m,混行车道最小为 3.25 m。

城市道路机动车车道宽度规定见表 4-2。

表 4-2 城市道路机动车车道宽度

车型及行驶状态	设计速度/(km/h)	车道宽度/m
大型汽车或大、小汽车混行	≥40	3.75
	<40	3.50
小型汽车专用	—	3.50
公路汽车停靠站	—	3.00

3. 车道数

机动车道的车道数常根据城市规模和道路等级确定(见表 4-3、表 4-4)。

表 4-3 城市道路中机动车车道条数/条

城市人口规模/万人		快速路	主干路	次干路	支 路
大城市	≥200	6～8	6～8	4～6	3～4
	50～200	4～6	4～6	4～6	2
中等城市		—	4	2～4	2

表 4-4 小城市道路中机动车车道条数/条

城市人口规模/万人	干路	支路
20～5	2～4	2
1～5	2～4	2
<1	2～3	2

表 4-3、表 4-4 中的数值是供车辆通行所需的车道数,未包括路边停车道。由于我国面临汽车交通大发展的时期,市区土地开发强度不断提高。因此,用预测交通量来确定车道数的方法,只能作为估算或校核时的参考,或用来检验道路服务水平。

机动车道的车道条数常采用偶数。车速快、车道条数多的机动车道,道路中间常用双黄线作为隔离线,分成双向交通,车行道的宽度应计入双黄线的宽度。若中间用分隔带或栏杆分开,则应再加上两侧的横向安全距离宽度各 0.25 m。对于道路交通量有潮汐变化的机动车道,就不设中间分隔带,车道数采用奇数或偶数均可,在每条车道上空的两面都装有红(或×)灯和绿(或↑)灯,当早上高峰小时单向交通量很大时,可以将大部分车道开放绿灯,满足车辆交通要求,这时对向可通行的车道减少;当下午高峰小时对向交通量大增时,可以变换交通信号灯,使绿灯的车道数增加。从节约道路用地、降低长桥或隧道造价的角度讲,这种变换行车方向的办法是十分有效的。

路段上机动车道的车道数不宜过多,单向车道超过 4 条时,连续行进中的车辆,要从外(内)侧车道变换到内(外)侧车道十分困难,尤其在车流很密时容易造成交通混乱。此外,由于路段车道的通行能力受到交叉口车道通行能力的限制,路段车道数过多也难以发挥作用。国外在旧城改造中,常根据交叉口进口车道的通行能力反推路段所需的车道数,将多余的车道辟作路边停车道或公交站点和出租汽车的扬招站。

路段上机动车道的车道数也不宜过少。在城市里有大量公交车辆行驶,为了方便乘客乘车,缩短步行到车站的距离,要加密公交路线网和站点的密度,使公交车辆主要在次干路和支路上行驶和停靠。而这些道路的车道数不多,公交车慢速行驶会压低整个路网上的速度,所以,要为公交设置港湾式停靠站,以保证其他车辆在车道上能顺畅通行。对于中小城市的支路,机动车辆相对少些,有时将机动车与非机动车组织在同一幅车行道上,总共采用 3～4 车道,以节约道路用地,但公交停靠站仍应做成港湾式。

根据国内各城市道路建设的经验,机动车道(指路缘石之间)的宽度,双车道取 7.5～8.0 m,三车道取 11 m,四车道取 15 m,六车道取 22～23 m,八车道取 30 m。

(四) 专用车道宽度

专用车道主要有爬坡车道、变速车道、错车道、避险车道、紧急停车带、港湾式停靠站等。这些专用车道的定义、作用及设计要点见相关内容。其车道或行车道宽度规定为:爬坡车道、变速(加速或减速)车道的车道宽度 3.50 m,错车道路段的行车道宽度不小于 5.50 m,避险车道的宽度应不小于 4.50 m,紧急停车带宽度为 5.00 m,公交汽车港湾式停靠站的宽度应为 3.00 m。

二、非机动车道

(一) 车道的净空要求

非机动车道主要是供自行车、三轮车和板车等行驶的。非机动车的造价和使用成本低,维修简单,使用方便,所以在我国中小城市的交通运输中还占有较大的比重。随着社会经济发展,在城市中已逐步淘汰大板车,但自行车仍经久不衰。而行驶在非机动车道上的燃油助动车,其速度比自行车、人力三轮车快近一倍,超车频繁,且废气污染严重,虽已禁止发展,逐步淘汰,但随着燃气或电动助动车的出现和替代,助动车仍将继续存在。

车道的净空高度为非机动车本身的高度加安全距离之和。行驶不同非机动车辆的车道最小净空高度不同,行驶自行车的最小净高要求为 2.5 m,其他非机动车行驶的最小净空高度要求为 3.5 m。

非机动车道的宽度,不能像机动车道那样用一条条划分的车道组成。各种非机动车混合行驶时有不同的宽度组合,两种不同车辆的横向安全间距为 0.4～0.5 m。非机动车离侧石的安全间距约为 0.7 m,尤其是在车道右侧路面上设置雨水进水口,路面又欠平整,路边绿化带中的植物生长枝叶茂盛,侵占道路横向净空,使非机动车离侧石的距离更大,常超过 1 m 无车行驶,造成路面浪费。根据国内城市建设的实践经验,一条非机动车道的宽度至少为 4.5 m,若高峰小时自行车交通量大,宽度可达 6~7 m,这也有利于远景交通方式产生变化后,如改造和拓宽道路,或改作公交专用道或路边停车道用。

自行车的运行轨迹不同于机动车,常做蛇形运动,其蛇形摆动左右两侧各约 0.2 m。如果左右空间不受限制,一条 0.5 m 宽的路面就可以骑车了。在城市道路上,自行车是多辆并列的,每辆自行车的把手宽度为 0.6 m,所以,一条自行车道的净空宽度按 1 m 计。自行车在道路上行驶时,净空宽度距路缘石的距离为 0.25 m;在地道内行驶时,净空宽度离墙壁宜采用 0.4 m(见图 4-11)。

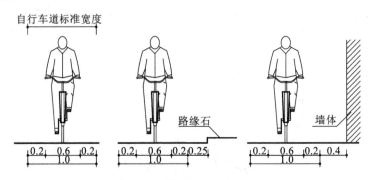

图 4-11 单车横向宽度示意

通常一条自行车道路,单向有二辆自行车并列行驶时,宽度为 2.5 m;有三辆车并行时,宽度为 3.5 m;其余以此类推(见图 4-12)。但并列的车道条数不能太多,当超过五、六条时,被夹在中间的骑车人十分紧张;或者就自然分成两个三辆并行的组团,以保证安全行车。

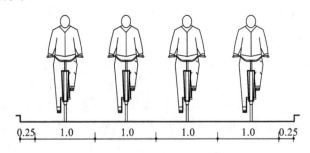

图 4-12 自行车的并行宽度

自行车道路若两侧不做侧石,路面外侧是硬地或草地,则 2.0 m 宽的自行车道可供两辆自行车同向行驶,或偶尔供第三辆自行车超车而过;3.0 m 宽的自行车道,可供三辆自行车同向并列行驶,也可供两辆自行车双向行驶,偶尔可供另一辆车超车而过。

(二)非机动车道的布置

非机动车属于慢速行驶的交通工具,它又与人们的生活有密切的联系,常与人行道靠在一起,形成沿道路两侧对称布置在机动车道与人行道之间的格局,使车行道成为三幅路(俗称三块板)(见图 4-7(c))。

在城市支路上,机动车与非机动车数量都较少,它们通过同一断面时在时空上错开,这时车道的路幅可以相互轮流使用,混行交通的干扰并不严重,支路上的车速也不快,可以采用单幅路的形式(见图 4-7(a)),非机动车靠右侧行驶,在路面上划出白色虚线,作为车辆分道线,基本实行各行其道。

在城市干路上,机动车车速快,双向交通量大时,若非机动车数量少,仍可以采用上述机动车与非机动车合在一个路幅内基本分行的做法,只是在车道中间用分隔带将双向车流分开,形成双幅路的格局(见图 4-7(b))。若在城市干路上,非机动车数量很多,对机动车车道的占用和干扰严重,则需要在机动车与非机动车之间采用物体(如分隔带、栏杆等)分隔,形成四幅路的横断面形式(见图 4-7(d))。

应该指出,三幅路、四幅路的做法只是在路段上解决了非机动车对机动车的干扰,保证了交通安全,但到了交叉口,机动车、非机动车和行人全集中在一起,道路越宽,交通量越大,行人通过道路越困难,相交的道路条数越多,矛盾越集中,相互的干扰越大,交通问题越是难解决。新中国成立以来,城市道路的横断面布置形式一直沿用了这一模式,使交通问题始终未能得到较好的改善。随着我国机动车交通日益增长,这个矛盾还将激化。我们不能靠建大型立体交叉口来解决交通问题,而应该从道路网络上,从道路横断面上来研究机动车与非机动车的分流问题,使它们能在道路网上各行其道。根据国内一些城市的经验,在城市用地上宁愿道路条数多些,使车辆有较好的可达性,也不要将道路定得太宽,使车流集中在几条干路上,使交叉口负担过重。

在三幅路和四幅路中两条独立的非机动车道上,交通组织是单向的。为防止非机动车任意左转闯入快速的机动车道,国内目前的做法是用几道高铁护栏挡死,以策安全。这种作法迫使在与行驶方向相反的非机动车在车道内逆行。若将两条非机动车道合在一起,双向行驶,并设置在另一条平行的道路上,这条非机动车道的宽度就可以比原来两条单向的非机动车道之和(一般城市为 9～14 m,有的城市更达 16 m)小,通常只需 7～9 m 就足够了,这样不但节约了大量用地,还大大增加了居民生活出行的可达性。

三、平曲线加宽设计

平曲线加宽指为满足汽车在平曲线上行驶时后轮轨迹偏向曲线内侧的需要,平曲线内侧相应增加路面、路基宽度。

(一)加宽值计算

汽车行驶在圆曲线上,各轮迹半径不同,其中后内轮轨迹半径最小,且偏向曲线内侧,故曲线内侧应增加路面宽度,以确保圆曲线上行车的安全与顺适。

普通汽车的加宽值 b 可由图 4-13 所示的几何关系求得
$$b=R-(R_1+B)$$

而
$$R_1+B=\sqrt{R^2-A^2}=R-\frac{A^2}{2R}-\frac{A^4}{8R^3}-\cdots$$

故
$$b=\frac{A^2}{2R}+\frac{A^4}{8R^3}+\cdots$$

上式第二项以后的数值很小,可忽略不计,则一条车道的加宽 $b_单$ 为

$$b_单=\frac{A^2}{2R} \tag{4-10}$$

式中 A——汽车后轴至前保险杠的距离(m);
R——圆曲线半径(m)。

对有 N 个车道的行车道:

$$b=\frac{NA^2}{2R} \tag{4-11}$$

半挂车的加宽值由图 4-14 的几何关系求得:

$$\left.\begin{array}{l}b_1=\dfrac{A_1^2}{2R}\\[2mm]b_2=\dfrac{A_2^2}{2R'}\end{array}\right\} \tag{4-12}$$

式中 b_1——牵引车的加宽值(m);
b_2——拖车的加宽值(m);
A_1——牵引车保险杠至第二轴的距离(m);
A_2——第二轴至拖车最后轴的距离(m)。

其余符号见图 4-14。

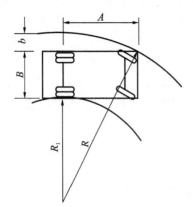

图 4-13 普通汽车的加宽

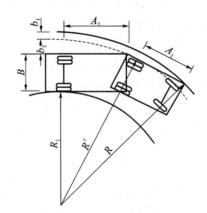

图 4-14 半挂车的加宽

由于 $R'=R-B_1$,而 b_1 与 R 相比甚微,可取 $R'\approx R$,则半挂车的加宽值为

$$b = b_1 + b_2 = \frac{A_1^2 + A_2^2}{2R} \tag{4-13}$$

令 $A_1^2 + A_2^2 = A^2$，式(4-13)仍为式(4-11)形式，但 A 的含义不同。

根据实测，汽车转弯加宽还与车速有关，一个车道摆动加宽值 b' 计算的经验公式为

$$b' = \frac{0.05v}{\sqrt{R}} \tag{4-14}$$

式中 v——汽车转弯时行驶速度(km/h)。

考虑车速的影响，圆曲线上路面的加宽值按式(4-15)计算

$$b = N\left(\frac{A^2}{2R} + \frac{0.05v}{\sqrt{R}}\right) \tag{4-15}$$

根据三种标准车型轴距加前悬的长度分别为 5 m、8 m 和 5.2 m+8.8 m，分别计算并整理，可得不同半径对应的三类加宽值。《标准》规定的双车道路面加宽值见表4-5，城市道路圆曲线每条车道的加宽值见表4-6。

表 4-5　双车道公路圆曲线加宽值(单位：m)

加宽类型	汽车轴距加 \ 加宽值 \ 圆曲线	250~200	<200~150	<150~100	<100~70	<70~50	<50~30	<30~25	<25~20	<20~15
1	5	0.4	0.6	0.8	1.0	1.2	1.4	1.8	2.2	2.5
2	8	0.6	0.7	0.9	1.2	1.5	2.0			
3	5.2+8.8	0.8	1.0	1.5	2.0	2.5				

表 4-6　城市道路圆曲线每条车道的加宽值(单位：m)

圆曲线半径/m \ 车型	小型汽车	普通汽车	铰接汽车
200<R≤250	0.28	0.40	0.45
150<R≤200	0.30	0.45	0.55
100<R≤150	0.32	0.60	0.75
60<R≤100	0.35	0.70	0.95
50<R≤60	0.39	0.90	1.25
40<R≤50	0.40	1.00	1.50
30<R≤40	0.45	1.30	1.90
20<R≤30	0.60	1.80	2.80
15<R≤20	0.70	2.40	3.50

四级公路和设计速度为 30 km/h 的三级公路采用第 1 类加宽值;其余各级公路采用第 3 类加宽值。对不经常通行集装箱运输半挂车的公路,可采用第 2 类加宽值。

对 $R>250$ m 的圆曲线,因其加宽值甚小,可不加宽。由三条以上车道构成的行车道,其加宽值应另行计算。单车道公路路面加宽值为表 4-8 规定值的一半。各级公路的路面加宽后,路基也相应加宽。四级公路路基如果用 6.5 m 以上宽度时,当路面加宽后剩余的路肩宽度不小于 0.5 m 时,则路基可不予加宽;小于 0.5 m 时,则应加宽路基,以保证路肩宽度不小于 0.5 m。

分道行驶公路,当圆曲线半径较小时,其内侧车道的加宽值应大于外侧车道的加宽值,设计时应通过计算确定其差值。

(二) 加宽过渡

加宽过渡段是为使路面由直线上的正常宽度过渡到圆曲线上设置了加宽的宽度,而设置的宽度变化段。该加宽值为圆曲线内等值最大加宽(也称全加宽),而直线上不加宽,在加宽过渡段内,路面宽度逐渐过渡变化。加宽过渡的设置根据道路性质和等级可采用不同方法。

1. 比例过渡

在加宽过渡段全长范围内按其长度成比例逐渐加宽,如图 4-15 所示。加宽过渡段内任意点的加宽值 b_x 为

$$b_x = \frac{L_x}{L} b \qquad (4\text{-}16)$$

式中　L_x——任意点距过渡段起点的距离(m);

　　　L——加宽过渡段长度(m);

　　　b_x——圆曲线上的全加宽(m)。

比例过渡计算简单,但经加宽后的路面内侧边线与行车轨迹不符,过渡段的起、终点出现破折,路容也不美现。这种方法可用于二、三、四级公路。

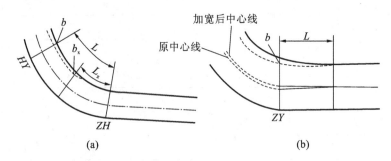

图 4-15　加宽的过渡

(a) 设缓和曲线的弯道比例过渡;(b) 不设缓和曲线的弯道比例过渡

2. 高次抛物线过渡

在加宽过渡段内插入一条高次抛物线,抛物线上任意点的加宽值 b_x

$$b_x = (4k^3 - 3k^4)b \qquad (4-17)$$

式中 $k = \dfrac{L_X}{L}$，符号意义同前。

使用该法加宽后的路面内侧边缘圆滑、美观，适用于对路容有一定要求的高速公路和一级公路。

3. 回旋线过渡

在加宽过渡段路面内侧插入回旋线，不但中线上有回旋线，而且加宽后的路面边线也是回旋线，与行车轨迹相符，保证了行车的顺适与线形的美观。其适用于高速公路和一、二级公路的下列路段：

① 位于大城市近郊的路段；
② 桥梁、高架桥、挡土墙、隧道等构造物处；
③ 设置各种安全防护设施的路段。

（三）加宽过渡段长度

对设有缓和曲线的平曲线，加宽过渡段应采用与缓和曲线相同的长度。对不设缓和曲线，但设有超高过渡段的平曲线，可采用与超高过渡段相同的长度。既不设缓和曲线，又不设超高的平曲线，加宽过渡段应按渐变率为 1∶15 且长度不小于 10 m 的要求设置。对复曲线的大圆和小圆之间设有缓和曲线的加宽过渡段，均可按上述方法处理。

第三节　人行道、路肩、分车带与路缘石

一、人行道

在道路车行道两边到道路红线之间的用地为路侧带。其间布置主要的内容是人行道、城市市政公用服务设施用地和绿化用地。

1. 人行道的净空要求

人行道是城市中的主要公共区域，是各色人等共存的活动场所。人行道应为沿街居民提供熟悉的私人空间，也要为应付外来的陌生人做好充分的准备，将陌生人变为重要的资源，带来城市中活跃的气氛，使街道上配置的各种商业、服务设施等形成一个由大众视线构成的安全防范体系，有效地消解陌生人带来的危险，同时又充分容纳陌生人带来的活力。这样在街道的人行道上始终都会有行人。为此要为市民和外来人们提供步行交通的道路，其设计应以步行人流的流量和特征为基本依据。人行道应有良好的铺装，道面平整，排水流畅，并且要保证步行交通安全和连续不断，不被其他活动任意占用。人行道上应铺设盲条，在交叉口转角处应有侧石并应符合无障碍交通的要求，以适应老、幼、残、弱者步行活动的特殊需要。人行道应与沿街建筑和绿地结合在一起规划设计，有时与步行广场、建筑小品结合在一起建

造,以丰富城市的景观,要改变以纯工程技术的手法建造人行道的行为。

一般规定人行道的净空高度需要在 2.5 m 以上,由于行人在人行道上分布是不均匀的,有时是单向,有时是双向。如前文所述,当两个熟悉的人并排行走的时候,每人需要 0.65 m 的宽度,走路时因身体摇摆,身体可能会有接触;比这个距离还要小的侧向距离,一般是在拥挤的情况下才能出现。因此考虑人的动态和心理缓冲空间的需求,为了避免行人间相互超越的干扰,每人至少应有 0.75 m 的人行带宽度。一般来说,单人行走无携带物需要 0.7~0.8 m(平均 0.75 m)的宽度(见图 4-16(a));单人行走一侧携带物品一般需要 0.75~0.85 m(平均 0.8 m)的宽度(见图 4-16(b));单人行走两侧携带物品或大人带小孩行走需要 0.85~1.1 m(平均 1.0 m)的宽度(见图 4-16(c))。人行道有效宽度应按人行带的倍数计算,最小宽度不得小于1.5 m。若考虑行人与建筑物的外墙的距离以及避开路缘石、树木、灯柱、信箱、公交站亭和停车计时器等的距离,所以人行道的宽度还应该宽一些。在车站码头、人行天桥和地道等人流密集区域人行道的宽度须达到 0.9 m。

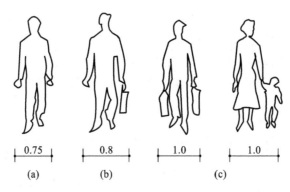

图 4-16　行人负物所需宽度(单位:m)

(a)单人行走无携带物;(b)单人行走一侧携带物;(c)单人行走两侧携带物及大人带小孩行走

我国城市人口密度比国外高,城市人口毛密度平均为 1 万~2 万人/km²,市中心地区则更高,集中了大量高层建筑、就业岗位和购物中心,吸引了许多市民和旅游者到此活动。所以,对人行道宽度的要求理当比国外的尺度要大。人行道上行走的上下班的行人,由于每天使用同样的交通设施,因此步行速度比较快。而年老或年幼的步幅就要比其他行人小,速度也慢。购物者常在橱窗前停留,减小了人行道的有效宽度,因此这些因素都要在设计中考虑。

人行道的宽度是根据道路等级和功能、沿街建筑性质、路上步行人流的性质、密度和流量、走动者与站立者的比例等规划设计确定的,再经通行能力进行复核。此外,还应考虑在人行道下埋设的各种地下管线对用地宽度的要求。

人行道宽度必须满足行人通行的需要。人行道的宽度($\omega_人$)可按下式估算

$$\omega_人 = Q_人 / N_{人1} \tag{4-18}$$

式中　$Q_人$——人行道高峰小时行人流量(p/h);

$N_{人1}$——1 m 宽人行道的设计行人通行能力(p/h·m)。

根据我国部分城市的调查资料,在大城市中心地区商业繁华街道上人行道宽度可达 8~10 m,中小城市上述地区的人行道宽度达 5~6 m,在其他地区的人行道可以适当窄些。人行道的最小宽度至少保证两个行人相对而行能够顺利通过。建设部颁布的《城市道路设计规范》对城市中人行道最小宽度作了如下规定(见表 4-7)。

表 4-7 人行道最小宽度(单位:m)

项 目	大城市	中、小城市
各级道路	3	2
商业或文化中心区以及大型商店或大型公共文化机构集中路段	5	3
火车站、码头附近路段	5	4
长途汽车站	4	4

2. 人行道的布置

人行道需要与车行道有明显的区别,以利于车辆和行人各行其道,通常人行道对称布置在车行道的两侧,高出车行道路面 10~20 cm,以保证安全,也有利于向车行道路边排水。在车辆交通频繁的主干路上,人行道宜放在绿带或设施带的右侧,使行人离机动车流远些,少受干扰和废气污染。人行道、人行横道、人行天桥、人行地道的设计通行能力如表 4-8 所示。

表 4-8 人行道、人行横道、人行天桥、人行地道的设计通行能力(单位:p/h·m)

类 别	折减系数			
	0.75	0.80	0.85	0.90
人行道	1800	1900	2000	2100
人行横道	2000	2100	2300	2400
人行天桥、人行地道	1800	1900	2000	
车站、码头的人行天桥、人行地道	1400	—	—	—

注:车站、码头的人行天桥、人行地道的一条人行带宽度为 0.9 m,其余情况为 0.75 m。

人行道的布置与道路等级、行人与沿街建筑的联系有关。城市支路,沿街多为住宅,人行道宜距离建筑 1 m 以上的间距;沿街底层若为商店,人行道可紧贴建筑,在靠车行道一侧布置绿带或公交停靠站及其他各种设施(见图 4-17(a)、(d))。在城市次干路、繁华的商业街上,人流多,且伫立观看橱窗商品的人较多,可用绿带将人行道分为两部分,靠车行道一侧的人行道供过路者快速行走,靠建筑一侧的人行道供购物者慢行(见图 4-76(c)、(e))。在快速路上,人行道与机动车道应严格分离,快速路上的车辆要停车必须驶入边上平行的辅路(支路),才能让行人上下车。跨过快速路的行人必须从人行天桥或地道内通过。在我国南方城市,风雨多且炎热,或旧城道路拓宽而沿街建筑又需保留时,可以采用骑楼的形式,将人行道置于骑楼下(见图 4-17(f))。

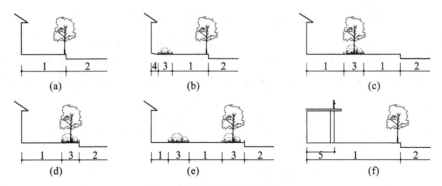

图 4-17 人行道布置形式(单位:m)

1—步行道;2—车行道;3—绿带;4—散水;5—骑楼

城市道路横断面宽度受地形、地物限制时,可在两侧做不等宽的人行道,或仅单边设置。例如傍山筑路,为减少土石方可将人行道设置在另一标高上(见图4-18(a));水位涨落很大的滨河路,也可将人行道分为几层,分别设置在不同的标高上(见图4-18(b)),给人们一种亲水的感受。

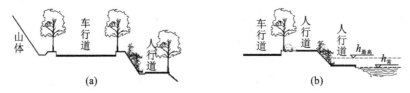

图 4-18 不同标高的人行道设计

3. 市政公用设施的布置

城市道路与公路不同点之一,是在道路两侧布设了大量市政公用设施,诸如行人护栏、人行天桥和人行地道出入口、路灯、信号灯、交通标志牌、电力电杆、电车架空触线的拉杆、馈电电线杆、邮筒、公用电话亭、公交站台与候车亭、出租汽车扬招站、路边停车计时器、消火栓、垃圾箱、路边坐椅、路名牌、城市地图、灯箱广告,还有大量自行车停车,甚至机动车停车等。这些设施都是市民生活中所不可缺少的,但是在以往路侧带的设计中,未能专门为它们安排用地,结果这些公用设施很零乱的布置在人行道上,尤其是尺寸不一的零乱的广告牌。占用行人步行的通道,使行人无路可走,只能走到车行道上。应该指出,这些设施分属各个部门管理,投资渠道也不同,若让它们无序地布置,必然影响市容,破坏城市街道的立面效果,并且对绿化生长干扰很大,所以规划设计时应根据《城市道路设计规范》要求,协调这项工作,在道路的路侧带上留出一席之地。

《城市道路设计规范》中对设置行人护栏的设施带规定宽度为 0.25~0.50 m,设置杆柱的设施带规定为 1.0~1.5 m,同时设置护桩和杆柱时为 1.5 m。对于布置其余的市政公用设施者,还应增加一些宽度,或与绿化带结合在一起,布置在人行道外的绿地中。在设施带上铺设的路面不计入人行道宽度。在人行道上挖的树穴,其宽度也不应计入人行道宽度。若在人行道一侧设置自行车停车带,其宽度不能算作人行道,用地应计入停车场用地(S32)。

二、路肩

道路上采用边沟排水时,在车行道路面外侧至路基边缘所保留的带状用地称路肩。它可供临时停车,通行非机动车和行人,并对路面作横向支承,埋设交通护栏和交通号志(见图4-19)。

各级公路都要设置路肩,其作用是:

① 保护及支撑路面结构;

② 供临时停车之用;

③ 作为侧向余宽的一部分,能增加驾驶的安全和舒适感,尤其在挖方路段,可增加弯道视距,减少行车事故;

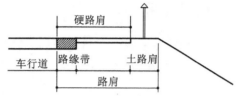

图 4-19 路肩示意图

④ 提供道路养护作业、埋设地下管线的场地;

⑤ 对未来设人行道的道路,可供行人及非机动车使用。

路肩分为硬路肩(包括路缘带)和土路肩。硬路肩是指进行了铺装的路肩,可承受汽车荷载的作用力,在混合交通的公路上便于作机动车、行人通行。在填方路段,如采用集中排水方式,为使路肩能汇集路面积水,在路肩边缘应设缘石。土路肩是指不加铺装的土质路肩,起保护路面和路基的作用,并提供侧向余宽。

设计行车速度大于或等于 40 km/h 时,应设硬路肩。其铺装应具有承受车辆荷载的能力。硬路肩中路缘带的路面结构要与机动车车行道相同,其余部分可适当减薄。硬路肩最小宽度见表4-9。

表 4-9 硬路肩最小宽度

计算车行速度/(km/h)	80	50	40
硬路肩最小宽度/m	1.00	0.75	0.50
有少量行人时的最小宽度/m	1.75	1.50	1.25

注:左侧路肩可采用表中硬路肩最小宽度。

道路一般应设右路肩;对于高速公路、一级公路,当采用分离式断面时,行车道左侧应设左路肩。高速公路、一级公路,有条件时宜采用大于或等于 2.50 m 的右侧硬路肩。当右侧硬路肩的宽度小于 2.50 m 时,应设紧急停车带。紧急停车带的设置间距不宜大于 2 km,宽度包括硬路肩在内为 5.00 m,有效长度大或等于 50 m。从正线进入和驶出紧急停车带应设过渡段,其长度分别为 100 m 和 150 m。

城市道路一般采用地下管渠排水,行车道两侧设路缘石和人行道。如采用边沟排水则应在路面外侧设路肩,分硬路肩和保护性路肩。城市道路的设计速度大于或等于 40 km/h 时,应设硬路肩。硬路肩的铺装表面宜平整,不粗糙,以便吸引自行车和行人走在其上,不致因路肩质量差而闯入机动车道,造成车祸。设计行车速度小于 40 km/h 时,可不设硬路肩。路肩宽度不得小于 1.25 m。保护性路肩一般为土质或简易铺装,其作用是为城市道路的某些交通设施,如护栏、栏杆、交通标志牌等的设置提供场地,最小宽度为 0.5 m。双幅路或四幅路中间带设有排水沟时,应设左侧路肩。

快速路右侧路肩宽度小于 2.5 m，且交通量较大时，应设紧急停车带（见图 4-12），其间距宜为 300～500 m。国外在快速行驶的水泥混凝土路面两侧，各镶一条 20 cm 宽、每前进 10 cm 有一次凹槽的边条，当驾驶员困倦驶出路面、车轮辗压上凹槽时，会产生高声啸叫，惊醒驾驶员，避免车祸的发生。

三、分车带

在多幅路横断面内沿道路纵向设置的带状分隔车流的设施称为分车带，如图 4-20。分车带上可布置交通标志、路灯、绿化或公交停靠站，其下也可埋设管线。分车带按其在横断面中的不同位置与功能，分为中间分车带（简称中间带）和两侧分车带（简称两侧带）。

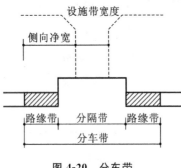

图 4-20 分车带

（一）中间带

1. 中间带的作用

四条及四条以上车道的道路应设置中间带。中间带由两条左侧路缘带和中央分隔带组成。中间带的作用如下。

（1）分隔上、下行车流，防止车辆驶入对向车道，减少道路交通干扰，提高通行能力和行车安全。

（2）可作为设置道路标志及其他交通管理设施的场地，也可作行人过街的安全岛。

（3）一定宽度的中间带种植花草灌木或设防眩网，可防对向车灯眩目，还可起到美化路容和环境的作用。

（4）设于中央分隔带两侧的路缘带，有一定宽度且颜色醒目，能引导驾驶员视线，增加行车侧向余宽，提高行车的安全性和舒适性。

2. 中间带的宽度

中间带的宽度是根据行车道外侧向余宽、护栏、种植、防眩网、桥墩等所需设施带宽度确定。其越宽作用越明显，但对用地紧缺的地区采用宽中间带是困难的，我国采用窄的中间带。《标准》规定的最小中间带宽度随公路等级、地形条件在 2.00～4.50 m 之间，城市道路规定与公路基本相同。左侧路缘带常用宽度为 0.50 m 或 0.75 m。

中间带的宽度一般应保持等宽。若需变宽时，宽度变化地点应设过渡段。过渡段以设在回旋线内为宜，其长度应与回旋线长度相等。宽度大于 4.50 m 的中间带过渡段以设在半径较大的平曲线路段为宜。图 4-21 为几种中间带变宽过渡设计的例子。

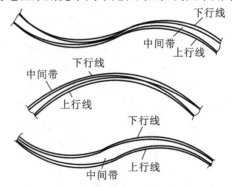

图 4-21 中间带变宽过渡设计

3. 中间带的开口

为便于养护作业、临时调整行车方向和某些车辆必要时掉头,中央分隔带应按一定距离设置开口部。开口部一般以每 2 km 的间距设置为宜,太密会造成交通紊乱。城市道路可根据横向交通(车辆和行人)的需要设置。

中央分隔带开口应设在通视良好的路段,若在平曲线上开口,其圆曲线半径宜大于 700 m。在互通式立体交叉、隧道、特大桥、服务区等设施的前后须设开口。分离式路基应在适当位置设横向连接道,以供维修或抢险时使用。

开口端的形状,常用半圆形和弹头形两种。对窄的中央分隔带($M<3.0$ m)可用半圆形,宽的($M\geq 3.0$ m)可用弹头形。弹头形如图 4-22 所示,图中 R、R_1 和 R_2 为控制设计半径。R 和 R_1 足够大时,才能保证汽车以容许速度驶离主车道进行左转弯。R_1 一般采用 25~120 m。R 切于开口中心线,其值取决于开口的大小。为避免过大的开口并方便行车,一般采用 R 的最小值为 15 m,弹头尖端圆弧半径 R_2 可采用分隔带宽度的 1/5,外观比较悦目。

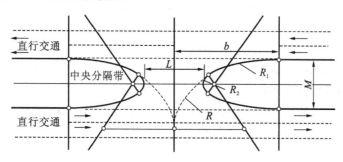

图 4-22 弹头形中间带开口

4. 中间带的表面形式

中间带的表面形式有凹形和凸形两种,凹形用于宽度大于 4.5 m 的中间带,凸形用于宽度小于或等于 4.5 m 的中间带。宽度大于 4.5 m 的中间带,一般可植草皮、栽灌木;宽度小于或等于 4.5 m 的可植矮灌木或铺草封闭。

凸形中间带中设于护栏前端的路缘石对安全行车不利,主要存在以下问题:

(1) 超车时,驾驶员为避让左侧路缘石和右侧被超车辆,处于车辆高速、心理高度紧张的状态,容易导致操作失误;

(2) 护栏上有反光标志,路缘石上没有,夜间行车视线不良时易撞击凸起的路缘石,发生侧倾或翻滚事故;

(3) 研究表明,车辆碰撞路缘石不能改变其运动方向,易发生车辆弹跳而碰撞护栏;

(4) 车辆碰撞路缘石时易发生前胎爆胎事故,易使撞击作用点升高。

因此,道路宜采用无凸起路缘石的中间带,或采用低矮光滑的斜式或平式路缘石;路缘石最高点小于 12 cm 且位于护栏之后。

5. 中间带的侧向净距

中间带的组成部分如图 4-23 所示。设车辆在车道中间行驶,图中侧向净距是指路缘带与车道边线到护栏面的间距,内侧净距是右后轮外侧面到护栏面的间距。侧向净距 J、内侧净距 C、车道宽度 B 及后轮总宽 A 满足式(4-19)。

$$J=C-(B-A)/2 \tag{4-19}$$

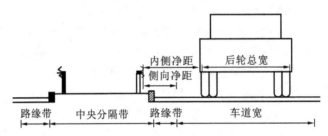

图 4-23 中间带组成

根据实测,内侧净距与车型和速度有关,各种车型行驶时内侧净距与行驶速度的关系模型如下

小型车　　　　　　　　$C=0.0101v+1.03$ 　　　　(4-20)

中型车　　　　　　　　$C=0.0095v+1.05$ 　　　　(4-21)

大型车　　　　　　　　$C=0.0081v+0.94$ 　　　　(4-22)

式中　C——内侧净距(m);

　　　v——行驶速度(km/h)。

根据设计速度和中间带路缘石形式,中间带安全侧向净距推荐值见表 4-10。

表 4-10　分车带最小宽度

分车带类别		中 间 带			两 侧 带		
计算行车速度/(km/h)		80	60,50	40	40	60,50	40
分隔带最小宽度/m		2.00	1.50	1.50	1.50	1.50	1.50
路缘带宽度/m	机动车道	0.50	0.50	0.25	0.50	0.50	0.25
	非机动车道	—	—	—	0.25	0.25	0.25
侧向净宽/m	机动车道	1.00	0.75	0.50	0.75	0.75	0.50
	非机动车道	—	—	—	0.50	0.50	0.50
安全带宽度/m	机动车道	0.50	0.25	0.25	0.25	0.25	0.25
	非机动车道	—	—	—	0.25	0.25	0.25
分车带最小宽度/m		3.00	2.50	2.00	2.25	2.25	2.00

注:①快速路的分车带应采用表中 80 km/h 栏中规定值。②计算车行速度小于 40 km/h 的主干路与次干路可设缘带。分车带采用 40 km/h 栏中规定值。③支路可不设缘带,但应保证 25 cm 的侧向净宽。④表中分隔带最小宽度系按设施带宽度 1 m 考虑,如设施带宽度大于 1 m 应增加分隔带宽度。⑤安全带宽度为侧向净距与路缘带宽度之差。

(二)两侧带

布置在横断面两侧的分车带叫两侧带,其作用与中间带相同,只是设置的位置不同而已。两侧带常用于城市道路的横断面设计中,它可以分隔快车道与慢车道、机动车道与非机动车道、车行道与人行道等。

位于城市道路行车道两侧的人行道、绿化带、公用设施带等统称为路侧带。路侧带的宽度应根据道路类别、功能、行人流量、绿化、沿街建筑性质及布设公用设施要求等确定。

分隔带可用缘石围砌,高出路面 10～20 cm,在人行横道和公交停靠站处应铺装。在旧城或市区道路用地紧张时,常采用活动式混凝土(或铸铁)隔离墩,其上插以链条或铁栅护栏。由于这些设施在路面上也占了 0.3～0.5 m 宽,且在空间上给驾驶人员造成一定的心理影响,所以设施底部外 0.25 m 处宜加划黄线,以免车行道过窄而撞坏隔离设施。

中间分隔带上的绿化,一般以种植花草或低矮灌木为主,既开阔视野,又可遮挡眩目的车头灯光,也便于竖立照明灯杆。中间分隔绿化带的宽度,在用地允许时,一般宜大于 4 m,到交叉口附近,可辟出一条车道供左转车排队和过街行人等候绿灯。干路上的路段,在需要时可留出一段空档,供 180°调头的车辆回转和等候用。

机动车道与非机动车道间的分隔带,若用地紧张,且宽度小于 2 m,则不宜种植乔木,但可铺草皮或铺筑硬地,供临时停放自行车;若宽度小于 1 m,则不宜种植。因为向外生长的枝条要侵占道路净宽,降低道路通行能力,且绿化常年在烟尘的侵蚀和车辆对根系的震动下,也很难成活。在机动车辆和非机动车辆都很多的干路上,设置较宽的分隔绿化,到交叉口附近可将绿化带辟出一条机动车道,供右转车排队,等候非机动车的空档右转,也可供行人在此等候过街。

分隔带的长度,在两个交叉口之间宜连续,不宜切成许多短段,以防车辆随意出入。若为了让机动车道上的雨水流到非机动车道边的雨水井内,或将雨水排到分隔带下的雨水管内,也应使分隔带在上面连续,而路面排水仍畅通。若因交叉口间距过长,其间需增设人行横道,或有街坊出入口需中断分车带,一般采用分段长度 100～150 m 为宜,最小不得小于停车视距。

北方高纬度地区的城市,寒冬积雪不化,分隔带还有堆雪的功能,具体的宽度要根据当地的一次降雪厚度和堆雪宽度及有关设计规范而定。北方干旱地区堆雪春融时对行道树保墒很有益,但也要考虑雪水的排除。

四、路缘石

路缘石是设在路面与其他构造物之间的标石。在城市道路的分隔带与路面之间、人行道与路面之间一般都需设路缘石,在公路的中央分隔带边缘、行车道右侧边缘或路肩外侧边缘常需设路缘石。

路缘石用于分隔行车区域与其他交通方式运行区域,或分隔其他用途的区域;可标示出路面边缘的轮廓线,并起到支撑路面或路肩边缘的作用,且利于纵向排水。

路缘石的形状有立式、斜式和曲线式等几种(见图 4-24)。

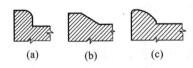

图 4-24 路缘石横向剖面图
(a)立式;(b)斜式;(c)曲线式

路缘石的高度不宜太高,因高的路缘石(高度大于 20 cm)会使高速行驶的汽车发生驶入后飞跃、爆胎甚至翻车的副作用。试验表明,护栏外有路缘石的中间带行驶速度小于 60 km/h,无路缘石的中间带行驶速度应小于 120 km/h。当高速公路的分隔带因排水必须设路缘石时,不宜设立式路缘石,应使用低矮光滑的斜式或平式路缘石,高度宜小于 12 cm。

城市道路的路缘石为方便排水一般采用立式,人行道及人行横道宽度范围内路缘石宜做成低矮坡面较为平缓的斜式,便于儿童车、轮椅及残疾人通行。

路缘石宜高出路面 10～20 cm,缘石宽度宜为 10～15 cm。

五、道路绿化带

(一)道路绿化设置原则

道路绿化是整个城市绿化的重要组成部分,沿着道路绿化带可将其他的各种城市绿地连成一体。

道路绿化可以增加城市景观,使人心情舒畅;浓密的树冠可以遮阴,挡风,防日晒;绿化带还可以分隔道路横断面上各组成部分,或用来限制横向交通任意穿越,以保障停车安全和快速;道路绿化带上的温度、湿度与路面上的不同,形成空气对流;绿化植物可以吸附空气中的废气和尘埃,使空气清洁、湿润和凉爽。对于分期建设的道路,绿化带又可起调节备用地的作用,但其下管线仍按远期的位置埋设。所以,道路绿化带宽度宜为道路红线宽度的 10%～15%,对滨河路、通往风景区的游览性道路绿地比例还可提高,但其用地应计入城市公共绿地的街头绿地(G12)中,而不计入城市道路用地(S)中。道路绿化包括路侧带、中间分隔带、机动车道与非机动车道间的分隔带、平面交叉口、立体交叉口、广场、停车场以及道路用地范围内的边角空地等处的绿化。道路绿化应根据城市性质和特色、道路功能、自然条件、城市环境等合理进行设计。

(二)道路绿化布置的技术要求

道路绿化布置和设计首先应保证交通安全,其次是环境美化等要求。根据绿化带的宽度选择适合当地气候特点的树种和花草,做好种植设计。树种的选择以乔木为主,灌木为辅;并宜选择树干挺直、树形美观、夏日遮阳、耐修剪、抗病虫害、深根系抗强风及耐有害气体和尘土的树种。

对于树种形态、高矮和色彩的变化,在同一条道路上不宜过多,以防杂乱,宜分段种植,并做到整齐和谐。

行道树树干的分叉不能太低,要考虑路面经逐次补强抬高后,树干分叉变低,公交车辆停靠站台时,车顶不致与树枝擦撞。近年来由于城市地下管线不断增容,埋管、开挖路面,路面在修复后标高被多次提高,树干分叉高度越来越低,甚至使公交车无法靠站。或截去分叉的主干树枝,使树冠形态很难看,因此建议树干分叉高度不低于4.0 m。

多幅路横断面范围内的交通分隔带和路侧带上的行道树,尤其是灌木的枝叶不得侵占道路横向空间界限。在小半径弯道内侧和交叉口视距三角形范围内的花木种植不得高于外侧车行道路面标高以上1 m。在弯道的外侧应加种高的乔木,用来引导视线。交叉口范围内上空的枝叶不得遮挡路灯、交通信号灯、交通标志牌。遮挡时应及时修剪。

山区或丘陵地区的城市道路,在填挖方处的路堤和路堑边坡上,宜种植草皮、攀援植物和不遮挡视线的灌木。

架空电力线与树冠的最小垂直距离(m)应满足表4-11要求。

表4-11 架空电力线与树冠的最小垂直距离

电压/kV	1~10	35~110	154~220	330
最小垂直距离/m	1.5	3.0	3.5	4.5

树木中心与地下管线外缘最小水平距离应符合(见表4-12)的规定。因为树木在长大过程中根系与树冠几乎相似,若树干与管线靠得太近,粗壮的主根会顶开管线槽和管道接头,造成事故。绿化带净宽度应满足表4-13的要求。

表4-12 树木中心与地下管线外缘最小水平距离(单位:m)

管线名称	距乔木中心的最小水平距离	距灌木中心的最小水平距离
电力电缆	0.70	—
电信电缆	0.75	0.75
给水管	1.50	—
雨水管	1.50~2.00	—
燃气管	1.20	1.20
热力管	1.50	1.50
消防栓	1.20	1.20
排水盲沟	1.00	

表4-13 不同种植的绿化带净宽度表(单位:m)

绿化种植	绿化带净宽度
双行乔木并列	5.0
双行乔木错列	2.5~4.0
单行乔木	1.5~2.0
灌木丛	0.8~1.5
草皮与花丛	0.8~1.5

行道树的种植:当路侧带较狭窄时,行道树的树穴(也称树池)可用圆形、方形或矩形,树干周围铺上铸铁栅。树穴的尺寸:圆形直径大于或等于 1.5 m,方形每边净宽大于或等于 1.5 m;当路侧带较宽时,可设置绿化带,靠车行道一侧常种植低矮稠密的树种,既吸尘又挡噪声;靠人行道一侧常种植高大浓荫的树种。行道树可以单行种植,也可以双行种植,或错位双行种植,其宽度为 1.5~4.0 m。当接近交叉口或公交停靠站时,可将其绿带缩去 3~3.5 m,增辟一条车道宽度供停车候驶或辟作公交港湾停靠站。

第四节 路拱及超高

一、路拱及路肩的横坡度

为了利于路面横向排水,将路面做成由中央向两侧倾斜的拱形,称为路拱。其倾斜的大小以百分率表示。路拱对排水有利但对行车不利。路拱坡度所产生的水平分力增加了行车的不平稳。同时也给乘客以不舒适的感觉。当车辆在有水或潮湿的路面上制动时还会增加侧向滑移的危险。为此,对路拱大小的采用及形状的设计应兼顾两方面的影响(见图 4-25)。对于不同类型的路面由于其表面的平整度和透水性不同,再考虑当地的自然条件选用不同的路拱坡度,一般取 1.5%~3.0%。

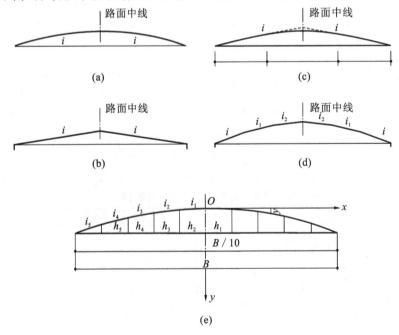

图 4-25 路拱示意图
(a)抛物线形;(b)直线形;(c)直线抛物线形;(d)折线形;(e)抛物线形的计算图式

高速公路和一级公路由于其路面较宽,迅速排除路面降水尤为重要,一般采用2%的路拱横坡。分离式路基,一般可采用单向横坡,仅向路基外侧倾斜。但在积雪冻融地区,应设置双向路拱。

路拱的形式有抛物线形、直线抛物线形、折线形等。土路基的排水性能远低于路面,其横坡度较路面宜增大0.5%~2.0%。直线段硬路肩视具体情况(材料、宽度)可与路面同一横坡,也可稍大于路面。曲线路段的路肩横坡应设置向外倾斜的坡度,曲线内外侧路肩坡度一般与直线段保持一致(见图4-14)。

人行道横坡宜采用单面坡,坡度为1%~2%,向雨水井方向倾斜。路缘带横坡与路面相同。

表 4-14　路拱设计坡度

路面面层类型	路拱设计坡度(%)
水泥混凝土	1.0~2.0
沥青混凝土、沥青碎石	1.0~2.0
沥青贯入式碎(砾)石、沥青表面处治	1.5~2.0
碎(砾)石等粒料路面	2.0~3.0

注:①快速路路拱设计坡度宜采用大值。②纵坡度大时取小值,纵坡度小时取大值。③严寒积雪地区路拱设计坡度宜采用小值。

二、超高设计

(一) 超高及其作用

为抵消或减小车辆在平曲线路段上行驶时所产生的离心力,在该路段横断面上做成外侧高于内侧的单向横坡形式,称为平曲线超高。合理设置超高,可全部或部分抵消离心力,提高汽车在平曲线上行驶的稳定性与舒适性。当汽车等速行驶时,因曲线上所产生的离心力是常数,超高横坡度应是与圆曲线半径相适应的全超高;而在缓和曲线上曲率是变化的,其离心力也是变化的,因此,在缓和曲线上应是逐渐变化的超高。从直线段的双向路拱横坡渐变到圆曲线段具有单向横坡的路段,称作超高过渡段。四级公路不设缓和曲线,但圆曲线上若设有超高,也应设超高过渡段。

(二) 超高值计算

极限最小半径($R_{\min}$)是与最大超高值($i_{h\max}$)相对应的。对任意半径圆曲线超高值的 i_h 确定,由汽车在圆曲线上行驶时力的平衡方程式可得

$$i_h = \frac{v^2}{127R} - \mu \tag{4-23}$$

式中,第一项是汽车行驶在圆曲线上所产生的离心加速度,只要代入相应的车速 v(km/h) 和半径 R 即可求得。第二项是横向力系数 μ。计算 i_h 的值,要先确定 μ 的大小。

《标准》规定的圆曲线极限最小半径、一般最小半径和不设超高最小半径分别采用的 μ 值如表 4-15 所示。

表 4-15 横向力 μ 值及圆曲线半径 R 值(单位:m)

设计速度(km/h)		120	100	80	60	40	30	20
μ/R	极限最小半径	0.10/650	0.11/400	0.12/250	0.13/125	0.14/60	0.15/30	0.16/15
	一般最小半径	0.05/1000	0.05/700	0.06/400	0.06/200	0.06/100	0.05/65	0.05/30
	不设超高最小半径	0.035/5500	0.035/4000	0.035/2500	0.035/1500	0.035/600	0.035/350	0.035/150

μ 值主要与圆曲线半径有关,且随半径的增大而减小。任意圆曲线半径对应的横向力系数 μ 值可由表 4-10 的三个特征点拟合计算获得。μ 与 R 的拟合计算公式如表 4-16 所示。

表 4-16 μ 与 R 关系式

设计速度(km/h)	μ 与 R 关系式	设计速度(km/h)	μ 与 R 关系式
120	$\mu = \dfrac{54932.4988}{R^2} - \dfrac{46.5869}{R} + 0.04165$	40	$\mu = \dfrac{600.0000}{R^2} - \dfrac{4.0000}{R} + 0.040000$
100	$\mu = \dfrac{19232.3232}{R^2} - \dfrac{19.5555}{R} + 0.03869$	30	$\mu = \dfrac{143.5238}{R^2} - \dfrac{1.4208}{R} + 0.03789$
80	$\mu = \dfrac{7804.2328}{R^2} - \dfrac{10.7275}{R} + 0.03804$	20	$\mu = \dfrac{45.6250}{R^2} - \dfrac{1.2625}{R} + 0.04139$
60	$\mu = \dfrac{2395.1049}{R^2} - \dfrac{7.8030}{R} + 0.03914$		

速度 v 是驾驶员根据路况和环境条件变化实际采用的行驶速度。据调查,85%~90%的车辆实际行驶速度低于设计速度,10%~15%的车辆超出设计速度。因此,计算 i_h 时,速度应采用实际行驶速度,为设计速度的 70%~90%,高速路取低值,低速路取高值。对应用运行速度设计的道路,宜采用运行速度计算超高值 i_h。

对不同行驶速度、不同半径对应的超高值,将表 4-11 计算出的 μ 值代入式(4-23)中计算。当计算出的超高值小于路拱横坡 i_G 时,取 $i_h = i_G$;当计算出的超高值大于最大超高 $i_{h\,max}$ 时,取 $i_h = i_{h\,max}$。

(三) 超高过渡方式

1. 无中间带道路的超高过渡

若超高值等于路拱横坡度,路面由直线上双向倾斜路拱形式过渡到圆曲线上具有超高的单向倾斜形式,只需行车道外侧绕中线逐渐抬高,直至与内侧横坡相等为止,如图 4-26 所示。

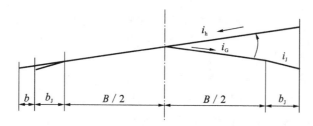

图 4-26 超高值等于路拱时的过渡

当超高值大于路拱横坡度时,可分别采用以下三种过渡方式。

(1) 绕内边线旋转。

先将外侧车道绕路中线旋转,待达到与内侧车道构成单向横坡后,整个断面再绕未加宽前的内侧车道边线旋转,直至超高值(见图 4-27(a))。

(2) 绕中线旋转。

先将外侧车道绕路中线旋转,待达到与内侧车道构成单向横坡后,整个断面仍绕中线旋转,直至超高值(见图 4-27(b))。

(3) 绕外边线旋转。

先将外侧车道绕外边线旋转,内侧车道随中线的降低而降低,待达到单向横坡后,整个断面仍绕外侧车道边线旋转,直至超高值(见图 4-27(c))。

三种方法中,绕内边线旋转因行车道内侧不降低,利于路基纵向排水,一般新建工程多用此法。绕中线旋转可保持中线高程不变,且在超高值一定情况下,外侧边缘的抬高值较小,多用于旧路改建工程。而绕外边线旋转是一种特殊设计,仅用于某些改善路容的地点。

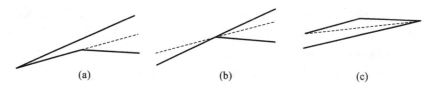

图 4-27 无中间带道路的超高过渡方式

(a)绕内边线旋转;(b)绕中线旋转;(c)绕外边线旋转

2. 有中间带道路的超高过渡

(1) 绕中央分隔带中线旋转。

将外侧行车道绕中央分隔带边线旋转,待达到与内侧行车道构成相同横坡后,整个断面一同绕中央分隔带中线旋转,直至超高值。此时中央分隔带呈倾斜状(见图 4-28(a))。

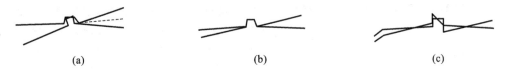

图 4-28　有中间带道路的超高过渡方式
(a) 绕中央分隔带中线旋转;(b) 绕中央分隔带边线旋转;(c) 绕各自行车道中线旋转

(2) 绕中央分隔带边线旋转。

将两侧行车道分别绕中央分隔带边线旋转,使各自成为独立的单向超高断面。此时中央分隔带维持原水平状态(见图 4-28(b))。

(3) 绕各自行车道中线旋转。

将两侧行车道分别绕各自的中线旋转,使各自成为独立的单向超高断面。此时中央分隔带两边缘分别升高与降低而成为倾斜断面(见图 4-28(c))。

三种超高方式可按中间带宽度和车道数选用。中间带宽度较窄时(≤4.5 m)可采用绕中央分隔带中线旋转;各种宽度的中间带都可采用绕中央分隔带边线旋转;对双向车道数大于 4 条的公路可采用绕各自行车道中线旋转。城市道路的超高过渡方式与公路相同。分离式断面的道路因上、下行车道是各自独立的,其超高的设置及其过渡可按两条无分隔带的道路分别处理。

(四) 超高过渡段长度

为行车舒适、路容美观和排水通畅,必须设置一定长度的超高过渡段,超高过渡是在超高过渡段全长范围内进行。双车道公路最小超高过渡段长度按式(4-24)计算:

$$L_c = \frac{B' \Delta i}{p} \qquad (4-24)$$

式中　L_c——最小超高过渡段长度(m);

　　　B'——旋转轴至行车道(设路缘带时为路缘带)外侧边缘的宽度(m),当绕内边线旋转时,$B'=B$;当绕中线旋转时,$B'=B/2$,B 为行车道宽度;

　　　Δi——超高坡度与路拱横坡度的代数差(%),当绕内边线旋转时,$\Delta i = i_h$;当绕中线旋转时,$\Delta i = i_h + i_G$,i_G 为路拱横坡度,i_h 为超高值;

　　　p——超高渐变率,即旋转轴线与行车道(设路缘带时为路缘带)外边线之间的相对坡度,其最大值见表 4-17。

由式(4-24)计算的超高过渡段长度,应取为 5 m 的整倍数,并不小于 10 m。

表 4-17 最大超高渐变率

设计速度/(km/h)	超高旋转轴位置 中线	超高旋转轴位置 内边线	设计速度/(km/h)	超高旋转轴位置 中线	超高旋转轴位置 内边线
120	1/250	1/200	40	1/150	1/100
100	1/225	1/175	30	1/125	1/75
80	1/200	1/150	20	1/100	1/50
60	1/175	1/125			

为行车舒适,超高过渡段应不小于按式(4-24)计算的长度。但从利于排除路面雨水考虑,横坡度由 2%(或 1.5%)过渡到 0%路段的超高渐变率不得小于 1/330,即超高过渡段不能设得过长。确定超高过渡段长度 L_c 时应注意:

(1) 一般在确定缓和曲线长度时,已考虑了超高过渡段所需的最短长度,故应取超高过渡段 L_c 与缓和曲线长度 L_s 相等,即 $L_c=L_s$。

(2) 若计算的 $L_c>L_s$ 应修改平面线形,使 $l_s\geqslant L_c$。当平面线形无法修改时,可将超高过渡起点前移,超高过渡在缓和曲线起点前的直线路段开始。

(3) 若 $l_s\geqslant L_c$,但只要超高渐变率 $p\geqslant 1/330$,仍取 $L_c=L_s$。否则,超高过渡可设在缓和曲线某一区段内,全超高断面宜设在缓圆点或圆缓点处。

(4) 四级公路不设缓和曲线,但若圆曲线上设有超高,则应设超高过渡段,其长度仍由式(4-24)计算。超高过渡段应设在紧接圆曲线起(终)点的直线上。受地形或其他特殊情况限制时,如直线长度不足,容许超高过渡段在直线和圆曲线上各分配一半。

(五)横断面超高值计算

平曲线设超高后,道路中线和内、外侧边线与设计高程之差 h,应计算并列于"路基设计表"中,以便于施工。

1. 无中间带的道路

无中间带的道路超高方式有三种,常用方式为绕内边线旋转和绕中线旋转。无中间带的道路超高值计算公式列于表 4-18 和表 4-19。可参看图 4-29。

表 4-18 绕内边线旋转超高值计算公式

超高位置		计算公式 $x\leqslant x_0$	计算公式 $x>x_0$	注
圆曲线上	外缘 h_c		$b_J i_J+(b_J+B)i_h$	1. 计算结果均为与设计高之差;
	中线 h'_c		$b_J i_J+\dfrac{B}{2}i_h$	2. 临界断面距过渡段起点: $x_0=\dfrac{i_G}{i_h}L_c$
	内缘 h''_c		$b_J i_J-(b_J+b)i_h$	3. x 距离处的加宽值: $b_x=\dfrac{x}{L_c}b$
过渡段上	外缘 h_{cx}	$b_J(i_J-i_G)+[b_J i_G+(b_J+B)i_h]\dfrac{x}{L_c}$(或 $\approx \dfrac{x}{L_c}h_c$)		4. 内、外侧边线降低和抬高值是在 L_c 内按线性过渡,路容有要求时可采用高次抛物线过渡
	中线 h'_{cx}	$b_J i_J+\dfrac{B}{2}i_G$	$b_J i_J+\dfrac{B}{2}\cdot\dfrac{x}{L_c}i_h$	
	内缘 h''_{cx}	$b_J i_J-(b_J+b_x)i_G$	$b_J i_J-(b_J+b_x)\dfrac{x}{L_c}i_H$	

表 4-19 绕中线旋转超高值计算公式

超高位置		计算公式		注
		$x \leqslant x_0$	$x > x_0$	
圆曲线上	外缘 h_c	$b_J(i_J - i_G) + \left(b_J + \dfrac{B}{2}\right)(i_G + i_h)$		1. 计算结果均为与设计高之差; 2. 临界断面距过渡段起点: $x_0 = \dfrac{2i_G}{i_G + i_h} l_c$ 3. x 距离处的加宽值: $b_x = \dfrac{x}{L_c} b$ 4. 内、外侧边线降低和抬高值是在 L_c 内按线性过渡,路容有要求时可采用高次抛物线过渡
	中线 h'_c	$b_J i_J + \dfrac{B}{2} i_h$		
	内缘 h''_c	$b_J i_J + \dfrac{B}{2} i_G - \left(b_J + \dfrac{B}{2} + b\right) i_h$		
过渡段上	外缘 h_{cx}	$b_J(i_J - i_G) + \left(b_J + \dfrac{B}{2}\right)(i_G + i_h)\dfrac{x}{L_c}$ (或 $\approx \dfrac{x}{L_c} h_c$)		
	中线 h'_{cx}	$b_J i_J + \dfrac{B}{2} i_G$(定值)		
	内缘 h''_{cx}	$b_J i_J - (b_J + b_x) i_G$	$b_J i_J + \dfrac{B}{2} i_G - \left(b_J + \dfrac{B}{2} + b_x\right)\dfrac{x}{L_c} i_h$	

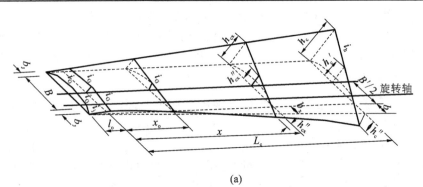

(a)

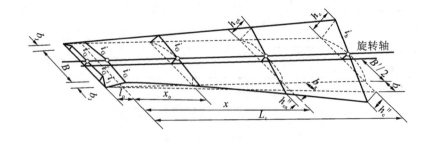

(b)

图 4-29 超高过渡方式图

(a) 绕内边线旋转; (b) 绕中线旋转

表 4-18、表 4-19、图 4-29 中：B 为路面宽度；b_J 为路肩宽度；i_G 为路拱横坡度；i_J 为路肩横坡度；i_h 为超高横坡度(超高值)；L_c 为超高过渡段长度(或缓和曲线长度)；l_0 为路肩横坡度由 i_J 变为 i_G 所需的距离，一般可取 1.0 m；x_0 为与路拱同坡度的单向超高点到超高过渡段起点的距离；x 为超高过渡段中任一点至起点的距离；h_c 为路基外缘最大抬高值；h'_c 为路中线最大抬高值；h''_c 为路基内缘最大降低值；h_{cx} 为 x 距离处路基外缘抬高值；h'_{cx} 为 x 距离处路中线抬高值；h''_{cx} 为 x 距离处路基内缘降低值；b 为圆曲线加宽值；b_x 为 x 距离处路基加宽值。以上长度单位均为 m。

2. 有中间带的道路

设有中间带道路的超高方式有三种，其中常用方法是绕中央分隔带边线旋转和绕各自行车道中线旋转。在超高过程中，内、外侧同时从超高过渡段起点开始绕各自旋转轴旋转，外侧逐渐抬高，内侧逐渐降低，直到 HY(或 YH)点达到全超高。计算公式列于表 4-20 和表 4-21，可参看图 4-30 和图 4-31，图 4-32。

表 4-20 绕中央分隔带边线旋转超高值计算公式

超高位置		计算公式	x 距离处行车道横坡值	
外侧	C	$(b_1+B+b_2)i_x$	$i_x=\dfrac{i_G+i_h}{L_c}x-i_G$	1. 计算结果为与设计高之差； 2. 设计高程为中央分隔带外侧边缘 D 点的高程； 3. 加宽值 b_x 按加宽计算公式计算； 4. 当 $x=L_c$ 时，为圆曲线上的超高值
外侧	D	0		
内侧	D	0	$i_x=\dfrac{i_h-i_G}{l_c}x+i_G$	
内侧	C	$-(b_1+B+b_x+b_2)i_x$		

表 4-21 绕各自行车道中线旋转超高值计算公式

超高位置		计算公式	x 距离处行车道横坡值	
外侧	C	$\left(\dfrac{B}{2}+b_2\right)i_x-\left(\dfrac{B}{2}+b_1\right)i_z$	$i_x=\dfrac{i_G+i_h}{L_c}x-i_G$	1. 计算结果为与设计高之差； 2. 设计高程为中央分隔带外侧边缘 D 点的高程； 3. 加宽值 b_x 按加宽计算公式计算； 4. 当 $x=L_c$ 时，为圆曲线上的超高值
外侧	D	$-\left(\dfrac{B}{2}+b_1\right)(i_x+i_z)$		
内侧	D	$\left(\dfrac{B}{2}+b_1\right)(i_x-i_z)$	$i_x=\dfrac{i_h-i_G}{L_c}x+i_G$	
内侧	C	$-\left(\dfrac{B}{2}+b_x+b_2\right)i_x-\left(\dfrac{B}{2}+b_1\right)i_z$		

表 4-20、表 4-21、图 4-31 中：B 为左侧(或右侧)行车道宽度(m)；b_1 为左侧路缘带宽度(m)；b_2 为右侧路缘带宽度(m)；b_x 为 x 距离处路基加宽值(m)；i_h 为超高横坡度；i_G 为路拱横坡度；x 为超高过渡段中任意一点至超高过渡段起点的距离(m)。

表中仅列出了行车道外边线和中央分隔带边线的超高计算,硬路肩外边线、路基边线的超高可根据路肩横坡和路肩宽度从行车道外边线推算。

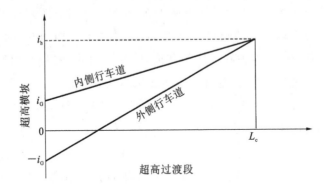

图 4-30　行车道超高横坡变化图

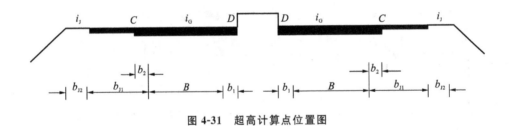

图 4-31　超高计算点位置图

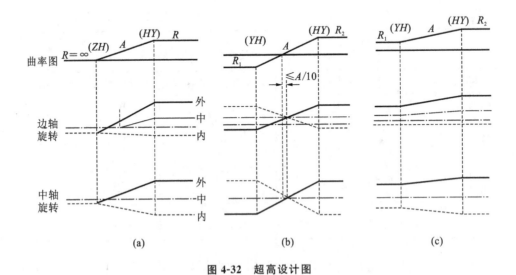

图 4-32　超高设计图

(a) 直线-回旋线-圆;(b) 圆-反向回旋线-圆;(c) 大圆-回旋线-小圆

(六) 超高设计图

前述平曲线超高设计是针对一个平曲线设计的。两个或两个以上平曲线，其间距较短时，除考虑单一平曲线的超高设计外，还需研究两个平曲线间的超高过渡问题，需用"超高设计图"，见图 4-32。这是简化了的超高过渡纵断面图，该图是以旋转轴为横坐标轴，纵坐标为相对高程。为使超高更加清晰，纵坐标比例应大于横坐标比例。

图 4-32(a)是基本形曲线的超高设计图。从缓和曲线(等于超高过渡段长)起点开始超高，外侧逐渐抬高，内侧逐渐降低，至缓和曲线终点超高达到全值，其间是按直线变化，符合缓和曲线上的曲率变化规律，也符合行车离心力的变化规律。在路面外侧边线抬高过程中，与中线相交一次，此点路面外侧横坡为0，对横向排水不利。

图 4-32(b)两相邻曲线是反向曲线。如按图 4-32(a)处理，路面要由单坡断面变为双坡断面，又由双坡断面变为单坡断面，路面外侧边线要与中线相交两次，对排水和路容都不利。可改为按图 4-32(b)处理，即由一个曲线的全超高过渡到另一个曲线的反方向全超高，中间是面到面的过渡。在此整个过渡中，横断面始终是单坡断面，没有固定旋转轴。这样只出现一次零坡断面，排水和路容都有改善。

图 4-32(c)两相邻曲线是同向曲线。如按图 4-32(a)处理，则路面外侧边线要与中线相交两次，对排水和路容都不利，且对曲线外侧汽车的舒适性影响很大。改为按图 4-32(c)处理，即由一个曲线的全超高过渡到另一个曲线的同向全超高，中间是面到面的过渡。在此整个过渡中，外侧路面始终向内倾斜，与内侧路面构成单坡断面。这样处理后，不出现零坡断面，对排水、路容和行车都有利。

第五节 视距的保证

一、视距的类型

为行车安全，驾驶员应能随时看到汽车前方相当远的一段路程，一旦发现前方路面上有障碍物或迎面来车，能及时采取措施，避免相撞。这一必需的最短距离称为行车视距。行车视距是否充分，直接关系到行车的安全与迅速，是道路使用质量的重要指标之一。在道路平面上的暗弯(处于挖方路段的平曲线和内侧有障碍物的平曲线)、纵断面上的凸形竖曲线以及下穿式立体交叉的凹形竖曲线上，都有可能存在视距不足的问题，如图 4-33 所示。

驾驶员发现障碍物或迎面来车，根据采取措施的不同，行车视距可分为以下几种。

(1) 停车视距：汽车行驶时，驾驶员自看到前方有障碍物时起，至到达障碍物前安全停止，所需的最短距离。

(2) 会车视距：两辆车相向行驶，驾驶员自看到前方车辆时起，至安全会车时止，

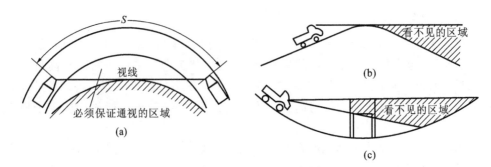

图 4-33 影响行车视距的地点

两辆汽车行驶所需的最短距离。

（3）错车视距：在没有明确划分车道线的双车道道路上，两对向行驶汽车相遇，自发现后采取减速避让措施至安全错车所需的最短距离。

（4）超车视距：在双车道道路上，后车超越前车时，自开始驶离原车道处起，至可见对向来车并能超车后安全驶回原车道所需的最短距离。

上述四种视距中，前三种属对向行驶，第四种属同向行驶。第四种需要距离最长，须单独研究。而前三种中，以会车视距最长，只要道路能保证会车视距，停车视距和错车视距就能得到保证。根据计算分析，会车视距约等于停车视距的2倍，故只需计算出停车视距即可。

二、视距计算

视距计算中需确定目高和物高。"目高"是指驾驶员眼睛距路面的高度，规定以车体较低的小客车为标准，据实测采用1.2 m。"物高"是指路面上障碍物的高度，道路上可能出现的障碍物，除迎面来车外，还有横穿道路的行人、前面车辆掉下的货物及因挖方边坡塌方落下的石头等。考虑汽车底盘离地最小高度在0.14～0.20 m之间，规定物高为0.10 m。

（一）停车视距

停车视距可分解为反应距离和制动距离两部分。

反应距离是当驾驶员发现前方的阻碍物，经判断决定采取制动措施的瞬间到制动器真正开始起作用的瞬间汽车所行驶的距离。这段时间又可分为"感觉时间"和"反应时间"。驾驶员感觉时间取决于物体的外形、颜色，驾驶员的视力和机敏度及大气的可见度等。在高速行驶时感觉时间要比低速时短一些，因为高速行驶时警惕性会更高。根据实测资料，设计采用的感觉时间为1.5 s，制动反应时间取1.0 s。感觉和制动反应的总时间$t=2.5$ s，在该时间内汽车行驶的距离S_1为

$$S_1 = \frac{v}{3.6} \cdot t \tag{4-25}$$

式中　v——行驶速度(km/h)。

制动距离是汽车从制动生效到汽车完全停止,这段时间内所行驶距离(S_2)。根据汽车制动距离公式

$$S_2 = \frac{v^2}{254(\varphi+\psi)}$$

故停车视距为

$$S_t = S_1 + S_2 = \frac{vt}{3.6} + \frac{v^2}{254(\varphi+\psi)} \quad (\text{m}) \tag{4-26}$$

计算停车视距采用的 φ 值,一般按路面在潮湿状态下的 φ 值计算。行驶速度 v:当设计速度为 120~80 km/h 时,采用设计速度的 85%;当 60~40 km/h 时,采用设计速度的 90%;当 30~20 km/h 时,采用设计速度。公路和城市道路的停车视距见表 4-22、表 4-23。

表 4-22　公路停车视距

设计速度/(km/h)	120	100	80	60	40	30	20
停车视距/m	210	160	110	75	40	30	20

表 4-23　城市道路停车视距

设计速度/(km/h)	80	60	50	45	40	35	30	25	20	15	10
停车视距/m	110	70	60	45	40	35	30	25	20	15	10

公路停车视距计算没有考虑纵坡对货车制动的影响。货车空载时,会产生制动性能差、轴间荷载难以保证均匀分布、一条车轴侧滑会引起其他车轴失稳、半挂车铰接制动不灵等现象。所以在高速公路、一级公路及大型车比例高的二级、三级公路下坡路段,应按货车停车视距对相关路段进行检验。货车停车视距计算中的目高和物高规定为:目高 2.0 m,物高 0.1 m。下坡段的货车停车视距规定见表 4-24。

表 4-24　下坡段货车停车视距

	设计车速/(km/h)	120	100	80	60	40	30	20
下坡纵坡/(%)	0	245	180	125	85	50	35	20
	3	265	190	130	89	50	35	20
	4	273	195	132	91	50	35	20
	5		200	136	93	50	35	20
	6			139	95	50	35	20
	7				97	50	35	20
	8						35	20
	9							20

(二) 超车视距

双车道公路行驶有各种不同速度的车辆,当快车赶上慢车后,需占用对向车道进行超车。为保证超车时的安全,驾驶员必须能看到前方足够长度的车流空隙,以便在相邻车道上未出现对向来车之前完成超车,且不影响对向汽车的行驶。超车视距计算图式见图 4-34。

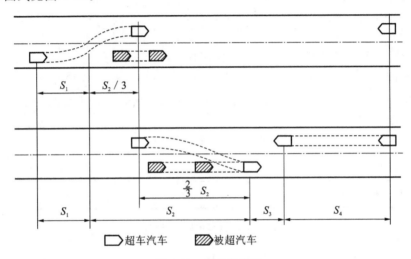

图 4-34 超车视距图

超车视距的全程可分为四个阶段。

1. 加速行驶距离 S_1

当超车汽车经判断认为有超车的可能,便加速行驶移向对向车道,在进入该车道之前的行驶距离为 S_1

$$S_1 = \frac{v_0}{3.6} \cdot t_1 + \frac{1}{2} a \cdot t_1 \tag{4-27}$$

式中 v_0——被超汽车的速度(km/h);
　　　t_1——加速时间(s);
　　　a——平均加速度(m/s²)。

2. 超车汽车在对向车道上行驶距离 S_2

$$S_2 = \frac{v}{3.6} \cdot t_2 \tag{4-28}$$

式中 v——超车汽车的速度(km/h);
　　　t_2——在对向车道上行驶时间(s)。

3. 超车完成后,超车汽车与对向汽车之间的安全距离 S_3

视超车汽车和对向汽车的行驶速度不同 S_3 采用不同的数值,一般取

$$S_3 = 15 \sim 100 \text{ m} \tag{4-29}$$

4. 超车汽车从开始加速到超车完成时对向汽车行驶距离 S_4

$$S_4 = \frac{v}{3.6} \cdot (t_1 + t_2) \tag{4-30}$$

以上四个距离之和是比较理想的全超车过程,但距离较长,在地形比较复杂的地段很难实现。在计算 S_4 所需时间中,只考虑超车汽车从完全进入对向车道到超车完成所行驶的时间就能保证安全。因尾随在慢车后的快车驾驶员往往在未看到前面的安全区段就开始超车作业,如进入对向车道后发现迎面来车而距离不足时还可返回自己的车道。因此,取对向汽车行驶时间大致为 t_2 的 2/3,且不考虑 t_1 行驶时间,即

$$S'_4 = \frac{2}{3} \cdot S_2 = \frac{2}{3} \cdot \frac{v}{3.6} \cdot t_2 = \frac{v}{5.4} \cdot t_2 \tag{4-31}$$

则最小必要超车视距为

$$S_c = S_1 + S_2 + S_3 + S'_4 \tag{4-32}$$

在地形困难或其他原因不得已时,可采用

$$S_c = \frac{2}{3} \cdot S_2 + S_3 + S'_4 \tag{4-33}$$

设超车汽车和对向汽车均以设计速度行驶,被超汽车的速度 v_0 较设计速度低 (5~20 km/h),各阶段的行驶时间据实测:$t_1 = 2.9 \sim 4.5$ s,$t_2 = 9.3 \sim 10.4$ s,以此计算超车视距,经整理如表 4-25 所示。

表 4-25　超车视距

设计速度/(km/h)	80	60	40	30	20
一般值	550	350	200	150	100
低限值	350	250	150	100	70

三、行车视距的保证

对纵断面的凸形竖曲线及下穿式立体交叉凹形竖曲线的视距,在规定竖曲线最小半径时已经考虑,只要满足规定的最小竖曲线半径,亦满足了竖曲线视距的要求。所以,在视距检查中,应重点检查路线平面上的"暗弯",即平曲线内侧有树林、房屋、边坡等阻碍驾驶员视线的平曲线。凡属"暗弯"都应进行视距检查,若不能保证该级公路或城市道路的最短视距,应将阻碍视距的障碍物消除。若因平曲线内侧和中间带设置护栏及其他人工构造物等,不能保证视距,时可采取加宽中间带、加宽路肩或将构造物后移等措施予以保证;因挖方边坡阻碍视线,应按所需净距开挖视距台。视距检查的方法是绘制包结线(或称"视距曲线"),如图 4-35 所示。图中驾驶员视点离地面 1.2 m,计算起点为驾驶员视点轨迹线,距未加宽路面内侧边缘 1.5 m。

(一) 视距曲线

视距曲线是指驾驶员视点轨迹线每隔一定间隔绘出一系列与视线相切的外边缘线。

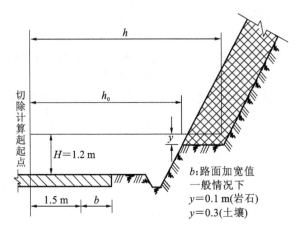

图 4-35 视距检查,开挖视距台断面

如图 4-36 所示,AB 是驾驶员视距轨迹线,从该轨迹线上的不同位置(图中 1、2、3、… 各点)引出一系列视线(图中的 1-1′、1-2′、3-3′、…),其弧长都等于视距 S,与这些视线相切的曲线(包络线)即为视距曲线。在视距曲线与轨迹线之间的空间范围,应保证通视,如有障碍物则要予以清除。

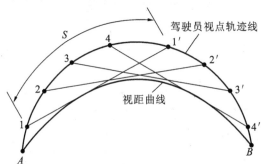

图 4-36 弯道内侧应保证通视的区域

(二) 横净距及其计算

在弯道各点的横断面上,驾驶员视点轨迹线与视距曲线之间的距离叫横净距,用 h 表示。h 可根据视距 S 和曲线长 L、视点轨迹线半径 R 计算。

1. 不设缓和曲线的横净距计算

(1) $L > S$(见图 4-37)

$$h = R_s - R_s \cos \frac{\gamma}{2} = R_s \left(1 - \cos \frac{\gamma}{2}\right) \tag{4-34}$$

式中,$\gamma = \dfrac{180S}{\pi R_s}$。

(2) $L < S$(见图 4-38)

$$h = h_1 + h_2$$

其中

$$h_1 = R_s - R_s \cos \frac{\alpha}{2}, \quad h_2 = \frac{S-L}{2} \cdot \sin \frac{\alpha}{2}$$

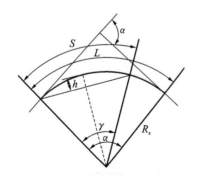 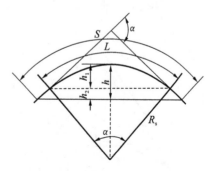

图 4-37　不设缓和曲线时的横净距　　　　图 4-38　不设缓和曲线时的横净距
　　　　计算图($L>S$)　　　　　　　　　　　　　计算图($L<S$)

于是

$$h=R_s\left(1-\cos\frac{\alpha}{2}\right)+\frac{1}{2}(S-L)\sin\frac{\alpha}{2} \tag{4-35}$$

式中，$L=\frac{\pi}{180}\alpha R_s$。

2. 设缓和曲线的横净距计算

(1) $L'>S$(见图 4-37)时，计算式同式(4-45)。

(2) $L>S>L'$(见图 4-39)时

$$h=R_s\left(1-\cos\frac{\alpha-2\beta}{2}\right)+\sin\left(\frac{\alpha}{2}-\delta\right)(l-l') \tag{4-36}$$

式中　　　　　$\delta=\arctan\left\{\frac{1}{6R_s}\left[1+\frac{l'}{l}+\left(\frac{l'}{l}\right)^2\right]\right\}$；　　$l'=\frac{1}{2}(L-S)$

(3) $L<S$(见图 4-40)时

$$h=R_s\left(1-\cos\frac{\alpha-2\beta}{2}\right)+\sin\left(\frac{\alpha}{2}-\delta\right)l+\sin\frac{\alpha}{2}\times\frac{S-L}{2} \tag{4-37}$$

式中，$\delta=\arctan\frac{1}{6R_s}$。

以上各式中，曲线长度均为内侧视点轨迹线的长度；

h——最大横净距(m)；

S——视距(m)；

L——曲线长度(m)；

L'——圆曲线长度(m)；

l——缓和曲线长度(m)；

R_s——曲线内侧视点轨迹线的半径(m)，其值为未加宽前路面内缘的半径加上

　　　1.5 m，即 $R_s=R-\frac{B}{2}+1.5$，B 为路面宽度(m)；

α——曲线转角(°)；

γ——视线所对应的圆心角(°)；

β——路中线缓和曲线全长所对应的回旋线角(°)。

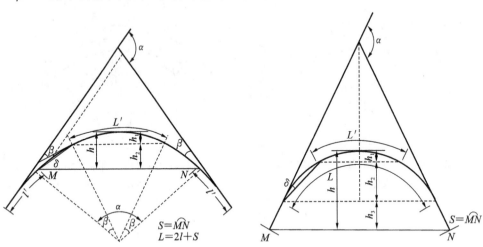

图 4-39 设缓和曲线时的横净距计算图
($L>S>L'$)

图 4-40 设缓和曲线时的横净距计算图
($L<S$)

将计算 h 值与弯道内侧的障碍物到视点轨迹线距离 h_0 加以比较,则可知该弯道是否能保证视距并确定清除范围。h 是曲线上须清除的最大横净距。若需要消除的是建筑物或岩石边坡,则可用图解法或解析法求出弯道上不同断面的清除界线,并增绘一些横断面作为计算土石方和施工的依据。

四、各级道路对视距的要求

公路上常会出现停车、错车、会车和超车,特别是我国以混合交通为主的双车道公路。在各种视距中,超车视距最长,如所有暗弯和凸形变坡处都能保证超车视距的要求,对安全是有利的;但这是很难做到,也是不经济的,故对不同公路应有不同的要求。

(1)各级公路的每条车道均应满足停车视距的要求。

(2)高速公路、一级公路采用停车视距;二、三、四级公路应满足会车视距要求,其长度不小于停车视距的 2 倍;受地形条件或其他特殊情况限制而采取分道行驶措施的路段,可采用停车视距。

对有大量开挖和拆迁工程,可能产生环境破坏问题,在交通量不大的低等级公路困难路段,不能保证会车视距,可以采用分道行驶的措施而满足停车视距的要求。分道行驶措施如在路中心画线或设置高出路面的明显标志带,强调"各行其道"、"靠右行"、"转弯鸣号"等。

(3)高速公路、一级公路以及大型车通行比例高的二级公路、三级公路的下坡路段,应采用下坡段货车停车视距进行检验。

(4)具有干线功能的二级公路宜在 3 min 的行驶时间内,提供一次满足超车视距要求的路段;其他双车道公路可根据情况间隔设置具有超车视距的路段。

城市道路平曲线路段的视距要求与公路规定相同。交叉口的视距由视距三角形保证。

第六节　道路建筑限界与道路用地

一、道路建筑限界

道路建筑限界又称净空,是为保证车辆、行人的通行安全,对道路和桥面上以及隧道中规定的一定的高度和宽度范围内不允许有任何障碍物侵入的空间界限。它由净高和净宽两部分组成。

建筑限界的上缘边界线为水平线(超高路段与超高横坡平行),两侧边界线与水平线垂直(超高路段与路面垂直)。在道路横断面设计时,应充分研究各路幅组成要素与道路公共设施之间的关系,在有限的空间内合理安排、正确设计。道路标志、标牌、护栏、照明灯柱、电杆、行道树、桥墩桥台等设施的任何部件不能侵入建筑限界之内。

我国《公路工程技术标准》规定各级公路建筑限界如图 4-41。

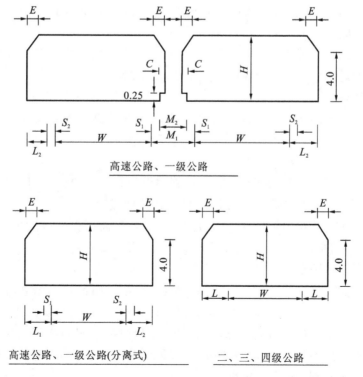

图 4-41　公路建筑限界图

图 4-41 中，W 为行车道宽度；C 为当计算行车速度等于或大于 100 km/h 时为 0.5 m，小于 100 km/h 时 0.25 m；S_1 为行车道左侧路缘带宽度；S_2 为行车道右侧路缘带宽度；M_1、M_2 为中间带及中央分隔带宽度；E 为建筑限界顶角宽度，当 $L \leqslant 1$ m 时，$E=L$；当 $L>1$ m，$E=1$ m；H 为净高，一条公路应采用一个净高，高速公路和一级、二级公路为 5.0 m，三级、四级公路为 4.5 m；L_1 为左侧硬路肩宽度；L_2 为右侧硬路肩或应急停车带宽度；L 为侧向宽度，高速公路、一级公路的侧向宽度为硬路肩宽度（L_1 或 L_2），其他各级公路的侧向宽度为路肩宽度减去 0.25 m。

二、道路用地范围

道路用地是指为修建、养护公路及其沿线设施而依照国家规定所征用的地幅。

道路用地的征用必须遵守国家有关的土地法规，依据公路横断面设计的要求，在保证其修建、养护所必须用地的前提下，尽量节省每一寸土地。

1. 公路用地范围的划定

1）新建公路

填方地段为公路路堤两侧排水沟外边缘（无排水沟时为路堤或护坡道坡脚）以外，挖方地段为路堑坡顶截水沟外边缘（无截水沟为坡顶）以外，不小于 1 m 的土地为公路用地范围。在有条件的地段，高速公路、一级公路不小于 3 m，二级公路不小于 2 m 的土地为公路用地范围。

高填深挖路段，可能会因取土、弃土以及在路基开挖填筑和养护过程中占用更多土地。为保证路基稳定，应根据计算确定用地范围。

2）改建公路

对现有的公路，保持其原有的用地范围不变，改建路段参照新建公路规定具体确定。

3）其他

立体交叉、服务设施、安全设施、交通管理设施、停车设施及路用房屋、料场、苗圃等应在节约用地的原则下，根据实际需要确定用地范围。

在风沙、雪害严重的地段设置的防护林、拦沙坝、防雪栅栏等防护设施，以及特殊地质地段的防护治理设施所需用地范围依据实际需要确定。

2. 城市道路用地

城市道路用地范围为城市道路红线宽度。城市道路红线指划分城市道路用地和城市建筑用地、生产用地及其他备用地的分界控制线。红线宽度为包括车行道、人行道、绿化带等在内的规划道路的总宽度，所以也称为规划路幅。城市道路的红线规划考虑道路的功能与性质、横断面形式及其各组成部分的合理宽度以及今后发展的需要，由城市规划部门确定。

第七节　横断面设计方法

一、公路横断面设计

（一）公路横断面设计要求

公路横断面的组成除包括与行车有关的路幅外，还包括与路基工程、排水工程、环保工程有关的各种设施。

这些设施的位置和尺寸均应在横断面设计中有所体现。路基横断面形式和尺寸在确定路线平面位置时已经考虑，在纵断面设计中又根据路线标准和地形条件对路基的合理高度，特别是工程艰巨路段做了仔细的分析研究，拟订了横断面方案。因此，施工图设计阶段的横断面设计是在总结上述工作的基础上，绘制横断面设计图纸，作为计算土石方数量和施工的依据。

横断面设计必须结合地形、地质、水文等条件，本着节约用地的原则，选用合理的断面形式，以满足行车顺适、工程经济、路基稳定且便于施工和养护的要求。

（二）路基标准横断面

在设计每个横断面之前，应确定路基的标准横断面（或称典型横断面）。在标准横断面图中，一般要包括：路堤、路堑、半填半挖、护坡路基、挡土墙路基等断面。断面路幅内行车道、路肩的宽度和横坡度以及中间带的尺寸应具体确定。断面中路基的边坡坡率、边沟尺寸、挡土墙断面等应按《公路路基设计规范》（JTG D30—2004）的规定确定。标准横断面图一般采用1∶100比例。

（三）横断面设计方法

应用路线CAD时，按路基标准横断面输入各组成部分尺寸、分段起止桩号，显示设计横断面，逐一检查、修改设计断面，绘制路基横断面设计图，输出路基设计表、土石方工程数量表等。上述过程均由计算机自动完成，下面以传统横断面设计方法为例进行介绍。

（1）在计算纸上绘制横断面地面线。地面线是在现场测绘，若是纸上定线，可从大比例尺地形图上内插获得。横断面图的比例一般是1∶200。

（2）从"路基设计表"中抄入"路基中心填挖高度"、"左高"、"右高"、"左宽"、"右宽"等数据。

（3）根据现场调查的"土壤、地质、水文资料"，参照"标准横断面图"，画出路幅宽度、填或挖的边坡线，在需要设置各种支挡工程和防护工程的地方画出该工程结构的断面示意图。

（4）根据综合排水设计，画出路基边沟、截水沟等的位置和断面形式，必要时须注明各部分尺寸;此外,还应画出取土坑、弃土堆、绿化、碎落台等。经检查无误后,修饰描绘(见图 4-42)。

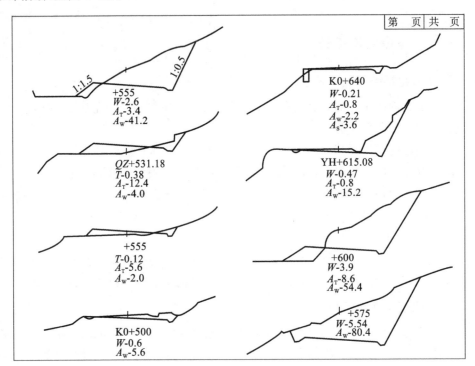

图 4-42 公路路基横断面设计图

对分离式断面的公路和设有变速车道、爬坡车道、避险车道、紧急停车道的断面,可参照上述步骤绘制。

上述横断面设计方法,仅限于在"标准横断面图"范围以内的断面设计,其操作比较机械,所以形象地称之为"戴帽子"。对特殊情况下的横断面,如高填、深挖、特殊地质、陡坡路堤、浸水路基等,则必须按路基工程中所讲述的原理和方法进行特殊设计,绘图比例尺也应按需要调整。

(四)路基设计表

路基设计表是公路设计文件的组成内容之一,它是平、纵、横等主要测设资料的综合,在公路设计文件中占有重要地位。表中填列所有整桩、加桩的填挖高度、路基宽度(包括加宽)、超高值等有关资料,为路基横断面设计的基本数据,也是施工的依据之一。路基设计表样式见表 4-26。

二、城市道路横断面设计

(一)道路横断面的布置形式

在地形起伏较大的地区,道路的分隔带可以起到调整路面标高、减少填挖方的

表 4-26 路基设计表

桩号	平曲线	变坡点高程、桩号反纵坡度、坡长	竖曲线	地面高程 /m	设计高程 /m	填挖高度 /m 填	填挖高度 /m 挖	路基宽度 /m 左	路基宽度 /m 右	路基边缘与设计高之高差 /m 左	路基边缘与设计高之高差 /m 中	路基边缘与设计高之高差 /m 右	施工时中桩高度 /m 填	施工时中桩高度 /m 挖	边坡 1:m 左	边坡 1:m 右	沟底纵坡 % 左	沟底纵坡 % 右	边沟形状	沟底宽 /m	沟深 /m	内坡 1:m	坡脚坡口至中桩距离 左	坡脚坡口至中桩距离 右	备注
1	2	3	4	5	6	7	8	9	10	11	12	13	14	15	16	17	22	23	24	25	26	27	28	29	30
QD+700.000		418.800		416.11	418.80	2.69		5.00	5.00	0.11	0.11	0.11	2.69		1.50	1.50	4.80	4.80	梯形	0.60	0.50	1.50	6.0165	12.496	
K5+750.000		i=4.80%		419.73	421.20	1.47		5.00	5.00	0.11	0.11	0.11	1.58		1.50	1.50	4.80	4.80	梯形	0.60	0.50	1.50	10.105	10.205	
K57+800.000		L=300.00	+868.000	423.13	423.60	0.47		5.00	5.00	0.11	0.11	0.11	0.57		1.50	1.50	4.80	4.80	梯形	0.60	0.50	1.50	12.329	7.7722	
K57+850.000			凸	423.87	426.00	2.13		5.00	5.00	0.11	0.11	0.11	2.24		1.50	1.50	4.80	4.80	梯形	0.60	0.50	1.50	5.5578	9.4199	
K57+900.000			R=8000	427.44	428.34	0.90		5.00	5.00	0.11	0.11	0.11	1.01		1.50	1.50	4.80	4.80	梯形	0.60	0.50	1.50	13.423	8.0351	
K57+950.000		433.20	T=132.00	431.61	430.38		1.23	5.00	5.00	0.11	0.11	0.11		1.12	1.50	1.50	4.80	4.80	梯形	0.60	0.50	1.50	19.274	5.1011	
K58+000.000		+000.000	E=1.09	434.43	432.11		2.33	5.00	5.00	0.11	0.11	0.11		2.22	1.50	1.50	1.50	1.50	梯形	0.60	0.50	1.50	20.473	7.4592	
K58+050.000				437.25	433.53		3.72	5.00	5.00	0.11	0.11	0.11		3.62	1.50	1.50	1.50	1.50	梯形	0.60	0.50	1.50	25.521	10.271	
K58+100.000			+132.000	438.07	434.64		3.43	5.00	5.00	0.11	0.11	0.11		3.32	1.50	1.50	1.50	1.50	梯形	0.60	0.50	1.50	25.721	10.117	
K58+150.000		i=1.50%	+229.554	439.68	435.45		4.23	5.00	5.00	0.11	0.11	0.11		4.12	1.50	1.50	1.50	1.50	梯形	0.60	0.50	1.50	19.756	10.724	
K58+200.000		L=320.00		441.50	436.20		5.30	5.00	5.00	0.11	0.11	0.11		5.19	1.50	1.50	1.50	1.50	梯形	0.60	0.50	1.50	24.948	11.997	
K58+236.428			凹	437.98	436.75		1.23	5.00	5.00	0.11	0.11	0.11		1.12	1.50	1.50	1.50	1.50	梯形	0.60	0.50	1.50	14.622	7.2324	
K58+250.000			R=5000	436.29	436.99	0.70		5.00	5.00	−0.01	0.14	0.08	0.81		1.50	1.50	5.12	5.12	梯形	0.60	0.50	1.50	5.0745	7.9601	
K58+275.000		438.000	T=90.45	433.18	437.53	4.35		5.00	5.00	−0.02	0.17	0.17	4.46		1.50	1.50	5.12	5.12	梯形	0.60	0.50	1.50	10.412	13.134	
K58+300.000		+320.000	E=0.92	432.82	438.20	5.38		5.00	5.00	−0.02	0.18	0.25	5.49		1.50	1.50	5.12	5.12	梯形	0.60	0.50	1.50	12.257	14.017	
K58+325.000				434.07	438.99	4.92		5.00	5.00	−0.02	0.18	0.32	5.03		1.50	1.50	5.12	5.12	梯形	0.60	0.50	1.50	12.031	12.88	
K58+375.000	JDJD1 K58+859.53 左 100°5'26" R=450			435.37	439.90	4.53		5.00	5.00	−0.02	0.18	0.32	4.63		1.50	1.50	5.12	5.12	梯形	0.60	0.50	1.50	11.452	12.542	
K58+396.428			+410.446	436.76	440.94	4.18		5.00	5.00	−0.02	0.18	0.32	4.29		1.50	1.50	5.12	5.12	梯形	0.60	0.50	1.50	10.986	12.287	
K58+400.000				438.01	441.93	3.92		5.00	5.00	−0.02	0.18	0.32	4.07		1.50	1.50	5.12	5.12	梯形	0.60	0.50	1.50	10.684	12.022	
K58+425.000			+482.336	438.22	442.11	3.89		5.00	5.00	−0.02	0.18	0.32	4.07		1.50	1.50	5.12	5.12	梯形	0.60	0.50	1.50	10.416	11.543	
K58+450.000				439.79	443.37	3.59		5.00	5.00	−0.02	0.18	0.32	3.76		1.50	1.50	5.12	5.12	梯形	0.60	0.50	1.50	9.9686	11.081	
K58+475.000				443.17	444.65	1.48		5.00	5.00	−0.02	0.18	0.32	1.66		1.50	1.50	5.12	5.12	梯形	0.60	0.50	1.50	6.9484	7.8214	
K58+500.000		i=5.12%		446.73	445.93		0.80	5.00	5.00	−0.02	0.18	0.32		0.62	1.50	1.50	5.12	5.12	梯形	0.60	0.50	1.50	10.42	9.6198	
K58+525.000		L=390.79		450.29	447.19		3.10	5.00	5.00	−0.02	0.18	0.32		2.92	1.50	1.50	5.12	5.12	梯形	0.60	0.50	1.50	13.924	13.015	
K58+550.000				451.81	448.36		3.45	5.00	5.00	−0.02	0.18	0.32		3.28	1.50	1.50	5.12	5.12	梯形	0.60	0.50	1.50	14.461	13.423	
K58+550.000				453.18	449.44		3.74	5.00	5.00	−0.02	0.18	0.32		3.57	1.50	1.50	5.12	5.12	梯形	0.60	0.50	1.50	14.938	13.764	
K58+575.000				454.63	450.44		4.19	5.00	5.00	−0.02	0.18	0.32		4.01	1.50	1.50	5.12	5.12	梯形	0.60	0.50	1.50	15.89	14.501	

编制:　　　　　　　　复核:　　　　　　　　复核:

作用(见图 4-43)。这种断面系将道路横断面分拆成按上、下行车道,或将一侧人行道与车道分开布置在不同高度的阶地上,使车辆来往分道行驶。对于这类断面,宜在上、下行车道之间的适当地点利用斜坡设置踏步相连,必要时供行人穿越用。这种分开设置的上、下行车道应分别进行线形设计。

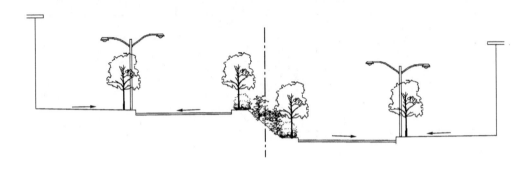

图 4-43 山地城市常见的双幅路形式

在地形起伏的丘陵地区,当道路通过较陡坡地时,若纵坡设计线偏高或平面中线偏向沿坡地外侧,均易产生过大土石方填方与较多高的挡土墙、护坡工程。在这种情况下,选定路线通过坡地的最好位置并合理布置横断面,一般有两种方法:一种是将道路中心线向内侧坡地平行移动,而保持中线原设计标高不变(见图 4-44);另一种方法是保持中线的原平面位置不变,而将中线垂直向下移动,适当改变中线标高,以使车行道尽可能成为全挖式断面(见图 4-45)。具体设计时,应结合实际,通过技术经济比较确定采用何种方法。

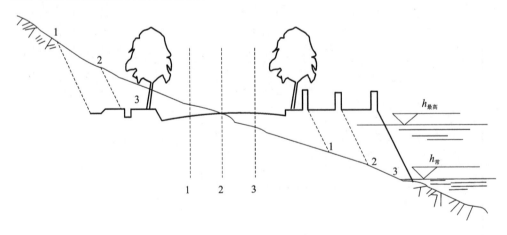

图 4-44 中位位置变动,标高不变

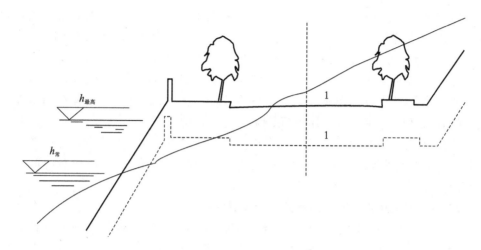

图 4-45 中线位置不变,标高改变

道路横断面还可做成不对称的形式,以满足人行交通和市民游憩的需要。例如滨河路沿水的一面可有较宽的绿地和人行道(见图 4-46)。

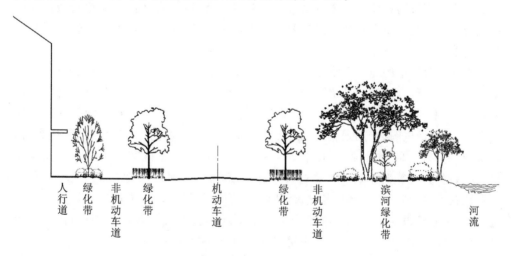

图 4-46 滨河道路布局

综上所述,各种横断面的形式皆有其优缺点,应根据城市规模、道路等级和性质、交通量大小和地形特点等方面比较后确定。

(二)道路横断面的综合设计

城市道路横断面综合设计一般包括:道路交通状况分析、地下管线埋设的需求、与沿街建筑高度的协调、与周围环境卫生景观等的关系、分期建设的要求等。

1. 道路交通状况分析

根据交通现状分析和远期交通需求预测,可以得到规划道路上的交通量和车、人交通的不同组成,客货车辆的比例。高峰小时的交通量是规划设计道路断面等的重要依据。

当前我国的汽车交通方兴未艾,对机动车道的确定要有余地。要考虑车辆行驶的要求,还要根据沿街建筑的性质考虑公交车停靠站、计程车(出租汽车)乘客上下、扬招停站及私人小轿车临时停靠的需求。在公交线路集中的道路上,公交车停站频繁,一条车道长时间被占用,应为此增加车道和港湾式停靠站。在客运车站、客轮码头前的道路上,需要在道路横断面以外的专用场地上组织公交车、计程车和行人活动,其用地面积计入交通设施用地(U2)和交通广场用地(S21)。

在商业网点集中的街道,不仅要考虑大量行人活动的人行道要宽,还应考虑商店货物供应车辆的停放和装卸的要求,应专门建造装卸的支路,或将供货时间与营业时间错开,而不对行人产生干扰。

2. 与地下工程管线和地面市政公用设施的关系

随着城市生活的现代化,城市道路下埋设的地下工程管线种类和数量日益增加,地面的市政公用设施也越来越多。要求有"统一规划,综合设计,联合施工",建造综合管沟(亦称共同沟)是一种较好的办法,可以避免经常不断开挖路面,抬高路面标高,防止路面排水向街坊内倒流。综合管沟的首次建设费用很高,且要组织专门的管沟管理机构和体制。今后城市财力充裕了,建造综合管沟是城市管线设计必然发展方向。交通及市政公用设施要做到上下结合,环状连通,多路疏运,以增强灾时应受能力。

当前一般城市的地下管线还在逐步发展中。且各种管线的所属单位不同,资金渠道也不同,所以,协调工作尤为重要。对城市的地下空间应有一个综合的竖向规划,确定在不同深度范围埋设不同的管线、人防和地铁。在横向对不同管线次序的排列,诸如电话电缆、专用通信电缆、电力电缆、给水管、消防水管、煤气管、热力管、污水管、雨水管和各种工业专用管道等,都有各自的埋设空间规定。当路幅宽度超过 40 m 时,接入横向街道的支管过长,往往在道路两侧埋设两套管线。至于哪种管线布置在道路走向的哪一侧,各城市都有自己明确的规定。北方严寒地区冰冻深度大,对含水的管道要埋在冰冻深度以下。平原地区重力流的管道不能埋得过深,否则要设置提升泵站。各种管线到了道路交叉口下,相互的标高要协调。

由此可知,各种管线所占的地下空间是十分复杂的,越是老的城市,道路下的管线所占用的空间越多。有时道路的宽度是由地下管线埋设宽度决定的,尤其在市政公用设施的厂站附近,道路下出入的管线特别多,应予妥善处理。

地上杆线与绿化的矛盾也是长期以来未能得到很好解决的问题。由于架空线与行道树布设在同一条直线上,为了保持树冠与架空线间有一定的安全距离,每年都要花费大量人力和财力去修剪,将树冠剪成"Y"形,造成头重脚轻,一旦大风袭击,树倒、线断造成损失,十分可惜。国外城市中不大修剪行道树,让树木长出其自然的形态。杆线或入地、或与树干分别设置在两行直线上,居住区的行道树常种在人行道中间(见图 4-47)或靠人行道外侧、住家的园墙边。国内常为了使浓密的树荫能覆盖整个非机动车道、甚至机动车道,将所有的分隔带上都种了树,与架空杆线、路灯照明、交通信号灯都产生较多干扰。这种布置的方法,对于慢速的道路是可以的,对于交通量大、速度快的道路并不适合。由于我国的城市道路是从非机动化向机动化转变,由慢速向快速转变,因此,原有的手法也应该作相应的调整和改变,以适应时代的需要。

3. 与沿街建筑高度的关系

城市道路路幅应使道路两旁的建筑物有足够的日照和良好的通风。对于东西向的道路,不要使建筑物的阴影常年遮盖路面。一般认为路幅宜至少为建筑高度的2倍。高层建筑宜退后道路红线。为满足城市防灾要求,城市疏散通道及两侧建筑物高度需满足:道路宽度+两侧建筑物后退红线距离大于等于$1/2(H_1+H_2)+4\sim8$米,(H_1、H_2)为两侧建筑高度(见图4-48)。

图4-47 国外行道树布置在人行道中间

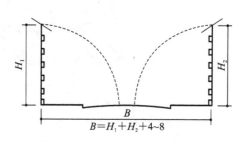
图4-48 路两侧建筑间距与建筑高度的关系

我国是一个地震多发的国家,有将近半数的城市是在地震设防地带上,要考虑万一不幸发生震灾后,倒塌的房屋和墙垣废墟、人行天桥(最好采用地道)、高架道路和立体交叉口不致中断抢险救灾的交通。所以,道路路幅宜适当宽些。同理维系生命线的主干管也不宜埋设在主干路下,以免灾后抢修时影响救灾交通。

4. 与四周环境景观、卫生的关系

道路横断面的布置应与四周环境景观相协调。道路上的人行道、绿地与周围的用地是紧密联系在一起的,例如,城市里的大量支路和居住区的道路与绿化环境要连成一体,与古树名木、行道树、古井、小广场绿地构成良好的步行环境。滨河的道路与开阔绿地可以构成亲水的休闲空间。山地或丘陵地区的道路边坡、挡土墙、护壁,可结合大树和垂直绿化造出诱人的景点,使车辆和行人在行进中看到变化的景色。

近年来,不少大城市在旧城改造中,为了增加道路宽度又减少拆迁沿街建筑,或为了提高车速又避开非机动车和行人的干扰,建造了高架道路,发挥了一定的积极作用,但也产生了不少负面影响。例如,高架道路下面的汽车尾气很难散开,使空气中的氮氧化合物和二氧化碳的浓度升高;高架路两旁沿街建筑的底层光线昏暗,噪声较大;城市道路沿街建筑立面景观被切断,道路景观被高架道路破坏。凡此种种,造成了高架道路两侧的房地产跌价。因此,在建高架道路时应权衡多

方的利弊得失，尽可能地加宽两侧沿街建筑的距离，降低交通公害的影响和对城市景观的破坏。

在旧城改造中，国外常利用废弃的河道挖成路堑，建造地下快速路；道路上空为防止噪声向外扩散，适当收小，其上用钢丝网封死，以防杂物掉入，外侧加以绿化；地面建筑退离噪声辐射范围以外等（见图4-49）。也有的城市直接将建筑物造在地下快速路上方，但底层是空的，供地面交通使用。

图 4-49　国外地下道路实例

5．与道路分期建设的关系

在城市发展过程中，城市用地在扩展，道路的交通功能也会作相应的调整。有些道路日后要拓宽，车道数要增加，可根据交通量的变化，先将规划道路的红线宽度预留，但近期建设不必一步到位，以免积压建设资金。

近、远期横断面结合，一种是横断面形式和道路中心线不变，近期可留出用地，暂作路肩、分车带或绿地，但雨水进水口按远期建成，日后只需改铺车行道路面。另一种是横断面形式变化，近期为单幅路，预设计红线宽度用于绿化，日后向两侧拓宽，变明沟排水为暗管排水，最终改为三幅路或四幅路；或近期老路为单幅路，保持不动，在另一侧再新建一条单幅路，中间设排水明沟，车辆分上下行。这种做法在郊区农田中或填河筑路时用，新建的单幅路会有较大的沉降，待路基稳定后，交通量再增加，可将双幅路改为三幅路或四幅路，中间和外侧埋设管线。而近期横断面中的绿化、行道树按远期横断面的要求种植。这种分期建设的方法是很经济实用的。但要注意远期道路的中心线移位，交叉口与相接道路的中心线也可能要作相应的调整，否则形成错位的交叉口是不利的。

6．道路横断面图的绘制

表现一条道路全线或某主要路段一般情况的横断面称为标准横断面。用以表示横断面各组成部分的内容和宽度尺寸、横坡度和坡向、排水方向、竖向高程。

近、远期横断面图通常采用1∶100或1∶200的比例尺绘制。在改建或扩建现有道路时，尚需要绘制现状道路横断面图，表明道路各组成部分变化情况，路面结构和厚度，地上杆线和地下管线的位置，现状及近、远期的道路中心线相对位置（见图4-50）。

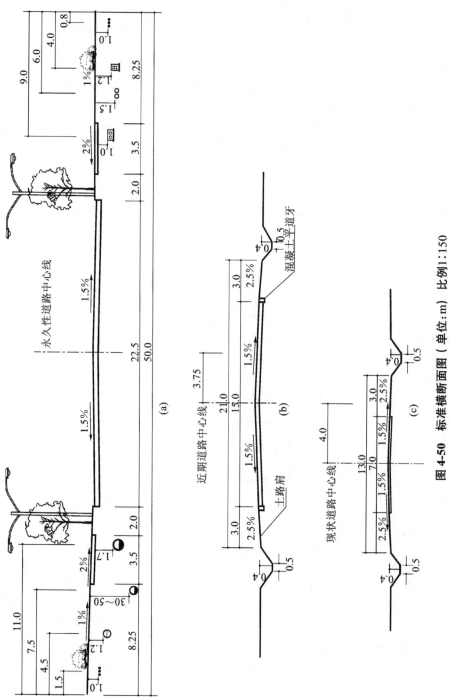

图 4-50 标准横断面图（单位：m） 比例1:150

(a)永久性道路横断面；(b)本期施工标准横断面；(c)现状道路横断面

第八节 路基土石方数量计算及调配

路基土石方是道路工程的一项主要工程量,在设计和路线方案比选中,路基土石方数量是评价道路测设质量的主要技术经济指标之一。在编制道路施工组织计划和工程概预算时,还需确定分段和全线的路基土石方数量。

因地面形状复杂,填挖方不是规则的几何体,其计算只能是近似的,计算的精度取决于中桩间距、测绘横断面时采点密度和计算公式与实际接近程度等。

一、横断面面积计算

路基填挖的断面积,是指横断面图中原地面线与路基设计线所围面积,高于地面线为填方,低于地面线为挖方,填挖面积应分别计算。常用的面积计算方法如下。

(一) 积距法

如图 4-51 所示,将断面按单位横宽划分为若干梯形与三角形条块,每个小块的近似面积为

$$F_i = bh_i$$

则横断面面积

$$F = bh_1 + bh_2 + \cdots + bh_n = b\sum_{i=1}^{n} h_i \tag{4-38}$$

当 $b=1$ m 时,则 F 等于各小条块平均高度之和 $\sum h_i$。

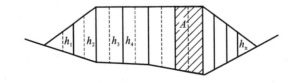

图 4-51 横断面面积计算(积距法)

$\sum h_i$ 值可用卡规逐一量取各条块高度的累积值。当面积较大、卡规张度不够时,也可用米厘方格纸折成窄条代替卡规取积距。用积距法计算面积简单、迅速。若地面线较顺直,也可增大 b 值。若要进一步提高精度,可增加测量次数取平均值。

(二) 坐标法

如图 4-52 所示,已知断面图上各转折点坐标 (x_i, y_i),则断面面积为

$$F = \frac{1}{2} \sum_{i}^{n} (x_i y_{i+1} - x_{i+1} y_i) \tag{4-39}$$

坐标法精度较高,适用于计算机计算。

计算横断面面积还有几何图形法、数方格法、求积仪法等。

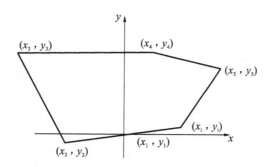

图 4-52 横断面面积计算(坐标法)

二、土石方数量计算

如果相邻两断面均为填方或均为挖方且面积大小相近,则可假定断面之间为一棱柱体(见图4-53)。其体积的计算公式为

$$V=\frac{1}{2}(F_1+F_2)L \qquad (4-40)$$

式中　V——体积,即土石方数量(m^3);
　　　F_1、F_2——相邻两断面的面积(m^2);
　　　L——相邻两断面之间的距离(m)。

此法计算简易,较为常用,一般称为"平均断面法"。

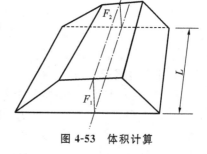

图 4-53 体积计算

若 F_1 和 F_2 相差甚大,则与棱台更为接近。其计算公式为

$$V=\frac{1}{3}(F_1+F_2)L\left(1+\frac{\sqrt{m}}{1+m}\right) \qquad (4-41)$$

式中,$m=\frac{F_1}{F_2}$,$F_2>F_1$。

采用此法计算精度较高,特别是用计算机计算时,应尽量采用。

用上述方法计算的土石方体积中,包含了路面体积。若所设计的纵断面有填有挖且基本平衡时,则填方断面中多计的路面面积与挖方断面中少计的路面面积可相互抵消,其总体积与实际体积相差不大。但若路基是以填方为主或以挖方为主,则填方要扣除、挖方要增加路面面积,特别是路面厚度较大时更不能忽略(见表4-23)。

三、路基土石方调配

土石方调配是指在路基设计和施工中,合理调运挖方作为填方的作业。

土石方调配的目的是为确定填方用土的来源、挖方弃土的去向,以及计价土石方的数量和运量等。通过调配,要合理地解决各路段土石方平衡与利用,使从路堑挖出的土石方,在经济调运条件下移挖作填,避免不必要的路外借土和弃土,以减少耕地占用,降低道路造价,减轻对环境的破坏。

1. 土石方调配原则

（1）在半填半挖断面中,应先考虑在本路段内移挖作填进行横向平衡,再作纵向调配,以减少总的运输量。

（2）土石方调配应考虑桥涵位置对施工运输的影响,一般大沟不作跨越调运,尽可能避免和减少上坡运土。

（3）为使调配合理,必须根据地形和施工条件,选用适当运输方式,确定合理经济运距,用以分析工程用土是调运还是外借。

（4）土方调配"移挖作填"要考虑经济运距,综合考虑弃方或借方占地、赔偿青苗损失及对农业生产的影响等。有时移挖作填虽运距超出一些,运输费用可能稍高一些,但如能少占地,少影响农业生产,综合考虑是有利的。

（5）不同的土方和石方应根据工程需要分别调配,以保证路基稳定和人工构造物的材料供应。

（6）位于山坡的回头曲线路段,优先考虑上下线的土方竖向调运。

（7）土方调配对借土和弃土应事先同地方协商,妥善处理。借土应结合地形、农田规划等选择借土地点,并综合考虑借土还田、整地造田等措施。弃土应不占或少占耕地,在可能条件下宜将弃土平整为可耕地,防止乱弃乱堆,或堵塞河流,损坏农田。

2. 土石方调配方法

土石方调配方法有多种,如累积曲线法、调配图法及土石方计算表调配法等。目前,生产上多采用土石方计算表调配法,该法不需绘制累积曲线图与调配图,直接可在土石方表上进行调配。其优点是方法简捷,调配清晰,精度符合要求。该表也可由计算机自动完成。具体调配步骤如下：

（1）土石方调配是在土石方数量计算与复核后进行的,调配前应将可能影响运输调配的桥涵位置、陡坡、大沟等注在表旁,供调配时参考。

（2）掌握各桩号间路基填挖方情况并作横向平衡、确定利用、填缺与挖余数量。

（3）在作纵向调配前,应根据施工方法及时能采用的运输方式定出合理经济运距,供土石方调配时参考。

（4）根据填缺挖余分布情况,结合路线纵坡和自然条件,本着技术经济和支农的原则,具体拟订调配方案。方法是逐桩逐段将毗邻路段的挖余就近纵向调运到填缺内利用,并将具体调运方向和数量用箭头标注在纵向利用调配栏中。

（5）经纵向调配,如仍有填缺或挖余,则应会同当地政府协商确定借土或弃土地点,将借土或弃土的数量和运距分别填注到借方或废方栏内。

（6）土石方调配后,应按下式复核检查：

$$横向调运 + 纵向调运 + 借方 = 填方$$
$$横向调运 + 纵向调运 + 弃方 = 挖方$$
$$挖方 + 借方 = 填方 + 弃方$$

以上检查一般是逐页进行复核,如有跨页调配,须将其数量考虑在内。经核证无误后,即可分别计算计价土石方数量、运站和运距等,为编制施工预算提供土石方工程数量。

3. 关于调配计算的几个问题

(1) 经济运距。

经济运距用以确定借土或调运的限界及距离。当调运距离小于经济运距时,采取纵向调运是经济的;反之,则可考虑就近借土。

填方用土来源,一是路上纵向调运,二是就近路外借土。一般调运路堑在挖方来填筑距离较近的路堤是比较经济的。但如调运的距离过长,以致运价超过在填方附近借土所需的费用时,移挖作填不如在路堤附近借土经济。因此,采取"调"还是"借",存在限度距离问题,该限度距离即所谓"经济运距",其值按下式计算

$$L_{经} = \frac{B}{T} + L_{免} \tag{4-42}$$

式中 $L_{经}$——经济运距(km);
  B——借土单价(元/m³);
  T——运费单价[元/(m³·km)];
  $L_{免}$——免费运距(km)。

(2) 平均运距。

平均运距指土石方调配时从挖方体积重心到填方体积重心的距离。为简化设计计算,按挖方路段中心至填方路段中心的距离计算。

在纵向调配时,当其平均运距超过定额规定的免费运距,应按其超运运距计算土石方运量。免费运距是指不计运费的规定距离。

(3) 运量。

土石方运量为平均运距与土石方调配数量的乘积。

在生产中,工程定额是将平均运距每 10 m 划为一个运输单位,称为"级",20 m 为两个运输单位,称为二级,以此类推。在土石方计算表内可用符号"①"、"②"表示,不足 10 m 时,仍按一级计算或四舍五入。由此可知:

$$总运量 = 调配(土石方)方数 \times n \tag{4-43}$$

式中 n——平均运距单位(级),其值为

$$n = \frac{L - L_{免}}{10} \tag{4-44}$$

  L——平均运距(m);
  $L_{免}$——免费运距(m)。

在土石方调配中,所有挖方无论是"弃"或"调",都应计价,但对填方要根据用土来源决定是否计价。若是路外借土要计价,若是移挖作填调配利用则不应再计价,否则形成双重计价。因此,计价土石方数量为

$$计价土石方数量 = 挖方数量 + 借方数量$$

一般包括路基工程、排水工程、临时工程、小桥涵工程等项目的土石方数量。对独立大、中桥梁,长隧道的土石方数量应另外计算。

土石方数量计算表见表 4-27。

表 4-27 土石方数量计算表

桩号	横断面面积/m²		距离/m	挖方总数量	挖方分类及数量/m³												填方数量/m³			利用方数量及调配/m³							借方数量及运距/km		弃方数量及运距/km		备注
	挖方	填方			Ⅰ		Ⅱ		Ⅲ		Ⅳ		Ⅴ		Ⅵ		总数量	土	石	本桩利用		填缺		挖余		远运利用及调配示意	土	石	土	石	
					%	数量	%	数量	%	数量	%	数量	%	数量	%	数量				土	石	土	石	土	石		运距/km	运距/km	数量/m³ 及运距/km		
1	2	3	4	5	6	7	8	9	10	11	12	13	14	15	16	17	18	19	20	21	22	23	24	25	26	27	28	29	30	31	32	33
K4+400	1.445	66.652																														
K4+420	1.443	61.362	20	28.88	20	5.776	60	17.328	20	5.776								1280.14	1280.14		28.88		1251.26									
K4+440	1.446	54.608	20	28.89	20	5.778	60	17.334	20	5.778								1159.7	1159.7		28.89		1130.81									
K4+460	10.264	42.276	20	117.1	20	23.42	60	70.26	20	23.42								968.84	968.84		117.1		851.74									
K4+480	92.833	18.554	20	1030.97	20	206.194	60	618.582	20	206.194								608.3	608.3		608.3				422.67							
K4+500	166.53		20	2593.67	20	518.734	60	1556.2	20	518.734								185.54	185.54		185.54				2408.13							
K4+520	198.27		20	3648.03	20	729.606	60	2188.82	20	729.606															3648.03							
K4+540	206.38		20	4046.48	20	809.296	60	2427.89	20	809.296															4046.48							
K4+560	214.64		20	4210.14	20	842.028	60	2526.08	20	842.028															4210.14							
K4+580	223.53		20	4381.6	20	876.32	60	2628.96	20	876.32															4381.6							
K4+594.842	0.699	14.254	14.842	1663.9663	20	332.793	60	998.38	20	332.793								105.77893	105.77789		105.779				1558.19							
K4+620	1.44	25.158	25.158	26.906481	20	5.3813	60	16.1439	20	5.3813								414.84284	414.8428		26.9065		387.936									
K4+640	14.928		20	14.4	20	2.88	60	8.64	20	2.88								336.53	336.53		14.4		322.13									
K4+660	0.031	10.33	20	0.31	20	0.062	60	0.186	20	0.062								252.58	252.58		0.31		252.27									
K4+680	0.248	6.815	20	2.79	20	0.558	60	1.674	20	0.558								171.45	171.45		2.79		168.66									
K4+700		12.456	20	2.48	20	0.496	60	1.488	20	0.496								192.71	192.71		2.48		190.23									
K4+720		15.573	20				60											280.29	280.29				280.29									
K4+740		15.963	20				60											315.36	315.36				315.36									
K4+760	1.434	18.32	20	14.34	20	2.868	60	8.604	20	2.868								342.83	342.83		14.34		328.49									
K4+780	1.444	26.158	20	28.78	20	5.756	60	17.268	20	5.756								444.78	444.78		28.78		416									
K4+800	1.442	34.833	20	28.86	20	5.772	60	17.316	20	5.772								609.91	609.91		28.86		581.05									
K4+820	1.447	46.42	20	28.89	20	5.778	60	17.334	20	5.778								812.53	812.53		28.89		783.64									
K4+840	1.494	59.186	20	29.41	20	5.882	60	17.646	20	5.882								1056.06	1056.06		29.41		1026.65									
K4+860	1.457	74.394	20	29.51	20	5.902	60	17.706	20	5.902								1335.8	1335.8		29.51		1306.29									
K4+880	1.456	89.235	20	29.13	20	5.826	60	17.478	20	5.826								1636.29	1636.29		29.13		1607.16									
小计				21956.653		4391.3		13191.3		4397.11								12510	12510		1310		11200		20675							

编制:　　　　　　　　　　复核:

第九节 桥梁隧道的横断面布置

一、桥梁横断面布置

桥梁横断面布置包括桥面净空、桥面宽度、行车道宽度、机动车道布置和人行道、自行车道布置等。

桥面净空应符合建筑限界的要求。建筑限界指桥上建筑物及设备不得超过或侵入的规定的轮廓尺寸线。桥面宽度取决于桥上交通和运输需要。各级公路行车道宽度见表 4-1。一般情况,桥梁行车道宽度与桥梁所在的公路行车道宽度相同,而桥面宽度的确定还需要根据实际情况考虑路缘带宽度、中央分隔带宽度、硬路肩、紧急停车带宽度、非机动车道宽度等。铁路桥梁的桥面宽度主要依据建筑限界的要求和线数决定。例如,对单线道碴桥面,要求道碴槽顶面外缘宽不小于 3.9 m。

在弯道上的桥梁,应按线路要求加宽弯道内侧并在弯道外侧设置超高。

公路机动车道的布置应与行车道宽度相对应。一般来说,表 4-1 中的 2×7.5 m (2×7.0)对应于 4 车道 9.0 m(或 8.0、7.5、7.0、6.0 m 等)的双车道。对 4 车道以上的桥梁,应设置中央分隔带。对公路铁路两用桥,可结合结构选型,把公路、铁路行车道分别布置在上、下两平面内或布置在同一平面内。

一般公路桥上人行道和自行车道的设置,应根据需要而定,并与前后路线布置配合。人行道的宽度为 0.75 m 或 1.0 m;当大于 1.0 m 时按 0.5 m 的级差增加。一个自行车道的宽度为 1.0 m;当单独设置自行车道时,一般不小于两个自行车道的宽度。

对铁路桥面,明桥面应根据养护需要设置单侧或双侧带栏杆的人行道,道碴桥面应设置双侧带栏杆的人行道。直线上的桥梁,自路中心至人行道栏杆内侧的净距,对小桥为 2.45 m,对大、中桥为 3.0 m;曲线上的桥梁,该净距应根据限界要求加宽。另外,沿桥梁全长每隔 30 m 左右,应在人行道栏杆外侧设置避车台一处。在考虑养路机械化的特大桥上,应每隔 50 m 左右加大一处避车台,兼做停放养路机械的平台。

二、隧道横断面设计

1. 公路隧道净空

公路隧道净空指隧道衬砌的内轮廓线所包围的空间。除包括建筑限界外,还包括通风管道、照明设备、防灾设备、监控设备、运行管理设备等附属设备的安装空间,以及施工预留富裕量和施工允许误差等。断面形状和尺寸应根据围岩压力求得最经济值。公路隧道建筑限界如图 4-54 和表 4-28 所示。

2. 隧道建筑限界

隧道建筑限界指建筑物(如衬砌和其他任何部件)不得侵入的一种限界。包括车道、路肩、路缘带、人行道等的宽度,以及车道、人行道的高度。

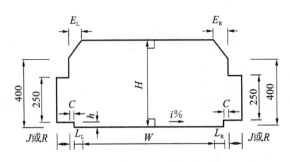

图 4-54 公路隧道建筑限界

注:H—建筑限界高度;W—行车道宽度;L_L—左侧向宽度;L_R—右侧向宽度;C—余宽;J—检修道宽度;
R—人行道宽度;h—检修道或人行道的高度;E_L—建筑限界左顶角宽度,$E_L=L_L$;
E_R—建筑限界右顶角宽度,当 $L_R \leqslant 1$ m 时,$E_R=L_R$,当 $L_R>1$ m 时,$E_R=1$ m。

表 4-28 公路隧道建筑限界横断面组成最小宽度

公路等级	设计速度 (km/h)	车道宽度 W	侧向宽度 L 左侧	侧向宽度 L 右侧	余宽	人行道	检修道 左侧	检修道 右侧	隧道建筑限界净宽 设检修道	隧道建筑限界净宽 设人行道	隧道建筑限界净宽 不设检修道、人行道
高速公路一级公路	120	3.75×2	0.75	1.25			0.75	0.75	11.00		
	100	3.75×3	0.50	1.00			0.75	0.75	10.50		
	80	3.75×4	0.50	0.75			0.75	0.75	10.25		
	60	3.50×2	0.50	0.75			0.75	0.75	9.75		
二级公路三级公路四级公路	80	3.75×2	0.75	0.75		1.00				11.00	
	60	3.5×2	0.5	0.5		1.00				10.00	
	40	3.5×3	0.25	0.25		0.75				9.00	
	30	3.25×2	0.25	0.25	0.25						7.50
	20	3.00×2	0.25	0.25	0.25						7.00

3. 各级公路隧道建筑限界应符合以下规定

(1) 建筑限界高度,高速公路、一级公路、二级公路取 5.0 m;三、四级公路取 4.5 m。

(2) 当设置检修道或人行道时,不设余宽;当不设置检修道或人行道时,应设不小于 25 cm 的余宽。

(3) 隧道路面横坡,当隧道为单向交通时,应取单面坡;当隧道为双向交通时,应取双面坡。坡度应根据隧道长度、平、纵线形等因素综合分析确定,一般可采用 1.5%~2.0%。

(4) 当路面采用单面坡时,建筑限界底边线与路面重合;采用双面坡时,底边线应水平置于路面最高处。

(5) 单车道四级公路隧道应按双车道四级公路标准修建。

(6) 高速公路、一级公路隧道内应设置检修道。其他等级公路隧道应视需要设置人行道。检修道或人行道宜双侧设置。

（7）公路隧道内轮廓标准断面为拱部为单心半圆，侧墙为大半径圆弧，仰拱与侧墙间用小半径圆弧连接。但对内空断面有特殊要求时，可做特殊设计。

（8）隧道内排水沟包括中央水沟和路侧边沟。路侧边沟应结合检修道、侧向宽度、余宽等布置，其宽度应小于侧向宽度，并布置于车道两侧。

（9）长、特长隧道应在行车方向的右侧设置紧急停车带，设置间距不宜大于 750 m。

（10）上、下行分离式独立双洞的公路隧道之间应设置横向通道。

两车道隧道内轮廓断面及几何尺寸计算示例如图 4-55 和表 4-29 所示。

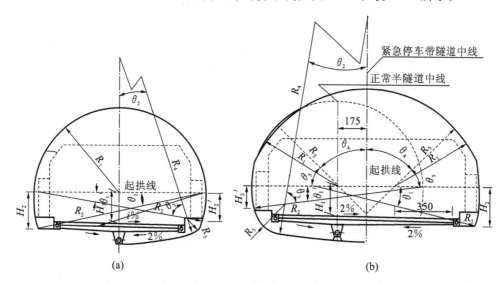

图 4-55　两车道隧道标准内轮廓断面

注：R_1—拱部圆弧半径；R_2—侧墙圆弧半径；R_3—侧墙与仰拱圆弧半径；R_4—仰拱圆弧半径；H_1—路面至起拱线的高度；H_2—侧墙结构高度；H_2'—设仰拱时的侧墙结构高度（侧墙与仰拱连接点至起拱线的高度）；θ_1—起拱线与 R_2 的夹角；θ_1'—设仰拱时起拱线与 R_2 的夹角；θ_2—隧道结构中心线与 R_4 的夹角；$\theta_3 = 90° - (\theta_1' - \theta_2)$；$R_5$—紧急停车带拱部圆弧半径；$\theta_4$—半径为 R_5 的拱部圆弧段夹角；R_3—拱部与侧墙连接段圆弧半径；θ_5—半径为 R_1 的圆弧段夹角。

表 4-29　两车道隧道内轮廓几何尺寸计算示例

公路等级	设计速度(km/h)		R_1	R_2	R_3	R_4	H_1	H_2	$H_{2'}$	R_5
高速公路 一级公路	120	一般部	612	862	100	1500	160.4	200	144	—
		紧急停车带	612	862	150	1800	162.1	201	136	771
	100	一般部	570	820	100	1500	160.6	202	164.5	—
		紧急停车带	570	820	150	1800	162.4	203	151.5	747
	80	一般部	543	793	100	1500	160.2	204	176.1	—
		紧急停车带	543	793	150	1800	162.3	205	159.1	737
	60	一般部	514	764	100	1500	160.2	206	188.4	—
		紧急停车带	514	764	150	1800	162.3	207	184.1	708.5

第五章 道路线形设计

第一节 平面线形设计

本章主要介绍道路线形协调设计的要求。首先介绍了平面线形设计原则、线形要素组合类型和特点;其次介绍了纵断面线形的设计要点、设计原则和控制要素等;再次介绍了平、纵线形组合设计原则,讨论了在不同平、纵线形组合形式下的设计方法、要求及平、纵线形设计中应该避免的不利组合;最后讲解了线形设计检验和评价的方法。

一、平面线形设计原则

线形作为道路设计的骨架,在整个道路设计及运营过程中起着关键的作用。优良的线形设计能够确保行车安全,提供舒适优美的行车环境,确保道路具有合理的技术性和经济性。平面线形要与地形、地物和周边环境相适应,保持线形设计的均衡与连续,并与纵断面设计彼此协调。

(一) 平面线形应连续、顺畅,与地形、地物相适应,与周围环境彼此协调

道路平面线形设计要与地形相适应,避免片面追求曲直,宜直则直,该曲亦曲,要尽量满足美学、经济及环境保护的要求。

直线、圆曲线、缓和曲线的选用及其合理组合,取决于地形地物等具体条件。地势平坦开阔的平原微丘区,路线直捷舒顺,平面线形三要素中直线宜占较大比例;地势起伏的山岭重丘区,路线弯曲多变,平面线形中曲线宜占较大比例,平面线形以曲线为主。若在没有任何障碍物的开阔地区(如戈壁、草原)人为设置一些不必要的曲线,或在高低起伏的山岭地区硬拉长直线,都将产生不协调的视觉效果。

(二) 在满足行驶力学基本要求的前提下,高速公路还应尽量满足视觉和心理上的要求

高速公路、一级公路以及设计车速不小于 60 km/h 的公路和城市道路,应注重立体线形设计,尽量做到线形连续、指标均衡、视觉良好、景观协调、安全舒适。计算行车速度越高,线形设计所要考虑的因素愈应周全。

设计车速不大于 40 km/h 的道路,首先应在保证行车安全的前提下,正确地选用平面线形要素最小值,在条件允许、不过多增加工程量的情况下,力求做到各种线形要素的合理组合,并尽量避免和减少不利的组合,以期充分发挥投资效益。

(三)保持平面线形的均衡与连贯

进行线形设计时,应注意各线形要素保持连续、均衡,避免出现技术指标的突变,使一条道路上的车辆尽量以均匀速度行驶。设计时应充分注意以下几点。

1. 长直线尽头应接小半径的平曲线

长直线和大半径平曲线会导致较高的速度,若突然出现小半径平曲线,会因减速不及而发生事故。特别是在下坡方向的尽头更要注意线形的连续性,若因地形所限小半径平曲线难免时,中间应插入中等曲率的过渡性平曲线,并使纵坡不要过大。

2. 短直线应接大半径的平曲线

这种组合线形均衡性差、线形不美观。

从视觉及安全角度考虑,当直线与平曲线相接时,圆曲线的半径 R 与其前后的直线长度 L_z 满足如下关系时,是比较好的直线与平曲线组合:

$L_z \leqslant 500$ m 时, $\qquad R \geqslant L_z$

$L_z > 500$ m 时, $\qquad R \geqslant 500$ m

3. 相邻平曲线之间的设计指标应连续、均衡,避免突变

条件允许时,为了对行车有利,相邻圆曲线大半径与小半径之比宜小于 2.0,相邻回旋线参数之比宜小于 2.0。

(四)高、低标准之间要有过渡

因地形变化,同一等级道路在指标的采用上会有所变化,同一条道路不同设计速度的路段之间,其技术标准也会有变化。这种高、低标准变化的路段,除满足有关设计路段在长度和梯度上的要求外,还应结合周边地形的变化,使路线的平面线形指标逐渐过渡,避免出现突变。不同技术标准路段相互衔接的地点,宜选在交通量发生变化处,或驾驶员能明显判断前方需改变速度的地方。

(五)平曲线应有足够的长度

汽车在曲线路段上行驶,如平曲线长度过短,驾驶员需急转方向盘,在高速行驶时是不安全的,同时使离心加速度变化过大,使乘客感到不舒适;当道路转角很小时,容易产生曲线半径很小的错觉。因此,平曲线应有适宜的长度。

最小平曲线长度一般应按以下条件确定。

1. 平曲线最小长度应满足驾驶员操作从容、乘客感觉舒适的要求

平曲线太短,汽车在曲线道路上行驶时间过短会使驾驶员操纵来不及调整,所以规范规定了各级公路和城市道路平曲线最小长度不应小于表 5-1、表 5-2 所示的数据。

表 5-1　各级公路平曲线最小长度

公路等级	高速公路				一级公路		二级公路		三级公路	
地形	平原微丘	重丘	山岭		平原微丘	山岭重丘	平原微丘	山岭重丘	平原微丘	山岭重丘
设计车速/(km/h)	120	100	80	60	100	60	80	40	60	30
平曲线最小长度	200	170	140	100	170	100	140	70	100	50

表 5-2　城市道路平曲线与圆曲线最小长度

设计车速/(km/h)	80	60	50	40	30	20
平曲线最小长度	140	100	85	70	50	40
圆曲线最小长度	70	50	40	35	25	20

2. 平曲线转角 α 小于 7°时平曲线长度

按照路线直捷的要求,平曲线转角宜小一些。但转角过小时,即使半径较大,驾驶员也会认为平曲线长度比实际的短,给驾驶员造成急转弯的错觉。因此,当路线转角小于 7°时,应设置较长的平曲线。

道路弯道在一般情况下由缓和曲线 1(或超高、加宽缓和段 1)、圆曲线、缓和曲线 2(或超高、加宽缓和段 2)组成,缓和曲线的长度不能小于规范对其最小长度的要求;中间圆曲线的长度也宜大于 3 s 的行程,当条件受限时,可将缓和曲线 1、缓和曲线 2 在曲率相等处直接连接,此时的圆曲线长度等于 0,形成凸形平曲线。

国内外专家一般认为,平曲线转角 α≤7°时应属于小转角弯道。对于小转角弯道应设置较长的平曲线,其长度要符合表 5-3、表 5-4 所规定的数据。

表 5-3　公路转角 α≤7°时的平曲线最小长度

公路等级		高速公路				一级公路		二级公路		三级公路	
地形		平原丘陵	重丘	山岭		平原微丘	山岭重丘	平原微丘	山岭重丘	平原微丘	山岭重丘
设计车速/(km/h)		120	100	80	60	100	60	80	40	60	30
平曲线长度	一般值	$1400/\alpha$	$1200/\alpha$	$1000/\alpha$	$700/\alpha$	$1200/\alpha$	$700/\alpha$	$1000/\alpha$	$500/\alpha$	$700/\alpha$	$350/\alpha$
	低限值	200	170	140	100	170	100	140	70	100	50

表 5-4　城市道路平曲线与圆曲线最小长度

设计车速/(km/h)	80	60	50	40	30	20
平曲线最小长度	$1000/\alpha$	$700/\alpha$	$600/\alpha$	$500/\alpha$	$350/\alpha$	$1005/\alpha$

(六)注意与纵断面设计相协调

进行平面线形设计时,应考虑与纵断面线形相协调,满足纵断面设计的要求。特别是平原微丘区道路,平曲线指标一般较高且平曲线较长,纵断面线形的控制点一般在与铁路、主要道路及河流交叉的地方。在设计平面线形时,应考虑平原区道路纵断面设计的特殊性,为纵断面设计留有弹性空间,以利于平纵线形组合设计。

二、平面线形要素组合设计

直线、圆曲线和缓和曲线作为平面线形的三要素,可使平面线形有多种组合形式。道路平面线形设计,主要有基本型、S形、卵形、凸形、C形、复合型和回头型曲线等。

(一)平面要素组合类型

1. 基本型曲线

如图5-1所示,平曲线按直线—回旋线(A_1)—圆曲线—回旋线(A_2)—直线的顺序组合形式称为基本型曲线。

当两回旋线的参数值相等,即$A_1=A_2$时,叫对称基本型;当$A_1 \neq A_2$时,叫非对称基本型;当$A_1=A_2=0$(即不设缓和曲线)时,又称为简单型。

基本型中曲线的回旋线参数、圆曲线最小长度都应符合有关规定。两回旋线参数可相等,也可根据地形条件设计成不相等的非对称形曲线。为了使线形协调,回旋线、圆曲线、回旋线的长度之比宜设计成1:1:1或1:2:1,并注意满足设置基本型曲线的几何条件,即

$$2\beta \leqslant \alpha \tag{5-1}$$

式中 α——路线转角(°);
  β——回旋线角(°)。

2. S形曲线

如图5-2所示,两个反向圆曲线用两段反向回旋线连接的组合形式称为S形曲线。

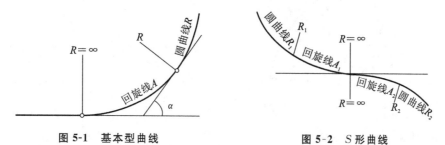

图5-1 基本型曲线   图5-2 S形曲线

S形曲线相邻两回旋线参数A_1和A_2宜相等;当采用不等参数时,A_1与A_2之比应小于2.0,有条件时以小于1.5为宜。此外,在S形曲线上,两个反向回旋线以径相连接为宜,不设直线。当受地形或其他条件限制不得已插入短直线或两回旋线相

互重合时,其短直线或重合段的长度 L 应符合下式规定:

$$L \leqslant \frac{(A_1+A_2)}{40} \text{ (m)} \tag{5-2}$$

S形两圆曲线半径之比不宜过大,R_1/R_2 为 1~1/3 最适宜(R_1、R_2 分别为大、小圆半径,A_1、A_2 分别为大、小圆的回旋线参数)。

3. 卵形曲线

如图 5-3 所示,用一个回旋线连接两个同向圆曲线的组合形式称为卵形曲线。

卵形曲线上的回旋线参数 A 不小于关于回旋线最小参数的规定,宜在下列界限之内:

$$R_2/2 \leqslant A \leqslant R_2$$

两圆曲线半径之比宜在以下界限之内:

$$0.2 \leqslant R_2/R_1 \leqslant 0.8$$

两圆曲线的间距宜在下列界限之内:

$$0.003 \leqslant D/R_2 \leqslant 0.03$$

卵形曲线大圆应能完全包住小圆。若大圆半径无限大,即直线,则属于基本型。卵形曲线的回旋线不是从原点开始的完整回旋线,而是使用曲率从 $1/R_1$ 到 $1/R_2$ 不完整的回旋线。

式中 R_1——大圆曲线半径;
　　　R_2——小圆曲线半径;
　　　D——两圆曲线最小间距。

4. 凸形曲线

如图 5-4 所示,两个同向回旋线间不插入圆曲线而径相衔接的组合形式称为凸形曲线。

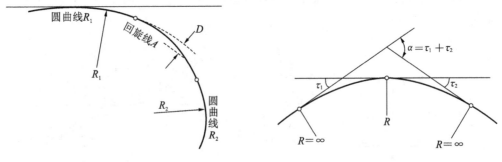

图 5-3 卵形曲线　　　　　　图 5-4 凸形曲线

凸形曲线尽管在连接点处曲率是连续的,但因中间圆曲线长度为零,对驾驶操作极其不利,所以只在路线严格受地形、地物限制处方可采用凸形曲线。凸形曲线的回旋线参数及其连接点的曲率半径,应分别符合最小回旋线参数和圆曲线最小半径的规定。连接点附近最小 $0.3v$(以 m 计;其中 v 为设计速度,按 km/h 计)的长度范围内,应保持以连接点曲率半径确定的超高(或路拱)横坡度。

5. 复合型曲线

如图 5-5 所示,将两个以上的同向回旋线在曲率相等处相互连接的组合形式称为复合型曲线。

复合型曲线的相邻回旋线参数之比以小于 1.5 为宜。复合型曲线的回旋线,其曲率半径和参数是变化的,驾驶员需变更速度和方向,以适应变化的回旋线,这样对驾驶操作不利。除互通式立体交叉匝道线形外,复合型曲线仅在受地形或其他特殊原因限制时使用。

6. C 形曲线

如图 5-6 所示,两同向回旋线在曲率为零处径相连接的组合形式称为 C 形曲线。C 形曲线两个回旋线参数可相等,也可不相等。C 形曲线连接处的曲率为零,即 $R=\infty$,相当于两基本型同向曲线间直线长度为零,对驾驶操作不利,所以 C 形曲线仅限于地形条件特殊困难、路线严格受限时方可采用。

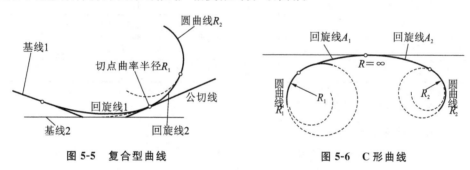

图 5-5 复合型曲线　　　图 5-6 C 形曲线

7. 回头形曲线

如图 5-7 所示,为克服高差,在山区道路的同一坡面上转角接近或大于 180°时,主曲线和辅曲线的组合形式称为回头形曲线,也称回头曲线。图 5-7 中,R_0、R_1、R_2 表示圆曲线,A_0、A_1、A_2 表示回旋线。回头曲线的上线一般应设辅曲线,以免出现长直下坡接小半径平曲线的不安全组合;下线辅曲线视地形可设可不设。主曲线与辅曲线间可设直线段,也可不设。主、辅曲线是反向曲线或同向曲线,根据地形条件确定。上线辅曲线半径 R_1 与主曲线半径 R_0 比值不宜大于 2.0。主曲线技术指标规定如表 5-5 所示。两相邻回头曲线间应尽可能拉开距离。当路线设计速度为 40 km/h、30 km/h、20 km/h 时,一个回头曲线(主曲线)的终点至下一个回头曲线的起点间的距离,分别应不小于 200 m、150 m、100 m。

三、四级公路在自然展线无法争取到需要的距离来克服高差,或因地形、地质条件所限不能采用自然展线时,可采用回头曲线。高差较大的山城道路也可采用回头曲线。

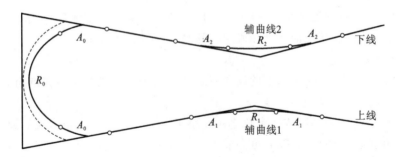

图 5-7 回头形曲线

表 5-5 回头形曲线技术指标

项 目	公路等级			
	三级		四级	
回头曲线设计速度/(km/h)	35	30	25	20
主曲线最小半径/m	40	30	20	15
缓和曲线最小长度/m	35	30	25	20
超高横坡度/(%)	6	6	6	6
双车道路面加宽值/m	2.5	2.5	2.5	3
最大纵坡度/(%)	2.5	3.5	4	4.5

(二)平面线形要素组合计算

1. 基本型曲线设计与计算

(1) 对称形曲线计算。计算图式如图 5-8 所示。

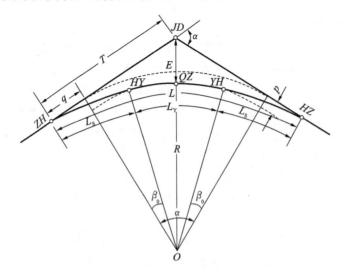

图 5-8 对称基本型曲线计算图式

曲线几何元素计算公式如下。

内移值
$$p = \frac{L_s^2}{24R} - \frac{L_s^4}{2384R^3} \text{ (m)} \tag{5-3}$$

切线增长值
$$q = \frac{L_s}{2} - \frac{L_s^3}{240R^2} \text{ (m)} \tag{5-4}$$

缓和曲线角
$$\beta_0 = \frac{L_s}{2R} \frac{180°}{\pi} \text{ (°)} \tag{5-5}$$

切线长
$$T = (R+p)\tan\frac{\alpha}{2} + q \text{ (m)} \tag{5-6}$$

平曲线长
$$L = R\alpha \frac{\pi}{180°} + L_s \text{ (m)} \tag{5-7}$$

外距
$$E = (R+p)\sec\frac{\alpha}{2} - R \text{ (m)} \tag{5-8}$$

切曲线长
$$D = 2T - L \text{ (m)} \tag{5-9}$$

式中 L_s——缓和曲线长度(m)；

R——圆曲线半径(m)；

α——转角(°)。

(2) 非对称形曲线计算。因地形条件限制或因路线改动需要,在圆曲线两端应设置不等长的缓和曲线,如图 5-9 所示。

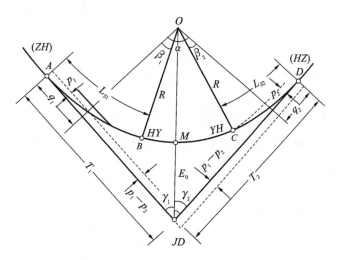

图 5-9 非对称基本型曲线计算图式

第一切线长　　$T_1 = (R+p_1)\tan\dfrac{\alpha}{2} + q_1 - \dfrac{p_1-p_2}{\sin\alpha}$　(m)

第二切线长　　$T_2 = (R+p_2)\tan\dfrac{\alpha}{2} + q_2 - \dfrac{p_1-p_2}{\sin\alpha}$　(m)　　　　　　(5-10)

平曲线长　　　$L = R\alpha\dfrac{\pi}{180°} + \dfrac{L_{s1}+L_{s2}}{2}$　(m)

式中　L_{s1}——第一缓和曲线长度(m)；

　　　L_{s2}——第二缓和曲线长度(m)；

　　　p_1——L_{s1}对应的曲线内移值(m)，采用式(5-3)计算；

　　　p_2——L_{s2}对应的曲线内移值(m)，采用式(5-3)计算；

　　　q_1——L_{s1}对应的切线增长值(m)，采用式(5-4)计算；

　　　q_2——L_{s2}对应的切线增长值(m)，采用式(5-4)计算。

因两边切线不等长，曲线中点可取圆曲线中点或全曲线中点。为计算和测设方便，可取交点和圆心的连线与圆曲线的交点 M 作为曲线中点(QZ)，其要素按下式计算：

$$\left. \begin{aligned} r_1 &= \arctan\dfrac{R+p_1}{T_1-q_1} \\ r_2 &= \arctan\dfrac{R+p_2}{T_2-q_2} \\ E_0 &= \dfrac{R+p_1}{\sin\gamma_1} - R \end{aligned} \right\} \qquad (5\text{-}11)$$

式中　r_1、r_2——圆心和交点的连线与前、后导线边的交角；

　　　E_0——非对称形单曲线外距(m)。

利用非对称形曲线的计算公式，可对多种线形进行计算，如复曲线、双交点曲线、虚交曲线、回头曲线，可将这些曲线分解为两个非对称形曲线计算。

2. 卵形曲线计算

设两圆曲线半径分别为 R_1、R_2，且 $R_1 > R_2$；l_n 为连接两圆曲线的缓和曲线，亦称为中间缓和曲线，其计算图式见图 5-10。将缓和曲线延长 l'，曲率半径由 R_1 渐变为 ∞，则缓和曲线全长为 $l = l' + l_n$。

中间缓和曲线长度由两圆曲线半径及其在连心线 O_1、O_2 上错动量的大小决定。连接半径 R_1、R_2 两圆曲线的回旋线长度为

$$l_n = \sqrt{24 R_n p_n} \qquad (5\text{-}12)$$

式中　R_n——两圆曲线曲率差对应的曲率半径值，$R_n = \dfrac{R_1 R_2}{R_1 - R_2}$；

　　　p_n——两圆曲线间的间距，即小圆半径与大圆半径内移值之差，$p_n = p_2 - p_1$。

中间缓和曲线的转向角 α_n 及偏角 δ_a、δ_b 按下式计算：

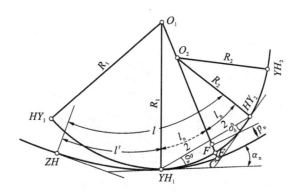

图 5-10 卵形曲线计算图式

$$\left.\begin{array}{l}\alpha_n = \dfrac{180 l_n}{\pi R_1} + \dfrac{90 l_n}{\pi R_n} = \dfrac{180 l_n}{\pi R_2} - \dfrac{90 l_n}{\pi R_n} \\[6pt] \delta_a = \dfrac{90 l_n}{\pi R_1} + \dfrac{30 l_n}{\pi R_n} \\[6pt] \delta_b = \dfrac{90 l_n}{\pi R_2} - \dfrac{30 l_n}{\pi R_n}\end{array}\right\} \quad (5\text{-}13)$$

中间缓和曲线具有以下特点:

(1) 中间缓和曲线的中点 E,在两圆心连线的延长线上;

(2) 中间缓和曲线 l_n 与其对应的间距 p_n 互相平分,即 $FE=EC$。曲线要素计算图式见图 5-11。

$$\left.\begin{array}{l}p_n = \dfrac{l_n}{24 R_n} \\[6pt] t_1 = R_1 \tan \dfrac{\alpha_1}{2} - \dfrac{p_1}{\tan \alpha_1} + q_1 \\[6pt] t_2 = R_1 \tan \dfrac{\alpha_1}{2} + \dfrac{p_1}{\sin \alpha_1} \\[6pt] t_3 = R_2 \tan \dfrac{\alpha_2}{2} - \dfrac{p_n}{\tan \alpha_2} + \dfrac{p_n}{\sin \alpha_2} \\[6pt] t_4 = R_2 \tan \dfrac{\alpha_2}{2} + \dfrac{p_n}{\tan \alpha_2} - \dfrac{p_n}{\sin \alpha_2} + q_2 \\[6pt] T_1 = t_1 + \dfrac{t_2 + t_3}{\sin \alpha} \sin \alpha_2 \\[6pt] T_2 = t_4 + \dfrac{t_2 + t_3}{\sin \alpha} \sin \alpha_1 \\[6pt] L_1 = R_1 \alpha_1 \dfrac{\pi}{180} + \dfrac{L_{s1}}{2} - \dfrac{l_n}{2} \\[6pt] L_2 = R_2 \alpha_2 \dfrac{\pi}{180} + \dfrac{L_{s2}}{2} + \dfrac{l_n}{2} \\[6pt] L = L_1 + L_2\end{array}\right\} \quad (5\text{-}14)$$

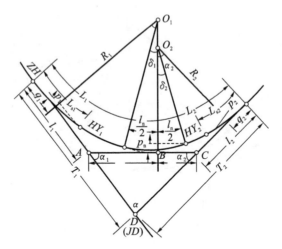

图 5-11 卵形曲线计算图式

第二节 纵断面线形设计

一、纵断面线形设计原则

道路纵断面线形设计主要是根据道路的性质和等级，汽车类型和行驶性能，沿线地形、地物的状况，当地气候、水文、土质的条件以及排水的要求，具体确定纵坡的大小和各点的标高。公路纵断面线形设计的一般原则如下。

(1) 设计必须满足《公路工程技术标准》中关于纵坡及竖曲线的各项规定(最大纵坡、最小纵坡、坡长限制、最小坡长、竖曲线最小半径及竖曲线最小长度等)。

(2) 要设计出连续、顺畅的纵断面线形，设计时则应根据道路的设计速度，结合地形及环境的要求，对沿线的自然条件，应作通盘研究，依据不同的具体情况分别处理，使公路畅通和稳定；对纵坡大小、长短、竖曲线半径及其与平面线形的组合等进行综合研究，反复调整使前后坡段相协调。

(3) 连续上坡(或下坡)路段，应符合平均纵坡的规定，并根据运行速度对通行能力与行车安全进行检验。

(4) 凹凸起伏的纵断面线形不宜在平面上的直线路段短距离内频繁出现。凹凸起伏的纵断面线形中，凸起部分易遮挡视线，凹下部分易形成盲区，驾驶员容易产生茫然感，导致视线中断，使线形失去连续性，影响行车安全。

(5) 小半径的凹形曲线或平曲线不宜设置在长下坡的直坡段端部。当相邻坡段的坡差很小时，应设置较大半径的竖曲线，以保证竖曲线的最小长度要求。避免使用半径小、长度短的凸形竖曲线纵断面线形，因汽车在这种线形上行驶时，只有到坡顶时驾驶员方能看见前方的路面，易使驾驶员产生茫然的感觉，不利于行车安全。

(6) 回头曲线的主曲线内不宜设竖曲线。在回头曲线路段,路线纵坡有特殊规定,应先定出回头曲线部分的纵坡,再从两端接坡。

(7) 纵断面设计应考虑路面排水的要求。一是纵坡不宜过小或采用平坡,特别在横向排水不畅的路段;二是在设计前坡为下坡(上坡)的竖曲线(全凹竖曲线)(如图 5-12),后坡为上坡(下坡)的竖曲线(全凸竖曲线)时,不宜采用过大半径竖曲线,避免竖曲线的底部(顶部)小于纵坡的路段长度过大,其长度可用式(5-15)计算:

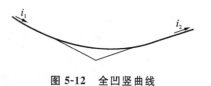

图 5-12 全凹竖曲线

$$S_V = 2Ri_{min} \qquad (5\text{-}15)$$

式中 S_V——纵坡小于最小纵坡的长度(m);

R——竖曲线半径;

i_{min}——允许最小纵坡,一般取 0.5%,特殊情况取 0.3%。

从式(5-15)可知,纵坡小于最小纵坡的长度与竖曲线半径成正比。因此,在满足线形设计要求的前提下,不应追求过大竖曲线半径,以减小纵断面上排水不畅的路段长度。

(8) 在保证路基强度和稳定的前提下,争取填挖平衡,节省土石方及其他工程量,降低工程造价。

(9) 考虑到今后公路改建,尽量利用原有路面作为新路面的基层或面层的下层。

城市道路纵断面线形设计原则除参照公路纵断面线形设计的原则外,尚须注意下列原则。

(1) 设计必须满足《城市道路设计规范》中关于纵坡及竖曲线的各项规定(最大纵坡、最小纵坡、坡长限制、最小坡长、竖曲线最小半径及竖曲线最小长度等)。

(2) 为使道路两侧街坊地面水能够顺利排除,一般应使路缘石顶面标高低于两侧建筑物的地面标高。

(3) 要为城市各种地下管线的埋设提供有利条件,并保证人防工程与各类管线有必要的最小覆土厚度。

(4) 对一些具有影响的立面控制点,必须与道路平面控制点综合分析研究。

(5) 应与相交的道路、广场等出入口有平顺的衔接。

(6) 非机动车行驶较多的道路,应充分考虑非机动车的爬坡能力和下坡时的安全性。

二、纵断面线形设计要点

进行竖曲线设计时,纵坡要均匀平顺,起伏缓和,坡长和竖曲线长短适当,平、纵断面组合设计彼此协调,填挖经济、平衡。要根据道路等级、沿线自然条件和构造物控制高程等,确定路线合适的高程、各坡段的纵坡和坡长,并设计竖曲线。这些要求不仅在选、定线阶段要有所考虑,更要在纵断面设计中具体实现。

(一) 关于纵坡极限值的运用

好的线形设计应尽量考虑人的视觉、心理要求,使驾驶员有足够的安全感、舒适感和视觉上的美感。根据汽车动力特性和经济等因素制定的极限值,设计时不可轻易采用,应留有余地,只有在受限制较严,如越岭线为争取高度、缩短路线长度或避开艰巨工程等,才有条件采用。

一般纵坡缓些为宜,但考虑路面和边沟排水,最小纵坡不应小于 0.3%~0.5%。

在山区道路的设计中,应避免过分追求平缓的纵坡,使工程量和工程投资增大,影响区域自然环境,或为节省工程量,采用较长的陡坡或采用不合理的陡坡与缓坡组合而影响行车安全。应从以下三方面具体分析。

(1) 工程和环境。应定量分析采用陡坡设计对本路段及前后路段工程量的影响,及前后路段纵断面指标的变化情况。如局部路段采用陡坡,可避免高填深挖,减小防护工程或免设隧道工程;如斜坡上布线采用陡坡设计,能迅速提升高度,使路线设于相对较缓的坡面上,避免因线位过低造成对山体的大规模开挖,保护区域自然环境等。因此,采用陡坡设计不仅对工程有较大影响,而且对一定路段的平面布线起控制作用,应对平、纵、横综合设计进行全面分析。

(2) 道路通行能力。应根据不同纵坡及坡长、交通组成中重车比例以及其他有关参数,分别计算路段通行能力,分析采用不同陡坡设计时通行能力是否满足设计交通量的要求,合理选定纵坡及坡长。

(3) 车辆行驶速度。采用陡坡设计会影响车辆的行驶速度,沿连续上坡方向载重汽车的运行速度降低到容许最低速度以下时,需增设爬坡车道;下坡的车辆易高速行驶,导致频繁制动而使制动器失效,发生车辆失控的交通事故,因此需考虑设置紧急避险车道。

通过对工程和环境、道路通行能力、车辆行驶速度三方面的综合分析,当满足工程经济和环境保护的要求,且通行能力和车辆行驶速度均能满足要求时,采用陡坡设计方案是可行的;当工程经济和环境保护可行,而通行能力和车辆行驶速度不能满足要求时,应调整纵坡设计,或设置爬坡车道或紧急避险车道。

(二) 关于最短坡长

坡长是指纵断面两度坡点之间的水平距离。坡长不宜过短,以不小于设计速度 9 s 的行程为宜。对连续起伏路段,纵坡应尽量小,坡长和竖曲线应争取到极限值的 1 倍或 2 倍以上,避免锯齿形的纵断面,以使增重与减重变化缓和,从路容美观方面也应以此设计为宜。

(三) 各种地形条件下的纵坡设计

(1) 平原、微丘地形的纵坡应均匀平缓,注意保证最小填土高度和最小纵坡的要求。丘陵地形应避免过分迁就地形而起伏过大,纵坡应顺适且不产生突变。

(2) 山区沿河线应尽量采用平缓纵坡,坡长不应超过限制长度,纵坡不宜大于 6%,并注意路基控制高程的要求。

第五章 道路线形设计

(3)越岭线的纵坡力求均匀,尽量不采用极限或接近极限的纵坡,更不宜在连续采用极限长度的陡坡之间夹短的缓和坡段。越岭线一般不应设置反坡,垭口附近的纵坡应尽量缓和一些,从而满足平均纵坡的要求。

(4)山脊线和山腰线除结合地形不得已采用较大纵坡外,在可能条件下纵坡应缓些。

(四)竖曲线半径的选用

竖曲线应选用较大半径为宜。当受限制时可采用一般最小值,特殊困难地区方可用极限最小值;坡差小时应尽量采用大的竖曲线半径。有条件时,宜按表5-6的规定进行设计。

表 5-6 视觉要求的最小圆曲线半径

设计速度(km/h)	竖曲线半径(m)		设计速度(km/h)	竖曲线半径(m)	
	凸形	凹形		凸形	凹形
120	20000	12000	60	9000	6000
100	16000	10000	40	3000	2000
80	12000	8000			

(五)关于相邻竖曲线的衔接

相邻两个同向凹形或凸形竖曲线,特别是同向凹形竖曲线之间,如直线坡段不长应合并为单曲线或复曲线,避免出现断背曲线,这样对行车是有利的,如图5-13(b)所示。

相邻反向竖曲线之间,为使增重与减重间和缓过渡,中间宜插入一段直坡段。若两竖曲线半径接近极限值时,这段直坡段至少应为设计速度的3 s行程;当半径比较大时,亦可直接连接,如图5-13(b)所示。

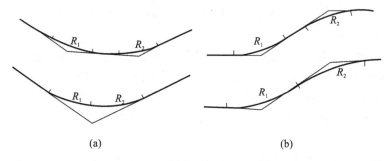

图 5-13 相邻竖曲线的衔接

三、纵断面线形设计中的高程控制条件

纵断面线形设计应考虑水位、地下水位、特殊地质路段、桥涵通道净空高度、隧道等对纵断面线形设计高程的特殊要求。

(一) 路基对纵断面的控制

1. 洪水位和地下水位对路基填土高度的要求

(1) 沿河及受水浸淹的路线,路基设计高程一般应高出根据规定雨洪频率计算水位 0.5 m 以上。

水库上游岸边的路线,路基设计高程应考虑水库水位升高后地下水位壅升,水库淤积后受到抬高的壅水曲线和浪高的影响;在寒冷地区还应该考虑冰塞壅水对水位增高的影响。

大、中桥桥头引道(在洪水泛滥范围内)的路基设计高程,一般应高于该桥设计洪水位(包括壅水和浪高)至少 0.5 m;小桥涵附近的路基设计高程应高于桥(涵)前壅水水位至少 0.5 m(不计浪高)。

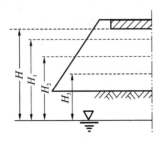

图 5-14 路基临界填土高度

(2) 为保证路基的强度和稳定性不受地下水及地表积水的影响,要求路基保持干燥或中湿状态,路槽底距地下水或地表积水的高度,要大于或等于干燥、中湿状态所对应的路基临界高度,如图 5-14 所示。

图 5-14 中:H_1 为干燥和中湿状态的分界标准;H_2 为中湿和潮湿状态的分界标准;H_3 为潮湿和过湿状态的分界标准。如满足干燥或中湿的路基填土临界高度有困难,也可采取降低水位、设置毛细水隔断层等措施。

2. 特殊地区和不良地质地区路基对路线纵断面的控制

(1) 软土和泥沼地区路基。

① 软土地区修筑路基,应尽量避免路堑。软土地区的地下水位一般较高,因此路堤高度不宜小于 1.2 m,但也不宜大于临界高。软土天然地基所能承受的最大填土高度,可根据现场填筑试验确定,或根据填土的物理力学性质估算,概略数值为:海岸淤积地区 3.5~4.5 m,内陆湖沼和河滩淤积地区 4~6 m,若考虑荷载影响,则应另见有关规定。

② 泥沼地区应尽量避免修筑路堑。路堤高度不宜小于 1.5 m,应考虑泥沼的地下水位和地表积水位,使路基基底不受毛细水影响;路堤应具有一定高度,以利用路堤的自重将泥沼土压缩到稳定,减少路堤基底挖除泥沼土的数量,减少运营期路基的沉降量。当填料来源不困难时,路堤高度宜达到 3 m。

(2) 多年冻土地区路基。

① 宜采用路堤。应尽量避免或缩短不填不挖、半填半挖或低填浅挖路段,以保护地表覆盖层。当用细颗粒土填筑路堤时,路堤高度宜大于 1 m。通过热融湖(塘)时,路肩高程应高出最高水位加波浪侵袭高度和路堤修筑后的壅水高度及安全高度 0.5 m。路基基底为非冻胀性土,融化后不致造成下沉病害,可按一般路基设计。

② 冰丘、冰锥地段路基,宜在下方以路堤通过,高度不宜小于 2 m,且应大于最大积冰高度,以防冰锥掩埋路堤。

(3) 盐渍土地区路基。

盐渍土地段一般宜修筑路堤。盐渍土路基高出地下水位的最小高度应根据盐渍土类型、路面要求,并结合毛细水上升高度、冻胀深度和安全高度三个因素共同确定。

盐渍土路基高出地下水位或地表积水位的最小高度,不应低于表 5-7 规定。

表 5-7 盐渍土路基最小高度

土名	最小高度(m)		土名	最小高度(m)	
	弱、中盐渍土	强盐渍土		弱、中盐渍土	强盐渍土
中砂、细砂	1.0~1.2	1.1~1.3	黏质土	1.8~2.3	2.0~2.5
砂土类	1.3~1.7	1.4~1.8	粉质土	2.1~2.6	2.3~2.8

(4) 风沙地区路基。

风沙地区路基宜以低路堤为主,填土高度应根据风向、风速变化等情况确定,一般不应小于 0.3 m,以 1.0 m 左右为宜。沙丘起伏地带,路堤高度宜比路基两侧 50 m 范围内沙丘平均高度高出 0.3~0.5 m。如采取固沙带措施,则采用路堤或路堑均可,但应尽量避免深长路堑。戈壁地区不宜采用浅路堑,必要时应采用敞开式路堑。

(5) 雪害地区路基。

易受雪埋地段应尽量避免或缩短浅路堑、低路堤和长路堑。路堤最小高度应比当地最大积雪深度高出 0.3~0.5 m,风吹雪地段高出 0.5~1.0 m。风雪地区路线纵坡在迎风路段不大于 7%,平曲线设超高路段合成坡度不大于 8%,背风路段不大于 5%。

(二)桥涵和通道对路线纵断面的控制

1. 桥涵和通道要求的最低路基设计高程

水文条件、净空高度和桥涵构造决定桥涵要求的最低路基设计高程。跨线桥和通道要求的最低路基设计高程由净空高度和跨线构造物(或通道)的构造决定。

(1) 公路永久性桥涵设计洪水频率规定见表 5-8。

表 5-8 桥涵设计洪水频率

公路等级	设计洪水频率				
	特大桥	大桥	中桥	小桥	涵洞及小型排水构造物
高速公路	1/300	1/100	1/100	1/100	1/100
一级公路	1/300	1/100	1/100	1/100	1/100
二级公路	1/100	1/100	1/100	1/50	1/50
三级公路	1/100	1/50	1/50	1/25	1/25
四级公路	1/100	1/50	1/50	1/25	不作规定

(2) 桥梁最低设计高程(H_{min})应满足

$$H_{min} = H_1 + h_{桥} + h_{面} \qquad (5-16)$$

式中　H_1——梁底控制点高程(m);

　　　$h_{桥}$——桥梁上部建筑结构高度(m);

　　　$h_{面}$——桥上路面结构厚度(m)。

① 桥下为河流时梁底控制点高程 H_1。

a. 跨过不通航亦无流筏河流的梁底高程,根据计算水位(即设计水位加壅水和浪高)或最高流冰水位确定。在不通航河流上,桥下净空不应小于表 5-9 的规定。当河流中有形成流冰阻塞的危险或有漂浮物通过时,桥下净空按当地具体情况确定。对有淤积的河流,桥下净空应适当加高。

表 5-9　非通航河流桥下净空

桥梁的部位	高出计算水位/m	高出最高流水冰面/m
梁底	0.50	0.75
支撑垫石顶面	0.25	0.50
拱脚	0.25	0.25

b. 在通航和流放木筏的河流上,梁底高程为设计通航水位加通航净空高度。通航河流的桥下净空,应根据《内河通航标准》(GB 50139—2004)的有关规定执行。

② 立体交叉跨线桥梁底高程 H_1。

a. 桥下为铁路

$$H_1 = H_{轨} + h_{净} \qquad (5-17)$$

式中　$H_{轨}$——铁路轨顶高程(m);

　　　$h_{净}$——铁路净空高度(m),一般蒸汽机车、内燃机车为 6.00 m,电气机车为 6.55 m。

b. 桥下为道路

$$H_1 = H_{路} + h_{净} \qquad (5-18)$$

式中　$H_{路}$——桥下路面高度,应包括预留路面补强厚度;

　　　$h_{净}$——道路净空高度(m),见表 5-10、表 5-11。

表 5-10　公路最小净空高度

桥下道路类型	高速、一级、二级公路	三级、四级公路	乡村道路			
			收割机械通道	汽车通道	蓄力车及拖拉机通道	人行通道
最小净空	5.0	4.5	3.5	3.2	2.7	2.2

表 5-11 城市道路最小净空高度

行车道种类	机动车道			非机动车车道	
行驶车辆种类	各种汽车	无轨电车	有轨电车	自行车、行人	其他非机动车
最小净空/m	4.5	5.0	5.5	2.5	3.5

③ 无压力式涵洞内顶点至最高流水面的净空应符合表 5-12 规定。

表 5-12 无压力式涵洞内顶点至最高流水面净高

	圆管涵	拱涵	箱涵
$H \leqslant 3$ m	$H \geqslant h/4$	$H \geqslant h/4$	$H \geqslant h/6$
$H > 3$ m	$\geqslant 0.75$ m	$\geqslant 0.75$ m	$\geqslant 0.50$ m

④ 当桥涵下净空高度或路基高程不足时,可采用下列方案进行比选。

a. 适当提高路基高度。

b. 采用建筑高度小的桥梁上部结构,如预应力混凝土结构板梁或标准化装配式结构的上部构造。

c. 适当加大桥梁跨径以降低壅水,或改用多孔较小跨径的桥涵以降低结构高度。

2. 桥上及桥头路线的纵坡

(1) 大、中桥上的纵坡不宜大于 4%,紧接大、中桥桥头两端的引道纵坡应与桥上纵坡相同,其长度不宜小于 3 s 行程。

(2) 大、中桥上一般不宜设竖曲线,桥头两端在不得已设竖曲线时,其起、终点应设在距桥头 10 m 以外。

(3) 小桥与涵洞处的纵坡应按路线规定设计。

(4) 小桥涵允许在纵坡路段或竖曲线上,但为保证路线的平顺性,应尽量避免小桥涵处"驼峰式"纵坡。

(三) 隧道对路线纵断面的控制

1. 隧道部分路线的纵坡

(1) 隧道内纵坡不宜大于 3%,但是短于 100 m 的隧道不受此限。中、短隧道当条件受限时,经技术经济论证,最大纵坡可适当加大,但不宜大于 4%。为满足隧道内排水,纵坡不宜小于 0.3%。

(2) 隧道内的纵坡可设置成单向坡,地下水发育的隧道及特长和长隧道可用人字坡。

(3) 紧接隧道洞口的路线纵坡应与隧道内纵坡相同,其长度不宜小于 3 s 行程。

2. 隧道内路线纵断面设计应注意的问题

(1) 在需设机械通风的隧道内,纵坡宜缓一些,以提高汽车行驶速度,有利运营通风。

(2) 有条件时宜将隧道内纵坡的上坡方向与常年风向一致，以利通风。

(3) 纵坡受限路段、连续上坡的长隧道，宜将纵坡设计成先缓后陡的折线纵坡，以提高车辆过洞速度，提高隧道内通行能力，改善隧道内通风条件。

(四) 平面交叉对路线纵断面的控制

纵坡设计应注意交叉口处的纵坡衔接。公路与公路平面交叉，一般宜设在纵坡较小路段；纵坡较小路段的最小长度应不小于规定，紧接较小纵坡路段的纵坡应不大于3%，山区工程艰巨地段应不大于5%。

第三节 平、纵线形组合设计

平面和纵断面设计的各项几何技术指标按相应的技术标准规定选用后，尚不能保证道路线形设计必定很完美，重要的是还要结合地形、景观，从视觉方面进行平面线形和纵断面线形的协调设计。计算车速越高，道路等级越高，越应重视，并做到线形连续、视觉良好、景观协调和行车安全舒适。对于混合交通的低等级道路或 $V<40\ \text{km/h}$ 的道路，应在保证行驶安全的前提下，做到各种线形要素（直线、圆曲线、回旋曲线、直线纵坡、竖曲线）之间的合理组合，尽量避免和减少不利的组合。

一、视觉分析

(一) 视觉分析的意义

道路线形设计除应考虑自然条件、汽车行驶力学等方面的要求外，还要把驾驶员在行车过程中心理和视觉上的反应作为重要因素来考虑。汽车在道路上快速行驶时，驾驶员通过视觉、运动感觉和时间变化感觉来判断线形的变化，所观察到的物体按一定速度运动。因此，动视觉是连接道路与汽车的重要媒介。

视觉分析是指从驾驶员的视觉及其心理反应出发，对道路的空间线形及其与周围自然环境和沿线建筑物的协调性进行研究分析，以保持视觉连续性和舒顺性，使行车具有足够的心理舒适感和安全感的综合设计。视觉分析的意义在于将道路的线形、周边环境质量与驾驶人员在行车中的动态视觉及其心理反应联系起来，体现道路几何设计以人为本的思想。

(二) 视觉与车速动态规律

驾驶员的视觉判断能力与车速密切相关，车速越高，其注视前方越远，而视角逐渐变小。

研究表明：

(1) 驾驶员的注意力集中程度和心理紧张程度随车速的增加而增加。

(2) 注意力集中点和视野距离随车速加快而增大，高速行驶时，驾驶员前景细节的视觉开始变得模糊不清。车速增加到 97km/h 时，他的注意力集中点将在前方

610 m 以外的某一点。

（3）驾驶人员的周界感随车速的增加而减少。当车速达到 72 km/h 时，驾驶人员可以看到道路两侧视角 30°～40°的范围；当车速增加到 97 km/h 时，两侧视角减至 20°以下；车速进一步增加，驾驶人员的注意力将随之引向景象中心而至两侧于不顾。

（4）视角随车速逐渐变窄，高速时驾驶员无法顾及两侧景象。注视距离、视野与车速的关系见表 5-13。

表 5-13　行驶速度与视野、注视距离的关系

车速/(km/h)	60	80	100	120
视野/(°)	86	60	40	22
注视距离/m	335	377	564	710

驾驶员的静态和动态视力不同。车速越高，物体的相对移动速度也越高，眼睛转动的角速度必将加快。根据运动视觉心理学分析，在运动状态下，驾驶员的视力比静止时低 10%～20%，特殊情况下低 30%～40%。注视距离、视野与车速的关系见表 5-13。

在驾驶过程中，驾驶员的动视觉具有如下特点。

（1）驾驶过程中，驾驶员不易全面正确感觉车外的情况变化。一般驾驶员在视野内觉察一个目标约需 0.4 s，约 1 s 的时间能够清晰辨认。在高速运动时，视野变小，外界景物的相对运动速度也增加，导致物体在视野内的作用时间变短。如在视野内的作用时间小于 0.4 s，驾驶员就无法发现目标，达不到 1 s，就无法分辨目标的细节。

（2）驾驶过程中，驾驶员的空间分辨能力降低。随车速增加，驾驶员的视力呈下降趋势，视认距离会缩短，车速增加，景物距汽车越近，景物在视野内的作用时间也会变短。

（3）高速行驶时，驾驶员易形成"道路催眠"。随车速的增加，驾驶员的空间辨别范围缩小，注视点前移，两眼凝视远方集中于一点，形成"隧道视觉"，使外界的刺激减少，只注视单调的暗色路面。当交通环境变化不大时，单调的信息对大脑皮层某些点的重复刺激，会使神经细胞呈现抑制状态，形成"道路催眠"。

（4）高速行驶时，驾驶员更易出现错觉，导致判断失误增加。高速行驶时，驾驶员在单位时间内接受的信息量显著增多。据研究，单位时间内的刺激物出现次数越多，驾驶员出错的比例越大。

（三）视觉分析方法

汽车快速行驶中，道路的立体形状给驾驶员提供了连续不断的视觉印象。该视觉印象的优劣，除依靠设计者对三维空间的想象判断外，比较好的方法是用视觉印象随时间变化的道路动态透视图进行评价。透视图可判断平面线形、纵断面线形以及道路和景观是否协调，也可检查超高过渡段、构造物设计等的效果，道路几何设计

的所有部分几乎都可用透视图检查。设计中用透视图检查出存在缺陷的路段可随时修改,再绘制透视图进行分析研究,因此,透视图是视觉分析的较好方法。

二、组合设计原则

道路建成以后,要改变道路路线线形几乎是不可能的,它将长期限制汽车的运行。在进行线形设计时,必须对道路应具有的性能与作用进行充分地研究,以免留下后患。线形设计的好坏,对汽车行驶的安全、舒适、经济以及道路的通行能力都起着决定性的作用。

道路线形设计首先是从路线规划开始的,然后按选线、平面线形设计、纵面线形设计和平、纵线形组合设计的过程进行,最终是以平、纵组合的立体线形展现在驾驶员眼前。行驶过程中驾驶员所选择的实际行驶速度,是由他对立体线形的判断做出的,因此立体线形组合的优劣最后集中反映在汽车的车速上。如果只按平面、纵面线形标准分别设计,而不将二者综合起来考虑,最终不一定能得到好的设计。

当计算行车速度大于或等于 60 km/h 时,必须注重平、纵的合理组合;而当计算行车速度小于或等于 40 km/h 时,首先应在保证行驶安全的前提下,正确地运用线形要素规定值(最大、最小值),在条件允许情况下力求做到各种线形要素的合理组合,并尽量避免和减轻不利组合。

平、纵线形组合设计是指在满足汽车运动学和力学要求的前提下,研究如何满足视觉和心理方面的连续、舒适与周围环境的协调和良好的排水条件。

道路平、纵线形组合设计的原则如下。

(1) 在视觉上能自然地引导驾驶员的视线,并保持视觉的连续性。

在视觉上能自然地引导视线,是衡量平、纵线形组合最基本的原则。任何使驾驶员感到茫然、迷惑和判断失误的线形,必须避免。如图 5-15(b)所示,前方平面线形可能存在转弯,也可能不存在转弯,不能给驾驶员明确的道路走向,易造成驾驶员迷茫,无法引导视线。如图 5-15(a)所示前方路线走向明确,能很好地引导视线。

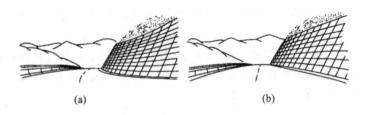

图 5-15 立体线形是否引导视线

(2) 平、纵线形技术指标大小应保持均衡。

如果不平衡,会给人不畅快的感觉,失去视觉上的均衡性,均衡性影响线形的平顺性,且与工程费用相关。如纵断面线形反复起伏,而平面上采用高标准的线形是无意义的,反之亦然。

（3）选择组合得当的合成坡度，以利于路面排水和行车安全。

（4）注意与道路周围环境相配合。

良好的立体线形应与道路周围环境协调，可减轻驾驶员的疲劳和紧张程度，并起到引导视线的作用。因地形条件、工程建设投资等影响，对设计速度较低的道路，当立体线形难与道路周围环境协调时，可采用植树、设置路标等方法改善（见图 5-16、图 5-17）。

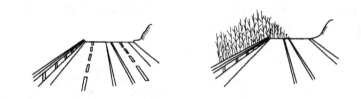

图 5-16　坡顶植树可以预告驾驶员前方道路线形

图 5-17　用植树改善视觉环境

三、组合设计方法

（一）平、纵线形组合的形式

1．组合形式

通过分解立体线形要素，平、纵线形有以下六种组合形式。

（1）平面要素为直线，纵断面要素是直坡线——构成恒等坡度的直线。这种组合线形简单、行车枯燥，视景缺乏变化，易使驾驶员产生疲劳和频繁超车、超速。设计时应采用画车道线、设标志、绿化，并与路侧设施配合等方法调节单调的视觉，增进视线诱导，如图 5-18 所示。

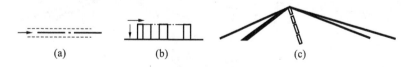

图 5-18　恒等坡度直线

(a)直线；(b)直坡线；(c)具有恒等坡度的直线

（2）平面为直线，纵断面是凹形竖曲线——构成凹下去的直线。这种组合具有较好的视距条件，能给驾驶员以动的视觉效果，行车条件较好。设计时应避免采用较短的凹形竖曲线，在连续两个凹形竖曲线间注意避免插入短的直坡段，在长直线末端不宜插入小半径的凹形竖曲线，如图 5-19 所示。

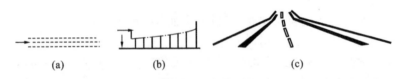

图 5-19 凹形曲线

(a)直线；(b)曲线；(c)凹形直线

(3) 平面为直线,纵断面是凸形竖曲线——构成凸起的直线。这种组合视距条件差,线形单调,应注意避免；无法避免时应采用较大的竖曲线半径,若长直线上反复凸凹时,应注意避免出现"驼峰"、"暗凹"和"浪形"等不良视觉现象,如图 5-20 所示。

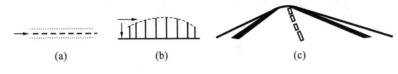

图 5-20 凸形直线

(a)直线；(b)曲线；(c)凸形直线

(4) 平面为曲线,纵断面是直坡线——构成恒等坡度的平曲线。这种组合只要圆曲线半径选择适当,纵坡不过陡,可获得较好的视觉和心理感受,设计时须检查合成坡度是否超限,如图 5-21 所示。

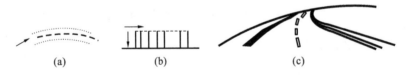

图 5-21 恒等坡度的曲线

(a)曲线；(b)直坡线；(c)具有恒等坡度的直线

(5) 平面为曲线,纵断面是凹形竖曲线——构成凹下去的平曲线；平面为曲线,纵断面是凸形竖曲线——构成凸起的平曲线。这两种组合设计是较复杂的组合形式。若平、纵面线形要素大小适宜,位置适当,均衡协调,可获得视觉舒顺、视线诱导良好的立体线形；相反,则会出现一些不良后果,如图 5-22、图 5-23 所示。

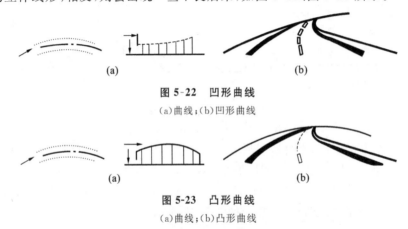

图 5-22 凹形曲线

(a)曲线；(b)凹形曲线

图 5-23 凸形曲线

(a)曲线；(b)凸形曲线

(二)平、纵线形组合的基本要求

(1) 平曲线与竖曲线宜相互重合,且平曲线应稍长于竖曲线。

这种组合是平曲线和竖曲线对应设置,最好使竖曲线的起终点能够分别放在平曲线的两个缓和曲线内,且能做到"平包竖"。图 5-24、图 5-25 为平曲线与竖曲线相互重合的透视形状。这种立体线形既能起到引导视线的作用,可得到平顺而流畅的效果。一般应使平、竖曲线半径都大一些为宜,特别是凹形竖曲线处车速较高,二者半径更应大一些。

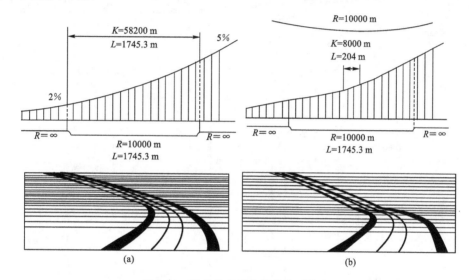

图 5-24 平曲线与竖曲线组合对比(1)

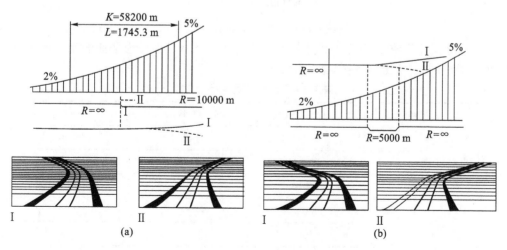

图 5-25 平曲线与竖曲线组合对比(2)

(2) 平曲线与竖曲线大小应保持均衡。

一个长的平曲线内有两个以上凹、凸相间的竖曲线,或一个大的竖曲线含有两个以上反向平曲线,看上去非常变扭,如图 5-26 所示。保持平曲线、竖曲线的半径和长度均衡,能在视觉上获得协调、舒顺的感觉。平、竖曲线长度,若能达到图 5-27 组合得当的情况,则是均衡的。

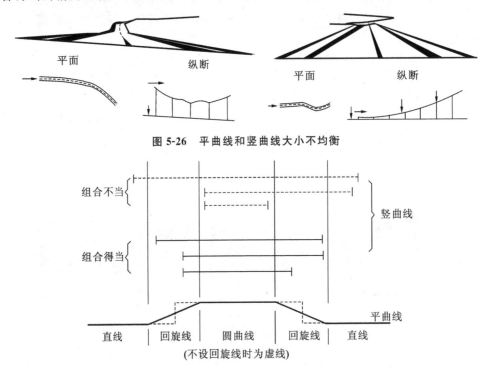

图 5-26 平曲线和竖曲线大小不均衡

图 5-27 平曲线与竖曲线的组合

据德国计算统计,若平曲线半径小于 1000 m,竖曲线半径为平曲线半径的 10~20 倍,可获得视觉上的均衡,见表 5-14。

表 5-14 平、竖曲线半径的均衡

圆曲线半径/m	竖曲线半径/m	圆曲线半径/m	竖曲线半径/m
500	10000	1100	30000
700	12000	1200	40000
800	16000	1500	60000
900	20000	2000	100000
1000	25000		

竖曲线的起、终点宜分别设在平曲线的两个缓和曲线内,其中任一点都不要设在缓和曲线以外的直线上或圆曲线内,如图 5-27 所示。若平、竖曲线半径都很大且

坡差较小时,则平、竖位置可不受上述限制;若达不到平、竖曲线的较好组合,可将二者拉开适当距离,使平曲线位于直坡段或竖曲线位于直线上。

(3) 直线与直坡线、直线与凹形竖曲线、直线与凸形竖曲线、平曲线与直坡线是常用的组合形式。

这些组合中都含有直线或直坡线,是设计中经常采用的平、纵组合。只要圆曲线半径或竖曲线半径能达到一般值以上,便能获得视觉良好、行车顺适的效果。路侧适当植树,能增强引导视线的作用。

(4) 要选择适当的合成坡度。

合成坡度过大,对行车安全不利,特别在冬季结冰期更危险,车辆易打滑、侧滑,甚至发生倾覆、坠崖事故。山区坡度大的路段插入小半径平曲线时,应控制最大合成坡度,陡峻傍山路段的合成坡度宜小于 8%。合成坡度过小,不利于路面排水,车辆易打滑、制动距离增加、高速行驶产生溅水,影响行车安全。当变坡点与路面横向排水不良的平曲线路段组合,易形成过小的合成坡度,排水不利,妨碍高速行车。合成坡度一般应不小于 0.5%。

(三) 平、纵线形设计中应避免的组合

平、竖曲线重合是一种理想的组合,但因地形等条件限制,这种组合常不能做到。如平曲线的曲中点与竖曲线的顶(底)点位置错开不超过平曲线长度的 1/4 时,仍可获得比较满意的外观;若错位过大或大小不均衡,将会出现视觉效果很差的线形。

(1) 要避免使凸形竖曲线顶部或凹形竖曲线的底部与反向平曲线的拐点重合。此类组合都存在不同程度的扭曲外观。前者不能正确引导视线,会使驾驶员操作失误,引起交通事故;后者虽无视线诱导问题,但路面排水不畅,易产生积水。

(2) 计算行车速度不小于 40 km/h 的道路,应避免在凸形竖曲线的顶部或凹形竖曲线的底部插入小半径的平曲线。

在凸形竖曲线的顶部设有小半径的平曲线,不能引导视线,且急转弯行车不安全。在凹形竖曲线的底部设有小半径的平曲线,会出现汽车加速行驶中急转弯,可能发生危险。

(3) 避免小半径的竖曲线与缓和曲线重合。对凸形竖曲线诱导性差,事故率较高;对凹形竖曲线路面排水不良,影响行车安全。

(4) 避免将小半径的平曲线起、讫点设在或接近竖曲线的顶部或底部。

凸形竖曲线顶部设在小半径曲线的起、讫点时,该线形失去引导视线的作用,驾驶员须接近坡顶才发现平曲线,导致不必要的减速或交通事故;凹形竖曲线底部设在小半径曲线的起、讫点时,汽车在该线形上会出现高速行驶急转弯,行车不安全。图 5-28(a)为凸形竖曲线的顶点位于平曲线的起点(或终点),驾驶员在车辆驶上坡顶之前无法预知前方道路的走向,产生心理上的茫然;图 5-28(b)为凹形竖曲线的底点位于平曲线的起点(或终点)时,驾驶员会看到扭曲的线形,其扭曲程度随竖曲线半径的减小而加剧,也会产生下坡尽头接急转弯的错觉。

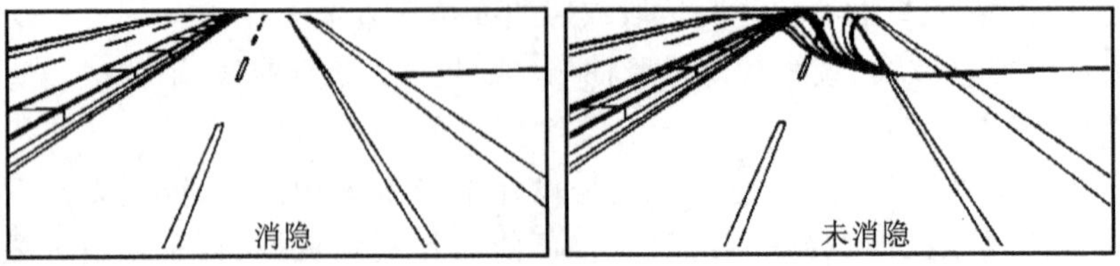

图 5-28 竖曲线位于小半径平曲线起点示例
(a) 凸形竖曲线位于平曲线起点；(b) 凹形竖曲线位于平曲线起点

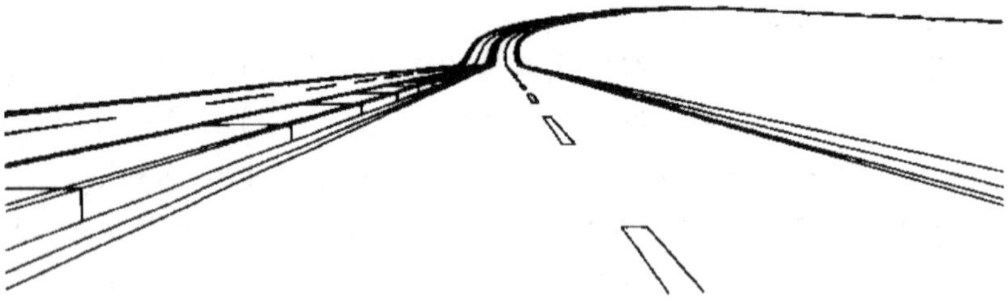

(5) 避免在长直线上设置陡坡或长度短、半径小的竖曲线。

长直线与凸形竖曲线组合,视线引导差,行车茫然；长直线与陡坡组合易使驾驶员超速行驶,危及行车安全；长直线与凹形竖曲线组合,使驾驶员产生坡底狭窄的视觉,心理紧张,行车不安全。

(6) 避免出现驼峰、暗凹、跳跃等使驾驶员视线中断的线形。

平原微丘区的高速公路设计,因地形平坦,圆曲线半径一般较大；但因沿线通道多,为减少工程数量,降低路基填土高度,有时不得不在一个长的平曲线内多次变坡。在一个平曲线或一段长直线内包含几个竖曲线,特别是小半径竖曲线,易出现驼峰、暗凹、跳跃等线形,使前方道路失去连续性,如图 5-29 所示。实践表明,当纵坡不大且坡差较小时,只要坡长和竖曲线半径选择得当,多次起伏并不影响线形的连续性。另外,长直线上反复凸、凹的线形,尽管纵坡不大,视线良好,但这种平直路段上超速、超车较多,资料显示这种路段交通事故占各种平纵组合路段 90% 以上。

图 5-29 长直线段设置三个小半径竖曲线

(四) 平、纵线形组合与景观的协调与配合

道路景观工程包括内部协调和外部协调两方面。其中内部协调主要指平、纵线形视

觉的连续性和立体协调性;而外部协调性是指道路与其两侧坡面、路肩、中间带、沿线设施等的协调以及道路的宏观位置。实践证明,线形与景观的配合要遵循以下主要原则。

(1) 应在道路的规划、选线、设计、施工全过程中重视景观要求。尤其在规划和选线阶段,比如风景区、自然保护区、名胜古迹区等景点和其他较特殊的地区,一般以绕避为主。

(2) 尽量少破坏沿线的自然景观,避免深挖高填。

(3) 应能提供视野的多样性,力求与周围的风景自然地融为一起,充分利用自然风景如湖泊、大树等,或人工建筑物如水坝、农舍等。

(4) 不得已时,可采用修整、种草皮、种树等措施加以补救。

(5) 条件允许时,宜适当放缓边坡或将其边坡修整圆滑。

(6) 应进行综合绿化处理,避免形式和内容上的单一化,将绿化视作引导线、点缀风景以及改造环境的一种技术措施进行专门设计。

道路作为一种人工构造物,应将其视为景观对象来研究。修建道路会对自然景观产生影响,甚至产生一定破坏作用。而道路两侧的自然景观又会影响道路上汽车的行驶,特别是对驾驶员的视觉、心理以及驾驶操作等都有很大影响。

平、纵线形组合设计必须要在与道路所经地区的景观相配合的基础上进行,否则即使线形组合符合有关规定也不一定是良好设计。对驾驶员,只有看上去具有优美的线形和景观,才能称为舒适和安全的道路。对设计速度高的道路,平、纵线形组合设计与周围景观彼此协调更为重要。

第四节 线形设计检验与评价

一、线形设计检验与评价的方法

要使线形设计具有最优的经济建设性,在营运期具有最佳的安全性、舒适性,最佳的使用质量和服务水平,在设计阶段就应该对线形进行检验和评价,找出缺陷进行改善,使得各线形要素的组合达到最优。目前,国内外对线形评价的方法很多,从设计的安全性、连续性、一致性、经济性等方面都进行了研究。

道路线形设计应具有良好的设计质量,保证道路在使用年限内能够使行车安全、快速、经济、舒适。线形设计的质量可以用道路透视图、沿线运行速度、油耗量、事故率等方法进行检验和评价。目前,国内对公路线形进行评价的方法主要有以下几种。

(一) 沿线油耗图

油耗图的评价方法可以用来分析公路纵坡线形设计的合理性,多用于越岭线路线方案的比选中。将各方案中汽车行驶所消耗的油量绘制成图,在耗油量图中进行分析,比较总耗油量的多少,分析全线耗油量是否均匀,通过比较选择较好的设计方

案。车辆行驶时的燃油消耗量 Q 可用式(5-19)计算

$$Q = \frac{g_e}{3672\gamma\eta_T}\left(G_\varphi + \frac{KAv^2}{21.15}\right) \quad (\text{L}/100\text{km}) \tag{5-19}$$

式中　g_e——燃油消耗率[g/(kw·h)]，可在发动机台架试验获得的发动机负荷特性图上查得；

　　　γ——燃油重度(N/L)，汽油为 6.96～7.15 N/L，柴油为 7.94～8.13 N/L。

　　　其余符号同前。

燃油消耗量主要与汽车本身的结构(如外形尺寸、质量、发动机类型、传动系等)及汽车的使用特性(如行驶速度、挡位、道路阻力等)有关。然而，道路使用特性严重影响着汽车的燃油消耗量。

汽车在连续和平整的道路上行驶，可以获得较高的行驶速度，燃料经济性较好；汽车在凹凸不平或线形不连续的道路上行驶，行驶速度低，换挡和制动次数增加，燃油消耗量大，且加速了一些摩擦零部件的磨损和轮胎磨损。为提高燃油经济性，应采用协调、连续的道路线形和平整的路面，保证行车视距和安全净空，注重景观设计，减少侧向干扰，使车辆匀速、顺畅运行。

用式(5-19)可计算出沿线各路段每百公里的耗油量，并绘制成沿线耗油量变化曲线，用以分析道路线形设计的经济性。

(二)道路透视图

线形设计应综合考虑公路的平面、纵断面、横断面三者间的关系，做到平面顺适、纵面均衡、横面合理，必要时可运用公路透视图进行分析与评价。

透视图法主要用于对特殊路段的检查，如平、纵组合是否合理，驾驶员视线是否无阻，前方路线与景观是否协调等，使设计人员能直观地检查到公路平、纵、横立体形状及其与周围环境的协调配合，是评价立体线形的一种直观有效的视觉评价方法。但这种方法只能是定性的评价，不能对线形进行定量评价，没有确定的指标来评价公路立体线形效果的好坏，只能作出视觉上的评价。

道路透视图是根据道路的基本设计资料，利用透视原理将道路以三维空间的方式展现，利用透视图判断路线的平纵面线形组合是否连续、道路与周围环境是否协调、立体线形对驾驶员视线的诱导是否良好，也可对视距进行检查。道路透视图可通过道路三维建模软件建立道路及周围环境的三维模型，生成动态或静态全景透视图或制作全线三维动画，供设计者评价道路线形设计的质量。

(三)事故率预测模型

该方法从行车安全的角度出发，利用交通事故率与路线几何要素的关系来评价或控制路线线形的设计。主要根据交通事故调查资料，采用回归分析的方法，建立平面线形、纵断面线形、车道宽度、行车视距、平纵组合线形等与事故率的关系曲线并拟合成公式，从而确定事故多发点和控制路线线形的指标，对指导公路线形设计具有一定的指导意义。据统计，有 10%～20% 的道路交通事故与道路条件有直接关

系,有 50%～60%的道路交通事故与道路条件有间接关系。

通过对大量事故资料的统计分析,道路交通事故的发生主要与人、车、路和环境相关,道路交通事故的发生主要与人、车、路和环境相关,就道路而言,又包括交通量、平面线形、纵断面线形、横断面宽度、视距、交叉口状况、路面类型、路侧安全距离等因素。根据这些影响因素得到道路的各种条件与事故率之间回归模型,这些回归模型可以用来分析道路线形与事故率之间的关系,对线形设计的质量进行分析。

(四) 横向加速度变化率法

横向加速度变化率是在考虑了平纵横三个方面的基础上提出的一种评价方法。它考虑了汽车动力性的要求,建立了在公路线形设计中的控制和评价方程,通过该方程可以对路线各几何要素进行控制和评价。缺点是该方法并没有给出具体的评价标准。

(五) 运行速度法

在车辆的行驶过程中,其运行速度不可能是一成不变的,它是随着道路线形、路面状况、天气条件及交通状况和驾驶员的状态而变化的。

运行速度主要用来评价道路线形设计的连续性,采用相邻单元路段间运行速度的变化值进行评价。运行速度的大小受到道路几何条件的影响,所以可以通过一定的数学方法将运行车速、线形和交通安全资料组合到一起,发现其中的规律,进而建立公路线形设计的安全性评价标准和车速管理标准,为公路的安全性设计和管理打下基础,真正使其成为安全、快速、舒适的高等级公路。

道路的连续性可以评价线形设计的安全性,是评价线形设计质量的一个重要指标。线形设计连续性是指道路设计中的几何要素与驾驶员的期望速度相适应的特性。期望速度是指特定的道路几何要素所对应的运行速度,该速度以设计速度为中心上下波动,形成沿线运行速度分布曲线,反映了道路几何要素的变化情况。连续的道路线形可以保证汽车行驶的安全,线形设计要素与车辆行驶速度密切相关,线形要素的任何突变,都将出现不连续的运行速度,造成驾驶员的不适应和操作匆忙,并使该位置发生的交通事故具有聚集性。

当驾驶员以期望速度行驶时,有充足的反应时间,其判断失误较少。但是,当路线几何要素与驾驶员的期望不一致时,驾驶员仍习惯性地按所期望的速度行驶,当在这种路段上出现意外情况,如线形要素指标变小、驾驶员反应时间不足,无法从容采取措施,发生事故的几率将增大。

因此,连续的运行速度是路线设计连续性的最终表现,以相邻路段运行速度的变化值作为评价道路路线设计的标准。

(六) 可能速度法

可能速度是指在良好的气候条件和交通条件下,汽车行驶只受道路本身几何条件影响,技术熟练的驾驶员驾驶汽车沿某条道路行驶时可能达到的速度。

可能速度预测模型是根据汽车的动力性和平、竖曲线的允许速度,在初定路线平、纵面各技术指标基础上建立的。模型假设道路的横向加速度、轴向加速度及竖向加速度是连续的,分别建立横向允许速度、轴向行驶速度和竖向允许速度计算模型,并取三种速度中最小值作为可能速度预测值。

应用可能速度对线形进行检验的方法是根据路线的平、纵面而设计参数,采用可能速度预测模型计算沿线的可能速度,并绘制沿线可能速度图(见图 5-30),根据可能速度变化应连续、均衡、协调的原则对路线的线形进行检查评价。可能速度也是确定其他技术指标和布设沿线设施的依据。

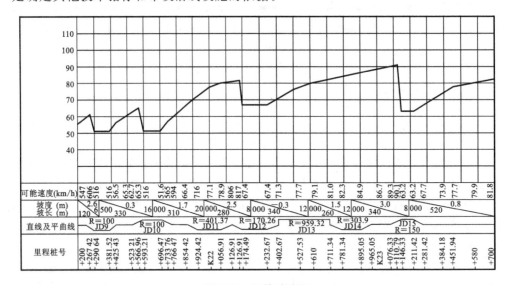

图 5-30 可能速度图

可能速度法采用可能速度速差作为评价标准,采用速差量评价各级道路线形的连续性。研究成果推荐评价指标如下:设计速度为 80 km/h 及其以上道路的速差量应不超过 20 km/h;设计速度为 60 km/h 时不超过 18 km/h;设计速度为 40 km/h 时不超过 15 km/h;设计速度为 30 km/h、20 km/h 时不超过 12 km/h。

国外对公路线形进行评价的方法与国内不同的主要有以下两种。

(1) 美国联邦公路局公路安全评价思想。

1988 年美国联邦公路局(FHWA)开发了交互式公路安全设计模型(Interactive Highway Safety Design Model,缩写为 IHSDM)的集成软件包,在 CAD 环境中,辅助道路设计者评估道路几何设计方案所体现出的安全性能,帮助设计人员从公路安全的角度评价设计方案。该模型由八个分模块组成,每个模块完成不同的功能。在 IHSDM 中,通过期望速度分布曲线图,进行速度的连续性检查和设计速度与运行速度的一致性检查,从而确定路线的设计质量。

(2) 驾驶员工作负荷评价线形设计。

驾驶员工作负荷模型主要是针对驾驶员驾驶汽车过程中的感知、反应与决策等过程的脑力劳动。这些过程所需的时间多少对行车安全是至关重要的,往往决定着执行过程的结果。通常,驾驶员操纵车辆需要处理的信息越少,可以自由地保持视觉闭塞状态的时间越长,其工作量越小。相反,驾驶员需要处理的信息量越大,需要观察路面的时间越长,其脑力劳动强度越高,则工作负荷越大。

美国 Messer 建立了一个基于公路几何学评价驾驶员工作负荷的模型,初步的评价显示这种工作负荷评价方法对控制公路危险路段具有较好的作用。但该程序是人工操作,基本上是主观评价而不是客观评价,难以对模型进行验证,从而限制了其可信度。为了改变上述驾驶员工作量估计主观评价的不足,Shafer 开发的驾驶员工作量模型系统中,采用了视觉闭塞法(the vision occlusion method)的客观方法来评价驾驶员工作负荷。

利用驾驶员工作负荷模型来评价公路线形设计的方法是以驾驶员工作量的变化作为评价指标的。该技术关键在于建立了平曲线上驾驶员工作量和直线上驾驶员工作量的计算公式,但仍然为单个指标,缺乏具体的评价标准。

目前,国内在道路线形设计评价中采用较多的是透视图法和运行速度法。透视图法有现成的软件可以生成,不作详细介绍。运行速度法是要求的方法,以下详细介绍。

二、用运行速度评价线形设计的连续性

(一)连续性设计的要求

1. 视觉上的连续性

平、纵组合的线形应能自然地引导驾驶员的视线,并保持视觉的连续性。任何使驾驶员感到茫然、迷惑或判断失误的线形,必须尽力避免,可通过道路透视图检查,修改平、纵线形组合。

2. 行驶速度的连续性

由平面相邻线形要素、纵断面相邻线形要素以及平、纵组合相邻线形要素构成的道路空间线形,必须使汽车行驶速度不产生突变和相差过大,应使行驶速度平缓、连续、均衡地变化,保证汽车行驶的平顺性、连续性和安全性,可通过运行速度图检查,修改平、纵线形要素。

3. 加速度的连续性

由平面线形产生的横向加速度变化不能过大和过快,以免影响汽车行驶的舒适性和安全性,可通过加速度图检查,修改平面线形要素。

(二)确定运行速度的方法

1. 路段实测回归法

该法通过现场实测某车型在多条路段的实际行驶速度,经回归分析建立道路几何要素与运行速度的关系模型,对其进行相关性分析和验证,根据模型预测各种线形要素和组合线形所对应的运行速度。

路段实测回归模型是建立在实测数据基础上的，因实测数据的局限，各影响因素对运行速度的影响可能因地域的不同而异，模型的推广应用有一定局限性。

2. 理论预测法

根据汽车动力性能的加、减速行程计算基于纵断面线形的行驶速度，根据圆曲线半径计算公式反算弯道上允许行驶速度。将纵断面和平面分别预测的速度比较后取小值，作为平、纵线形组合的运行速度。该法没有考虑竖曲线以及横断面的影响。

我国《公路项目安全性评价指南》(JTG/T B05—2004)中采用的是路段实测回归模型来预测高速公路和一级公路的运行速度，其他等级公路参照使用。

(三) 基于运行速度的线形设计连续性评价标准

《公路项目安全性评价指南》中采用相邻路段运行速度的差值(Δv_{85})来检查线形设计的连续性。相邻路段是指平面、纵断面、横断面指标或设计速度不同的相接路段，一般是指平曲线的起点、曲中点、终点，纵断面变坡点及横断面宽度变化的前后路段。

其中规定，相邻路段运行速度的差值小于 10 km/h 时，连续性好；在 10～20 km/h 之间时连续性较好，条件允许时宜适当调整相邻路段的线形指标，使运行速度的差值小于 10 km/h；大于 20 km/h 时连续性差，相邻路段需要调整平、纵面设计。同时规定，当同一路段的运行速度与设计速度的差值大于 20 km/h 时，应对该路段的相关技术指标进行安全性验算。

三、用运行速度评价道路线形的方法

运行速度的计算方法采用《公路项目安全性评价指南》中推荐的方法，其计算如下。

(一) 划分分析路段

根据圆曲线半径和纵坡的大小将整条路线按平直路段、纵坡段、小半径平曲线段和弯坡组合段四种分析单元进行划分，每个单元的起、终点为预测运行速度线形特征点。

(1) 平直路段：指平面线形为直线或半径大于或等于 1000 m 的平曲线且纵坡小于 3%，或纵坡大于 3% 但坡长小于等于 300 m 的路段。

(2) 纵坡段：指平面线形为直线或半径大于或等于 1000 m 的平曲线，且纵坡大于或等于 3%，坡长大于 300 m 的路段。

(3) 小半径平曲线段：指平面线形为半径小于 1000 m 的平曲线，且纵坡小于 2% 路段。

(4) 弯坡组合路段：指平面线形为半径小于 1000 m 的平曲线，且纵坡大于或等于 2% 的路段。

当直线段位于两小半径平曲线之间，且长度小于临界值 200 m 时，则该直线视为短直线,车辆在此路段上的运行速度保持不变。

(二)运行速度 v_{85} 的测算

在任选一个方向进行运行速度 v_{85} 测算时,首先要推算与设计路段衔接的相邻路段速度,作为本路段的初始运行速度 v_0。根据所划分的路段类型,按平直路段、纵坡段、小半径平曲线段和弯坡组合路段等分别进行运行速度 v_{85} 的测算。

1. 设计路段的初始运行速度 v_0

一般可通过调查点的现场观测或按表 5-15 估算各种设计速度对应的小客车和大型货车的运行速度,作为设计路段的初始运行速度 v_0。

表 5-15 设计速度与初始运行速度的对应关系

设计速度/(km/h)		60	80	100	120
初始运行速度 v_0	小客车	80	95	110	120
	大货车	55	65	75	75

2. 平直路段运行速度

在平直路段上,小客车和大型车的期望速度,见表 5-16。

(1)当直线入口速度等于期望速度时,车辆在平直路段上保持期望速度匀速行驶,直线段出口运行速度 v_{out},等于期望速度 v_e。

(2)当直线入口速度小于期望速度时,车辆在平直路段上将加速行驶,直线段出口运行速度 v_{out} 按式(5-20)计算;但当计算的运行速度大于或等于期望速度时,直线段出口运行速度 v_{out} 取期望速度。当入口速度大于期望速度时,车辆将减速行驶(a_0 为负),直到期望速度匀速行驶后,v_{out} 为期望速度。

$$v_{out} = \sqrt{v_0^2 + 25.92 a_0 S} \tag{5-20}$$

式中 v_{out}——直线段终点处的运行速度(km/h);

v_0——直线段入口处的运行速度(km/h);

a_0——车辆的推荐加速度(减速度)(m/s²),见表 5-16;

S——直线段长度(m),当 $S<200$ m 时,取 $S=0$ 计算。

表 5-16 平直路段上期望速度、加速度

车 型	小 客 车	大 货 车
期望速度 v_e/(km/h)	120	75
推荐加速度 a_0/(m/s²)	0.15~0.50	0.20~0.25
推荐减速度 a_0/(m/s²)	−0.15~−0.50	−0.20~−0.25

3. 小半径平曲线路段运行速度

对于平曲线半径小于 1 000 m 的路段,分别对曲线中部和曲线出口处的运行速度进行预测。小半径平曲线路段的运行速度,按表 5-17 中的运行速度预测模型计算平曲线中点和平曲线出口的运行速度。

表 5-17 小半径平曲线上速度预测模型

曲线连接形式	车型	平曲线模型
入口 直线—曲线	小客车	$v_{\text{middle}} = -24.212 + 0.834 v_{\text{in}} + 5.729\ln R_{\text{now}}$
	大货车	$v_{\text{middle}} = -9.432 + 0.963 v_{\text{in}} + 1.522\ln R_{\text{now}}$
入口 曲线—曲线	小客车	$v_{\text{middle}} = 1.277 + 0.924 v_{\text{in}} + 6.19\ln R_{\text{now}} - 5.959\ln R_{\text{now}}$
	大货车	$v_{\text{middle}} = -24.472 + 0.990 v_{\text{in}} + 3.629\ln R_{\text{now}}$
出口 曲线—直线	小客车	$v_{\text{out}} = 11.946 + 0.908 v_{\text{middle}}$
	大货车	$v_{\text{out}} = 5.217 + 0.926 v_{\text{middle}}$
出口 曲线—曲线	小客车	$v_{\text{out}} = -11.299 + 0.936 v_{\text{middle}} - 2.060\ln R_{\text{now}} + 5.203\ln R_{\text{front}}$
	大货车	$v_{\text{out}} = 5.899 + 0.925 v_{\text{middle}} - 1.005\ln R_{\text{now}} + 0.329\ln R_{\text{front}}$

注：v_{in}——平曲线入口的运行速度(km/h)；v_{middle}——平曲线中点的运行速度(km/h)；v_{out}——驶出平曲线的运行速度(km/h)；R_{front}——平曲线前方圆曲线的半径(m)；R_{now}——当前圆曲线半径(m)；R_{back}——平曲线后方圆曲线半径(m)。

4. 纵坡段运行速度

当纵坡大于3%且坡长大于300 m时，需对运行速度进行修正。计算纵坡段运行速度时不考虑平面线形，只需根据该段的纵坡和坡长对入口速度按表5-18进行修正。修正后的结果作为该段的出口速度。图5-31为速度折减量与坡长关系曲线图。

表 5-18 纵坡路段各车型的运行速度修正

纵坡		速度修正值/(km/h)	
		小客车	大型货车
上坡	坡度≤4%	每1000 m降低5 km/h	按图5-31所示速度折减量与坡长的关系曲线进行调整
	坡度4%	每1000 m降低8 km/h	
下坡	坡度≤4%	每500 m增加10 km/h （最大至平直线路段的期望速度）	每500 m增加10 km/h （最大至平直线路段的期望速度）
	坡度4%	每500 m增加20 km/h （最大至平直线路段的期望速度）	每500 m增加15 km/h （最大至平直线路段的期望速度）

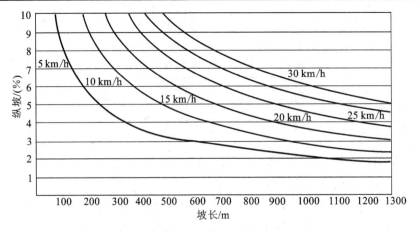

图 5-31 速度折减量与坡长关系曲线图

5. 弯坡组合路段运行速度

根据划分路段曲线前的入口速度、曲线半径和纵坡坡度,按表 5-19 中的运行速度预测模型计算弯坡组合路段平曲线中点和平曲线出口的运行速度。

表 5-19 弯坡组合路段的运行速度预测模型

曲线连接形式	车型	弯坡组合运行速度预测模型
入口 直线—曲线	小客车	$v_{\text{middle}} = -31.669 + 0.547 v_{\text{in}} + 11.714 \ln R_{\text{now}} + 0.176 I_{\text{now1}}$
	大货车	$v_{\text{middle}} = 1.782 + 0.859 v_{\text{in}} - 0.5 I_{\text{now1}} + 1.196 \ln R_{\text{now}}$
入口 曲线—曲线	小客车	$v_{\text{middle}} = 0.750 + 0.802 v_{\text{in}} + 2.717 \ln R_{\text{now}} - 0.281 I_{\text{now1}}$
	大货车	$v_{\text{middle}} = -1.798 + 0.248 \ln R_{\text{now}} + 0.977 v_{\text{in}} - 0.133 I_{\text{now1}} + 0.23 \ln R_{\text{back}}$
出口 曲线—直线	小客车	$v_{\text{out}} = 27.294 + 0.720 v_{\text{middle}} - 1.444 I_{\text{now2}}$
	大货车	$v_{\text{out}} = 13.490 + 0.797 v_{\text{middle}} - 0.697 I_{\text{now2}}$
出口 曲线—曲线	小客车	$v_{\text{out}} = 1.819 + 0.839 v_{\text{middle}} + 1.427 \ln R_{\text{now}} + 0.782 \ln R_{\text{front}} - 0.480 I_{\text{now2}}$
	大货车	$v_{\text{out}} = 26.837 + 0.830 v_{\text{middle}} - 3.039 \ln R_{\text{now}} + 0.109 \ln R_{\text{front}} - 0.594 I_{\text{now2}}$

注:圆曲线半径的取值范围是 120～1000 m;纵坡绝对值的取值范围是 2%～6%;I_{now1} 为曲线前段的坡度(%);I_{now2} 为曲线后段的坡度(%);其余符号意义同前。

(三)线形设计的评价

1. 运行速度协调性评价

(1)评价方法。

根据运行速度预测方法对各相邻路段的线形特征点(直线起、终点,平曲线起、终点及曲中点,竖曲线变坡点等)进行双向运行速度预测,并计算相邻路段运行速度的差值。按评价标准,对运行速度差值 Δv_{85} 进行检查,若速度差超过标准规定值,应调整相邻路段的平、纵面设计。调整的目的是使相邻路段的速度差值满足标准值。

图 5-32 所示为某高速公路一个路段的左幅运行速度图。

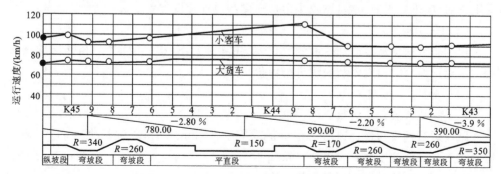

图 5-32 运行速度图

(2) 调整方法。

对速差处速度高的路段,通过减小圆曲线半径、增大纵坡进行调整,使运行速度降低,减小 Δv_{85};对速差处速度低的路段,可增大圆曲线半径、减小纵坡,使运行速度增大,减小 Δv_{85};若因地形或线形条件限制,不能调整或经调整速差仍较大时,应采取限速等措施,使运行速度差值 Δv_{85} 减小。

2. 设计速度与运行速度协调性评价

设计速度与运行速度协调性评价是对同一路段的运行速度与设计速度的差值进行评价。同一路段是指设计速度、平纵面技术标准及横断面相同的路段。

当同一路段运行速度与设计速度的差值大于 20 km/h 时,应对该路段的设计指标进行安全性检验和调整。运行速度与设计速度之差是指该路段运行速度高于设计速度的差值,而平、纵线形要素是按设计速度设计的,因此应按运行速度检验和调整,否则行车不安全;而运行速度低于设计速度时,只要运行速度连续,行车是安全的,不必调整。

(1) 圆曲线半径。

在超高值不变的前提下,采用路段运行速度计算圆曲线半径。圆曲线半径可采用式(5-21)计算。

$$R = \frac{v_{85}^2}{127(\mu \pm i_h)} \tag{5-21}$$

式中 R——路段运行速度要求的圆曲线半径(m);

v_{85}——运行速度计算值(km/h);

μ——横向力系数;

i_h——超高值。

设计速度对应的超高值不变时,增大后的圆曲线半径应不小于运行速度对应的圆曲线半径,圆曲线长度应不小于按运行速度的 3 s 行程;设计速度对应的圆曲线半径不变时,应按运行速度计算超高值;设计速度对应的圆曲线半径和超高值调整均受限制时,应采取限速措施,以减小运行速度与设计速度的差值。

(2) 缓和曲线。

根据运行速度从离心加速度的变化率、超高渐变率、行驶时间、与相邻回旋线参数的均衡性四个方面对缓和曲线进行评价。

(3) 最小直线长度。

最小直线长度采用运行速度评价。

路段运行速度与设计速度之差小于或等于 20 km/h 时,直线长度不调整;路段运行速度与设计速度之差大于 20 km/h 时,反向圆曲线间直线最小长度宜大于等于 $2v_{85}$(m),同向圆曲线间直线最小长度宜大于或等于 $6v_{85}$(m)。

(4) 纵断面。

采用路段运行速度对纵坡、坡长及竖曲线半径进行评价。

路段运行速度与设计速度之差小于或等于 20 km/h 时,路段的纵坡、坡长及竖曲线半径值不变;路段运行速度与设计速度之差大于 20 km/h 时,应按运行速度计算值调整相应路段的纵坡、坡长及竖曲线半径值。

(5) 视距。

① 小客车停车视距。小客车停车视距采用路段运行速度计算。当采用路段运行速度计算的停车视距大于设计速度对应的停车视距时,应加大停车视距。停车视距采用式(5-22)计算。

$$S_c = \frac{v_{85}t}{3.6} + \frac{v_{85}^2}{254\varphi} \tag{5-22}$$

式中 S_c——小客车停车视距(m);

v_{85}——运行速度计算值(km/h);

t——反应时间,按表 5-18 取值;

φ——纵向附着系数,依运行速度和路面状况,按表 5-20 取值。

表 5-20 反应时间和纵向附着系数

运行速度/(km/h)		120	110	100	90	80	70	60
小客车	反应时间/s	2.5	2.5	2.5	2.5	2.5	2.5	2.5
	附着系数	0.29	0.29	0.3	0.3	0.31	0.32	0.33
大货车	反应时间/s	—	2.5	2.5	2.5	2.4	2.3	2.2
	附着系数	—	0.17	0.17	0.17	0.17	0.17	0.17

② 货车停车视距。在货车或大客车可能多发事故的复曲线、减速车道、出口匝道端部、车道数减少处、丘陵区交叉口、桥墩附近的交叉口、位于或接近凸形竖曲线的交叉口等路段,应按运行速度进行货车停车视距评价。货车停车视距采用式(5-23)计算。

$$S_t = \frac{v_{85}t}{3.6} + \frac{v_{85}^2}{254(\varphi+i)} \tag{5-23}$$

式中 S_t——货车停车视距(m);

t——反应时间,按表 5-18 取值;

φ——纵向附着系数,依运行速度按表 5-18 取值;

i——道路纵坡(%)。

设计速度对应的停车视距应不小于采用运行速度计算的小客车停车视距。在以货车交通量为主及其他货车或大客车可能多发事故的路段,停车视距还应满足按货车运行速度计算的货车停车视距要求。

四、基于运行速度的线形设计步骤

1. 初始设计

根据可行性研究确定的道路设计速度标准,采用设计速度方法进行道路线形初始设计,绘制平面图和纵断面图。

2. 检验和修正

全线运行速度测算,检查运行速度突变点,对危险路段线形进行修正,检验的具体步骤如下。

(1) 划分分析路段。

(2) 沿线运行速度 v_{85} 测算。

(3) 线形连续性检验。

检验相邻路段的运行速度 v_{85} 之差。相邻路段之间的运行速度差应满足连续性评价标准,对不符合要求的线形设计应进行调整。若因条件所限不能调整或经调整速差仍较大时,应进行安全保障设施设计。

(4) 设计速度协调性检查。

当路段运行速度 v_{85} 小于该段的设计速度时,原设计不需调整;若路段运行速度 v_{85} 大于该路段的设计速度,且路段运行速度 v_{85} 与设计速度之差大于 20 km/h 时,需调整路线设计要素。

(5) 修正原设计,绘制平、纵面图。

(6) 按正、反方向绘制沿线"运行速度图"。

根据修正后的设计线形,再测算路线运行速度,以运行速度 v_{85} 为纵坐标,路线长度为横坐标,绘制沿线运行速度曲线,即沿线"运行速度图"。

3. 完成设计

根据"运行速度图",确定平曲线超高、视距等设计要素,完成路线设计。

第六章 道路选线及定线

本章在介绍道路选线新理念及总体设计主要内容的基础上,归纳分析了道路选线的一般原则和步骤,并通过实例分析路线方案选择影响因素及步骤;通过介绍平原区、山岭区、丘陵区的地形特点,对应地阐述各自选线的主要特征;此外,介绍了纸上定线、现场定线、实地放线的常用方法及具体步骤等内容。

第一节 选线新理念与总体设计

所谓道路选线,就是根据道路的使用任务、性质、等级、起讫点和控制点,沿线地形、地貌、地质、气候、水文、土壤等多方面情况,通过政治、技术、经济等方面的分析研究而选定的一条技术可行、经济合理、符合使用要求的道路中心线的过程。它是道路技术设计的重要组成部分。选线往往面对的是十分复杂的自然环境和社会经济条件,需要综合考虑多方面的影响因素。因此,道路选线的过程就是要在初步设计(除红线设计内容外,还包括路面结构方案、沿线小桥涵造型以及其他构筑物的大致安排、工程量估算等)的基础上,结合细部地形、地质条件以及现状条件,综合考虑平、纵、横三方面的合理安排,确定道路的平面、竖向线形及其主要技术经济指标,最终选定出最合理的线路。

路线方案的选择受到多种因素的影响。一般公路施工工程规模大,投资多,技术复杂,涉及面广。设计是工程建设的灵魂,是工程质量的基础,选线工作应树立系统工程的思想和正确的理念,从公路总体设计、选线、景观设计、路基防护等方面充分诠释选线新理念的内涵,在技术上应进行总体设计。

总体设计即线路走向的选择,应根据指定的路线基本走向(路线起、终点和中间主要控制点)和公路等级及其使用任务和功能,结合地形、地质、水文、气象、筑路材料等自然条件,充分考虑农业、环保等方面的要求,从所有可能的路线方案中,通过调查、分析、比选,确定一条最优的线路走向方案。在综合考虑建设规模、设计标准的前提下,对全线总体布局及各专业设计配套协调方面做出的综合设计。总体设计的目的是使设计成为配套的整体,防止出现设计不协调、布局不合理、考虑不周全等弊端,以保证公路总体布局和设计的经济合理,提高工程项目设计质量和设计水平。

下面从总体设计,路线方案选择,公路景观设计方面阐述选线设计新理念的内涵。

总体设计必须坚持"以人为本,树立全面、协调、可持续的科学发展观",深入贯彻公路设计新理念。无论是高等级公路,还是乡村公路,或是旅游公路,安全问题始终是各级公路的主要问题。应通过适当改善路线平纵线形,采取必要的工程处理以及设置完善、可靠的交通安全设施以确保公路结构本身的安全稳定。

对公路景观进行设计时,应重点体现对原有景观资源的保护、利用和开发,最大限度地保护和恢复生态原始地貌,使公路与自然环境相协调。从景观设计入手,可将公路沿线局部路段的优美自然风光处于行人视野范围内。从公路结构入手,路基边坡应以曲线边坡为主,挡墙宜由高至低或由低至高渐变且与路线线形相吻合。

路线方案选择,除应做到地形选线、地质选线外,还应做到安全选线、环保选线,提倡节能选线理念。节能选线主要应考虑以下三项原则。

营运里程最短原则。建设里程与营运里程相一致的情况下,选择建设里程较短的路线方案;建设里程与营运里程不一致的情况下,选择营运里程较短的路线方案。

交通主流方向原则。充分考虑交通主流方向和重车构成比例,并在计算营运里程时以交通量为权数。

减少中间控制点原则。根据拟建公路项目的功能,合理确定走向控制点;对于重要的干线公路,应尽量减少中间控制点,以降低大量过境车辆的绕行距离。

已建高速公路项目中,对于环境保护、耕地占用的重视程度不够。公路设计者需要在深刻了解规范条文实质的基础上,灵活运用。其基本原则是:主要指标强制执行、次要指标灵活掌握、突破指标论证使用。

公路景观规划设计的目标是:在满足公路安全、快速、舒适、经济的使用功能的同时,遵循"以因地制宜为前提,以环境保护为基础,以美学理论为指导,以兼顾效益为目的"的原则,最终实现"最小程度的破坏,最大限度的保护,最强力度的恢复"。最终实现建设与保护的"双赢"。

公路景观设计要体现灵活的理念,设计中要因地制宜运用指标,而不能千方百计让地形、地质等自然环境适合标准,我们应该做的是修一条符合周围实际环境状况、满足通行能力和安全要求的路。

公路景观设计要体现宽容设计的理念。公路服务的主体是"使用者",所以设计要处处从方便人的使用角度考虑,让"使用者"在行驶时拥有最大的自由度。

宽容设计理念充分地体现了"以人为本"的思想。

公路设计要体现创作设计的理念。公路设计者要充分发挥其想象力、独创性及灵活性,在运用技术标准时充分融入自己的考虑。在设计时确定公路景观设计的节点和序列形式,根据节点划分出景观单元、次级景观单元、路标、风景点和景观分水岭等特征点;然后在景观设计中结合各个层级景观单元的特点,考虑相邻景观单元之间差异的大小,对其进行组合、归并,划分出风格各异、协调统一的景观特色带、景观特色点和景观过渡带,营造出形态、色彩和质地不断变幻的公路动感行驶环境。

各级公路应根据功能、等级及在公路网中的作用进行总体设计。高速公路、一级公路应综合各种因素做好总体设计,二级公路宜按相关因素进行总体设计,三级公路、四级公路视需要可参照进行。

一、总体设计主要内容及文件组成

(一) 主要内容

1. 路线方案

路线方案是路线设计最根本的问题,路线方案设计是否合理,不仅关系到道路本身的工程投资和运营效益,还关系到道路的使用功能和国家的路网规划、政策及国防要求等。因此要在各种可能的方案中,通过调查分析、比选,提出合理的路线方案。

路线方案是路线控制点之间的连线,是根据指定的路线总方向(路线起、终点中间主要控制点)和公路网规划、公路功能、等级,结合其他运输体系的布局,考虑社会、经济因素和复杂的自然条件等拟订的路线走向。路线控制点是指公路网规定的通过地点以及为便于分段布线,在选线过程中选定的对路线走向起控制作用的点。

路线基本走向的控制点一般是路线起、终点和指定必须连接的城镇以及指定的特大桥、特长隧道等位置;大桥、隧道、互通式立体交叉、铁路交叉等的位置,原则上应服从路线基本走向,一般作为路线走向控制点;一般构造物及中小桥涵的位置应服从路线走向。

一般设计中根据路网规划和城市规划方案综合考虑确定起、终点的位置。公路交通量的集中生成源主要是城市、港站等,上下高速公路和一级公路的车辆期望以最短行程出入,城区车辆的集散应在相应的区域或路段内迅速完成。为此,高速公路和一级公路起、终点位置宜靠近城市出入口或接于城市外环线上。

跨界公路还应充分考虑接线点的位置。我国高速公路和一级公路建设的管理体制是分块由省、市、自治区立项建设和运营管理。对跨省、市、自治区的公路接线点,应在符合规划路线总方向的前提下全面考虑,由用路双方协商确定,并商定接界路段的建设规模、设计标准和建设时间,避免出现建设不一致,影响社会综合效益的发挥。

2. 拟订技术标准、工程规模及工程方案

(1) 确定设计速度。

设计速度为公路建设的重要指标,根据公路的功能(干线公路、集散公路)、设计交通量拟订公路的等级,结合地形、交通组成等因素,确定设计速度。

(2) 确定车道数和标准横断面宽度。

高速公路所需车道数和标准横断面宽度主要根据拟建公路的设计交通量、服务水平、设计通行能力,并综合考虑公路功能、车辆组成、投资力量及工程艰巨程度等因素确定。

(3) 确定合理划定设计路段长度。

应根据地形特征,合理地确定地形类别、设计速度。高速公路或一级公路可能通过不同的地形分区,应根据地形特征,合理地确定地形类别、设计速度。设计速度不同路段的过渡要均衡，不出现突变。相邻设计路段的衔接点，应选择能使驾驶员明显判断前方情况将发生显著变化而需要改变行驶速度的地点，如村镇、桥梁、交叉口或地形显著变更等处。

高速公路沿线的交通量变化较大时，会出现车道数的变化，要选择好衔接地点（如互通式立交），处理好衔接前后过渡段的线形设计。

(4) 经过沿线城镇的路线布置。

高速公路和一级公路是为起终点间直达快速交通运输服务的，这一性质决定了它与沿线一般城镇的关系。对区域公路网中的重要结点，为吸引沿线交通量和促进地区发展，路线不宜离开城镇太远，应结合城镇发展规划，确定其连接方式（穿越、绕行或以支线连接）和地点，一般以距城镇规划区 2~5 km 为宜，最大不应超过 8 km。

(5) 立体交叉位置及其形式。

道路起终点之间可能会有数条被交路（包括与沿线重要城镇的连接支线），应根据被交路的等级、使用任务和性质、交通条件、社会条件、自然条件等决定交叉类型和位置。对互通式立体交叉位置的选择应考虑整条路线立体交叉的整体布局、横向交通的便利以及被交路的集散作用等。

(6) 沿线设施。

根据公路的功能、等级、交通量，确定拟建公路的安全设施、管理设施、服务设施以及监控、通信、照明等的合理布局和建设规模，并检查与公路主体工程设计和环境的适应情况。收费公路应在论证收费制式的基础上，确定收费方式和收费站的布设位置。

(7) 重大工程地质病害处理方案。

调查沿线重大工程地质病害的范围、分布和严重程度，论证并确定绕避或整治方案。

(8) 高速公路分期修建。

一般不采用半幅分期修建高速公路。对因建设资金限制和沿线区域交通发展不平衡而确需分期的公路，应根据近、远期交通量，社会经济，自然条件以及建设资金等情况，应按远期规划的技术标准做出总体设计，制订分期修建方案并做出相应的设计。

一般初期修建双车道的交通量应不低于 4500 辆/d（各种汽车折合成中型载重车），所能适应的最大交通量为 8500~10000 辆/d，此交通量可作为初期修建双车道参考。

采用分期修建必须论证经济上是否合理可行，除应考虑一次建成与分期修建的投资及效益外，还需要考虑社会要求、交通需求等因素，经综合分析判断是否采用分期修建，并据以确定分期修建的经济年数。

3. 线形设计

公路线形是由公路平、纵、横组成的空间形状。公路的基本形状是由选线确定的,选线中已开始线形设计的工作。

线形设计应考虑车辆行驶的安全舒适,驾驶员的视觉和心理反应,引导驾驶员的视线,保持线形的连续性,注意与当地环境和景观协调。

公路是一个带状构造物,反映在驾驶员眼前的是立体形状。研究或评价线形的优劣时应以平面、纵断面组合的立体线形为主要对象。公路线形的好坏,可从经济性、快速性、安全性和舒适性四个方面来评判。

4. 公路环境保护设计

公路环境保护设计不是一个独立的专业设计问题,它与公路各专业勘测设计密不可分,环境保护设计的许多具体措施不可能脱离主体工程设计对环境保护观念的落实,同时对主体工程的设计又要求从环境保护角度考虑方案与对策。为协调环境保护设计与公路主体工程设计、环境保护措施与工程措施之间的关系,以最少的环境保护投入达到理想的环境保护效果,在公路设计中必须进行环境保护总体方案设计。

(1) 按照公路环境保护设计所确定的以防为主、以治为辅、防治结合的设计原则,公路设计应在如何防止公路建设带来环境负影响以及如何改善环境上思考一些问题。以防为主是设计阶段瞻前性的活动过程,因此在公路设计中应从环境保护的角度,站在总体设计的高度上提出环境保护设计所考虑的对象,有的放矢。

(2) 总体设计中应充分考虑公路对环境所带来的不利影响。

根据对现有公路交通噪声实测和拟建公路交通噪声预测结果,公路中心线距城乡居民区大于 100 m,距学校、医院、疗养院大于 200 m 时,昼间公路交通噪声级能符合环境噪声标准值的要求,但夜间可能超标。夜间安静是人们休息睡眠的基本条件,所以确定公路路线时应尽可能地远离声环境敏感点。

当公路通过陆生、水生野生生物栖息地或栖息水域时,应对采用的工程方案与施工工艺进行必要的论证,在设计时应根据动物的活动特性及其环境特征,设计兽道,对生物及其栖境进行保护。

5. 公路景观设计

公路景观设计指的是公路的线形、构造物形式与沿线自然景观相协调的美学设计。道路景观设计没有固定的模式,也不存在统一的内容,但景观设计总的原则是:道路景观设计应与道路构造协调;与当地风土、历史及时间协调;与时代感协调;与运动中人的感知协调。

公路景观设计是使公路立体线形与桥梁、隧道、边坡、沿线设施等人工构造物构成同自然景观相协调的建筑群体。其具体要求如下。

(1) 通视良好:要求路线各组成部分的空间位置配合协调,以保证必要的视距与视野,使司乘人员感到线形流畅、清晰,景观协调,行车安全舒适。

(2) 导向视线:建立一个区域性的视觉系统,使司机在视觉所及的范围内,能预见到公路方向和路况的变化,并能及时采取安全的行驶措施。

(3) 景观协调：使公路线形及沿线设施与沿途空间景观环境相协调。公路的各种构造物本身不仅造型美观，而且要同自然景观融为一体，尽可能减少和消除公路对自然景观的破坏。高速公路经过历史文化古迹时要注意保护和利用古迹创造景点。

(4) 建筑风格：公路景观包括路线和行车道，各种桥梁和沿线建筑，路侧和中央分隔带绿化、装饰和其他设施等，应形成统一的建筑群体，在保证全路统一建筑风格的同时，不同路段上的景观还应具有各自的特色。

(二) 文件组成

以初步设计阶段为例，介绍总体设计的文件组成。施工图阶段的总体设计文件组成与此有一定区别，具体内容见《公路工程基本建设项目设计文件编制办法》（交公路发[2007]358号）。

1. 项目地理位置图（略）

2. 说明书

说明书组成内容包括：概述、建设条件、总体设计、路线、路基、路面、桥梁、涵洞、隧道、路线交叉、交通工程及沿线设施、环境保护与景观设计、其他工程、筑路材料、施工方案、设计概算。

3. 图表及附件

其包括：路线平、纵面缩图，主要技术经济指标表（推荐方案），附件，总体设计图表：路线方案比较图、公路平面总体设计图、公路标准横断面图、运行速度曲线图、运行速度计算表、公路分期修建方案设计图。

二、道路选线一般原则及步骤

(一) 道路选线的一般原则

选线需要考虑自然环境和社会经济条件，以及线形技术指标等各方面的因素。因此，选线是一项涉及面广、影响因素多、政策性和技术性都很强的工作。在符合国家建设发展需要的前提下，结合自然条件选定合理的路线，达到行车迅速、安全、舒适并使筑路费用与使用质量得到正确的统一，其基本原则如下。

(1) 多方案选择。在道路设计的各个阶段，应运用各种先进手段对路线方案作深入、细致的研究，在多方案论证、比选的基础上，选定最优路线方案。充分利用地形地势，回避不良地段，正确运用技术标准，保证线形的均衡性。

(2) 远近结合、分期修建、分段定级。以求投资和用地的最佳效益。

(3) 力求路线简洁、行车安全。从行车安全、畅通和施工养护的经济、方便，使路线平、纵、横三个面彼此协调，力求平面直捷舒顺，纵断面平缓均匀，横断面稳定经济。

(4) 处理好选线与农业的关系。选线应注意同农田基本建设相配合，做到少占田地，并尽量不占高产田、经济作物田或穿过经济林园（如橡胶林、茶林、果园）等。注意山、水、田、林、路的综合治理，做到少占耕田；贯彻工程经济与运营经济相结合的原则,在条件许可时,应论证选用较好的指标,以提高公路的使用质量。对于分期修筑的路线,应注意到前期工程能为后期充分利用。

(5) 选择有良好水文、地质以及地形条件的地区通过。选线时应对工程地质和水文地质进行深入勘测调查,弄清它们对道路工程的影响。对严重不良地质路段,如滑坡、崩坍、泥石流、岩溶、泥沼等地段和沙漠、多年冻土等特殊地区,应慎重对待,一般情况下应设法绕避。当必须穿过时,应选择合适位置,缩小穿越范围,并采取必要的工程措施。不良地质和地貌对道路的稳定影响极大,选线应对工程地质和水文地质进行深入勘测调查,弄清它们对道路的影响。对于滑坡、崩塌、岩堆、泥石流、岩溶、泥沼等严重地质不良地段和沙漠、多年冻土等特殊地区的路线,应谨慎处理,一般情况下应尽量绕避,必须穿过时,应选择合适的位置,缩小穿越范围,并采取必要的工程措施。

(6) 路线与周围环境、景观相协调。通过名胜古迹地区的道路,应注意保护原有自然状态,其人工构造物应与周围环境、景观相协调,处理好重要历史文物遗址。结合沿线地形、地貌、地质、植被等条件,路线布设顺势而为,路线走向尽可能与山川、河流、大地的走势相吻合,接近自然,融入自然,达到自然景观与再造景观的和谐统一。同时,对再造景观用连续的手法,通过形态、质地、色彩的渐进达到"车在路上走,人在画中游"的景观效果。

(7) 选线应重视环境保护,注意由于道路修筑,汽车运营所产生的影响和污染,如:

① 路线对自然景观与资源可能产生的影响;

② 占地、拆迁房屋所带来的影响;

③ 路线对城镇布局、行政区划、农业耕作区、水利排灌体系等现有设施造成分割引起的影响;

④ 噪音对居民以及汽车尾气对大气、水源、农田所造成的污染及影响。

(8) 工程造价与营运、管理、养护费用综合考虑。路线设计应在保证行车安全、舒适、迅速的前提下,做到工程量小、造价低、营运费用省、效益好,并有利于施工和养护。在工程量增加不大时,应尽量采用较高的技术指标,不要轻易采用极限指标,也不应不顾工程大小,片面追求高指标。技术和经济综合平衡。

(9) 对于高速路和一级路,由于其路幅宽,可根据通过地区的地形、地物、自然环境等条件,利用其上下行车道分离的特点,本着因地制宜的原则,合理利用上下行车道分离的形式设线。

(10) 贯彻"安全、环保、舒适、和谐"的设计理念,路线设计结合地形,顺势而为,接近自然,融入自然,尽可能减少人为的影响。

(11) 选线应综合考虑路与桥的关系。中、小桥服从线路,线路服从大桥长隧,大桥长隧服从总体;在选线时,个别特殊大桥桥位一般作为线路总方向的控制点;大中桥位原则上应服从路线的总方向,一般作为路线走向的主要控制点,小桥涵位置应服从路线走向。

上述选线原则,对各级道路都是适用的。但在掌握这些原则的基础上,不同等级的道路,会有不同的侧重。如高速公路和一级公路主要是为起、终点及中间重要控制点间快速直达交通服务的,该功能决定了其基本走向不应偏离总方向太远,需要与沿线城镇连接时,宜用支线连接;对于等级低的地方道路主要是为地方交通服务,在合理的范围内,宜多联系一些城镇。

(二) 选线的方法和步骤

道路选线分为实地定线、纸上定线、航测选线及电子计算机选线。实地定线一般均采用带角手水准放坡,结合地形确定控制断面,考虑线形标准,最后拟定曲线及直线位置,确定交角点及路线的具体位置。对山区复杂路段及重要路线,可利用 1:500～1:2000 比例的地形图先在纸上定线,最后实地现场布线。纸上定线时,先按路线平均纵坡拟定导向线(零点线),再拟定交角点及曲线半径,具体布设线。同时绘出导向线的纵坡线,比较研究最后确定路线方案。即,一条道路路线的选定是经过由浅入深,由轮廓到局部,由总体到具体,由面到带,进而到线的过程来实现的,一般要经过以下三个步骤。

1. 路线走向选择

在路线总方向(起、讫点和中间必须经过城镇或地点)确定后,从大面积着手由面到带进行总体布置的过程,此项工作最好先在 1:2.5 万～1:10 万的地形图上进行路线布局,选定出可能的路线方案,然后进行踏勘与资料收集,根据需要与可能结合具体条件,通过比选落实必须通过的主要控制点,放弃那些避让的控制点,逐步缩小路线活动范围进而定出大体的路线布局。例如,在公路的起、终点及必须通过的控制点间可能沿某条河、越某座岭;也可能沿几条河、越几座岭,为下一步定线工作奠定基础。

路线布局,是关系到公路质量的根本性问题。如果总体布局不当,即使局部路线选得再好、技术指标确定得再恰当,仍然是一条质量很差的路线。因此,在选线中首先应着眼于总体布局工作,解决好基本走向问题。全面布局是通过路线视察,经过方案比较来解决的。

2. 逐段安排

在总体路线方案既定的基础上,以相邻主要控制点间划分段落,根据公路标准,结合其间具体地形通过试坡展线方法逐段加密细部控制点,进一步明确路线走法,即在大控制点间,结合地形、地质、水文、气候等条件,逐段定出小控制点,这样就构成了路线的雏形。这一步工作的关键在于探索与落实路线方案,为实现具体定线提供可能的途径。这一步工作如做得仔细,研究得周到,可以减少以后不必要的改线与返工。逐段安排路线是通过踏勘测量或详测前的路线察看来解决的。

3. 具体定线

有了上述路线轮廓即可进行具体定线,根据地形起伏与复杂程度不同,可分为现场直接插点定线和放坡定点的方法。插出一系列的控制点，然后从这些点位中穿出通过多数点（特别是那些控制较严的点位）直线段，延伸相邻直线的交点，即为路线的转角点。随后拟定出曲线半径，至此定线工作基本完成。做好上述工作的关键在于摸清地形情况，全面考虑前后线形衔接与平、纵、横协调关系，恰当地选用合适的技术指标，以期使整个线形得以连贯协调。这是一步更深入、更细致、更具体的工作。具体定线在详测时完成，在第四节道路定线部分介绍。

第二节 路线方案选择

道路作为地区发展的先决条件之一，为地区间沟通交流提供了可能。由于道路位置的确定不仅受地形、地质、生态等条件的影响，而且修建以后还会反作用于自然，对自然的地形、生态有很大的影响，同时路线位置还会对运行安全产生长期深远的影响。如何修路、修好路是摆在我们面前的一个重要课题，而在具体的工程项目开展之前一个非常重要的环节就是正确选择道路路线方案。本文结合公路路线方案选择的特点，阐述了道路路线方案选择的原则，提出了路线方案选择的方法与步骤。

一、路线方案选择的主要影响因素

影响路线方案选择的主要因素如下。

(1) 政治、经济、国防及使用任务、性质要求。公路修建以经济效益及促进地方经济的发展为主要目的，同时也应考虑政治与国防的要求。

(2) 路线在综合运输网中的地位及与沿线城镇、工矿、农田、水利的关系。

(3) 沿线地形、地质、水文、地震等自然条件的影响。要求的路线技术等级与实际可能达到的技术标准及其对路线使用任务、性质的影响；路线长度、筑路材料来源、施工条件以及工程量、三材用量等情况及其对运营、施工、养护等方面的影响。

(4) 公路主要技术标准和施工条件的影响。路线的主要技术标准如道路纵坡在一定程度上影响着路线走向，采用较大的路线纵坡，可使路线更靠近短直方向。在公路等级一定的条件下，实际可能达到的标准对使用性质、任务影响很大，也就是对于不同的公路等级、功能及其使用性质任务，应该选用与之相适应的技术标准。施工期限、施工技术水平等，对困难山区的路线方向选择，具有重大影响，有时甚至成为决定性因素。

(5) 其他如与沿线旅游景点、历史文物、风景名胜等的联系。

二、路线方案选择的方法和步骤

路线方案选择是在具体设计之前的工程可行性研究阶段进行的。指定的两个据点之间的自然情况越复杂、距离越长，可能的比较方案就越多，需要淘汰的方案也就越多。受现有设计手段以及自然环境的限制，不可能每条路线都通过实地勘察，因而要尽可能收集已有资料，先在室内进行研究筛选，然后选有比较价值的有限方案进行勘察。

勘察包括视察和踏勘。视察是在工程可行性研究阶段，按室内初步研究提出的各种路线方案进行的野外调查、落实工作。踏勘是对可能方案进行野外查勘和技术经济调查并估算投资的工作。视察工作以野外调查为主，踏勘工作以野外查勘为主；视察是对方案的初步调查，提出应进一步野外踏勘的公路建设可能采用的方案。路线方案选择可归纳为以下几个步骤。

（1）收集有关资料。

在路线选择以前，首先要尽可能多地收集与方案有关的资料。收集的资料主要有：

① 各种比例尺的地形图、卫星图片、航摄图片和以往的勘测设计资料。

② 交通量及交通组成等交通调查资料。

③ 相交道路的主要技术标准、平面与纵断面图、交通量以及设计、施工和运营资料。

④ 路线行经地区的地质、水文、气候等自然条件资料。

⑤ 路线行经地区的城镇、工矿、铁路、航空、水利建设和规划资料。

⑥ 与路线方案有关的统计资料。

（2）确定初步方案。

根据已确定的路线总体走向和收集的有关资料，在1∶50000或1∶100000地形图上，初步研究各种可能的路线走向和相应的路线方案，然后从技术上和经济上对这些方案进行综合评价，并标明正线和比较线，算出大致里程和衔接关系。重点应在地形、地质、地物复杂，外界干扰多和牵涉面大的段落，如可能沿哪些溪沟；越哪些垭口；路线经城镇或工矿区时，是穿过、靠近，还是避开而以支线连接等。

（3）野外实地调查（也称踏勘或视察）。

根据上面室内确定的初步方案，可到实地进行调查，调查中要坚持跑到、看到、调查到，不遗漏任何一个可能方案。对调查中发现的新方案也要进行调查。勘察的主要内容如下。

① 调查落实各控制点。路网规划指定的控制点若发现不合理时，要提出充分的变更理由，报级审批。

② 对路线、大桥、隧道调查。提出推荐方案。对于大桥和隧道，一般情况下路线应服从桥位和隧道位置的要求，中小桥应服从路线的基本走向。

③ 落实采用的标准。根据地形情况，可以分段提出采用的技术标准和主要技术指标。

④ 线位调查。主要是确定路线的必经控制点。如越岭垭口、跨河桥位、与铁路或公路交叉点、城镇或不良地质地段关系等，另外还有旧路利用。

⑤ 分段估算各种工程量,如路基土石方数量,路面工程量,桥梁、涵洞、隧道、挡土墙等的长度、类型、式样和工程数量等。

⑥ 筑路材料调查。调查当地出产材料如砂石材料、石灰等及外购材料如钢筋、水泥、木材等的规格、价格、运距、运输方式、供应数量等情况。

⑦ 经济调查。主要为经济分析之用,内容较多,直接经过区域重点调查,同时也应调查周边影响区域。

⑧ 其他如沿线民族习惯、居住、生活供应、水源、运输条件、气候特征、沿线林木覆盖、地形险阻等情况也应进行调查,为下一步勘察提供情况。

(4) 分项整理汇总调查成果,编写工程可行性研究报告,为上级编制或补充修改设计任务书提供依据。

三、路线方案的拟定

路线方案是根据指定的路线总方向和设计道路的性质、任务及其在公路网中的作用,考虑社会、经济因素和复杂的自然条件等,拟定路线的走向。

路线方案选择目的就是合理地解决设计道路的起、迄点和基本走向。如图 6-1 所示,A、C 为规划路线的起、终点,B 为必须经过的经济据点。通过在图上初步研究,提出了几种可能的路线走向。

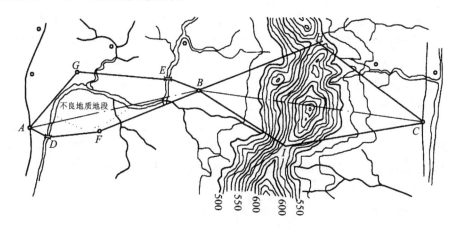

图 6-1 路线方案拟定

(1) 较差的路线方案。

将线路起、终点和必须经过的经济据点直接连接,路线虽短捷,但多次跨越大河,直穿较高的山岭和不良地质地段,不仅投资多,而且工程质量差、隐患大。如图 6-1 中所示的 A、B、C 之间的直接连线方案。

(2) 较好的路线方案。

为了降低工程造价,消除隐患,可根据自然条件选择有利地点通过,如特大桥或复杂大桥的合适桥址 D、E,绕避不良地质的 F、G,垭口 H、I,这些点称为控制点。这样,据点 A、B 之间就有 $ADFB$ 和 $AGEB$ 两个可能走法,而据点 BC 之间也有 BHC

和 BIC 两个可能走法,这些可能的走法就是一个大的路线方案。作为选线工作的第一步,就是要在各种可能的方案中,在深入调查的基础上,通过方案的比选,选择最合理的路线方案,作为进一步设计的依据。

方案比较是选线中确定路线总体布局的有效方法,在可能布局的多种方案中,通过方案比较和取舍,选择技术合理、费用经济、切实可行的最优方案。路线方案的取舍是路线设计中的重要问题,方案是否合理,不仅关系到公路本身的工程投资和运输效率,更重要的是影响到路线在公路网中的作用,直接关系到是否满足国家政治、经济及国防的要求和长远利益。

根据方案比较深度上的不同,可分为原则性方案比较和详细方案比较两种。

(一)原则性方案比较

从形式上看,方案比较可分为质的比较和量的比较。对于原则性的方案比较,主要是质的比较,多采用综合评价的方法,这种方法不是通过详细计算经济和技术指标进行的比较,而是综合各方面因素进行评比。主要综合的因素如下。

(1)路线在政治、经济、国防上的意义,国家或地方建设对路线使用任务、性质的要求,以及战备、支农、综合利用等重要方针的贯彻和体现程度。

(2)路线在铁路、公路、航道等网系中的作用,与沿线工矿、城镇等规划的关系以及与沿线农田水利建设的配合及用地情况。

(3)沿线地形、地质、水文、气象、地震等自然条件对公路的影响,要求的路线等级与实际可能达到的技术标准及其对路线的使用任务、性质的影响;路线的长度、筑路材料的来源、施工条件以及工程量、三材(钢材、木材、水泥)用量、造价、工期、劳动力等情况及其运营、施工、养护的影响,以及施工期限长短等。

(4)路线与沿线历史文物、革命史迹、旅游风景区等的联系。

影响路线方案选择的因素是多方面的,而各种因素又多是互相联系、相互影响的。路线在满足使用任务和性质要求的前提下,应综合考虑自然条件、技术标准和技术指标、工程投资、施工期限和施工设备等因素,精心选择、反复比较,才能提出合理的推荐方案。

(二)详细方案比较

详细方案比较是在原则性方案比较之后进行量的比较,它包括技术和经济指标的详细计算。一般多用于作局部方案的分析比较。

1. 技术指标的比选

(1)路线长度及其延长系数。

① 路线总延长系数 λ_0。

$$\lambda_0 = \frac{L}{L_0} \tag{6-1}$$

式中 L——路线方案的实际长度(m);

L_0——路线起、终点间的直线距离(m)。

② 路线技术延长系数 λ_1

$$\lambda_1 = \frac{L}{L_1} \tag{6-2}$$

式中　L_1——路线方案中各大控制点间的直线距离(m)。

(2) 转角数。包括全线的转角数和每公里的转角数。

(3) 总转角平均度数

$$\alpha = \frac{\sum_{i=1}^{n} a_i}{n} \tag{6-3}$$

式中　α——转角平均度数；

　　　a_i——任一转角的度数；

　　　n——全线的总转角数。

(4) 最大与最小平曲线半径(m)。

(5) 回头曲线的数。

(6) 最大与最小纵坡。

(7) 最大与最小竖曲线半径(m)。

(8) 与既有公路及铁路的交叉数目(包括平面交叉和立体交叉)。

(9) 限制车速的路段长度(指居住区、小半径转弯处、交叉点、陡坡路段等)。

2. 经济指标的比选

(1) 路基土石方工程数量。

(2) 桥涵工程数量(大桥、中桥、小桥涵的座数、类型及其长度)。

(3) 隧道工程数量。

(4) 挡土墙工程数量。

(5) 征占土地数量及费用。

(6) 拆迁建筑物及管线设施的数量。

(7) 主要材料数量。

(8) 主要机械、劳动力数量。

(9) 工程总造价。

(10) 投资成本——效益比。

(11) 投资内利润率。

(12) 投资回收期。

四、路线方案选择实例

[例1]　图 6-2 为某干线公路,根据公路网规划要求按二、三级路标准进行勘察,视察后拟定了四个方案进行比较,各方案的技本经济指标汇总于表 6-1。

图 6-2 路线方案比选

表 6-1 某路各方案主要指标比较

	指　　标	单位	第一方案	第二方案	第三方案	第四方案
	通过县(市)	个	29	29	32	31
	路线长度	km	1360	1347	1510	1476
	新建	km	133	200	187	193
	改建	km	1227	1147	1323	1283
	平原、微丘区	km	567	677	512	615
	山岭、重丘区	km	793	670	998	861
	用地	km²	1525	1913	2092	1928
工程数量	土方	10⁴ m³	382	492	528	547
	石方	10⁴ m³	123	75	82	121
	次高级路面	km²	5303	5582	5440	5645
	大、中桥	m/座	1542/16	1802/20	1057/13	1207/15
	小桥	m/座	1084/47	846/54	980/52	1566/82
	涵洞	道	977	959	1091	1278
	挡土墙	m³	73530	53330	99770	111960
	隧道	m/处	300/1	—	290/1	—

续表

指标		单位	第一方案	第二方案	第三方案	第四方案
材料	钢材	t	1539	1963	1341	1469
	木材	m³	18237	19052	18226	19710
	水泥	t	30609	39159	31288	33638
劳动力		万工日	1617	1773	1750	1920
总造价		万元	5401	5674	5189	5966
比较结果			推荐			

结果表明，第三、四方案较第一、二方案过于偏离总方向，比第一、二方案增加了100～150 km，虽然较多联系了县市，但对发展地区经济起的作用并不十分明显。此外，第三方案线形指标较低，将来改建难以利用原有路线；第四方案又与现有高压电缆线连续干扰，不易解决。因而第三、四方案不宜采用。第二方案虽路线最短，但与铁路干扰严重，施工不方便，且占地较多。第一方案不仅路线较短、线形标准较高，用地最省，造价也是较低的。

第三节 各种地形选线

一、平原区选线

（一）平原区线路的基本特征

1. 自然特征

平原主要指一般平原、山间盆地、高原等地形平坦地区，其地形、地物特征是地面起伏不大，一般自然坡度都在3°以下。

其地形、地物特征是：除泥沼、盐渍土、河谷漫滩、草原、戈壁、沙漠等外，一般多为耕地，且分布有较多的各种建筑设施，居民点较密，交通网系较密；在农业区农田水系渠纵横交错；在城镇则建筑、电讯管网密布；在天然河网、湖区还密布有湖泊、水塘和河岔。

从水文地质条件来看，平原区一般不良地质现象较少，但有时会遇到软土和沼泽地段。另外，平原区地面平坦，往往排水较困难，地面积水较多，地下水位较高；平原区河流较宽阔，比较平缓，泥沙淤积，河床低浅，洪水泛滥较宽。

2. 路线特征

平原区地形对路线的约束限制不大，路线平、纵、横三方面的几何条件很容易达到标准，路线布置主要考虑地物障碍问题，其路线特征是：平面线形顺直，以直线为主体线形，弯道转角一般较小，平曲线半径较大，在纵面上，坡度平缓，以低路堤为主。

(二)平原区选线的基本要点

1. 以平面为主安排线路

平原区选线一般不受高程障碍控制,应深入调查研究沿线自然环境,正确处理好地物、地质的避让和趋就。

选线时,首先将起讫点间经过的城镇、厂矿、农场及风景文物点作为大的控制点,在控制点间通过实地视察进一步根据地形条件和水文条件选择中间控制点,一般较大的建筑群、水电设施、跨河桥位、洪水泛滥线范围以外以及其他必须绕过的障碍物均可作为中间控制点。在中间控制点之间,无充分理由一般不设转角点。在安排平面线形时,既要使路线短捷顺直,又要注意避免过长的直线,在可能的条件下多采用转角小、半径大的长缓平曲线。纵断面线形应综合考虑桥涵、通道、立交等建筑物的要求,合理确定路基设计高度。注意避免纵坡起伏过于频繁,但也不应过于平缓,会造成排水不良。

2. 处理好路线和农业的关系

平原区农田成片,渠道纵横交错,在选线的过程中要处理好道路建设和农田保护、水利设施的建设之间的关系。选线工作中重点应处理好如下问题。

(1) 处理好道路选线和农田保护之间的关系。道路的建设不可避免会占用一些农田,但要尽量少占或者不占高产田。选线要从路线的地位、地形条件、工程数量、运营费用等方面全面分析比较,在此基础上确定线路的走向。既不能片面为了减少工程量而占用大量的农田,也不能片面强调不占某块田,使路线弯曲,造成行车条件的恶化。此外,当路线靠近河边低洼的村庄或田地时,应争取靠河岸布线,利用道路的防护措施,围滩护田,护田保村。路线必须跨水塘时(如图6-3所示),可考虑设在水塘的一侧,并拓宽水塘取土填筑路堤,使水塘面积不致缩小。

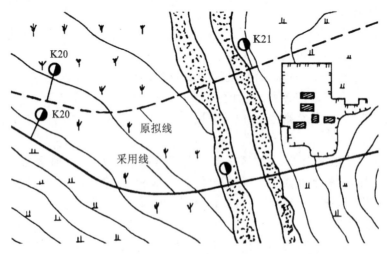

图6-3 沿河岸布设线路

(2) 处理好道路选线和农田水利设施之间的关系。线路布置要尽可能与农业灌溉系统配合,除特殊情况外,一般不要破坏灌溉系统,布线要注意与干渠平行,减少路线与渠道相交,最好把路线布置在渠道的非灌溉渠一侧或渠道的尾部。

(3) 处理好道路选线和便民之间的关系。路线布置要尽可能考虑为农业服务。布线时要注意和农村公路和机耕路的连接以及土地规划相结合;较多地靠近一些居民点;考虑地方交通工具的行驶,以方便群众,支持农业生产。

3. 处理好路线和行经地区的关系

平原区有较多的城镇、村庄、工业区及其他公用设施,路线布置应正确处理好服务与干扰、穿越与绕避、拆迁与保留关系的问题。

(1) 国防与高等级干线公路,应尽量避免直穿城镇、工矿区和居民密集区,以减少相互干扰。但考虑到公路对这些地区的服务性能,路线又不宜相离太远,必要时还应考虑支线联系。做到"靠村不进村,利民不扰民",既方便运输又保证安全。此外,选线时要注意与地区规划相结合。

(2) 一般沟通县、乡、村直接为农业运输服务的公路,经地方同意可穿越城镇,但应有足够的路基宽度和行车视距以及必要的交通设施,以保证行人和行车的安全。

(3) 线路布设应尽量避开重要的电力、电信及其他重要的管线设施,当必须要靠近或交叉时,应遵守有关净空和安全距离的规定,尽量不拆或少拆各种电力电信设施。

(4) 注意线路与铁道、航道、机场、港口,已有公路等交通运输设施的衔接,发挥交通运输系统的综合效益。

4. 处理好路线和桥位的关系

桥梁按其长度可划分为特大桥(桥长大于 500 m)、大桥(桥长 100~500 m)、中桥(桥长 20~100 m)和小桥(桥长 20 m 及以下者)。涵洞孔径一般为 0.75~6.0 m。

(1) 特大桥是路线基本走向的控制点,大桥原则上应服从路线走向并满足桥头引线的要求,桥路综合考虑。并且特大桥、大桥宜设在直线上,困难条件下必须设在曲线上时,宜采用较大的曲线半径。一般情况下,桥位中线应尽可能与洪水的主流向正交,桥梁和引道最好都在直线上。位于直线上的桥梁,如两端引道必须设置曲线时,首先应考虑桥梁及引道的位置对线性设计的影响,要使桥梁与线形的配合视野开阔,视线诱导良好。当条件受限时,也可设置斜桥或曲线桥。

要防止两种倾向:一种是只强调桥位,造成路线过多地迂绕,或过分的强调正交桥位,出现桥头急弯影响行车安全;另一种只顾线形顺直,不顾桥位,造成桥位不合适或斜交过大,增加建桥困难。如图 6-4 所示,路线跨河有三个方案:就桥梁而言,乙线最好,但路线较长;就路线而言,甲线里程最短,但桥梁多,且都为斜交;丙线则各桥都近于正交,线性也较为平顺美观。三个方案各有特色,都有可取之处,但因这条路交通量甚大,且有超车需要,故采用甲线。

(2) 中、小桥和涵洞位置应服从路线走向,但遇到斜交过大(一般当桥轴线与洪水流向的夹角小于 45°时)或河沟过于弯曲的情况,可采取改河措施或改移路线,调整桥轴

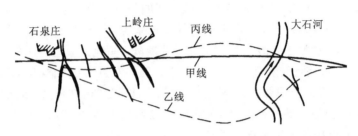

图 6-4 路线与桥位的关系

线与流向的夹角,以降低施工难度和减少工程投资,选线时应进行全面的考虑。

(3) 线路通过泛洪区时,桥涵和路基应根据当地的水文资料留有足够的孔跨和高度,以免被洪水冲垮,如有条件,路线应位于洪水泛滥线以外。

(4) 路线跨河修建渡口时,应在路线走向基本确定后选择渡口的位置。渡口要避免浅滩、暗礁等不良地段,两岸地形应适宜修建码头。

5. 注意土壤水文条件,确保路基稳定

(1) 在低洼地区布线时,应尽可能接近分水岭的地势较高处布线,以使路基具有较好的水文条件。

(2) 路基通过排水不良的低洼地带时,布线时要保证路基的最小填土高度,低填及个别挖方地段要注意排水处理。

(3) 路线要避免穿越较大湖塘、水库、泥沼地带,不得已时应选择最窄、最浅和基地坡面较平缓的地方通过,并采取保证路基稳定性措施。

(4) 沿河布线时,应注意洪水泛滥对路线的影响,一般应布线于洪水泛滥线以外,必须通过洪水泛滥区时,桥梁、路基应有足够的高度,以免洪水淹没,并应对路基边坡防护加固,避免冲毁。

6. 正确处理新、旧路的关系

平原地区通常有较宽的人行大路或等级不高的公路,当交通量增大,需要新建公路时,应处理好新、旧路的关系。

7. 尽量靠近建筑材料产地

平原地区一般缺乏砂石建筑材料,路线应尽可能靠近建筑材料产地,以减少施工、养护材料运输费用。

二、山岭区选线

山岭区地形包括山岭、突起的山脊、凹陷的山谷、陡峻的山坡、悬崖、峭壁等,山高谷深,坡陡流急,地形复杂;但山脉水系清晰,线路方向明确,不是顺山沿水,就是横越山岭或沟谷。

(一) 山岭区选线的基本特征

1. 自然特征

(1) 地形条件:地面横坡陡、高低起伏大、一般地面自然坡度在20°以上、地形变化复杂;路线在平纵横三方面都受到约束。

(2)地质条件:山区土层薄,岩层厚,岩层产状和地质构造变化复杂。

(3)水文条件:山区河流曲折迂回、河岸陡峻、河底比降大;雨季暴雨集中、流速快、流量大,冲刷和破坏力很大。

(4)气候条件:山区气候多变,冬季多冰雪,夏季多暴雨,一年四季和昼夜温差很大,山高雾大,空气较稀薄,气压较低。

2. 路线特征

由于山岭区地形变化复杂,使得路线在平、纵、横三方面受到很大的限制,因而技术指标一般多采用下限。在诸多的限制因素中,高差的剧烈变化成为影响线路走向的主导因素。因此,在山岭区的选线过程中,一般多以纵断面线形为主安排路线,其次考虑横断面和平面。在此基础上,结合影响路线的主要自然因素,综合考虑。

(二)山岭区的线路类型

按照道路行经地区的地貌和地形特征,可分为沿溪线、越岭线、山脊线。

1. 沿溪线

沿溪线是沿着山岭区内河溪的两岸布置路线。这种路线在平面上随着河溪的地形而转动。在纵面上坡度平缓;在横面上路基形状适宜,路线走向与河溪的方向一致,如图6-5所示。

沿溪线具有路线走向明确,线形较好,联系居民较多,施工、养护、运营条件较好等诸多优点,但也存在着受洪水威胁大,选线的活动范围较小,桥涵和防护工程较多,河谷工程地质情况复杂等很多弊端,路线布设的首要任务就是利用有利条件,防止和避让不利条件。通过上述分析可知,沿溪线布局的关键是处理好路线和水的关系,主要有以下几方面的问题。

(1)河谷的选择在大面积选线时,为了选出合理的线路走向,要认真研究水系的分布,优先考虑接近线路短直方向的越岭垭口和垭口两侧的河谷。尽

图6-5 沿河(溪)线

量利用与线路走向基本一致的河谷。在选择河谷时,还要注意寻找两岸开阔、地质条件较好、纵坡及暗坡较为平缓的河谷。

河谷纵坡的大小,对道路最大纵坡的选定有较大影响。各种河流的纵坡变化较大,在一般情况下,上游河段比下游河段纵坡陡。因此,对于平缓河段,选用的限制坡度宜接近或略大于河谷纵坡;而对于个别纵坡较陡的河段,则可采用展线的方式加以解决。

(2)河岸的选择。

由于河谷两岸情况各有利弊,选线时应比较两岸地形、地质、水文等条件及农田

水利规划等因素,避难就易,适当跨河以充分利用有利的一岸。为了避开不利地形和不良地质地带,可考虑跨河换岸设线。但河流越大,建桥工程也越大,跨河岸就越要慎重考虑。河岸的选择一般从以下几方面来考虑。

① 地形、地质和水文条件。这是影响河岸选择的主要因素。要深入调查,摸清其特点和规律。

路线应选在地形宽坦,有台地可利用,支沟较少、较小,地质条件良好,不易被水流冲刷或冲刷较轻的一侧。沿河线路如遇不良地质(如滑坡、崩塌、岩堆等),应通过跨河绕避与整治措施的比较确定岸侧。山区河谷中,如山体为单斜构造,应注意岩层的倾向,将线路设在山体较稳固的一侧。

② 积雪和冰冻地区的河岸选择。积雪和冰冻地区的阳坡和阴坡,迎风面和背风面的气候差异很大,在不影响路线整体布局的前提下,尽可能选择阳坡和迎风的一侧,以减少积雪、涎流冰等病害。

③ 城镇分布、农业发展和其他交通方式。除国防公路、高速公路、一级公路外,路线一般应尽可能选择在村镇较多、人口较密、有工矿企业的一岸,以方便群众;有时为避免大量拆迁和妨碍城镇发展,也可跨河绕避,选线时应根据具体情况进行比选。

根据两岸农田分布,尽量少占农田。在少占农田和选择有利地形有矛盾时,要深入调查,征求地方意见,综合比选,慎重取舍。河谷中遇有灌溉干渠与路线平行时,公路最好位于干渠上方,并离开适当距离,以免互相干扰。如不易处理,且两岸地形、地质类似时,宜使公路与干渠各走一岸。

当公路与铁路频繁干扰,应根据具体情况,考虑分设两岸。

(3) 高度的选择。

沿溪线的线位高低,是根据河岸地形、地质条件以及水流情况,结合路线标准和工程经济来选定的。比较理想的是将路线设在地质、水文条件良好,且不受洪水影响的平整台地上。但在 V 形或 U 形河谷的傍山临河路线,往往缺乏这种有利地形,因此路线位置的高低需慎重考虑,在全面掌握河谷特征的基础上,统筹规划纵断面设计。按路线与设计洪水位的关系,有低线和高线两种。

低线一般指高出设计水位不多,路基临水一侧边坡常受洪水威胁的路线。低线的优点是平、纵面线形比较顺直、平缓,易争取到较高标准;土石方数量较小,边坡低,易稳定;路线活动范围较大,便于利用有利地形和避让不良地形、地质;跨支流方便,必须跨越主流时也易处理。其缺点是受洪水威胁,防护工程较多。

高线一般指高出设计水位较多,基本上不受洪水威胁的路线。一般多用在利用大段较高台地,或傍山临河低线易被积雪掩埋以及为避让艰巨工程而提高线位等情况。它的优点是不受洪水侵袭,废方较易处理。但由于高线一般位于山坡上,路线必然随山势弯曲,线形差,工程大;遇缺口时,常需设置较高的挡土墙或其他构造物;避让不良地质和路线跨河换岸困难。

(4) 桥位的选择。

按路线与河流的关系,有跨支流和跨主流两类桥位。跨支流桥位选择,一般属于局部方案问题,而跨主流桥位选择多属于路线布局的问题。跨主流桥位常是决定路线走向的控制点,应与河岸选择同时考虑。当路线因地形、地质需换岸布线时,若桥位选择不当,会造成桥头线形差,或增大桥梁工程。因此在选择河岸的同时,处理好桥位及桥头路线的布设问题。

路线跨越主河,因路线与河流接近平行,桥头布线一般比较困难。在选择桥位时,应处理好桥位与路线的关系。

① 在"S"形河段腰部跨河,以争取桥轴线与河流成较大交角,如图 6-6 所示。本例为中小桥,采用斜桥方案,更有利于路桥配合。

② 在河湾附近跨河,如图 6-7 所示,但应注意河湾水流对桥的影响,应采取防护措施。

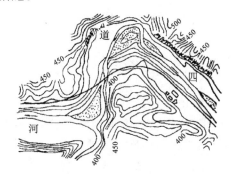 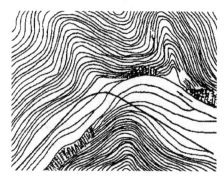

图 6-6　在"S"形河的腰部跨河　　　　图 6-7　在河湾附近跨河

③ 顺直河段跨河,应处理好桥头引道线形,如图 6-8(a)所示桥位应尽量避免。当必须在这种河段跨河时,中、小桥可设置斜桥以改善桥头线形;如为大桥不宜设斜桥时,宜把桥头路线做成枓形或布置一段弯引桥,如图 6-8(b)所示,或两者兼用。总之,桥头曲线要争取较大半径,以利于行车。

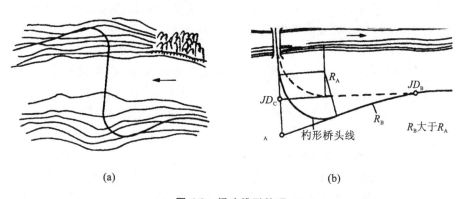

图 6-8　桥头线形处理

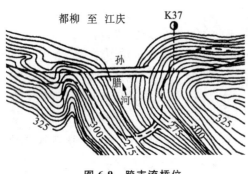

图 6-9 跨支流桥位

路线跨支流的桥位,有支河(沟)口直跨和绕进支沟上游跨越两种方案,如图6-9所示,应根据路线等级和桥位处的地质、地形条件,经过技术经济比较确定。

2. 越岭线

越岭线是指道路走向与河谷及分水岭方向横交所布设的路线,路线连续升坡,由一个河谷进入另一个河谷的布线方式。

其主要优点是布线不受河谷的限制,活动余地大;不受洪水威胁的影响;当采用隧道方案时,路线短捷且隐蔽,有利于运营及国防;主要缺点是里程较长、线形差、指标低;施工、养护、运营条件差、服务性差。

克服高差是越岭线的关键,因此,在布线时,应以纵面为主安排路线,结合平面线形和路基的横向布置进行。

越岭线选线主要解决垭口、过岭高程选择和垭口两侧路线展线三个问题。

(1) 垭口选择。

垭口是分水岭山脊上的凹形地带(又叫鞍部),由于标高低,常常是越岭线的重要控制点。垭口选择应在符合路线总方向的前提下,综合各方面因素,从可能通过的垭口中根据其标高、位置、两侧地形、地质条件及气候条件反复比较确定。

① 垭口标高。垭口海拔的高低及其与山下控制点的高差,直接影响路线展线长度、工程数量大小和营运条件。在高寒地区,特别是积雪、结冰地区,海拔高的路线对行车不利。有时为走低垭口,即使方向有些偏离,也应考虑;但如果积雪、结冰不太严重,对基本符合路线走向,展线条件较好,接线方向较顺,地质条件较好的垭口,即使稍高,也应慎重考虑。

② 垭口位置。垭口位置在基本符合路线走向的前提下,与两侧山坡展线方案结合考虑。先考虑高差较小,且路线通过垭口时不需要无效延长路线就能和前后控制点相接的垭口;再考虑稍微偏离路线方向,但接线较顺,且不过于增长里程的其他垭口。

③ 垭口展线条件。山坡线是越岭线的主要组成部分,垭口两侧山坡坡面坡度、地质条件与越岭线指标和工程量大小直接相关。因此,选择垭口时需将二者综合考虑,协调处理。同一垭口并非同时具备上述各条件,此时,应精心比选,找出最合理的越岭垭口。

④ 垭口地质条件。垭口的地质病害往往会在运营的过程中形成通过的"盲肠",选择垭口时要重视垭口的地质问题,深入调查地层构造,查清其性质和对路线的影响。垭口的常见地层构造(见图6-10)包括软弱层型、构造型、松软层型、断层破碎带型和断层陷落型五种。其中对软弱层型、构造型和松软土侵蚀型的垭口,只要注意

岩层产状及水的影响,路线通过一般问题不大。对断层破碎带型及断层陷落型垭口,一般应尽量避开;必须通过时,应查清破碎带的大小及程度,选择有利部位通过,并采取工程措施(如设置挡土墙、明墙)保证路基稳定。对地质条件差的垭口,局部移动路线或采取工程措施亦不能保证安全时,应予以放弃。

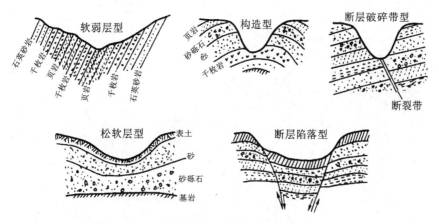

图 6-10 垭口的地层构造

(2)过岭高程选择。

路线过岭,可采用路堑或隧道通过,过岭高程越低,路线越短,隧道或路堑就越深、越长,工程量也随之加大。并且过岭高程可以直接影响到垭口两端的展线布局。因此过岭高程应结合路线等级、垭口地形、地质以及两侧展线方案、过岭方式等因素综合考虑。这些因素互相影响,应全面分析各种可能的比较方案。

① 决定过岭高程的因素。

a. 垭口及两侧的地形。当过岭地段山坡平缓,垭口又宽厚时,一般宜多展线,用浅挖或低填方式。

b. 垭口的地质条件。这是决定垭口能否深挖的决定性因素,考虑不周,今后会形成坍塌堵车造成后患。垭口通常是地质构造薄弱,常有不良地质现象的山脊凹陷地带,选线时要特别注意。

c. 结合施工及国防考虑,深挖垭口,工程集中、废方大、施工面狭小,因而工期较长,同时,战时修复也较慢,因此,对于工期紧迫和国防性公路,不宜采用深挖。

② 过岭方式。

a. 浅挖低填垭口。对宽而缓的垭口,有的达到数公里,偶有沼泽出现,宜采用浅挖低填的方式过岭,过岭高程基本是垭口高程。

b. 深挖垭口。当垭口比较瘦削时,常用深挖的方式过岭。虽然深挖垭口的土石方工程集中,但降低了过岭高程,缩短了展线长度,总工程量不一定增加。对垭口挖深,应视地形、地质、气候条件以及展线对垭口高程的要求等因素确定。地质条件良好时,一般挖深在 30 m 以内,垭口越瘦,越宜深挖。

过岭高程是越岭线布局的重要控制因素,不同的过岭高程有不同的展线方案。

如图 6-11,路线通过垭口,选用不同挖深程度有三个可能方案。甲方案挖深 9 m,需要设两个回头曲线。乙方案挖深 13 m,需要一个回头曲线,丙方案挖深 20 m,可顺山势布线,不需回头曲线。丙方案线形好,路线最短,有利于行车和节约运营费用。深挖垭口工程量集中,要处理大量废方,施工条件差,影响施工期限,运营期边坡病害较多,稳定性差,这些都应在选定过岭高程时应充分考虑。

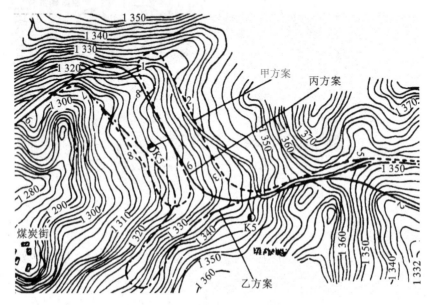

图 6-11 垭口采用不同挖深的展线布局方案

c. 隧道穿过。当垭口挖深在 30 m 以上时,应与隧道方案进行技术经济比较。垭口瘦薄时,隧道能降低路线高度,缩短里程,提高线性指标,减轻雨、雪等不利天气的影响。

一般来说,隧道高程越低,路线越短,技术指标越高,运营也越有利。但高程低,隧道就长,造价就高,工期也长。因此,隧道高程的选定应根据越岭地段的地质条件,以临界高程作为参考依据。临界高程是隧道造价和路线造价总和最小的过岭高程。设计高程如果高于临界高程,则路线展长费用将多于隧道缩短费用,设计高程如低于临界高程,则隧道加长费用将多于路线缩短费用。设计高程降低,可节约运营费用,对交通量大的路线为重点考虑的因素。

(3) 垭口两侧路线展线。

展线就是采用延长路线的办法,逐渐升坡克服高差,以使纵坡坡度满足技术标准。

① 展线方式。展线的基本形式有三种,即自然展线、回头展线、螺旋展线。

自然展线是指以适当的坡度,顺着自然地形,绕山嘴、侧沟来延展距离,克服高差。其优点在于方向符合路线基本走向,路线短、纵坡均匀,但由于路线较早的离开河谷,对沿河居民服务性差。与回头展线相比,线形简单,技术指标一般较高,特别是路线不重叠,对行车、施工、养护均有利。如路线所经地带地质稳定,无割裂地形阻碍,布线应尽可能采用自然展线。缺点是灵活性差,避让艰巨工程或不良地质的自由度不大,只能调整纵坡。

回头展线是路线沿山坡一侧延展,选择合适地点,用回头曲线作方向相反的回头再回到该山坡的布线方式。

当控制点间的高差大,靠自然展线无法取得需要的距离以克服高差,或因地形、地质条件限制,不宜采用自然展线时,可利用有利地形设置回头曲线进行展线。如图 6-12 所示。

图 6-12 利用狭窄山坡回头展线的不良示例

回头展线的优点是布线灵活,平曲线半径小,能在短距离内克服较大的高差,利用有利地形避让艰巨工程和地质不良地段比较容易;缺点是同一坡面上下线重叠,对施工、行车和养护都不利。

螺旋展线实际就是一种路线转角大于 360°的回头展线形式。螺旋展线一般多在山脊利用山包盘旋,以隧道跨线,如图 6-13 中实线所示;或在山谷内就地迂回,用桥跨线,如图 6-14 中实线所示;也可在山体内以隧道方式旋转。路线利用有利的山包或山谷,在很短的平面距离内就能克服较大的高差,它虽然比回头曲线有较好的线形,避免了路线的重叠,但因需要建桥或隧道,工程造价很高。在等级较高的山区公路上,标准要求高,盘旋较远,高程提升较大,采用这种展线形式是必要的。螺旋展线的最终选定,往往要结合地形条件,并与回头展线相比较权衡。

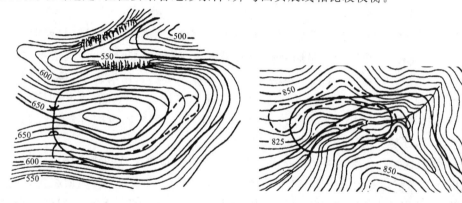

图 6-13 山脊螺旋线　　　　图 6-14 山谷螺旋线

② 展线步骤。

a. 全面视察,拟定路线走向,在任务书规定的控制点间,进行广泛勘察,重点调查地形及地质情况,并以带角手水准初放的坡度作指引,拟定出路线可能的展线方案和大致走法。

b. 试坡布线。试坡的目的是落实初拟方案的可行性;并进一步确定和加密中间控制点,拟定路线局部方案。试坡用带角手水准或用经纬仪,从垭口自上而下进行。

c. 分析、落实控制点,决定路线布局。经试坡确定的控制点,有固定和活动之分;第一种是位置和高程都不能改变的是工程特别艰巨的地点;第二种是某些受限制很严的回头地点、必须利用的高程可以活动的如垭口、重要桥位等;第三种是位置和高程都可有活动余地的如侧沟跨越地点、宽阔平缓山坡的回头地点等。第一种情况较少,第二、三种居多。落实时先调整那些活动范围小的,把高程和位置确定下来,然后再研究活动范围大的,以达到既不增大工程数量,又使线形合理的目的。

d. 详细放坡试定路线。

3. 山脊线

（1）山脊线特点。

山脊线是指公路沿分水岭方向所布设的路线,实际上连续而又平顺的山脊往往很少,所以较长的山脊很少见,一般多与山坡线结合,作为越岭线垭口两侧路线的过渡段。能否利用部分山脊,这必须有适宜的山脊。一般服从路线走向,分水线平顺直缓,起伏不大,脊肥厚,垭口间山坡的地形、地质情况较好的山脊是较好的布线条件。

山脊线里程短,土石方工程量小;水文、地质条件好,路基病害少、稳定、地面排水条件好;山脊线河谷少且小,桥涵人工构造物少等优点。但也存在着线位高,远离居民点,服务性能差;山势高、海拔高、空气稀薄、冬季云雾、积雪、结冰较大,对行车和养护都不利;远离河谷,砂石材料及施工用水运输不便等缺点。

（2）山脊线选线要点。

由于分水线的引导,山脊线大的走向基本明确。选线主要解决垭口选择、侧坡选择、试坡布线等三个问题。

① 控制垭口选择。在山脊上,连绵布置着很多垭口,每一组控制垭口代表着一个方案。因此,选择控制垭口是山脊布线的关键,一般当分水岭顺直,起伏不大时,几乎每个垭口均可暂作控制点。如地形复杂,山脊起伏较大且较频繁,各垭口高低悬殊时,则低垭口即为路线控制点,而突出的高垭口可以舍去。在有支脉的情况下,相距不远的并排垭口,则选择前后与路线联系较好的、路线较短的垭口为控制点。选择垭口时,还应与两侧布线条件结合起来考虑。

② 侧坡选择。分水岭的侧坡是山脊线的主要布线地带。选择哪一侧山坡,要综合分析比较确定。一般情况下,在坡面平缓、整齐、顺直,路线短捷,地质稳定,横隔支脉较少,向阳的山坡布线较为理想。参见图 6-15,A、D 两垭口为前后路线走向基

本确定的控制点,其间有 B、E、C 三个垭口,哪个选为中间控制点,取决于路线布设在山脊的哪一侧。位于左侧的甲线应舍 C、E 而取 B,位于右侧的乙线应舍 B 而取 C 或 E。C、E 的取舍以及甲、乙方案的比选,则由试坡布线解决。

图 6-15 山脊线布置比较示意图

③ 试坡布线。山脊线有时因两垭口控制点间高差较大,需要展线;有时为避免路线过于迂回要采用起伏纵坡,以缩短里程。因此常常需要试坡布线。常见有以下三种情况。

a. 控制垭口间平均纵坡未超过规定时,一般情况如中间无太大的障碍,应以均匀坡度沿侧坡布线。若中间遇障碍,则可以加设中间控制点,调整坡度,向两端垭口按均匀坡度布线。如图 6-15 的甲线,AB、BD 两段,地面自然坡度上、下坡很陡,适当挖深垭口 B 后,才分别获得 +5.5% 和 −5% 较合理的纵坡;BD 段两次跨冲沟,需要防治,工程稍大。如欲减小防治工程,要在冲沟上方加设中间控制点,将使 B 到 D 的一段纵坡过陡,不宜采用。

b. 控制垭口间有支脉相隔,路线穿过支脉,要在支脉上选择合适垭口作为中间控制点。该垭口应不使路线过于迂绕,合理深挖后两翼路线纵坡都不超过规定,路线能在较好地形、地质地带通过。有时在支脉上选择的控制垭口虽能满足纵坡要求,但线形过于迂绕,为缩短距离,控制点可不选在垭口上。

图 6-15 乙线是穿支脉的路线,支脉上有 C、E 两个垭口,选中间控制点时,先考虑 C,因其位置过高,合理深挖后两翼路线纵坡仍超过规定,放弃垭口 C,E 的两翼自然纵坡均低于规定值,为保证纵坡符合要求,尽量缩短距离,从低垭口 D 以 5%~5.5% 的纵坡向垭口 E 试坡,定出控制点位置 E',AE' 之间按均匀坡度(约 3%)布线。

c. 控制垭口间平均纵坡超过规定时,这种情况需进行展线,山脊展线的布线是十分灵活的,选线时,应分成地形、地质条件,采用填挖、旱桥、隧道等工程措施来提高低垭口,降低高垭口。也可利用侧坡、山脊有利地形作回头展线或螺旋形展线,如图6-16,其具体作法见本节越岭线。

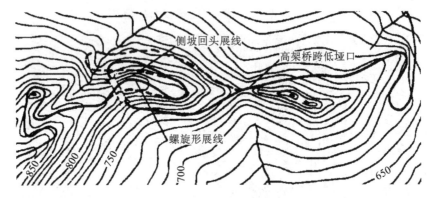

图 6-16　山脊展线示意图

三、丘陵区选线

丘陵地形是介于平原和山岭之间的地形,它具有平缓的外形和连绵不断的丘岗,地面起伏,但高差不大,不致引起高度的气候变化,其主要特征是:脉络和水系都不如山岭区那样明显。路线线形和平原区比较,平面上迂回转折,有较小半径的弯道,纵面上起伏并偶尔有较陡的坡道。由于受地形限制小,所经路线的可能方案较多。其中微丘地形近似于平原;重丘则近似于山岭。在技术标准方面,微丘比平原区稍紧一点,各项技术指标与平原区相同;重丘则比山岭区稍松一点,各项技术指标与山岭区相同。如图 6-17 所示。

图 6-17　丘陵区选线

1. 路线布设原则

丘陵区选线,应根据丘陵区地形特点,选出方向顺直、工程量少的路线方案。

(1) 微丘区选线应充分利用地形,处理好平、纵线形的组合。不应迁就微小地形,导致线形迂回曲折,也不宜采用长直线,导致纵面线形起伏。路线应与地形相适应,避免高填深挖,破坏自然景观。

(2) 重丘区选线应注意如下几点。

① 注意利用有利地形减少工程量。路线应随地形变化布设,在定平、纵面线位时,应注意横向填挖平衡。横坡较缓地段,可采用半填半挖的路基;横坡较陡的地段,可采用全挖或挖多于填的路基。应注意挖方边坡的高度,防止挖方边坡过高。同时应注意纵向土石方平衡,以减少废方与借方。

② 注意平、纵、横组合合理设计。各级路线都要避免不顾纵坡起伏,片面追求长直线,或不顾平面过于弯曲,片面追求平缓纵坡的倾向;都应注意平、纵、横三方面协调,考虑驾驶员和乘客的视觉和心理反应。

③ 注意少占耕地。丘陵区农林业均比较发达,土地种植面积很广,低地为水稻田,坡地多为旱作物和经济林,小型水利设施多,布线时要注意支援农业,尽可能和当地的整田造地及水利规划密切配合。根据上述要求,针对不同地形地带,采用不同布线方式。

对冲沟比较发育的地段,二级及其以上公路可采用高路堤或高架桥的直穿方案;三、四级公路则宜采用绕越方案。对地质不良地段,应考虑绕避通过,不得已时应尽量调整平、纵线形,合理掌握标准,尽量少扰动,并采取必要工程防护措施及排水设施,确保边坡及路基稳定。

2. 路线布设方式

丘陵区地形复杂,布线方法应随路线行经地带的具体地形而采用不同的布线方式。根据经验,将丘陵区概括为三类地形地带和相应三种布线方式。

(1) 平坦地带——走直线。

两已知控制点之间,地势平坦,应按平原区以方向为主导的原则布设。如其间无地物、地质障碍,或应趋就的风景、文物以及居民点,路线应走直线;如有障碍,或应趋就的地点,则加设中间控制点,相邻控制点间仍以直线相连,路线转折处设长而缓的平曲线。

(2) 较陡横坡地带——走匀坡线。

匀坡线是两控制点之间,顺自然地形,以均匀坡度定的地面点连线,如图 6-18 所示。匀坡线须多次试放才能获得。

在具有较陡横坡地带,两个确定控制点间,如无地物、地形、地质障碍,路线应沿匀坡线布线;如有障碍,则在障碍处加设控制

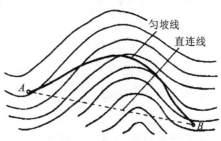

图 6-18 均坡线示意图

点,相邻控制点间仍沿匀坡线布线。上述两类地带的布线方式,与前述平原区和山岭区无明显区别。

(3) 起伏地带——走直连线和匀坡线之间。

起伏地带也属具有横坡的地带,特点是地面横坡较缓,匀坡线迂回。

① 两个确定控制点间包括一组起伏路线交替跨越丘梁和坳谷,两相邻梁顶(或谷底)间,存在一组起伏。此类地形布线,如沿直连线走,路线最短,但起伏很大,为减缓起伏,将出现高填深挖,增加工程量;如沿匀坡线走,纵坡较缓,但路线绕长过多,也不经济。这种"硬拉直线"和"弯曲求平"的做法,都不可取。

如路线走在直连线和匀坡线之间,比直连线的起伏小,比匀坡线的距离短,且工程较省。路线在平面上的具体位置,应根据路线等级,做到平、纵、横合理组合。

对较小起伏地带,先应纵坡和缓,再考虑平面与横断面。低级路工程宜小,平面上稍迂回增长距离是可行的,即路线可离直连线远些;高级路则尽可能缩短距离,使路线离直连线近些。

较大起伏地带,两控制点间梁谷高差不同,高差大的侧坡坡度常成为决定因素,应根据采用的合理纵坡,结合梁顶挖深和谷底填高确定路线的平面位置。

如图 6-18 所示,E、G 间的路线主要受 FG 段的控制,当选用不同纵坡或 G 处采用不同挖深,会产生不同路线方案,应根据路线等级比较选定。当距离增长不多或挖梁填谷增加工程不大,能显著改善纵坡时,宜用较缓纵坡。

② 两确定控制点间有多组起伏。

两确定控制点间有多组起伏时,需在每个梁顶(或谷底)定出控制点,再按上述方法处理各组起伏。

确定控制点间的起伏组数越多,直连线和匀坡线间范围越大,路线方案越多。可分别从两确定控制点向中间布线,逐步减少包括的起伏组数。

两确定控制点间,有时因地形、地质、地物障碍,路线会突破直连线与匀坡线的范围。为避让障碍所定的中间控制点,应视为增加的确定控制点,将原已定控制点间的路线分为两段,分别按"走直连线和匀坡线之间"的原则布线。

3. 选线步骤

丘陵区选线,应充分调查较大范围地形、地质和地物的分布情况,掌握地形变化规律,选出几条路线方案进行实地勘察。勘察时要多跑、多看、多问,注意发现更好的路线方案。方案比选要广泛征求有关部门的意见,使路线能与其他设施配合,更好地为当地群众服务。

选线的具体内容,主要是选择决定路线走向的控制点和加密中间控制点在此不作详细介绍。

第四节 道 路 定 线

一、定线的任务及方法

1. 定线任务

选线的第三个步骤就是定线。定线是在路线总体布局和逐段安排的基础上,按照已定的技术标准,结合细部地形、地质及其他沿线条件,综合考虑平、纵、横三方面因素,定出路线中心线的确切位置。

定线道路技术设计的重要组成部分,不仅要解决工程技术、经济问题,还需解决道路与周边环境的结合、路线线形的美观等问题。

道路定线涉及面广、影响因素多、技术要求高、开拓性强。除了需要顾及地形、地质、地物、技术标准、国家政策等硬性条件外,还需参考当地社会经济需求、乡风民俗、道路美学等隐形条件。定线工作要求设计人员具有精深的专业知识、精益求精的工作态度、熟练的定线技巧和丰富的经验。定线工作中涉及的专业内容各不相同,复杂条件下的定线工作往往需要在几个比选方案中选择,各个方案的专业侧重也不尽相同,这就要求定线工作团队需要接纳路线、桥梁、隧道、水文地质等多方向专业人员,同时需要听取、协调当地有关方面意见,使定线工作成为全面协作的成果。

2. 定线方法

道路定线的常用方法是纸上定线和现场定线,此外还包括航测定线的方法。

(1) 纸上定线。

纸上定线应用于技术标准高的路线定线中,定线过程中先按测图导线与路线的关系计算逐桩坐标,后在实地放线,钉设中线的准确桩位;现场定线应用于等级较低或地形地物较简单的路线中,省去了纸上定线的步骤,直接在实地现场定线,钉设中线的准确桩位。

纸上定线按操作方法分为直线形定线方法和曲线形定线方法。

直线形定线法是根据选线布局阶段所定的路线方案和该路等级相应的几何标准,试穿出一系列与地形相适应的直线作为控制路线走向和位置的基本单元,然后在相邻直线转折处用适当平曲线连接的定线方法。一般适用于地形简易的平原、微丘地区定线。

曲线形定线法是先根据地形、地物等条件设置合适的圆曲线,然后在相邻圆曲线间用适当的缓和曲线或直线段连接的定线方法。一般适用于地形复杂的山岭、重丘地区定线。

(2) 现场定线。

现场定线是设计人员直接在现场定出道路中线的具体位置。现场定线的工作对象是现场实际地形,地物、山脉水系真实,线位精度高,不需要测大范围大比例尺地形图,只要设计人员肯下工夫、地形不复杂,经反复试线也能定出比较合适的路线。但因实地视野受限、劳动强度大,不允许过多返工,存在研究利用地形不彻底、平纵线形难以很好组合的局限性,定线质量受到影响。适用于标准较低或地形、地物简单的路线。

现场定线需要设计人员根据路线所经地区的地形、地物、地质及水文等自然条件,充分掌握资料,考虑路线的平、纵、横三个面,反复试线,多次改进,才能把路线定在比较合适的位置。

(3) 航测定线。

航测定线是指利用航测照片、航测影像地图等航空测量资料,借助航测仪器使之建立立体模型进行定线。虽然该方法可以显著减少野外的工作量,但因航测的费用较贵,且航测方法有待进一步的完善,因此该方法还未普及。

二、纸上定线

(一) 纸上定线一般步骤

1. 纸上定线步骤

纸上定线是在室内大比例地形图上确定道路中线的具体位置,然后将纸上定线成果通过实地放线敷设到实地,以供后期详细测量、施工使用。大比例尺地形图具有俯视范围大、视野开阔、地物细致等特点,给定线人员在室内工作创造了良好条件。但是,对于定线来讲,不同的地形有不同的矛盾。如平原、微丘区,地形平易,路线一般不受高程限制,定线主要是避开平面上的障碍,力争控制点间路线顺直短捷。而山岭、重丘区,地形复杂,横坡陡峻,定线时要利用有利地形,避让艰巨工程、不良地质地段或地物,都涉及调整纵坡问题,而山岭区纵坡限制较多,故山岭、重丘区定线主要是安排好纵坡。道路定线的一般步骤如下:

(1) 收集资料与准备工作,标注控制点、须避让的地段和区域;

(2) 初定路线位置;

(3) 定线;

(4) 设计纵断面;

(5) 重点横断面检查;

(6) 现场核对放线。

但针对不同地形条件,定线步骤仍有所差别。

2. 平原、微丘区定线步骤

平原微丘区地形比较平坦,起伏不大,无高程障碍,地面最大的自然纵坡缓于最大设计纵坡。在这类地形条件下的定线,主要以平面线形为主导,在相邻两控制点间,一般多按短直方向定线。只有中间存在不易穿越的局部障碍时,才稍作偏离。设置转角予以绕避,但应尽量采用较小的偏角,提前绕越,避免路线接近障碍时方开始转向绕行。

(1) 定导向点。

认真分析路线走向范围内的地形、地质及村镇和其他地物的分布情况,根据路线布设要求及标准,在总体规划与布局阶段设立的控制点之间,细化路线趋向,确定可穿越、应趋就、该绕避的点及区域,设立中间导向点。若沿线有需要跨越的河流,应估算桥梁的长度,如果是大桥或特大桥,跨河位置应作为控制点。

(2) 试定路线导向线。

参照大部分导向点试定出路线导向线,交汇出交点。亦可直接将导向点用作交点,试定出路线导线。试定中应分析前后直线的合理性,如直线是否会引起大量建筑物拆迁,是否经过了大面积水田或不良地质地区,与公路或铁路交叉时交叉角是否合理,是否会造成电力及通信干线拆迁,前后直线长度是否过短等。若不合理,则应根据导向点的可活动范围调整个别导向点位置后重定导向线方案。

(3) 初定平曲线。

读取试定交点坐标、转角、交点间距,初定圆曲线半径和缓和曲线长度,计算平曲线要素。

(4) 定线。

检查各技术指标是否符合标准,平曲线线位是否适合,若不适合,应对交点位置、圆曲线半径、缓和曲线长度等进行调整,至符合要求为止。

3. 山岭、重丘区定线步骤

山岭、重丘区地形陡峻,起伏大,地质条件复杂,地面自然纵坡陡,在这类地形条件下定线,路线受地形制约较严,必须综合考虑平、纵、横三者的协调关系来合理选定路线。对于一条具体路线,平、纵、横究竟哪一方面是主要矛盾,要根据公路等级,结合地形条件来判断,明确主从关系,不能机械对待。一般说来,山区公路定线以高差和纵坡为主要矛盾的居多,为纵坡紧束地段定线;山区沿溪线由于高度和纵坡一般较容易解决,定线重点主要从平、横两方面考虑,属于横坡紧束地段定线。

(1) 定导向线。

① 拟定路线可能走法。仔细研究地形图,分析总体规划与布局阶段选定的控制点间的地形、地质、地物情况,选取有利地形,拟定路线可能走向。通常,有利地形包括缓和顺直的山坡、开阔的侧沟、利于设立回头曲线的山沟等。如图 6-19,A、D 两点为控制点,可注意到图的左侧地形较陡,右侧地形较缓,B 是可作回头曲线的山脊平台,C 为应避让的陡崖。A-B-C-D 为一可能走法,须进行放坡试定。

② 放坡定坡度线。根据等高距 h 和选用的平均纵坡 $i_{均}$($5\%\sim5.5\%$,根据地形曲折程度和高差而定),按公式 $a=h/i_{均}$ 计算等高线平距 a。之后,使两脚规的张开度设为 a(按地形图比例尺),从某一固定点(如 A 点)开始,沿拟定走法依次截取其两侧每根等高线得 a、b、c……点。当最后一点的位置和标高都与 D 点接近时,说明该方案成立,否则应调整走法(如回头位置、半径)或调整 $i_{均}$,重新试坡至方案成立。连线 A-a-b-c……D 为具有平均纵坡的折线,称为坡度线。

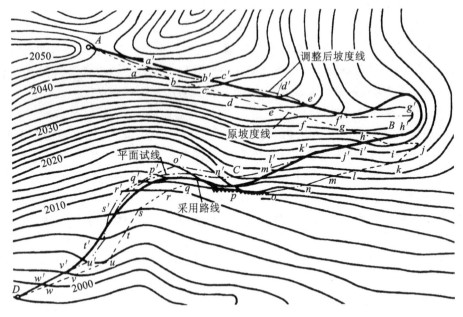

图 6-19 纸上定线平面图

③ 确定中间控制点,分段调整纵坡,确定导向线。

分析坡度线途经路径上的地形、地物或不良地质情况,找出宜穿越、应避让的中间控制点。如图在 B 处利于回头的地点未能利用,在 C 处的陡崖未能避让,若调整 B、C 前后的纵坡(应在最大和最小纵坡间选用,但通常情况下不轻易采用极限值且不应出现反坡),就能利用有利回头地点 B 和避开陡崖 C,因此将 B、C 点定为中间控制点。然后再仿照放坡分段调整纵坡试定匀坡线,各段匀坡线的连线 $Aa'b'……D$ 为具有分段安排纵坡的折线,称为导向线,它利用了有利地形,避开了不利障碍,显示出了路线将经过的区域。

(2) 一次修正导向线。

① 试定平面和纵断面,参照导向线定出直线和平曲线即平面试线,按地形变化特征点量出或读取桩号及地面标高,点绘纵断面图的地面线,参考地面线和前面分段安排的纵坡设计理想纵坡,量出或读取各桩的概略设计标高。

② 定一次修正导向线。该步骤的目的是以纵断面修正平面,避免纵向大填大挖。在平面试线各桩的横断面方向上点出与概略设计标高相应的点,这些点的连线是具有理想纵坡、中线上不填不挖的折线,称为一次修正导向线。当纵断面上填挖过大时,应进行修改。

③ 定二次修正导向线。该步骤的目的是以横断面修正平面,避免横向填挖过大。先对已定的一次修正导向线各点绘制横断面图,再根据路基断面模板逐点找出最佳中心线位置及其可应用区域。根据最佳位置的性质分别用不同符号点绘到平面图上而成平面折线,该折线具有理想纵坡、横向位置,称为二次修正导向线。

(3) 定线。

二次修正导向线是一平面折线,不符合相关技术标准,因此应当对其进行进一步调整。首先须适当取直,转折处用平曲线连接,再据二次修正导向线上的各符号点的性质和可取区域内经过多次反复试线定出中心线的确切位置。定线的方法一般有直线形法和曲线形法两种。

纸上定线是一个反复试验的过程,在某限度内,试线越多,那么最后的成品就越好。直到无论采取什么措施都不能显著节省工程或增进美感时,才可认为纸上定线工作已告完成。

(二) 直线形定线方法

1. 路线标定

道路中线确定后,必须采集交点坐标,并由此计算转角 α、交点间距 D;确定圆曲线半径 R、曲线长度 L;计算平曲线要素、推算各主点桩号。最后,计算逐桩坐标,通常采集交点坐标的方法有两种。

(1) 直接采集法。

在绘有格网的地形图上读取各交点坐标,一般只能估读到米。适用于交点前后直线方向和位置限制不严的情况。

(2) 定前后直线间接推算交点坐标。

当交点前后直线方向及位置限制严格时,可先固定交点前后的直线(即在直线上读取两个点的坐标),再用相邻两直线相交的解析法计算交点坐标。如已知交点前直线上两点的坐标 (x_1, y_1) 和 (x_2, y_2),后直线上两点坐标为 (x_3, y_3) 和 (x_4, y_4),则交点坐标 (x, y) 由下式计算。

$$\left.\begin{aligned} k_1 &= \frac{Y_2 - y_1}{X_2 - X_1}, \quad k_2 = \frac{Y_4 - Y_3}{X_4 - X_3} \\ X &= \frac{k_1 X_1 - k_2 X_3 - Y_1 + Y_3}{k_1 - k_2} \\ Y &= k_1(X - X_1) + Y_1 \end{aligned}\right\} \tag{6-4}$$

当 $X_1 = X_2$ 时

$$X = X_1 = X_2$$
$$Y = k_2(X - X_3) + Y_3$$

当 $X_3 = X_4$ 时

$$X = X_3 = X_4$$
$$Y = k_1(X - X_1) + Y_1$$

2. 曲线设置

与传统的先走直线,后定曲线的直线型法相反。曲线设置是在定出直线和交点组成的路线导线后进行,主要任务是确定圆曲线半径 R 和缓和曲线长度 L_s。

曲线设置是在定出直线和交点组成的路线导线后进行,主要任务是确定圆曲线

半径 R 和缓和曲线长度 L_s。曲线设置主要是根据技术标准和地形条件,通过试算或反算的办法确定。试算或反算的结果经调整后仍然不能满足技术标准时,应调整路线导线。以下公式中当平曲线不设缓和曲线时,只要令 $L_s=0$ 即可。

(1) 单交点基本形曲线。

① 已知切线长 T 反算圆半径 R。测算出路线导向线转角 α 和控制切线长 T,根据缓和曲线的要求试定 L_s,取 $p \approx L_s^2/24$, $q \approx L_s/2$ 用公式(6-5)计算半径 R。

$$\tan\frac{\alpha}{2}R^2 + \left(\frac{L_s}{2} - T\right)R + \frac{L_s^2}{24}\tan\frac{\alpha}{2} = 0 \tag{6-5}$$

对反算出的半径应根据控制切线长 T 取整,当 T 为最大控制时,R 向小取整,T 为最小控制时,R 向大取整,取整后再由精确计算公式计算平曲线要素。另外,当 T 为一个严格控制值时,不宜用上式反算 R,应取 p 和 q 中的更精确值,采用牛顿求根法解算高次方程求得半径 R。

② 已知外距 E 反算半径 R,根据转角 α、外距 E、试定的 L_s,取 $p \approx L_s^2/24$,用下式计算半径 R。

$$\left(\sec\frac{\alpha}{2} - 1\right)R^2 - ER + \frac{L_s^2}{24}\sec\frac{\alpha}{2} = 0 \tag{6-6}$$

同理,对由 E 反算出的 R 取整或精确计算。

(2) 双交点和虚交点曲线。

双交点曲线是虚交点曲线的特例。虚交点曲线适用于转角较大、交点过远或交点处难以安置仪器(如河中、建筑物或陡坡上)的情况,现场直接定线常采用这种曲线,纸上定线较少采用,只有当设置回头曲线或因交点过远和难以安置仪器等原因使实地放线困难时方采用。虚交点曲线有圆曲线与基线严格相切(双交点曲线)、圆曲线与基线相离及圆曲线与基线相割三种情况。从控制线位和推算合适半径的角度出发,双交点曲线较虚交点曲线在反算半径时更准确。

如图 6-20,已知基线长 AB、转角 α_A、α_B,试定 L_s,则由式(6-7)计算半径 R

$$R^2 - \frac{AB}{\tan\frac{\alpha_A}{2} + \tan\frac{\alpha_B}{2}}R + \frac{L_s^2}{24} = 0 \tag{6-7}$$

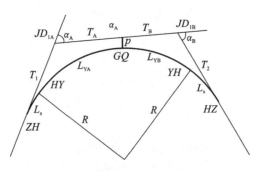

图 6-20 双交点曲线

由该公式计算出的半径 R，若为双交点曲线，不取整，若为虚交点曲线，则可取整。之后检查各平曲线要素是否符合要求，否则应进行调整。虚交点曲线要素计算较简单，只要解算出基线三角形后按单交点曲线计算即可，而双交点曲线计算相对复杂，计算公式如下

$$p \approx L_s^2/24$$

$$q = \frac{L_s}{2} - \frac{L_s^3}{240R^2}$$

$$AB = T_A + T_B$$

$$\beta_0 = 28.6479 \frac{L_s}{R} \text{ (°)}$$

$$T_A = (R+P)\tan\frac{\alpha_A}{2}$$

$$T_B = (R+P)\tan\frac{\alpha_B}{2}$$

$$T_1 = T_A + q$$

$$T_2 = T_B + q$$

$$L_{YA} = (\alpha_A - 2\beta_0)\frac{\pi}{180}R + \frac{L_s}{2}$$

$$L_{YB} = (\alpha_B - 2\beta_0)\frac{\pi}{180}R + \frac{L_s}{2}$$

（3）复曲线。

复曲线有两圆曲线间直接衔接和用缓和曲线段衔接两种情况，其中后者计算复杂，道路路线中使用不多。下面以两圆曲线间直接衔接为例介绍曲线设置方法。

如图 6-21，曲线两端分别设有缓和曲线 L_{s1} 和 L_{s2}，为使两圆曲线 R_1 和 R_2 在公切点（GQ）直接衔接，两缓和曲线的内移值必须相等，即 $p_1 = p_2 = p$，则有式（6-8）成立

$$\frac{L_{s1}^2}{R_1} = \frac{L_{s2}^2}{R_2} \tag{6-8}$$

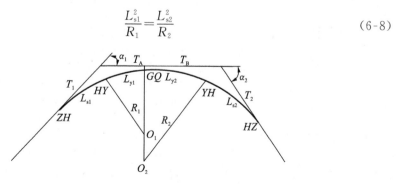

图 6-21　复曲线（直接衔接）

在确定 R_1 和 R_2 时，为控制最小半径，一般应先选定 L_{s1}、L_{s2} 和 R_1、R_2 中较小者，用下式计算较大值

$$R_1 = \frac{AB - T_B}{\tan\frac{\alpha_1}{2}} - p_1 = \frac{AB - \left(R_2 + \frac{L_{s2}^2}{24R_2}\right)\tan\frac{\alpha_2}{2}}{\tan\frac{\alpha_1}{2}} - \frac{L_{s2}^2}{24R_2}$$

$$L_{s1} = L_{s2}\sqrt{\frac{R_1}{R_2}}$$

按此推算出的 R_1 和 L_{s1} 不能取整,检查 R_1、R_2、L_{s1}、L_{s2} 的规定及其他曲线要素,若不满足时应重新选定并试算,必要时应调整路线导线。

(4) 回头曲线。

回头曲线的圆曲线半径 R 和缓和曲线 L_s 一般都是已知的,而且线位控制较严,可参照双交点设置回头曲线。如图 6-20 所示,当 R、L_s、α_A、α_B 已知时,可由下式计算基线长 AB,即

$$AB = \left(R + \frac{L_s^2}{24R}\right)\left(\tan\frac{\alpha_A}{2} + \tan\frac{\alpha_B}{2}\right) \tag{6-9}$$

求得 AB 后,平移 T_1、T_2,使得 JD_{1A} 和 JD_{1B} 间的距离等于 AB,则回头曲线的位置得以确定。检查回头曲线与其前后平曲线的衔接,若满足要求则按双交点曲线公式计算回头曲线的曲线要素,否则应对路线导线调整后重新设置回头曲线。

3. 坐标计算

先建立一个统一的坐标系,一般采用国家坐标系统。根据路线地理位置和几何关系计算出道路中线上各桩点的统一坐标,编制逐桩坐标表,然后根据逐桩坐标实地放线。

(1) 路线转角、交点间距、曲线要素及主点桩计算。

设起点坐标 $JD_0(XJ_0, YJ_0)$,第 i 个交点坐标为 $JD_i(XJ_i, YJ_i)$,$i = 1, 2, \cdots, n$,则坐标增量

$$DX = XJ_i - XJ_{i-1}$$
$$DY = YJ_i - YJ_{i-1}$$

交点间距

$$S = \sqrt{(DX)^2 + (DY)^2}$$

象限角

$$\theta = \arctan\left|\frac{DY}{DX}\right|$$

计算方位角 A

$$DX > 0, \quad DY > 0, \quad A = \theta$$
$$DX < 0, \quad DY > 0, \quad A = 180 - \theta$$
$$DX < 0, \quad DY < 0, \quad A = 180 + \theta$$
$$DX > 0, \quad DY < 0, \quad A = 360 - \theta$$

转角

$$\alpha_i = A_i - A_{i-1}$$

α_i 为"+"表示路线右转;为"-"表示路线左转。

曲线要素及主点桩号计算公式与传统方法相同,详见《测量学》教材。对于高速公路和一级公路,由于精度要求较高,在应用传统公式时,必须注意取舍误差,否则会影响计算精度。如 p、q、x、y 等均为级数展开式,应增大项数。

(2) 直线上中桩坐标计算。

如图 6-22,设交点坐标为 $JD(XJ,YJ)$,交点相邻直线的方位角分别为 A_1 和 A_2,则 ZH(或 ZY)点坐标为

$$\left.\begin{array}{l} X_{ZH} = XJ + T\cos(A_1 + 180) \\ Y_{ZH} = YJ + T\sin(A_1 + 180) \end{array}\right\} \quad (6-10)$$

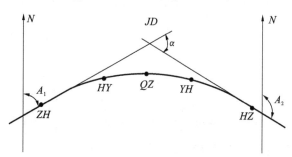

图 6-22 中桩坐标计算示意图

HZ(或 YZ)点坐标为

$$\left.\begin{array}{l} X_{HZ} = XJ + T\cos A_2 \\ Y_{HZ} = YJ + T\sin A_2 \end{array}\right\} \quad (6-11)$$

设直线上加桩里程为 L,ZH、HZ 表示曲线起、终点里程,则前直线上任意点坐标($L \leqslant ZH$)

$$\left.\begin{array}{l} X = XJ + (T + ZH - L)\cos(A_1 + 180) \\ Y = YJ + (T + ZH - L)\sin(A_1 + 180) \end{array}\right\} \quad (6-12)$$

后直线上任意点坐标($L > HZ$)

$$\left.\begin{array}{l} X = XJ + (T + L - HZ)\cos A_2 \\ Y = YJ + (T + L - HZ)\sin A_2 \end{array}\right\} \quad (6-13)$$

(3) 单曲线内中桩坐标计算。

① 不设缓和曲线的单曲线,设曲线起终点坐标分别为 $ZY(X_{zy}, Y_{zy})$、$YZ(X_{yz}, Y_{yz})$,则圆曲线上坐标为

$$\left.\begin{array}{l} X = X_{zy} + 2R\sin\dfrac{90l}{\pi R} \cdot \cos\left(A_1 + \xi\dfrac{90l}{\pi R}\right) \\ Y = Y_{zy} + 2R\sin\dfrac{90l}{\pi R} \cdot \sin\left(A_1 + \xi\dfrac{90l}{\pi R}\right) \end{array}\right\} \quad (6-14)$$

式中 l——圆曲线内任意点至 ZY 点的曲线长;

R——圆曲线半径；

ξ——转角符号，右转为"+"，左转为"—"，下同。

② 设缓和曲线的单曲线，缓和曲线上任意点的切线横距

$$x = l - \frac{l^5}{40R^2L_s^2} + \frac{l^9}{3456R^4L_s^4} - \frac{l^{13}}{599040R^6L_s^6} + \cdots \tag{6-15}$$

式中　l——缓和曲线内任意点至 ZH（或 HZ）点的曲线长；

　　　L_s——缓和曲线长度。

(A) 第一缓和曲线（ZH～HY）任意点坐标

$$\left. \begin{aligned} X &= X_{ZH} + x/\cos\frac{30l^2}{\pi RL_s} \cdot \cos\left(A_1 + \xi\frac{30l^2}{\pi RL_s}\right) \\ Y &= Y_{ZH} + x/\cos\frac{30l^2}{\pi RL_s} \cdot \sin\left(A_1 + \xi\frac{30l^2}{\pi RL_s}\right) \end{aligned} \right\} \tag{6-16}$$

(B) 圆曲线内任意点坐标

a. 由 HY～YH 时

$$\left. \begin{aligned} X &= X_{HY} + 2R\sin\frac{90l}{\pi R} \cdot \cos\left[A_1 + \xi\frac{90(l+L_s)}{\pi R}\right] \\ Y &= Y_{HY} + 2R\sin\frac{90l}{\pi R} \cdot \sin\left[A_1 + \xi\frac{90(l+L_s)}{\pi R}\right] \end{aligned} \right\} \tag{6-17}$$

式中　l——圆曲线内任意点至 HY 点的曲线长；

　　　X_{HY}、Y_{HY}——HY 点坐标，由式(6-16)计算而来。

b. 由 YH～HY 时

$$\left. \begin{aligned} X &= X_{YH} + 2R\sin\frac{90l}{\pi R} \cdot \cos\left[A_2 + 180 - \xi\frac{90(l+L_s)}{\pi R}\right] \\ Y &= Y_{YH} + 2R\sin\frac{90l}{\pi R} \cdot \sin\left[A_2 + 180 - \xi\frac{90(l+L_s)}{\pi R}\right] \end{aligned} \right\} \tag{6-18}$$

式中　l——圆曲线内任意点至 YH 点的曲线长。

(C) 第二缓和曲线（HZ～YH）内任意点坐标

$$\left. \begin{aligned} X &= X_{HZ} + x/\cos\frac{30l^2}{\pi RL_s} \cdot \cos\left(A_2 + 180 - \xi\frac{30l^2}{\pi RL_s}\right) \\ Y &= Y_{HZ} + x/\cos\frac{30l^2}{\pi RL_s} \cdot \sin\left(A_2 + 180 - \xi\frac{30l^2}{\pi RL_s}\right) \end{aligned} \right\} \tag{6-19}$$

式中　l——第二缓和曲线内任意点至 HZ 点的曲线长。

(4) 复曲线坐标计算。

① 复曲线中间缓和曲线 L_F 上任意点坐标，复曲线中间有设缓和曲线和不设缓和曲线两种情况，设缓和曲线时即构成卵形曲线。该缓和曲线仍然采用回旋线，但它的曲率不是从零开始，而是截取曲率 $1/R_1 \sim 1/R_2$ 这一段作为缓和曲线。

缓和曲线 AB 的长度为 L_F，A、B 点的曲率半径分别为 R_1、R_2，M 为缓和曲线 AB 上曲率为零的点，AB 段内任意点的坐标从 M 点开始推算，如图 6-23 所示。

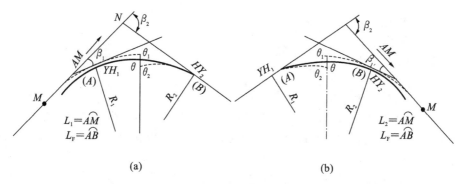

图 6-23 复曲线坐标计算示意图

根据回旋线的几何关系

因 $$L_F = \sqrt{\frac{24R_1R_2R_F}{R_1-R_2}}$$

而 $$P_F = p_2 - p_1 = \frac{L_{s2}^2}{24R_2} - \frac{L_{s1}^2}{24R_1}$$

故 $$L_F = \sqrt{\frac{|R_2L_{s1}^2 - R_1L_{s2}^2|}{|R_1-R_2|}} \tag{6-20}$$

式中 L_{s1}、L_{s2}——第一、第二缓和曲线长度；

R_1、R_2——L_F 两端的圆曲线半径。

(A) 当 $R_1 > R_2$ 时

如图 6-23(a)，设 A 点(YH_1)的坐标为 (X_A, Y_A)，由式(6-17)计算得到，切线方位角 A_A 可由下式计算得到

$$A_A = A_1 + \xi \frac{90(L_{s1}+2l)}{\pi R_1} \tag{6-21}$$

式中 l——半径为 R_1 的平曲线 HY_1 至 YH_1 的曲线长。

M 点的坐标 (X_M, Y_M) 为

$$\left.\begin{aligned} X_M &= X_A + \left(l_1 - \frac{l_1^3}{40R_1^2}\right) \Big/ \cos\frac{30l_1}{\pi R_1} \cdot \cos\left(A_A + 180 - \xi\frac{2}{3}\beta_1\right) \\ Y_M &= Y_A + \left(l_1 - \frac{l_1^3}{40R_1^2}\right) \Big/ \cos\frac{30l_1}{\pi R_1} \cdot \sin\left(A_A + 180 - \xi\frac{2}{3}\beta_1\right) \end{aligned}\right\} \tag{6-22}$$

式中 $l_1 = \frac{R_2L_F}{R_1-R_2}$，$\beta_1 = \frac{90l_1}{\pi R_1}$。

M 的切线方位角为

$$A_M = A_A - \xi\beta_1$$

(B) 当 $R_1 < R_2$ 时

如图 6-23(b)，M 点的坐标 (X_M, Y_M) 为

$$\left.\begin{aligned} X_M &= X_A + \left(l_2 - \frac{l_2^3}{40R_1^2}\right) \Big/ \cos\frac{30l_2}{\pi R_1} \cdot \cos\left(A_A + \xi\frac{2}{3}\beta_1\right) \\ Y_M &= Y_A + \left(l_2 - \frac{l_2^3}{40R_1^2}\right) \Big/ \cos\frac{30l_2}{\pi R_1} \cdot \sin\left(A_A + \xi\frac{2}{3}\beta_1\right) \end{aligned}\right\} \tag{6-23}$$

式中　　$l_2 = \dfrac{R_2 L_F}{R_2 - R_1}$，$\beta_1 = \dfrac{90 l_2}{\pi R_1}$。

M 的切线方位角为

$$A_M = A_A + \xi \beta_1$$

(C) L_F 内任意点坐标

计算出 M 点的坐标及切线方位角后，当 $R_1 > R_2$ 时，用式(6-16)计算 L_F 任意点坐标；$R_1 < R_2$ 时，用式(6-19)计算。式中的 l 应为中间缓和曲线上计算点至 M 点的曲线长，A_1、A_2 相应换成 A_M。

② 复合曲线内 L_F 段以外的任意点坐标，复合线内除 L_F 段外，其他线形要素段上任意点坐标计算公式同式(6-15)～式(6-19)。

(三) 曲线形定线方法

与传统的先定直线，后定曲线的直线行定线方法相反，曲线形定线方法首先根据地形、地物条件设置合适的圆曲线，然后把这些圆曲线用适当的缓和曲线连接起来。当相邻的圆曲线相隔较远时，可插设直线段，形成以曲线为主的连续线形。

1. 定线步骤

(1) 在地形图上根据路线布局所确定的导向线和限制较严的控制点，徒手画出线形顺适、平缓并与地形相适应的路线概略线位。

(2) 选用直尺和不同半径的圆曲线弯尺拟合所画概略线位，将其分解成一个由圆弧和直线组成的相错的间断线形。

(3) 在每个分解的圆弧和直线上个采集两点坐标，通过试定或试算，用合适的缓和曲线将固定先来的圆弧和直线顺滑连接，形成一条以曲线为主的连续平面线形。

(4) 根据采集点的坐标，计算路线的平曲线要素，最终确定逐桩桩号。

2. 确定回旋线参数 A

A 的确定是曲线形定线法的重要一步。随着计算工具的发展，目前常用计算的方法确定 A 值。

(1) 回旋线曲线法。

回旋曲线尺是根据回旋线相似性特点制作的。通常为米制，比例尺为 1:1000，外形为刻有主切线的 S 形曲线，在各个位置上列出整数半径的法线方向及相关数值，代表某位置的曲率半径。一个参数值 A 对应一把曲线尺，A 值刻在曲线板上。

(2) 近似计算法。

回旋线参数 A 的近似计算公式为

$$A = \sqrt[4]{24 D R^3} \tag{6-24}$$

式中　　D——基本形曲线时的内移值 p，S 形和卵形曲线(见图 6-24)时为圆弧之间距离；

R——基本形为单圆曲线半径，S 形和卵形曲线为换算半径，分别按下式计算

S 形曲线换算半径：

$$R = \dfrac{R_1 R_2}{R_1 + R_2}$$

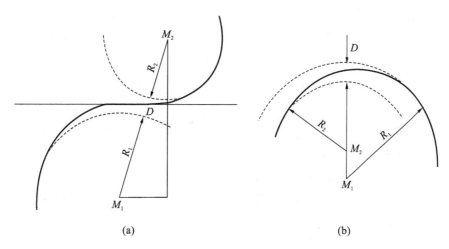

(a)   (b)

图 6-24 S 形和卵形曲线计算图

卵形曲线换算半径
$$R = \frac{R_1 R_2}{R_1 - R_2}$$

式中　R_1——大圆半径；
　　　R_2——小圆半径。

计算出 A 值后，应检查其大小是否满足 $A \geqslant A_{\min}$ 或 $R/3 \leqslant A \leqslant R$ 的要求，不满足时可调整圆弧的位置，使 D 值变化后重新计算 A 值，直到满足为止。

(3) 解析计算法。

解析计算法是根据几何关系，建立含有参数 A 的方程式，通过精确计算确定 A 值的过程。下面分三种情况介绍。

① 直线与圆曲线连接，如图 6-25 所示，已知直线上两点 $D_1(X_{D1}, Y_{D1})$、$D_2(X_{D2}, Y_{D2})$ 和圆上两点 $C_1(X_{C1}, Y_{C1})$、$C_2(X_{C2}, Y_{C2})$ 以及圆曲线半径 R。

(A) 圆心坐标

由图 6-25 得
$$\theta = \cos^{-1} \frac{S}{2R}$$

$C_1 M$ 方位角
$$\alpha_m = \alpha_c + \varepsilon \theta$$

式中　α_c——$C_1 C_2$ 的方位角。

圆心坐标为
$$\left.\begin{array}{l} X_M = X_{C1} + R \cos \alpha_m \\ Y_M = Y_{C1} + R \sin \alpha_m \end{array}\right\} \quad (6\text{-}25)$$

式中　$R = |R|$，下同。

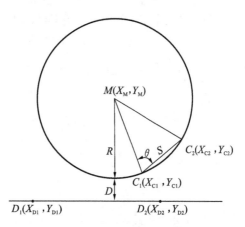

图 6-25 直线与圆曲线连接计算

(B) 直线与圆曲线间距 D

令
$$k = \frac{Y_{D2} - Y_{D1}}{X_{D2} - X_{D1}}$$

则
$$D = \frac{|k(X_M - X_{D1}) - (Y_M - Y_{D1})|}{\sqrt{1+k^2}} - R \tag{6-26}$$

(C) 回旋线参数 A 及长度 L_s

由回旋线的几何关系得
$$p = y + R\cos\tau - R \tag{6-27}$$

式中 $y = \dfrac{L_s^2}{6R}\left(1 - \dfrac{L_s^2}{56R^2} + \dfrac{L_s^4}{7040R^4} - \cdots\right)$;

$\tau = \dfrac{L_s}{2R}$。

因 $p = D$,故式(6-27)只含未知数 L_s,可采用牛顿求根法解出 L_s,一般精确到 10^{-4}。则参数 A 值计算公式为

$$A = \sqrt{L_s R} \tag{6-28}$$

② 两反向曲线连接,如图 6-24(a),已知两圆曲线上各两点坐标及相应半径 R_1 和 R_2,用上述方法可算出圆心坐标为 $M_1(X_{M1}, Y_{M1})$ 和 $M_2(X_{M2}, Y_{M2})$。

(A) 计算两圆间距 D。
$$M_1 M_2 = R_1 + R_2 + D = \sqrt{(X_{M2} - X_{M1})^2 + (Y_{M2} - Y_{M1})^2} \tag{6-29}$$

则 $D = |M_1 M_2 - R_1 - R_2| = |\sqrt{(X_{M2} - X_{M1})^2 + (Y_{M2} - Y_{M1})^2} - R_1 - R_2|$

式中,$R_1 = |R_1|$,$R_2 = |R_2|$,下同。

(B) 计算回旋线参数 A。

S 形两个回旋线参数 A_1 与 A_2 宜相等,当采用不同参数时,A_1 与 A_2 之比宜小于 2.0,有条件时以小于 1.5 为宜。用 $k = A_1/A_2$ 表示回旋线参数的比值,则由几何关系知

$$M_1 M_2 = \sqrt{(R_1 + R_2 + p_1 + p_2)^2 + (q_1 + q_2)^2} \tag{6-30}$$

式中 $p_i = y_i + R_i \cos\tau_i - R_i, i = 1, 2, \cdots$;

$q_i = x_i - R_i \sin\tau_i$;

$x_i = 2R_i \tau_i \left(1 - \dfrac{\tau_i^2}{10} + \dfrac{\tau_i^4}{216} - \dfrac{\tau_i^6}{9360} + \cdots\right)$;

$y_i = \dfrac{2}{3} R_i \tau_i^2 \left(1 - \dfrac{\tau_i^2}{14} + \dfrac{\tau_i^4}{440} - \dfrac{\tau_i^6}{25200} + \cdots\right)$;

$\tau_2 = \dfrac{1}{k^2}\left(\dfrac{R_1}{R_2}\right)^2 \tau_1$。

由式(6-29)和式(6-30)可建立含 τ_1 的方程 $F(\tau_1) = 0$,解算出 τ_1 并求得 τ_2 后按下式计算参数

$$A_1 = R_1 \sqrt{2\tau_1}$$
$$A_2 = R_2 \sqrt{2\tau_2}$$
(6-31)

③ 两同向曲线连接。如图 6-24(b)，求得圆心 M_1 和 M_2 的坐标后
$$D = |R_1 - R_2 - M_1 M_2|$$
$$M_1 M_2 = \sqrt{(R_1 + p_1 - R_2 - p_2)^2 + (q_1 + q_2)^2}$$

同样可建立含 τ_1 的方程，解出 τ_1 后按下式计算 τ_2 和 A

$$\left. \begin{array}{l} \tau_2 = \left(\dfrac{R_1}{R_2}\right)^2 \tau_1 \\ A = R_1 \sqrt{2\tau_1} \end{array} \right\}$$
(6-32)

定线操作是一个由粗到细的工作过程。因近似法计算中只保留了级数展开式中的第一项，所以计算简单但是精度不高，适用于初定线位或精度要求不高的定线。解析法精度较高但是计算复杂，需要在计算机上计算，适用于精细定线。

3. 坐标计算

采用曲线形定线法定出的路线平面线形仍然是由直线、圆曲线和回旋线三种线形元素所组成的。当各线形元素衔接点的坐标一经确定，路线平面线形的形状和位置便完全确定了。线形组合的方式有直线-圆曲线、双反向曲线、同向曲线三种，下面就同向曲线衔接点的坐标和线形上任意点坐标计算进行介绍。

（1）各线形元衔接点坐标计算。

① 直线与圆曲线的连接。如图 6-26 所示，ZH、HZ 点到圆心 M 的方位角为
$$\alpha_{ZM} = \alpha_1 + \xi\varphi$$
$$\alpha_{HM} = \alpha_2 + 180 - \xi\varphi$$

式中
$$\varphi = \arctan \dfrac{Y_M}{q}$$
$$Y_M = |R| + p$$
$$q = x - |R| \sin\tau$$
$$\tau = \dfrac{90 L_s}{\pi R}$$

各衔接点坐标计算式为

$$\left. \begin{array}{l} \begin{cases} X_{ZH(HZ)} = X_M + L_{HM} \cdot \cos(\alpha_{ZM(HM)} + 180) \\ Y_{ZH(HZ)} = Y_M + L_{HM} \cdot \sin(\alpha_{ZM(HM)} + 180) \end{cases} \\ \begin{cases} X_{HY} = X_{ZH} + x\cos\alpha_1 - \xi y\sin\alpha_1 \\ Y_{HY} = Y_{ZH} + x\sin\alpha_1 + \xi y\cos\alpha_1 \end{cases} \\ \begin{cases} X_{YH} = X_{HZ} - x\cos\alpha_2 - \xi y\sin\alpha_2 \\ Y_{YH} = Y_{HZ} - x\sin\alpha_2 + \xi y\cos\alpha_2 \end{cases} \end{array} \right\}$$
(6-33)

其中
$$L_{HM} = \sqrt{q^2 + Y_M^2}$$

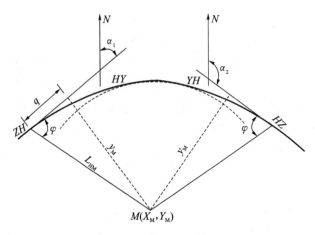

图 6-26 直线与圆连接

$$\left. \begin{array}{l} x = L_s \left(1 - \dfrac{L_s^2}{40R^2} + \dfrac{L_s^4}{3456R^4} - \dfrac{L_s^6}{599040R^6} + \cdots \right) \\ y = \dfrac{L_s^2}{6|R|} \left(1 - \dfrac{L_s^2}{56R^2} + \dfrac{L_s^4}{7040R^4} - \cdots \right) \end{array} \right\} \quad (6-34)$$

各衔接点的桩号

$$S_{ZH} = S_0 + 起点至 ZH 点的距离$$
$$S_{HY} = S_{ZH} + L_s$$
$$S_{YH} = S_{HY} + L_c$$
$$S_{HZ} = S_{YH} + L_s$$

式中 L_c——HY 点至 YH 点的圆弧长度。

② 两反向曲线的连接。如图 6-27 的几何关系得

$$\tan\varepsilon = \dfrac{q_1 + q_2}{R_1 + R_2 + p_1 + p_2}$$

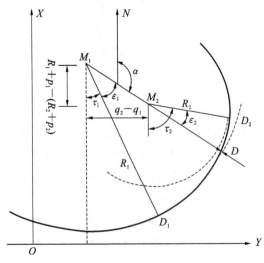

图 6-27 两反向曲线的连接

则公切线 Q_1Q_2 的方位角
$$\alpha_Q = \alpha_M + \varepsilon(90-\varepsilon)$$
式中,$\xi = \text{sgn}(R_1)$。

衔接点 D_1、D_2、D_3 坐标计算如下。

D_2 到 M_1 的方位角
$$\alpha_{D_2M_1} = \alpha_Q + 180 - \xi\theta$$
式中,$\xi = \text{sgn}(R_1)$,$\theta = \arctan\dfrac{Y_{M_1}}{q_1}$,$Y_{M1} = |R_1| + p_1$。

D_2 点的坐标
$$\left.\begin{array}{l} X_{D_2} = X_{M_1} + L_D\cos(\alpha_{D_2M_1} + 180) \\ Y_{D_2} = Y_{M_1} + L_D\sin(\alpha_{D_2M_1} + 180) \end{array}\right\} \tag{6-35}$$
式中,$L_D = \sqrt{q_1^2 + Y_{M_1}^2}$。

D_1 点的坐标
$$\left.\begin{array}{l} X_{D_1} = X_{D_2} - x\cos\alpha_Q - \xi y\sin\alpha_Q \\ Y_{D_1} = Y_{D_2} - x\sin\alpha_Q + \xi y\cos\alpha_Q \end{array}\right\} \tag{6-36}$$
式中,$\xi = \text{sgn}(R_1)$。

D_3 点的坐标
$$\left.\begin{array}{l} X_{D_3} = X_{D_2} + x\cos\alpha_Q - \xi y\sin\alpha_Q \\ Y_{D_3} = Y_{D_2} + x\sin\alpha_Q + \xi y\cos\alpha_Q \end{array}\right\} \tag{6-37}$$
式中,$\xi = \text{sgn}(R_2)$,x、y 由式(6-34)计算。

③ 同向圆曲线的连接,由图 6-28 可知 ($R_1 > R_2$)
$$\tan\alpha_0 = \tan(\varepsilon_1 + \tau_1) = \frac{q_2 - q_1}{R_1 + p_1 - R_2 - p_2}$$
$$\varepsilon_1 = \alpha_0 - \tau_1, \quad \varepsilon_2 = \alpha_0 - \tau_2$$

从大圆过渡到小圆时方位角
$$\alpha_{M_1D_1} = \alpha - \xi_1\varepsilon_1$$
$$\alpha_{M_2D_2} = \alpha + \xi_2\varepsilon_2$$

从小圆过渡到大圆时方位角
$$\alpha_{M_1D_1} = \alpha + 180 - \xi_1\varepsilon_1$$
$$\alpha_{M_2D_2} = \alpha + 180 + \xi_2\varepsilon_2$$

式中,$\xi_1 = \text{sgn}(R_1)$,$\xi_2 = \text{sgn}(R_2)$,α 为 M_1、M_2 的方位角。

衔接点 D_1 和 D_2($i=1,2$)的坐标计算公式为
$$\left.\begin{array}{l} X_{D_i} = X_{M_i} + |R_i|\cos\alpha_{M_iD_i} \\ Y_{D_i} = Y_{M_i} + |R_i|\sin\alpha_{M_iD_i} \end{array}\right\} \tag{6-38}$$

(2) 各线形元上加桩坐标计算。

① 直线上加桩坐标,如图 6-29,设 $S_0(X_0, Y_0)$ 为直线上的已知点,S 为任意点桩号,α 为该直线的方位角,则
$$\left.\begin{array}{l} X = X_0 + (S - S_0)\cos\alpha \\ Y = Y_0 + (S - S_0)\sin\alpha \end{array}\right\} \tag{6-39}$$

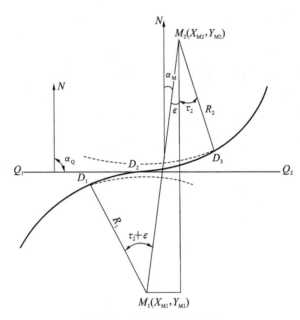

图 6-28　同向圆曲线的连接

② 圆曲线上加桩坐标,如图 6-30,α_0 为 S_0 点的切线方位角,α 为 S 点的切线方位角,则

$$\left.\begin{array}{l}X = X_0 + R\left[\sin\left(\alpha_0 + \dfrac{S-S_0}{R} \cdot \dfrac{180}{\pi}\right) - \sin\alpha_0\right] \\ Y = Y_0 + R\left[\cos\left(\alpha_0 + \dfrac{S-S_0}{R} \cdot \dfrac{180}{\pi}\right) - \cos\alpha_0\right]\end{array}\right\} \quad (6-40)$$

式中　R——圆曲线半径,右转为正,左转为负。

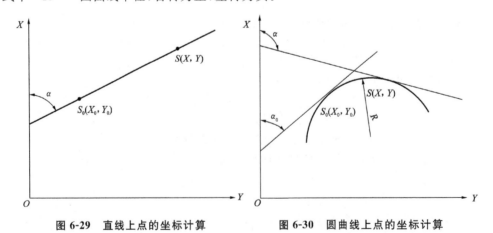

图 6-29　直线上点的坐标计算　　图 6-30　圆曲线上点的坐标计算

③ 缓和曲线上加桩坐标:

(A) 直线与圆曲线连接时,由图 6-26 和式(6-33)可得

以 ZH 为局部坐标原点时

$$X = X_{ZH} + x\cos\alpha_1 - \xi y\sin\alpha_1 \brace Y = Y_{ZH} + x\sin\alpha_1 + \xi y\cos\alpha_1 \quad (6\text{-}41)$$

以 HZ 为局部坐标原点时

$$X = X_{HZ} - x\cos\alpha_2 - \xi y\sin\alpha_2 \brace Y = Y_{HZ} - x\sin\alpha_2 + \xi y\cos\alpha_2 \quad (6\text{-}42)$$

式中

$$\left. \begin{array}{l} x = l\left(1 - \dfrac{l^4}{40R^2 L_s^2} + \dfrac{l^8}{3456R^4 L_s^4} - \cdots\right) \\ y = \dfrac{l^3}{6|R|L_s}\left(1 - \dfrac{l^4}{56R^2 L_s^2} + \dfrac{l^8}{7040R^4 L_s^4} - \cdots\right) \\ \xi = \text{sgn}(R) \end{array} \right\} \quad (6\text{-}43)$$

式中　l——缓和曲线上任意点至 ZH 点或 HZ 点的曲线长。

同样,直线与圆曲线之间回旋线上任意点坐标也可用式(6-16)和式(6-19)计算。

(B) 反向曲线连接时,对于反向圆曲线之间的回旋线如图 6-27,当公切线方位角 α_Q 以及拐点 $D_2(X_{D_2}, Y_{D_2})$ 确定以后,回旋线上任意点的坐标可参照直线形定线法有关公式计算。下面介绍另一种算法,由式(6-36)和式(6-37)得

由 D_2 过渡到 D_1,

$$X = X_{D_2} - x\cos\alpha_Q - \xi_1 y\sin\alpha_Q \brace Y = Y_{D_2} - x\sin\alpha_Q - \xi_1 y\cos\alpha_Q \quad (6\text{-}44)$$

由 D_2 过渡到 D_3,

$$X = X_{D_2} + x\cos\alpha_Q - \xi_2 y\sin\alpha_Q \brace Y = Y_{D_2} + x\sin\alpha_Q + \xi_2 y\cos\alpha_Q \quad (6\text{-}45)$$

式中,$\xi_1 = \text{sgn}(R_1)$,$\xi_2 = \text{sgn}(R_2)$,x、y 由式(6-43)计算。

(C) 同向曲线相连时,由几何关系得知同向曲线间其回旋线长度

$$L_F = \sqrt{\left|\frac{24R_1 R_2 D}{R_1 - R_2}\right|}$$

a. 当 $R_1 > R_2$ 时,如图 6-31 所示,M_1、M_2、D_1、D_2 坐标均已知,$M_1 D_1$ 的方位角为 $\alpha_{M_1 D_1}$,若 D_1 点的切线方位角用 α_{D_1} 表示,则

$$\alpha_{D_1} = \alpha_{M_1 D_1} + \xi \cdot 90$$

回旋线起点处 M 的切线方位角为

$$\alpha_M = \alpha_{D_1} - \xi \cdot \beta_{D_1}$$

式中,$\beta_{D_1} = \dfrac{90 l_{D_1}}{\pi R_1}$,$l_{D_1} = \dfrac{L_F R_2}{R_1 - R_2}$。

M 点的坐标为

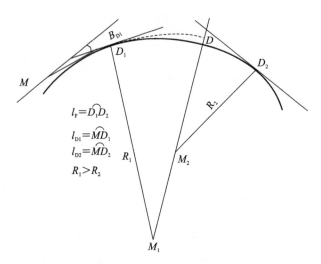

图 6-31 同向圆曲线之间的回旋线上点坐标计算

$$\left.\begin{array}{l}X_M = X_{D_1} + \left(l_{D_1} - \dfrac{l_{D_1}^3}{40R_1^2}\right) \bigg/ \cos\dfrac{30 l_{D_1}}{\pi R_1} \cdot \cos\left(\alpha_{D_1} + 180 - \xi \dfrac{2}{3}\beta_{D_1}\right) \\ Y_M = Y_{D_1} + \left(l_{D_1} - \dfrac{l_{D_1}^3}{40R_1^2}\right) \bigg/ \cos\dfrac{30 l_{D_1}}{\pi R_1} \cdot \sin\left(\alpha_{D_1} + 180 - \xi \dfrac{2}{3}\beta_{D_1}\right)\end{array}\right\} \quad (6\text{-}46)$$

b. 当 $R_1 < R_2$ 时,回旋线起点处 M 的切线方位角为

$$\alpha_M = \alpha_{D_1} + \varepsilon \beta_{D_1}$$

式中, $\beta_{D_1} = \dfrac{90 l_{D_2}}{\pi R_1}$, $l_{D_2} = \dfrac{L_F R_2}{R_2 - R_1}$。

M 点的坐标为

$$\left.\begin{array}{l}X_M = X_{D_1} + \left(l_{D_2} - \dfrac{l_{D_2}^3}{40R_1^2}\right) \bigg/ \cos\dfrac{30 l_{D_2}}{\pi R_1} \cdot \cos\left(\alpha_{D_1} + \xi \dfrac{2}{3}\beta_{D_1}\right) \\ Y_M = Y_{D_1} + \left(l_{D_2} - \dfrac{l_{D_2}^3}{40R_1^2}\right) \bigg/ \cos\dfrac{30 l_{D_2}}{\pi R_1} \cdot \sin\left(\alpha_{D_1} + \xi \dfrac{2}{3}\beta_{D_1}\right)\end{array}\right\} \quad (6\text{-}47)$$

计算出 M 点的坐标和切线方位角后,当 $R_1 > R_2$ 时,用式(6-41)计算 LF 点的坐标,当 $R_1 < R_2$ 时,用式(6-42)计算。

三、现场定线

现场定线是指设计人员在现场直接完成定线。定线的原则与纸上定线相同,但定线条件改变。现场定线时,由于定线人员直接面对实际地形、地物、地质及水文等具体条件,因此要求定线人员有一定的选线经验,要不怕苦,不怕麻烦,多跑、多看、多问,摸清路线所经地带的地形、地质等变化状况,反复试定线路,才能定出好的路线。一般情况下,现场定线适用于线位明确和路线等级不高的隔断测设。

(一)现场定线方法和步骤

在平原、微丘区现场定线与纸上定线基本相同,不同之处在于交点坐标或转角及交点间距应经实测获得。山岭重丘区直接定线的指导原则与纸上定线相同，但定线条件不同，工作步骤有所变化。山岭、重丘区直接定线是采用带角手水准进行的，而纸上定线采用分规放坡。

1. 平原、微丘区地段定线

平原、微丘区地段定线步骤如下：

（1）以点定线；

（2）以线交点；

（3）拟定半径曲线，进行要素计算；

（4）进行曲线插设。

2. 山岭、重丘区定线

现以山区越岭线为例，阐述实地定线的方法和步骤。

（1）分段安排路线。

在线路全面布局中所拟定的主要控制点之间，根据地形、地质、水文等情况，自上而下用粗略试坡的方法粗略确定该穿或者避让的中间控制点，逐步确定路线方案。

（2）放坡。

放坡是解决越岭线中的纵坡合理分配问题，实质上就是对路线设计的限制因素，如最大纵坡、最大与最小坡长及平均纵坡等进行合理的处理。放坡是越岭线定线的一个重要环节，它对争取高程，处理好平、纵、横之间的关系起着重要作用。

放坡时可采用平均坡度和设计坡度两种放坡方式。

按平均坡度放坡：根据规定的平均坡度值 $5.0\% \sim 5.5\%$（按相对高度而定），视具体地形确定适当的纵坡度，然后实地放线。按平均坡度放坡只起到在一定长度范围内控制高差和水平距离的作用，优点是放坡速度快，但没有反映公路等级对平均坡度的不同要求以及地形、地质的变化情况。

按设计坡度放坡：根据规定的平均坡度值 $5.0\% \sim 5.5\%$，结合地形、地质、水文等具体情况分段、合理地拟定纵坡，使放出的坡度基本上就是以后纵断面的设计纵坡。此法放坡时工作量大，但能使实地定线的准确性提高，一般的越岭线常用此法放坡。

放坡一般从最高控制点（如垭口）开始，一人用带角手水准对好选用纵坡的相应倾斜角度，立于控制点处，指挥前点人员手持花杆在山嘴、山坳等地形变化处、计划变坡处及顺直山坡上每个一定距离定点，插上坡度旗，并在旗上注明选用的坡度值。照上述方法定出的这些坡度点的连线，与纸上定线的导向线作用相同，也称导向线。放坡时找点人员应能估计平曲线的大概位置和半径，以便考虑纵坡折减。对拟定要跨的山河和要穿越的山嘴或山脊放坡时要"跳"过去，否则会使放出的坡度与设计坡度误差太大，若准备对山嘴或山沟进行绕越，则坡度要放缓，距离要打一定的折扣。

3. 与横断面进行核对

放坡定出的坡度线（即导向线）主要是从纵坡安排方面考虑的，对路基稳定特别是横断面上的填挖方数量考虑较少,因此,还应根据路基设计的要求,在坡度线上,选择横坡较陡或高填、深挖的特征点位置,定出横断面方向上相应特征点(如经济点、控制点和路中线最合适的位置点)等,并插上标志。

4. 穿线定交点

根据放坡所定的导向线和插上标志的特征点进行实地穿线。穿线时应在满足平面线形要求的前提下,尽可能多地靠近或穿过导向线和各特征点,特别要注意穿过控制性严的点,截弯取直,使路线平、纵、横三个面配合协调,穿出与地形相适应的若干直线,延伸相邻两条直线定出交点,即为路线的导线。穿线交点这一步工作很重要,定线人员必须反复试插,多次修改,才能定出理想的路线。

5. 曲线插设

路线导线确定以后,即可根据交点偏角及附近地形、地质等情况,确定合适的圆曲线半径并敷设平曲线。

曲线插设是指根据地形条件和技术标准,在各个交点处设置圆曲线和缓和曲线的操作。现场定线面对自然地形的曲线插设,要比纸上定线面对地形图的曲线插线困难得多。地形复杂的山区道路,曲线在线路总长中占较大比重,且是在地形困难处,需要设置曲线的地方。对于单交点、双交点或虚交点曲线,其曲线插设和调整相对简单,曲线插设方法与纸上定线相同。但回头曲线在现场插设比较复杂,应按一定的步骤插设,以免造成外业返工过多。

不同的地形条件,主曲线平面位置可活动的范围不同。如利用山包或山脊平台回头时,可活动的范围比较小,插线应先根据坡度点定主曲线位置,然后定前后切线线位及辅助曲线,插法视具体地形选用虚交、双交点或多交点形式均可。当利用山坳、山坡回头时,主曲线位置一般有较大活动余地,其大体位置参照导向线选定,确切线位要根据纵坡估算填挖工程量确定。具体做法如下。

(1) 根据导向线插出前后切线的方向线,选定主曲线的大概位置。

(2) 根据地形判定是否需要设辅助曲线及其大概位置和可能采用的半径。由主、辅曲线的大概位置及半径,能现场看出整个回头弯的大致形状,可以估定出纵坡折减的起讫点位置(如图 6-32 中甲、乙点)及长度。当甲点设计高程已知,乙点的高程可以估算。用此高程检查后切线是否定得合适,否则修改后切线线位。从甲、乙两点用折减后的坡度放坡交会出丙点。

(3) 确定主曲线圆心位置。甲—丙—乙这条坡度线(折线,图中未示出),比由甲沿路线至乙的距离短,则主曲线线位向前不应超过丙点(主曲线受地形限制的情况例外),向后不应退到比甲—丙—乙折线还短的位置,可大致确定圆心前后的位置。地面高程低于甲—丙坡度线的是填,高于丙—乙坡度线的是挖,据此可估算出全曲线的填挖数量,如挖多于填,线位应下移,反之应上移,经多次试插试算,将圆心用木桩固定。

(4) 定主曲线起终点。以 O 为圆心,用选定的半径在曲线起终点附近画圆弧,在弧上选若干个 a 点,置简单测角仪器于这些点,后视圆心,转 90°角与前后切线交得

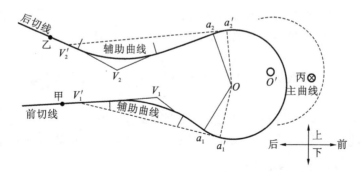

图 6-32 回头曲线插法示意图

若干个 V 点,最后选择一组既满足路线平面要求又符合实际地形的 a 及 V,用木桩标定。若回头曲线设缓和曲线时,应以 $R+p$ 为半径画起终点附近的圆弧。

因插线使用的是简单仪器,路线精确位置尚待用精密仪器标定。为控制主曲线位置不因测角、量距等误差而发生较大的移动,无论采用哪种形式插线,都应指定一个固定点,固定点选在受地形限制最严处,可以是圆心,也可以是主曲线的起(终)点。

(5) 查上、下线间的最小横距。回头曲线上下线间必需的最小横距如图 6-33 所示,分别为

$$Z_1 = B + C + m_1 h_2 + m_2 h_1$$
$$Z_2 = B + C + m_1 h + b$$

检查时,在上下线最窄处取能包括上下两个路基宽的横断图,计算需要的最小横距 Z_1 或 Z_2,并量实际距离 Z。

若 $Z > Z_1$,横距足够。

若 $Z_1 > Z > Z_2$,须考虑按图 6-33(b) 的形式,上下路基之间采用挡土墙分隔。

若 $Z < Z_2$,表示路基将部分重叠,需要修改。

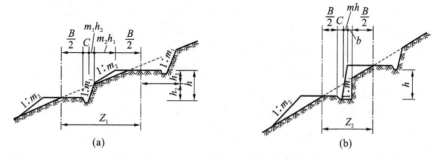

图 6-33 回头曲线颈口横断面检查示意图

(6) 核对。路线插定后,定线人应沿线查对一遍,记录特征地点适宜的填挖高度和对人工构造物的处理意见,供内业设计时参考。

6. 纵断面设计

根据有关外业资料,绘制纵断面图,进行纵坡设计。

在纵面设计中,如果靠调整纵坡无法满足要求时,则应考虑调整平面线形。若平面线形改动不大,可根据已有路线导线和横断面资料,绘制带状平面图,通过纸上移线的办法解决;若因工程经济与平、纵面线形配合矛盾很大时,平面线形必须做重大的改动,此时应按定线的具体要求,通过现场改线,重新定出路线。检查修改时应注意以下问题。

(1) 只需调整纵坡即能满足要求时,按需要调整纵坡线形。

(2) 靠调整纵坡无法满足需要时,应综合考虑决定调整方案,平面线形可采用纸上移线办法解决。

(3) 工程经济与平、纵配合矛盾很大时,应结合路线等级、工程数量大小等因素具体分析,确定调整方案。

(二) 纸上移线

纸上移线是通过纸上移动或调整局部路线平面线位,使路线更加适应地形,工程更为经济。这是提高定线质量的有效方法,特别是现场定线因地形复杂、定线人员视野受到限制和可能产生错觉,难免出现个别路段线位不当,利用地形图进行路线的局部移线,会对定线的质量有所补救。

1. 移线条件

(1) 路线平面技术标准前后不协调,需要调整交点位置和改变半径,或室内纵断面定坡后发现局部地段工程量过大时。

(2) 路线位置过于靠山使挖方过大,或过于靠外使挡土墙较高时。

(3) 增加工程量不大,但能显著提高平、纵线形标准时。

2. 方法步骤

(1) 绘制移线地段的大比例尺(一般用 1∶500～1∶200)路线图,标注导线交点和平曲线各桩桩位。

(2) 依据移线目的,在纵断面图上试定出合理纵坡,读取各桩填挖值。

(3) 根据各桩的填挖值,用路基模板在横断面图上找出最经济或控制性的路基中线位置,量出偏离原中线的距离即移距,分别用不同符号点在平面图上。参照这些标记,在保证重点照顾多数的原则下,反复试定修改,直到定出满足移线要求、线形合理的移改导线。

(4) 用正切法测算各交点转角,移线与原线角度应闭合,否则应进行调整,先应调整短边和角度值小的转角。拟定半径,计算曲线要素并绘制平曲线。

(5) 量原线各对应桩横断面方向线切割移线的实际长度。推算移线上的桩号,量原线各桩移距,与新老桩号一并记入移距表,算出断链长度,记于接线桩号处。

(6) 按各桩移距,在横断面图上读取新老桩比高,据此用虚线在原纵断面图上点绘出移线的地面线和平曲线,重新设计纵坡和竖曲线。

纸上移线后即进行现场改线,可只做(1)～(4)步工作。纸上移线的主要数据资料是从原线横断面图上获得,而一般横断面施测范围有限,且离中线越远精度越低,故移距不能过大,一般以小于 5 m 为宜。当移距很大时,应在定出改移导线后实地放线重测。纸上移线具有一定的作用,但移线后对外业勘测、内业设计以及施工等都带来不便,因此,纸上移线只是一种不得已的补救措施,不应该依赖纸上移线解决问题,而应在现场定线中深入调查研究,全面分析比较,把问题在现场解决,尽量避免纸上移线。

四、实地放线

实地放线是将纸上定好的路线敷设到地面上,供详细测量和施工之用。常用的方法有穿线交点法、直接定交点法、坐标法等,下面主要介绍这些方法。

(一) 穿越交点法

穿越交点法是根据平面图上路线与导线的关系,将纸上路线的各条边独立地放到地上,延伸这些直线交出交点,构成路线导线。由于放线的方法不同,又可以分为支距法和解析法两种。

1. 支距法

适用于地形不太复杂,地物障碍少,不需要用坐标控制,路线与导线相离不远的情况。具体步骤如下。

(1) 量支距:如图 6-34 所示,在平面图上量得纸上路线与控制导线的支距,如导 1—A、导 2—B 等。注意纸上每条路线边至少应取三个点,并尽可能使这三个点在实地上能互相通视。

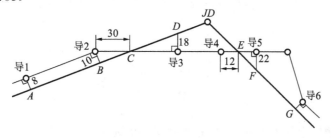

图 6-34 支距示意图

(2) 放支距:在现场找出各相应的控制导线点,根据量得的支距用皮尺和反向架,实地定出各点,如图 6-34 中的 A、B、C、…、G 等点,插上旗子。

(3) 穿线交点:放出的各点,由于量距和放线工作的误差,不可能恰好在一条直线上,必须穿直。穿出直线后要根据实际地形审查路线是否合理,否则应在现场修改,改善路线位置。两相邻直线的交点即为转角点,所有交点和转点都应钉桩以标定路线。

2. 解析法

解析法是用坐标来计算纸上路线与导线的关系,此法较为准确。在地形复杂和直线较长,路线位置需要准确控制时,可采用此法,其工作步骤如下。

(1) 计算夹角:以图 6-35 为例,从平面图上量得之上路线的交点 JD_A、JD_B 的坐标 (X_A, Y_A)、(X_B, Y_B),则 $JD_A \sim JD_B$ 的象限角为

$$\tan\alpha = \frac{Y_B - Y_A}{X_B - X_A} = \frac{\Delta Y}{\Delta X}$$

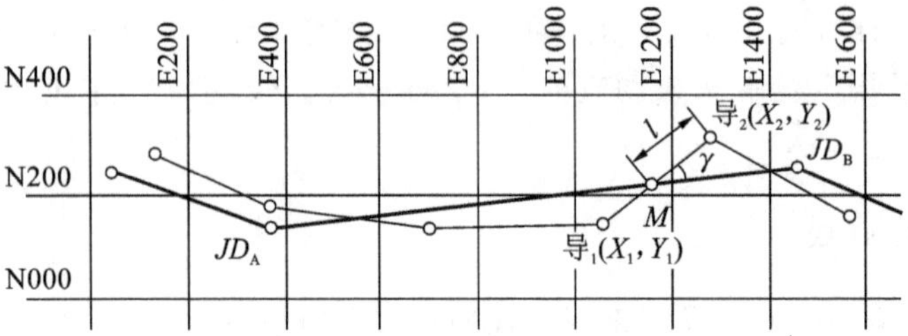

图 6-35 坐标计算示意图

导1～导2的象限角 β 为已知，JD_A～JD_B 与导1～导2的夹角

$$\gamma = \alpha - \beta$$

为了判明象限角的名称，需注意坐标的正负号，即横坐标东正西负，纵坐标北正南负。

(2) 计算距离：JD_A～JD_B 与导1～导2的交点 M 的坐标 (X_M, Y_M) 可解下列联立方程式求得

$$\begin{cases} \dfrac{Y_2 - Y_M}{X_2 - X_M} = \dfrac{Y_2 - Y_1}{X_2 - X_1} \\ \dfrac{Y_B - Y_M}{X_B - X_M} = \dfrac{Y_B - Y_A}{X_B - X_A} \end{cases}$$

式中　Y_1, X_1, Y_2, X_2——导1、导2的坐标（已知）；

Y_A, X_A, Y_B, X_B——JD_A、JD_B 的坐标，可从平面图上量到。

导2至 M 点的距离

$$l = \frac{X_2 - X_M}{\cos\beta} = \frac{Y_2 - Y_M}{\sin\beta}$$

或

$$l = \sqrt{(X_2 - X_M)^2 + (Y_2 - Y_M)^2}$$

(3) 放线：

① 置经纬仪于导1，后视导2，丈量距离 l 得 M 点；

② 移动经纬仪于 M 点，后视导2，转角定 JD_A—JD_B 方向；

③ 延长直线，用骑马桩交点法求出 JD_A，钉上小钉。

此法计算比较麻烦，但精度较高，实际工作中亦可用比例尺从平面上直接量取距离 l。另外，若采用具有坐标放样功能的全站仪放线时，量得 JD_A 和 JD_B 的坐标后，不需要进行上述计算，可按后述的坐标放线法直接放出交点。

(二) 直接定交点法

在地形平坦、视野开阔、路线受限不严格、路线位置能根据地面目标明显决定的地区，可依纸上路线和地貌地物的关系，现场直接将交点定出，如图 6-36 所示，从图上得知 JD 离河岸约 200 m，位于已有公路曲线的内侧，一端直线距桥头 50 m，另一端直线距离房屋 25 m，根据这些关系直接于现场定出 JD。

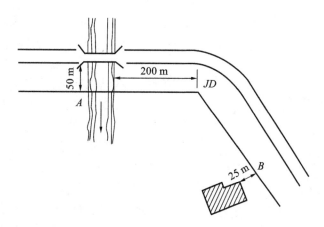

图 6-36 直接定交点示意图

在有些情况下,并没有上例明显的条件,路线的平面和高程位置,需要视地形、地质情况根据现场选线的原则,定出交点,做法参见现场直接定线。

以上两种方法的放线资料都来自于图解,准确度不高,当路线活动余地较大时可以采用。另外,只用在路线导线的标定,路线的曲线部分还须用传统的曲线敷设方法标定。因此,穿线交点法和直接定交点法只适用于直线形定线方法。

(三) 坐标法

坐标法是指建立一个贯穿全线统一的坐标系,这个坐标系一般采用国家坐标系统;然后根据路线地理位置和几何关系计算出道路中线上各桩点的同一坐标;然后编制逐桩坐标并根据逐桩坐标实地放线。

本法的关键是坐标如何计算。这里介绍以全站仪为测设手段的两种方法。

1. 直角坐标法(切线支距法)

在圆曲线测设时,除了设置圆曲线的主点桩及地形、地物等加桩外,当圆曲线较长时,应按曲线上中桩桩距的规定进行加桩,即进行圆曲线的详细测设。

(1) 圆曲线详细测设的方法。

切线支距法是以圆曲线的起点 ZY 或终点 YZ 为坐标原点,以切线为 x 轴,过原点的半径方向为 y 轴,建立直角坐标。按曲线上各点坐标 x、y 设置曲线。如图 6-37 所示,设 P_i 为曲线上预测设的点位,该点至 ZY 点或 YZ 点的弧长为 l_i,φ_i 为 l_i 所对的圆心角,R 为圆曲线半径,则 P_i 的坐标可按下式计算

$$\left.\begin{array}{l} x_i = R\sin\varphi_i \\ y_i = R(1-\cos\varphi_i) \\ \varphi_i = \dfrac{l_i}{R} \cdot \dfrac{180°}{\pi} \end{array}\right\} \quad (6\text{-}48)$$

切线支距法测设曲线时,为了避免支距过长,一般由 ZY 点或者 YZ 点分别向 QZ 点施测。其测设步骤如下:

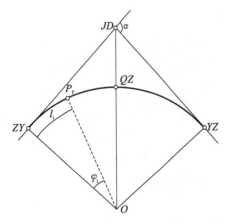

图 6-37 切线支距法测设圆曲线

① 从 ZY(或 YZ)点开始用钢尺或皮尺沿切线方向取 P_i 的横坐标 x_i，得垂足 N_i。

② 在各垂足 N_i 上用方向架定出垂直方向，量取纵坐标 y_i，即可定出 P_i。

③ 曲线上各点设置完毕以后，应量取相邻各桩之间的距离，与相应的桩号之差作比较，且考虑弧度差的影响，若较差在限差范围之内，则曲线测设合格；否则应查明原因，予以纠正。

这种方法适用于平坦开阔的地区，具有操作简单、测设方便、测点误差不累积的优点。

(2) 带有缓和曲线的平曲线的详细测设。

切线支距法是以直缓点 HZ 或缓直点 HZ 为坐标原点，以切线为 x 轴，过原点的半径方向为 y 轴，建立直角坐标。利用缓和曲线和圆曲线上各点的 x、y 坐标测设曲线。

由图 6-38 可知，在缓和曲线上各点的坐标可按缓和曲线参数方程式计算

$$\left.\begin{array}{l}x=l-\dfrac{l^5}{40R^2 l_s^2} \\ y=\dfrac{l^3}{6Rl_s}\end{array}\right\} \quad (6-49)$$

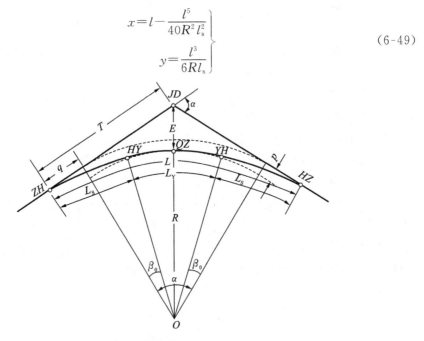

图 6-38 带有缓和曲线的平曲线

由图 6-38 可知，圆曲线上各点坐标的计算公式为

$$\left.\begin{array}{l}x_i = R\sin\varphi + q \\ y_i = R(1-\cos\varphi) + p\end{array}\right\} \tag{6-50}$$

式中，$\varphi = \dfrac{l}{R} \cdot \dfrac{180°}{\pi} + \beta_0$，$l$ 为该点到 HY 或 YH 的曲线长，仅为圆曲线部分的长度。$p = \dfrac{l_s^2}{24R}$，$q = \dfrac{l_s}{2} - \dfrac{l_s^3}{240R^2}$。

在算出缓和曲线和圆曲线上各点的坐标后，即可按圆曲线切线支距法的测设方法进行设置。

2. 极坐标放线法

极坐标法防线的基本原理是以控制导线为依据，以角度和距离定点。如图 6-39 所示，在控制导线点处放置仪器，后视 T_{i-1}（或 T_{i+1}），待放点为 P。图(a)为采用夹角 J 的放点，图(b)为采用方位角 A 的放点。只要算出 J 或 A 和置仪点 T_i 到待放点 P 的距离 D，就可在实地放出 P 点。

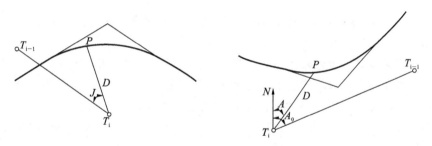

图 6-39 极坐标放线示意图

设置仪点的坐标为 $T_i(X_0, Y_0)$，后视点的坐标为 $J_{i-1}(X_h, Y_h)$，待放点的坐标为 $P(X, Y)$。放线数据 D、A、J 可按直线形定线法计算。据此拨角测距即可放出待定点 P。

3. 坐标放线法

此法的基本原理是与极坐标法相同，他是利用现代测量仪的坐标计算功能，只需输入有关点的坐标值即可，现场不需做任何手工计算，而是由仪器内置程序自动完成有关数据计算。放线的具体操作步骤如下：

(1) 在置仪点 T_i 安置仪器，后视 T_{i-1} 点；

(2) 键入置仪点和后视点坐标 $T_i(X_0、Y_0)$、$T_{i-1}(X_h、Y_h)$，完成定向工作；

(3) 键入待放点坐标 $P(X、Y)$；

(4) 转动照准头使水平角为 $0°00'00''$，完成待放点 P 的定向；

(5) 置反射镜于 P 点方向，并使面板上显示 0.000 m 时，即为 P 点的精确点位。

重复(3)~(5)步，可放出其他中桩位。当改变置仪点的位置后，要重复(1)~(5)步。坐标法放线数据全部来自于精确计算，放线精度高，可用于直线或曲线的标定。因此，坐标法适用于直线形定线法和曲线形定线法。

第七章　道路平面交叉口设计

本章主要介绍交叉口的交通特征、交通管理方式、类型和适用范围；交叉口机动车、行人和非机动车的交通组织方法；交叉口的视距和转弯设计方法；交叉口拓宽设计；环形交叉的设计方法；交叉口立面设计的基本要求、类型和设计方法等。

第一节　平面交叉口概述

一、平面交叉口设计的基本要求和内容

道路与道路(或与铁路)相交的部位称为道路的交叉口。道路与道路在同一个平面相交的交叉口称为平面交叉口。

道路交叉口是城市道路网络中的节点，道路借助交叉口相互连接，形成道路系统。交叉口在路网中起着使城市交通由线扩展到面的重要作用，解决各个方向的交通联系，同时，交叉口也是制约道路通行能力的咽喉。因此，如何正确设计交叉口，合理组织交通，对提高交叉口的车速和通行能力，减少延误和交通事故，避免交通阻塞，保障行车通畅，都具有重要意义。

交叉口设计的基本要求：一是保证车辆与行人在交叉口能以最短的时间顺利通过，使交叉口的通行能力适应各条道路的行车要求；二是正确设计交叉口立面，保证转弯车辆行车稳定，符合排水要求。

交叉口设计的主要内容包括正确选择交叉口的形式，确定各组成部分的几何尺寸；进行合理的交通组织，合理布置各种交通设施；验算交叉口的行车视距，保证安全通视条件；合理进行交叉口的立面设计，布置雨水口和排水管道。

二、平面交叉的交通特征分析

由于车辆进出平面交叉口的行驶方向不同，在时空上相互干扰，概括说来，交叉口车流间的基本矛盾可以分为分岔、交汇与冲突三种形式。

交叉口内同一行驶方向的车辆，向不同方向分开行驶的地点，称为分岔点(或称分流点)；来自不同行驶方向的车辆，以较小的角度向同一方向汇合行驶的地点，称为交汇点(或称合流点)；来自不同行驶方向的车辆，以较大的角度(或接近90°)相互交叉的交会点称为冲突点。此三类交错点都存在相互尾撞、挤撞或碰撞的可能性，是影响交叉口行驶速度、通行能力和行车安全的主要原因。在没有信号灯管理的交叉口上，直行车流，或左转车流与直行车流，或左转车流在时空上不能错开，会产生

冲突点。由于它们在流向上是相互垂直的，或逆向对流的，所以相互干扰的严重程度超过交汇点和分岔点。因此，设计时应尽量采取措施减少冲突点和合流点，尤其要减少或消灭冲突点。

无交通管制时，三路、四路和五路（均为双车道）相交时平面交叉的交错点分布如图7-1所示，其数量如表7-1所示。有交通管制时，交错点相应减少，其数量如表7-1所示。

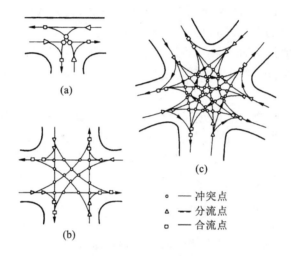

图 7-1 平面交叉交错点
(a)三路交叉口；(b)四路交叉口；(c)五路交叉口

表 7-1 平面交叉交错点数量表

交错点类型	无交通管制			有交通管制		
	相交道路的条数			相交道路的条数		
	3条	4条	5条	3条	4条	5条
分流点	3	8	15	2或1	4	4
合流点	3	6	15	2或1	4	4
冲突点	3	16	50	1或0	2	4
总数	9	32	80	5或2	10	12

分析上述图表可得出以下两点结论。

(1) 在无交通管制的交叉口，都存在各种交错点。其数量随相交道路条数的增加而显著增加，其中增加最快的是冲突点。当相交道路均为双车道时，各交错点的数量可用下式计算

$$\left.\begin{array}{l}分流点＝合流点＝n(n-2)\\ 冲突点＝\dfrac{n^2(n-1)(n-2)}{6}\end{array}\right\} \tag{7-1}$$

式中　n——交叉口相交道路的条数。

因此，在规划和设计交叉口时，应力求减少相交道路的条数，尽量避免五条或五

条以上道路相交,使交通简化。

(2) 产生冲突点最多的是左转弯车辆。如图 7-1(b)四路交叉口若无左转车流,则冲突点可由 16 个减至 4 个,而五路交叉口则从 50 个减到 5 个。因此,在交叉口设计中如何正确地处理和组织左转弯车辆,是保证交叉口交通通畅和安全的关键。减少或消灭冲突点的方法如下:

① 渠化交通。在交叉口合理地布置交通岛,组织交通流分道行驶,将冲突点变为交织点,减少车辆行驶时的相互干扰。

② 在交叉口实行交通管制。用交通信号灯或由交通民警用手势指挥,使通过交叉口的直行和左转弯车辆的通过时间错开,即在同一时间内只允许某一方向的车流通过交叉口。

③ 作立体交叉。将交叉口处各个方向的车流分设在不同标高的车道上,使不同方向的车流各行其道,互不干扰。这是解决交叉口交通问题的彻底办法。但立体交叉占地多、造价高,所以通常只在交通复杂的交叉口以及交通频繁的干道和高速公路上的交叉口作立体交叉。

三、平面交叉的交通管理方式

交叉口交通组织设计包括车辆交通组织和行人交通组织。其基本任务是:保证相交道路车辆及行人的安全,提高交叉口的通行能力,使各方向车流安全、快速地通过交叉口。

1. 无优先交叉

具有相同或基本相同重要地位,从而具有同等通行权的两条相交道路,因其流量较小,不采取任何管理手段的交叉口。

无任何管理控制的交叉口,交叉范围内冲突点多,若交通量大时,会严重影响交叉口的畅通,安全性较差。

2. 主路优先交叉

给主路车辆以优先通行权、次路车辆必须让主路车辆先行的控制方式的交叉口。这种控制方式是一种在无信号灯控制到有信号灯控制之间的过渡控制形式。这一类交叉口主要有停车让行标志和减速让行标志两种。停车让行标志控制是指进入交叉口的次路车辆必须在停止线以外停车观察,确认安全后,才准许通行。减速让行标志控制是指进入交叉口的次路车辆不一定需要停车等候,但必须放慢车速观察,让主路车辆优先通行,寻找可穿越或汇入主路车流的安全"空档"机会通过交叉口。

3. 信号控制交叉

信号控制交叉是采用交通信号控制灯方式,对平面交叉路口的交通流实施动态控制和调节的交叉口。交通信号配时有多种方式,目前应用较普通的是多相位定周期配时方法。相位是在一个周期内,安排若干种控制状态,每一种控制状态对某一方向的车辆或行人配给通行权,并合理安排这些控制状态的显示顺序。车辆进入信号控制交叉口,要根据信号灯提供的通行相位排队等候通过。

实行信号控制的交叉口,在时间上使相互冲突的车流分离,减少了各向车流之间的相互干扰,提高了车辆运行的安全性和效率。

平面交叉交通管理方式应根据道路网规划的相交道路类别确定(见表 7-2)。应避免支路与主干路相交,确定无法避免时可按 E 形交叉口规划。丁字交叉口不应设置成环形。

表 7-2　规划平面交叉口应用类型

相关道路		主干路	次干路	支路	
				Ⅰ级	Ⅱ(Ⅲ)级
主干路		A	A	A、E	E
次干路		—	A	—A	A、B、E
支路	Ⅰ级	—	—	A、B、D	B、C、D、F
	Ⅱ(Ⅲ)级	—	—	—	B、C、D、F

注:A 为交叉口展宽及信号控制交叉口;B 为设有让路标志或停车标志的优先控制交叉口;C 为不设控制交叉口;D 为环形交叉口;E 为干路中央隔离带封闭、支路只准右转通行的交叉口;F 为交叉口不展宽及信号灯交叉口。

四、平面交叉口的类型及其适用范围

平面交叉的形式取决于道路网的规划和周围地形、用地的情况,以及设计速度、直行和转弯交通量、交通性质和交通组织等。常见的形式有"十"字形、"T"字形,及其演变而来的 X 形、Y 形、错位、多路交叉等。这些交叉口在平面上的几何图形,由规划道路网和街坊建筑的形状所决定,一般不易改变。在具体设计中,常因相交道路的功能、交通量、交通管理和组织形式,将交叉口设计成各具交通特点的形式,可归纳为加铺转角式、分道转弯式、扩宽路口式及环形交叉四类。

(1)加铺转角式:是用适当半径的单圆曲线或复曲线平顺连接各个转角构成的平面交叉,如图 7-2 所示。此类交叉口形式简单,占地少,造价低,设计方便,但行车速度低,通行能力小。适用于车速低、交通量小、转弯车辆少的次要道路或地方道路。其右转车速一般在 10~25 km/h 范围内。

(2)分道转弯式:在转弯车辆较多、车速较高的交叉路口,可采用设分车岛、划分

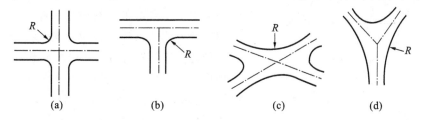

图 7-2　加铺转角式交叉口
(a)十字形;(b)T 形;(c)X 形;(d)Y 形

车道线、设立标志等措施,设置成分道转弯式交叉,如图 7-3 所示。分道转弯式交叉口通过交通岛使车辆能以一定速度沿一定方向顺利前进,把冲突固定在较小范围,而提高交叉口的通行能力和交通安全。但这种交通需要一定的设备,占地较多。

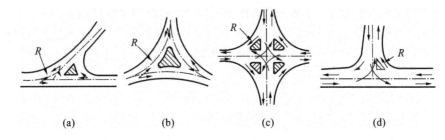

图 7-3 分道转弯式交叉口

(3)扩宽路口式:为使转弯车辆不影响其他车辆的正常行驶,在交叉口连接部增设变速车道和转弯车道的平面交叉口。这种交叉口可以单增右转或左转车道,也可以同时增设左、右转弯车道,如图 7-4 所示。此类交叉口可减少转弯交通对直行交通的干扰、车速较高、事故率低、通行能力大,但占地多,投资较大。适用于交通量较大、转弯车辆较多的二级公路和城市主干路。设计时主要解决拓宽的车道数,同时也要满足视距和转角曲线半径的要求。

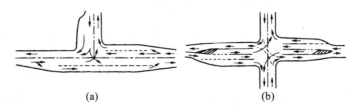

图 7-4 扩宽路口式交叉口

(4)环形交叉:在交叉口中央设置中心岛,用环道组织渠化交通,使进入环道的所有车辆一律按逆时针方向绕岛单向行驶,直至所要去的路口离岛驶出的平面交叉,俗称转盘,如图7-5所示。

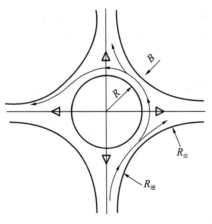

图 7-5 环形交叉

环形交叉的优点:这种形式的交叉口使车辆以较慢的行驶速度通过交叉口,但是却给驾驶员提供了更好的通视效果。并且环形交叉的冲突要比普通交叉口少得多。由于较低的行驶速度使环形交通的事故发生率明显较少。环形交叉口中的车辆可以在无干扰的情况下掉头。缺点:占地面积大,城区改建困难;增加了车辆绕行距离,特别是左转弯车辆;一般造价高于其他平面交叉。

当多条道路相交,通过交叉口的交通量总数为500～3000辆/小时,左右转弯车辆较多,且地形较平坦时可考虑采用。在快速道路和交通量大的干线道路、有大量非机动车和行人交通、位于斜坡较大地形以及桥头引道上均不宜采用。按规划需修建立体交叉处,近期可采用平面环形交叉作为过渡形式,并预留远期改建为立交的可能性。

环形交叉设计时主要解决中心岛的形状和半径、环道的布置和宽度、交织段长度、交织角、进出口曲线半径和视距要求等问题。

五、平面交叉的设计依据

1. 交叉口的设计速度

交叉口范围内直行车辆的设计速度原则上应与路段设计速度相同。但当两相交公路的等级或交通量相近时,平面交叉范围内的设计速度可适当降低,但不得低于路段设计速度的70%。转弯车辆的设计速度因分、合流及用地等影响,通常应适当降低,或按变速行驶需要而定,交叉范围内车辆变速的加、减速度值见表7-3。我国《城市道路设计规范》规定:交叉口内的设计速度应按各级道路路段设计速度的0.5～0.7倍计算。直行车取大值,转弯车取小值。一般情况下右转弯设计速度不宜大于40 km/h,左转弯设计速度不宜大于20 km/h。

表7-3 加、减速度值(单位:m/s^2)

道路类别		加速度	减速度
城市道路		1.5	3.0
公路	主要公路	1.0	2.5
	次要公路	1.5	3.0

2. 设计交通量

平面交叉设计多采用相交道路设计小时交通量作为交叉口设计交通量,并根据实测的转弯车辆比率决定各路口的左转、右转和直行交通量。对缺乏观测资料和新建交叉口,可参照条件相似交叉口的交通量观测值类推确定。平面交叉设计年限不一定等于道路设计年限,其值应根据相交道路交通量的发展趋势和交通管理方式决定,有时道路未达到设计年限,其交通量已较大,一般形式的平面交叉已无法适应,需要改扩建或修建立体交叉。

确定设计交通量时,还应考虑其他影响通行能力的诸因素,如车辆种类、自行车及行人交通等。

3. 通行能力

平面交叉设计必须使其设计服务水平下的通行能力满足交叉口的设计交通量要求,而且不同的交通管理方式,交叉口的通行能力不同,计算方法也不同,相关内容参见交通工程有关文献。

六、公路平面交叉的间距要求

平面交叉的间距应根据公路功能、等级,及其对行车安全、通行能力和交通延误的影响确定。

平面交叉间距应满足交织长度、视距、转弯车道长度等的最小距离。为保证公路的通行能力,减少交通延误和增进安全,平面交叉的间距应尽可能地大。

一级公路、二级公路作为干线公路时,应优先保证干线公路的畅通,采取排除纵、横向干扰措施,平面交叉应保持足够大的间距,必要时可设置立体交叉。

一级公路、二级公路作为集散公路时,应合理设置平面交叉,宜将街道式的地方公路或乡村道路布置在与干线公路相交的次要公路上,或与干线公路平行,只提供有限出、入口的次要公路上。

一级公路、二级公路的平面交叉最小间距应符合表7-4的规定。三、四级公路平面交叉最小间距以不小于150 m为宜。

表7-4 平面交叉最小间距

公路等级	一级公路			二级公路	
公路功能	干线公路		集散公路	干线公路	集散公路
	一般值	最小值			
间距/m	2000	1000	500	500	300

为使平面交叉有足够的间距,规划和设计时应根据公路的等级和交通功能,必要时限制平面交叉和出、入口数量,设置互通式立交、分离式立交、通道和天桥。沿线开发程度高的路段,应将街道或小区用户道路布置在与公路相交的支路上,或平行于公路而与公路间只提供有限出、入口的辅道上。

七、平面交叉的设计步骤

1. 收集资料

(1) 测量资料:收集或现场实测交叉口及其周围区域的工点大比例尺地形图(1∶200~1∶1000),详细标注附近地坪及建筑物高程;收集交叉口的控制高程和控制坐标。

(2) 交通资料:包括规划交通量及通行能力。改建交叉口,还应收集交通现状资料(直行、右转、左转交通量)及交通事故发生的情况。

(3) 道路资料:与交叉口相连道路的等级、宽度、半径、纵坡、横坡等平纵横设计或规划资料。

(4) 用地资料:可供交叉口使用的用地范围及条件。

(5) 水文资料:区域排水方式,已建或拟建地下、地上排水管渠的位置和尺寸。

2. 交叉口方案设计或形式的确定

对大型复杂的平面交叉或改建平面交叉,可根据收集的资料及要解决的主要交通问题,拟定交叉口的位置、形式及交通管理方式,并用不同道路条件与交通管理方式组合成多种设计方案。对每一方案应进行概略计算与设计,绘制草图,并进行方案比较,确定采用方案。

对简单或方案明确的平面交叉,可不进行方案比选,直接选择平面交叉的形式,进行详细设计。

3. 详细设计

根据推荐的方案或选定的形式做细部设计。其设计内容如下。

(1) 确定交通管理方式。对设置信号的平面交叉,根据初拟的道路条件,设计计算交通管制的具体方法和控制参数。

(2) 根据规划交通量及管理方式检验交叉口通行能力,计算车道数,确定各部分几何尺寸和平面设计参数,根据交通组织布置附加车道、交通岛等(城市道路交叉口还有停车线和人行横道等)。

(3) 绘制平面设计图。将上述设计成果绘制在交叉口的大比例尺地形图上,构成平面交叉设计详图。交叉口的设计范围一般为转角圆曲线的切点以外 5~30 m,用于过渡处理。平面设计完成后,需检查交叉口的视距和用地条件。

(4) 进行立面设计,计算工程量。

(5) 编制工程概(预)算。

通过详细设计,提出全部工程实施的设计文件和设计图纸资料。通常一个平面交叉的施工图应有交叉口平面设计图与立面设计图。若调整被交道路的纵坡,则还应提供被交道路的纵断面图。

第二节 交叉口交通组织

一、机动车交通组织方法

交叉口交通问题产生的主要原因是存在各种类型的交通特征点,其中以冲突点的影响和危险性最大;而冲突点的产生则来源于左转及直行车辆,并以左转所产生的冲突点为最多。右转车辆一般是不会产生冲突点的。因此,对于交叉口车辆交通组织设计的着眼点,应着重于解决左转车辆和直行车辆的交通组织。

(一) 设置专用车道

为了减少交叉口处车辆延误,提高交叉口通行能力,可按行驶方向分别设置左转、直行和右转车辆专用车道。根据车行道的宽度和左、直、右行车辆的不同组成,可划分成如下不同的组合,如图 7-6 所示。

(1) 如左、直、右车辆组成均匀并都有一定数量,可各设一条专用车道;对于非机动车交通,可划分快、慢分道线或设分隔带(墩)组织分流行驶;为了节省用地,特别是当车行道宽度不足时,左转车道可向路中心线左侧偏移布置,对向的车道为反对

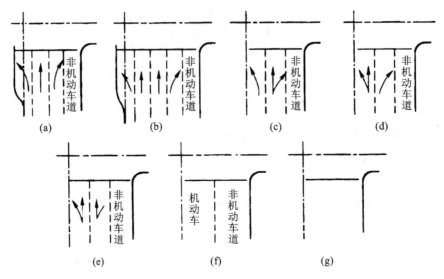

图 7-6 交叉口车道划分

称布置(见图 7-6(a))。

(2) 如直行车辆特别多,左转车辆也有一定数量,可分设两条直行车道和一条左转车道;对向的车道为反对称布置(见图 7-6(b))。

(3) 如左转车辆多而右转车辆少,可设一条左转车道,右转与直行车辆合用一条车道;对向的车道为反对称布置(见图 7-6(c))。

(4) 如左转车辆少而右转车辆多,可设一条右转车道,左转与直行车辆合用一条车道(见图 7-6(d))。

(5) 如左、右转车辆较少,可分别与直行车道合用(见图 7-6(e))。

(6) 如车行道路宽度较窄,无法划分左、直、右行车道,则可只划机动车道、非机动车道分道线(见图 7-6(f))。

(7) 如车行道路宽度很窄,无法划分机、非分道线,或划分了反而对车道的相互调剂使用不利,则可不划分(见图 7-6(g))。

(二) 左转弯车辆的交通组织

左转弯车辆是引起交叉口车流冲突的主要原因,合理组织左转弯车辆的交通,是保证交通安全、提高交叉口通行能力的有效方法。左转弯车辆交通组织方法可采用以下几种形式。

1. 设置专用左转车道

如图 7-6 所示,在行车道宽度内紧靠中线画出一条车道供左转车辆专用,以免阻碍直行交通(见图 7-6(c));若原有行车道宽度不够时,可向中线左侧适当扩宽设置专用左转车道(见图 7-6(a)、(b))。设置专用左转车道后左转车辆须在左转车道上等待开放或寻机通过,而不影响直行交通。

2. 实行交通管制

通过信号灯控制或交警手势指挥,在规定时间内不准左转或允许左转。

3. 变左转为右转

(1) 环形交通:在交叉口中央设置圆形或椭圆形交通岛,进入交叉口的车辆不受交通管制,一律绕岛单向行驶,如图7-7(a)所示。

(2) 街坊绕行:使左转车辆环绕邻近街坊道路右转行驶实现左转,如图7-7(b)所示。该法绕街坊行程增加很多,通常仅用于左转车辆所占比例不大,旧城道路扩宽困难,或在桥头引道纵坡大的十字形交叉口,为防止车辆高速下坡时直角转弯发生事故而采用。

(3) 远引掉头:利用中间带开口绕行左转,如图7-7(c)所示。这种方法由于在交叉口中央需要设置较宽的带形交通岛,绕行距离又长,加上回车时仍会影响靠中线的快车行驶,因而一般很少采用。

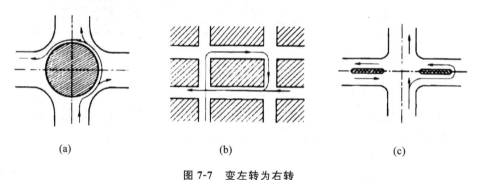

图 7-7　变左转为右转

(三) 组织渠化交通

在交叉口合理地布置交通岛、交通标志、标线等,把不同行驶方向和车速的车辆分别规定在有明确的轨迹线的车道内行驶,使司机和行人很容易互相看清自己和对方的行动去向,避免车辆行驶时相互侵占车道,干扰行车线路,从而减少车辆之间以及车辆与行人之间碰撞的可能,提高交通安全性及通行能力。这种交通方式称为渠化交通。

1. 渠化的作用

渠化交通在一定条件下可有效提高道路通行能力,减少交通事故,对解决畸形交叉口的交通问题较为有效。

(1) 利用分车线或分隔带、交通岛等,将不同方向和速度的车辆划分车道行驶,使行人和驾驶员容易看清互相行驶的方向,避免车辆相互侵占、抢占车道和干扰行车路线,减少车辆相互碰撞的机会,增加行车安全,如图7-8(a)所示。

(2) 利用交通岛,限制车辆行驶方向,使斜交对冲的车流为直角交叉或锐角交叉,如图7-8(b)、(c)所示。

(3) 利用交通岛,限制车道宽度,控制车速,防止超车,如图7-8(d)、(e)所示。

(4) 利用交通岛或分隔带,设置各种交通标志,并可作为行人过路时避让车辆的安全岛。

在交通量较大、车速较高的交叉口利用交通岛组织渠化交通,还需考虑设置变速车道和候驶车道,如图 7-8(f)所示,以利左转弯车辆转向行驶和变速行驶的需要。

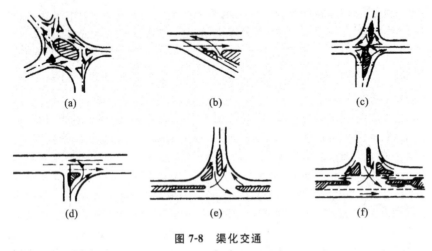

图 7-8 渠化交通

2. 交通岛设计

为控制车辆行驶方向和保障行人安全,在车道之间设置的岛状设施称为交通岛。按其功能分为方向岛、分隔岛、中心岛、安全岛等。

交通岛设置条件如下。

(1) 需分隔右转弯曲线车道与直行车道时,应设置导流岛。

(2) 信号交叉中,左转弯为两条车道时,在左转车道与直行车道间应设置导流岛。

(3) 左转车道与对向直行车道间应设置分隔岛。

(4) T形交叉中,次要公路岔口的两左转弯行迹间应设置分隔岛。

(5) 对向行车道间需提供行人越路的避险场所,或需树立标志、信号柱时,应设置分隔岛。

交通岛的形状为直线与圆曲线的组合图形,环形交叉中心岛的形状和尺寸详见后述。分隔岛的宽度按其用途规定如表 7-5。交通岛边缘的线形取决于相邻车道的路缘线形,直行车道边缘的岛缘线应根据缘石构造作不同值的偏移,岛端迎车流边应偏移且圆滑化。转角导流岛的形状和岛端后退量见图 7-9,岛端圆弧半径见表 7-6,缘石后退量见表 7-7 中,栏式路缘石为具有一定形状和高度,能够阻碍车辆驶离路面的界石;半可越式路缘石为在紧急情况下车辆可以驶过或在特殊情况下对车辆无损害的一种路缘石;可越式路缘石为车辆可以驶过且对车辆无损害的一种路缘石。导流岛端部内移距在主要道路一侧按1/20~1/10过渡,次要道路一侧按1/10~1/5过渡。

表 7-5 分隔岛的宽度

用 途	宽度(m)	用 途	宽度(m)
设置标志	1.2	左转车道及剩余分隔带	4.3～5.5
个别行人避险以及今后可能设信号	1.8	标线式左转弯分隔带	至少为车道宽度
多车道公路的信号交叉中较多行人的越路避险	2.4	二次等候左转或穿越	7 m 或设计车辆长度

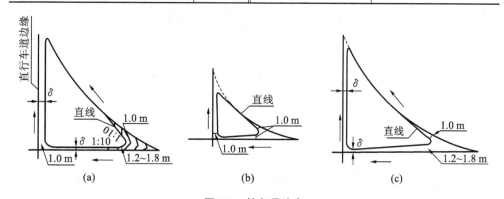

图 7-9 转角导流岛
(a)一般形式；(b)小型岛；(c)交通形式

表 7-6 岛端圆弧半径

岛端形状及车流方向	{width=1em}	{width=1em}	{width=1em}	{width=1em}
半径(m)	0.3	0.6	0.6	1.0

交叉中主要道路上的分隔岛如图 7-10 所示，设计参数见表 7-8。次要道路或支路上的分隔岛如图 7-11 所示，设计参数见表 7-9，图中 R_2 一般等于 R_1，但有时需变动，以保证岛端至主要公路行车道边缘底距离为 2～4 m 和岛底宽度为 2～5 m。

表 7-7 缘石后退量

缘石类型	δ(m)
栏式	0.6
半可越式	0.3
可越式	0

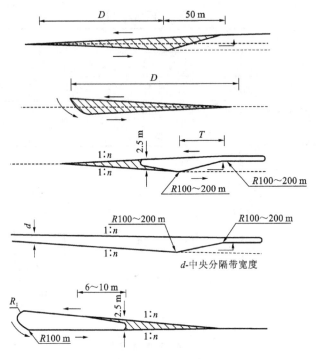

图 7-10 交叉中主要道路上的分隔岛

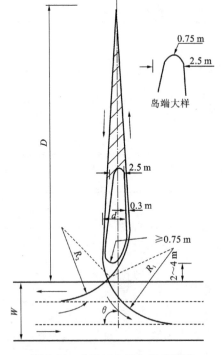

图 7-11 交叉口支路上的分隔岛

表 7-8　主要道路上分隔岛的设计参数

设计速度(km/h)	40	50	60	80
渐变参数 n	15	20	25	30
D	40	50	60	80
T	40	45	55	70

表 7-9　支路上分隔岛的设计参数

$\theta(°)$	70	80	90	100	110	W(m)	≤10	11	≥14
d(m)	1.5	2.0	2.5	2.0	1.5	R_1(m)	12	14	20

交通岛按其构造分为用缘石围成而高出周围行车道路面的实体岛、路面上用标线画出的隐形岛和无缘石的浅碟式岛三种。各种交通岛的面积在城区不小于 5 m²，其他地区面积不小于 7 m²。

（1）当被交通岛分隔的行车道有不少于两条的车道或虽为一条车道但没有绕避故障车辆的加宽时应采用实体岛，岛缘宜采用斜式缘石或半可越式缘石。岛缘与车道边线间应有 0.3~0.5 m 宽的路缘带。

（2）岛的面积较小或不需要或不宜采用强行分隔时，宜采用隐形岛。

（3）岛的面积很大或可不依赖缘石导向（如速度较高的右转车道的导流岛），可采用设宽度不小于 0.5 m 路缘带的行车道围成的浅碟式岛。

（4）夜间交通量较大且交通岛复杂的渠化交叉应设置照明。

（5）不具备设置照明条件时，应采用反光路标勾出岛界轮廓。路缘线、隐形岛的所有标线，引流岛端部缘石的立面上，均应采用反光涂料。

3. 公路平面交叉的渠化布设

公路平面交叉交通量大时，应做渠化交通设计。城市道路平面交叉可参照布设。

（1）主要公路为二级公路的 T 形交叉，当直行交通量不大，而与次要公路间的转弯交通量有一定比例时，可采用图 7-12(a)所示的只在次要公路上设分隔岛的渠化 T 形交叉。当主要公路的直行交通量较大时，则采用 7-12(b)所示的在主要公路和次要公路上均设分隔岛的渠化 T 形交叉。

图 7-12　只设分隔岛的渠化 T 形交叉

（2）主要公路和次要公路均为二级公路的 T 形交叉，应根据转弯交通量大小分别采用图 7-13 中(a)、(b)、(c)所示的设置导流岛的渠化 T 形交叉。

当主要公路为四车道及其以上公路，次要公路为二级公路的 T 形交叉，可采用图 7-13 中(d)所示的渠化布置方式。次要公路为三、四级公路时可根据左、右转弯交通量情况采用图 7-13 中(a)、(b)所示的导流岛,甚至不设导流岛。

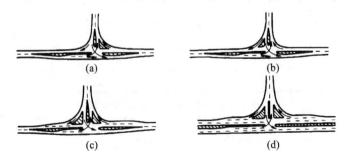

图 7-13 设导流岛的渠化 T 形交叉

(3) 二级公路与三、四级公路相交的十字交叉,可采用图 7-14 中(a)的形式。

有主、次之别的两条二级公路相交的十字交叉,可采用图 7-14 中(b)的形式。其中导流岛可视转弯交通量的大小而设置。

四车道及其以上公路与三、四级公路相交的十字交叉,可采用图 7-14 中(c)的形式。

四车道及其以上公路与二级公路相交或两条具干线功能的二级公路相交的十字交叉,应增辟左转弯车道和相应的分隔带,并设置必要的导流岛。

两条四车道及其以上公路相交的十字交叉,应采用图 7-14 中(d)的形式。

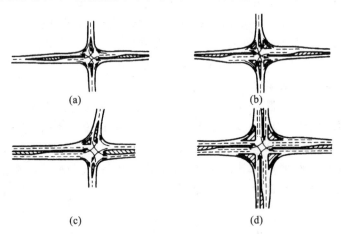

图 7-14 渠化十字交叉

(四)实行信号管制

采用自动控制的交通信号指挥系统,提高行车速度和通行能力。

(五)调整交通组织

当旧城道路改建困难时,可对城市道路网综合考虑,采取改变交通路线,限制车辆行驶,控制行驶方向,组织单向交通,以及适当封闭一些主要干道上的支路等措施,简化交叉口交通,提高整个道路网的通行能力。

二、行人及非机动车交通组织

公路设计中常较少考虑行人和非机动车交通。但对于城市道路,因大量行人和非机动车存在,合理组织行人和非机动车交通,是消除交叉口交通阻塞,保障交通安全的有效方法。

(一) 行人交通组织

行人交通组织的主要任务是组织行人在人行道上行走,在人行横道线内安全过街,使人、车分离,干扰最小。

交叉口是人流和车辆汇集的地方,当通过交叉口的人流很多时,经常会在交叉口转角的人行道上挤住,不能走动,以致行人不得不从车行道上通行,这样,容易产生交通阻塞的现象。因此,除了合理布置行人横道外,还应把交叉口转角处的人行横道加宽。同时,尽量不将吸引大量人流公共建筑的出入口设在交叉口上。

人行横道应设置在驾驶员容易看清的位置,标线应醒目。人行横道一般可布置在交叉口人行道的延续方向后退 4~5 m 的地方,如图 7-15(a)。当转角半径较大时可将人行横道设在圆弧段内,如图 7-15(b)。原则上人行横道应垂直于道路设置,可使行人过街距离最短;但如果路斜交时,为避免行人不拐直角弯及扩大交叉口交通面积,人行横道可与相交道路平行,如图 7-15(c)。T形和Y形交叉口人行横道可按图 7-15(d)、(e)设置。

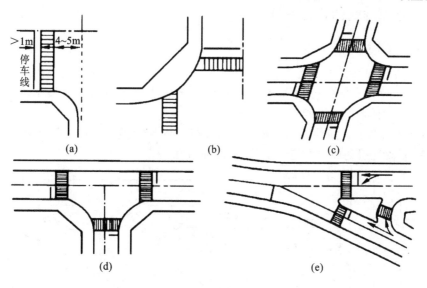

图 7-15 人行横道的布置

人行横道的宽度取决于过街人流量的大小,一般应比路段人行道宽些。其最小宽度为 4 m,当过街人流量较大时,可适当加宽,但不宜超过 8 m。

人行横道的长度与路口信号显示时间有关。一次横穿过长的距离会使过街行人思想紧张,尤其对行走迟缓的人,会感到不安全。当机动车车道数大于或等于 6 条或人行横道长度大于 30 m 时,应在道路中线附近设置宽度不小于 1 m 的安全岛。

在信号灯控制或设置停车标志的交叉口,应在路面上标绘停车线,指明停车位置。当有人行横道时,停车线应布置在人行横道线后至少 1m 处,并应与人行横道平行,如图 7-15 所示。对无人行横道的交叉口,在不影响相交道路交通的条件下,停车线应尽量靠近交叉口,以减少交叉口的范围,提高通行能力。

(二)非机动车交通组织

在交叉口,非机动车道通常布置在机动车和人行道之间。

在交叉口,一般车流量下非机动车随机动车按交通规则在右侧行驶,不设分离措施。车流量较大时,可采用分隔带(或墩)将机动车与非机动车分离行驶,减少相互干扰。上述两种情况应与机动车交通组织共同考虑。

当车流量很大,机、非之间干扰严重时,可考虑采用立体非机动车交通组织,并与人行天桥或地道合并设置。上下人行天桥或地道可用梯道、坡道或混合式。一般行人宜用梯道型升降方式;非机动车应采用坡道型;非机动车较多,又因地形或其他条件限制不能设坡道时,可用梯道带坡道的混合型升降方式。

第三节 平面交叉视距设计与转弯设计

一、平面交叉的视距设计

(一)视距三角形

为了保证交叉口上的行车安全,驾驶员在进入交叉口前的一段距离内,必须能看清相交道路上车辆的行驶情况,以便能顺利地驶过交叉口或及时停车,避免发生碰撞,这一距离必须大于或等于停车视距。

由停车视距 $S_{停}$ 所组成的三角形称为视距三角形(见图 7-16)。在视距三角形的范围内,阻碍视线的障碍物应予清除,以保证通视。

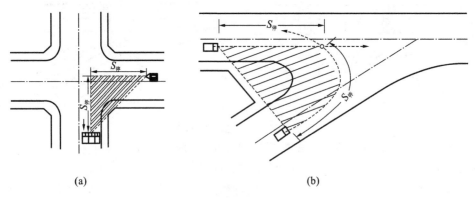

图 7-16 平面交叉口的视距三角形
(a)十字形;(b)T 形

视距三角形应以最不利的情况来绘制,绘制的方法和步骤如下。

(1) 确定停车视距 S_T:可用前述停车视距计算公式计算或根据相交道路的设计速度按表 7-10 选用。

(2) 根据交叉口的具体情况,找出行车可能的最危险冲突点。

对十字形交叉口,如图 7-16(a)所示,最靠右侧第一条直行机动车道的轴线与相交道路最靠中线的第一条直行车道的轴线所构成的交叉点为最危险冲突点。

对 T 形(或 Y 形)交叉口,如图 7-16(b)所示,直行道路最靠右侧第一条直行车道的轴线与相交道路最靠中线的一条左转车道的轴线所构成的交叉点为最危险冲突点。

(3) 从最危险冲突点向后沿行车轨迹线(可取行车的车量中线)各量取停车视距 S_T。

(4) 连接末端构成视距三角形。

条件受限不能保证由停车视距构成的视距三角形时,应保证主要道路的安全交叉停车视距和次要道路至主要道路边车道中线 5~7 m 所组成的视距三角形,如图 7-17 所示。安全交叉停车视距值规定见表 7-10。

图 7-17 安全交叉停车视距三角形

表 7-10 安全交叉停车视距

设计速度/(km/h)	100	80	60	40	30	20
停车视距	160	110	75	40	30	20
安全交叉停车视距/m	250	175	115	70	55	35

对信号交叉口,各进口道的车辆受信号控制,速度慢且直接冲突少,信号交叉口的视距,只要满足任一条车道路口停车线前第一辆车的驾驶员看到相邻路口第一辆车即可,如图 7-18 所示。

(二) 识别距离

在平面交叉口以前的一定距离应能识别交叉的存在和信号、标志等。无信号控制和停车控制的交叉,识别距离可采用各相交道路的停车视距,信号控制和停车标志控制的识别距离规定如表 7-11。

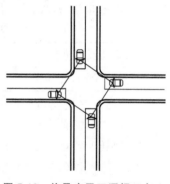

图 7-18 信号交叉口通视三角

表 7-11 平面交叉视距与识别距离

计算行车速度/(km/h)		100	80	60	40	30	20
停车视距/m	一般值	160	110	75	40	30	20
	极限值	120	75	55	30	25	15
信号控制的识别距离/m		—	350	240	140	100	60
停车标志控制的识别距离/m		—	—	105	55	35	20

二、平面交叉的转弯设计

为了保证右转弯车辆能以一定的速度顺利地转弯,交叉口转角处的缘石应做成圆曲线,或多圆心复曲线,以符合相应车辆行驶的轨迹,通常多采用圆曲线,圆曲线的半径 R_1 称为缘石半径(见图 7-19)。

在未考虑机动车道加宽的情况下,转角半径 R_1 为

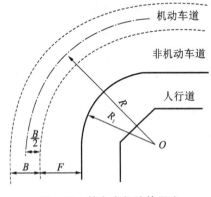

图 7-19 转角半径计算图式

$$R_1 = R - \left(\frac{B}{2} + F\right) \quad (7-2)$$

$$R = \frac{v_{右转}^2}{127(\mu \pm i)} \quad (7-3)$$

式中 R_1 ——路口最小缘石转弯半径(m);
R ——机动车最外侧车道中心线的圆曲线半径(m);
B ——最外侧机动车道的宽度(m);
F ——转弯处的非机动车道宽度(m),无非机动车道时,$F=0$;
$v_{右转}$ ——路口车辆右转弯计算行车速度(km/h),可取路段设计速度的 0.5~0.7 倍;
μ ——横向力系数,采用 0.15;
i_λ ——右转弯处路面横坡度,向曲线内侧倾斜用"+"号,向外侧倾斜用"—"号。i 值一般可按常用的路面横坡 $i=0.02$ 取值。

城市道路单、双幅路交叉口的缘石转角最小半径见表 7-12。

表 7-12 交叉口转角缘石最小半径

右转弯设计速度/(km/h)	30	25	20	15
交叉口缘石转角半径/m	33~38	20~25	10~15	5~10

三、四幅路交叉口的缘石转角最小半径应满足非机动车行车要求。非机动车(多指自行车)转角最小半径宜大于 3 m,一般最小半径为 5 m,有条件可予增大。

公路转弯路面内缘的最小圆曲线半径和线形要求规定如下。

(1) 鞍式列车在各种转弯速度情况下,路面内缘的最小圆曲线半径规定如表 7-13 所示。

表 7-13 转角曲线路面内缘的最小半径

速度/(km/h)	≤15	20	25	30	40	50	60	70
最小半径/m	15	20(15)	25(20)	30	45	60	75	90
最小超高/(%)	2	2	2	2	3	4	5	6
最大超高(%)	一般值为6,绝对值为8							

注:条件受限制时,可采用括号内的值。

(2) 转弯路面边缘线形应符合车辆转弯时的行迹。

非渠化平面交叉以载重汽车为主,转弯路面边缘半径可采用 15 m 的圆曲线。当按鞍式列车设计时,路面边缘应采用如图 7-20 所示的复曲线,线形参数规定如表 7-14 所示。

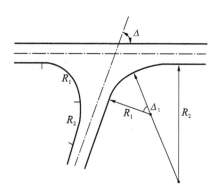

图 7-20 以鞍式列车控制设计时简单交叉口的转弯设计

表 7-14 R_1、R_2 取值

$\Delta/(°)$	R_1	R_2	Δ_1	$\Delta/(°)$	R_1	R_2	Δ_1
70～74	18	80	53°30′～58°50′	92～99	15	80	76°00′～83°00′
75～84	17	80	58°55′～68°00′	100～110	14	90	84°00′～95°00′
85～91	16	80	69°00′～75°00′				

第四节 交叉口拓宽设计

当相交道路的交通量较大、转弯车辆较多而车速又高时,若交叉口进口道仍然采用路段上的车道数,会导致转弯车辆和直行车辆受阻,分流与合流困难,且易发生交通事故。此时可向进口道的一侧或两侧拓宽弯车道,以改善交叉口的通行能力,提高交叉口通行能力。

拓宽的车道数主要取决于进口道的各向交通量、交通组织方式和车道的通行能力等。一般应比路段单向车道数多增加一至两条车道。

拓宽车道包括右转车道和左转车道两种。交叉口拓宽设计主要包括拓宽车道的设置条件、设置办法以及长度计算三个问题。

一、转弯车道的设置条件

1. 右转车道的设置条件

1) 公路平面交叉

(1) 主要公路设计速度大于或等于 60 km/h 时,应在主要公路上增设减速分流车道和加速合流车道。

(2) 两条一级公路相交或一级公路与交通量大的二级公路相交时,其右转弯运行应设置经渠化分隔的右转车道。

(3) 一级公路、二级公路的平面交叉中,符合下列情况之一者应设置右转车道:

① 斜交角接近 70°的锐角象限;

② 交通量较大,右转弯交通会引起不合理的交通延误时;

③ 右转弯车流中重车比例较大时;

④ 右转弯行驶速度大于 30 km/h 时;

⑤ 互通式立体交叉连接线中的平面交叉右转弯交通量较大时。

2) 城市道路平面交叉口

高峰小时一个信号周期进入交叉口的右转车多于 4 辆时,应增设右转车道。以保证右转车随到随通过有效地改善右转车的行驶条件。

2. 左转车道的设置条件

1) 公路平面交叉

(1) 四车道公路除左转交通量很小外,均应在平面交叉范围内设置左转车道。

(2) 二级公路符合下列情况之一者,应设置左转车道:

① 与高速公路或一级公路互通式立体交叉连接线相交的平面交叉;

② 非机动车较多且未设置慢车道的平面交叉;

③ 左转弯交通会引起交通拥阻或交通事故时。

图 7-21 扩宽右转车道

2) 城市道路平面交叉

高峰小时一个信号周期进入交叉口的左转车辆多于 3 辆或 4 辆(小交叉口为 3 辆,大交叉口为 4 辆)时,应增设左转车道。

二、转弯车道的设置方法

(一) 右转车道设置办法

车道等宽的右转车道设置办法比较简便,且办法固定。即在进口道的右侧或同时在出口道的右侧扩宽右转车道,如图 7-21 所示。

(二) 左转车道设置办法

左转车道是向进口道左侧扩宽，依相交道路是否设置中间带和中间带的宽窄可按以下方法设置左转车道。

1. 宽型中央分隔带

当设有较宽中间带（一般不小于 4.5 m）时，将道口一定长度的中间带压缩宽度，由此增辟车左转车道，如图 7-22 所示。

2. 窄型中央分隔带

当设有较窄中间带（宽度小于 4.5 m）时，利用中间带后宽度不够，可将道口单向或双向车道线向外侧偏移，增加不足部分宽度。向外侧偏移车道线后，在路幅总宽度不变的情况下，视具体条件可压缩人行道、两侧带或进口道车道宽度，如图 7-23 所示。

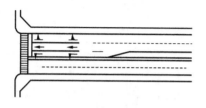

图 7-22 压缩中央分隔带设置左转车道图

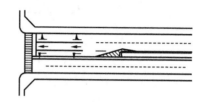

图 7-23 压缩中央分隔带和减小车道宽度设置左转车道

3. 无中央分隔带

当相交道路不设中间带时，可通过车道中心单黄线（或双黄线）向左偏移半个车道和减小车道宽度，设置左转车道，如图 7-24 所示，一般采用鱼肚形导流带形式。

为避免直行车辆误入左转车道，应采用左转车辆从直左车流分出的方式设置左转车道，并配以完善的指示标志、标线提前预告。左转车辆必须进行车道变换后驶入左转车道，不宜将直行车道直接设置为左转车道，如图 7-25 所示。

应使左转车道在对向路口对称布置，如图 7-26 所示。

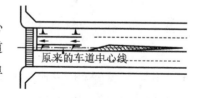

图 7-24 向左偏移半个车道设置左转车道

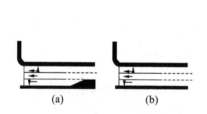

图 7-25 正确的左转车道设置
(a) 好的例子；(b) 不好的例子

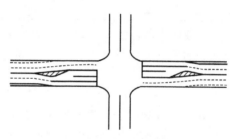

图 7-26 对向路口左转车道对称布置

三、扩宽车道的长度

(一) 右转车道长度

1. 车道等宽的右转车道长度

交叉口的进口道设置右转车道后,为不影响横向相交道路上的直行车流,在出口道应设加速车道,见图7-27。进口道处右转车道的长度应满足右转车辆减速所需长度,保证右转车不受等候车队长度的影响;出口道的加速车道应保证加速所需长度。

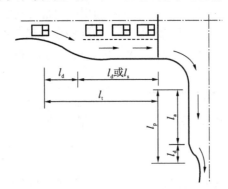

图 7-27 车道等宽的右转车道长度

(1) 渐变段长度 l_d。

渐变段长度 l_d 可按转弯车辆以路段平均行驶速度 v_A 侧移行驶计算,即

$$l_d = \frac{v_A}{3.6J}B \text{ (m)} \tag{7-4}$$

式中 v_A——路段平均行驶速度(km/h);

B——右转车道宽度(m);

J——车辆行驶时变换车道的侧移率(m/s),一般取 $J=1.0$ m/s。

最小渐变段长度可按表 7-15 选用。

表 7-15 最小渐变段长度

设计速度/(km/h)	100	80	60	40
最小渐变段长度/m	60	50	40	30

(2) 减速所需长度 l_b 和加速所需长度 l_a。

进口道减速所需长度 l_b 和出口道加速所需长度 l_s 可用下式计算

$$l_b \text{ 或 } l_a = \frac{v_A^2 - v_R^2}{26a} \text{ (m)} \tag{7-5}$$

式中 v_A——减速时进口道或加速时出口道处路段平均行驶速度(km/h);

v_R——减速后的末速度或加速前的初速度(km/h);

a——减速度或加速度(m/s²)。

进口道的 l_b 和出口道的 l_a 可采用表 7-16 所列数值。变速车道是指平面交叉在需要加速合流和减速分流处，为适应加减速而设置的附加车道。

表 7-16 变速车道长度

类别	设计速度 /(km/h)	减速所需长度 l_b/m $a=-2.5\ m/s^2$			加速所需长度 l_a/m $a=1.0\ m/s^2$		
		到停车	到 20 km/h	到 40 km/h	从停车	从 20 km/h	从 40 km/h
主要道路	100	100	95	70	250	230	190
	80	60	50	32	140	120	80
	60	40	30	20	100	80	40
	40	20	10	—	40	20	—
次要道路	80	45	40	25	90	80	50
	60	30	20	10	65	55	25
	40	15	10	—	25	15	—
	30	10	—	—	10	—	—

(3)等候车队长度 l_s。

右转车道长度应能使右转车辆从直行车道最长等候车队的尾车后驶入扩宽的右转车道，其长度为

$$l_s = n l_n \text{(m)} \tag{7-6}$$

式中 l_n——直行等候车辆所占长度(m)，一般取 6～12 m，小型车取低值，大型车取高值，车型比例不明确时，一般可取 7 m；

n——一次红灯受阻的直行车辆数，可用下式计算。

$$n = \frac{\text{每条直行车道通行能力} \times (1-\text{右转车比例})}{\text{每小时周期数/该向红灯占周期长的比例}}$$

右转车道长度 l_r 为

$$l_r = l_d + \max(l_b, l_s) \tag{7-7}$$

式中 l_r——右转车道长度(m)；

l_d——渐变段长度(m)；

$\max(l_b, l_s)$——减速所需长度 l_b 和等候车队长度 l_s 中取最大值。

出口道加速车道长度 l_p 为

$$l_p = l_d + l_a \tag{7-8}$$

式中 l_p——出口道加速车道长度(m)；

l_a——加速所需长度(m)；

l_d——意义同前。

2. 车道变宽的右转车道长度

车道变宽的右转车道由渠化的右转车道和两端的变速车道组成，如图 7-28 所示，图中右转车道的参数如表 7-17 所列。此类右转车道的变速车道为一渐变段，其长度可按图 7-28 中车辆行驶时变换车道的侧移率根据公式(7-4)计算。

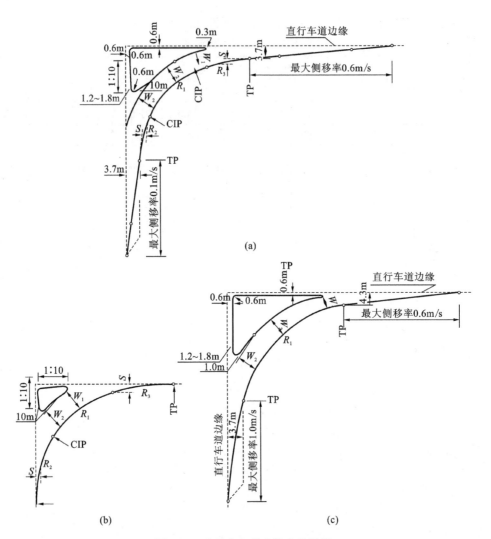

图 7-28 车道变宽的右转车道设置

(a)正规的处理;(b)不考虑绕越停着的车辆时的处理;
(c)转弯半径较大时(>45 m)的简化处理

表 7-17 右转车道参数

R_1	12	14	16	18~22	24~28	30	45	90~135	150
W_1	6.4	6.1	6.1	5.5	5.2	5.2	4.9	4.6	4.6
W_2	7.7	7.7	7.4	7.1	6.8	6.4	6.1	5.8	5.8
S	1.5	1.5	1.5	1.2	1.2	1.2	0.9	0.9	0.9
R_2	\multicolumn{6}{c}{$1.5R_1$}		\multicolumn{3}{c}{$2R_1$}	
R_2	\multicolumn{6}{c}{$3R_1$}		\multicolumn{3}{c}{$2R_1$}	

注:W_1 为单车道宽度;W_2 为能绕越停放车辆的单车道宽度。

(二) 左转车道长度

左转车道长度也是由渐变段长度 l_d、减速所需长度 l_b 或等候车队长度 l_s 组成，即采用式(7-7)计算。

但式(7-8)中的 n 应为左转等候车辆数。对信号控制交叉口，可用下式计算：

$$n = \frac{一条车道通行能力 \times 车道数 \times 左转车比例}{每小时周期数}$$

对无信号控制交叉口，考虑到车辆到达的随机性，n 可按平均每分钟左转弯车辆数的两倍取用，即等候车队长度按式(7-9)计算，且不应小于 30 m。当左转弯交通量很小时，可不考虑等候车队长度。

$$l_s = 2nl_n \quad (\text{m}) \tag{7-9}$$

其余计算公式及符号意义同前。

当左转车道位于右偏曲线路段时，应缩短渐变段长度。当交叉口间隔较小或其他特殊原因不能容纳所需长度的左转车道时，减速车道长度可适当减小，但左转车道的总长度不应小于 60 m。

四、扩宽车道的宽度

等宽的右转车道，其宽度应尽量与路段车道宽度相同。如因占地等限制，需要变窄车道宽度时，最窄不得小于 3 m，一般在 3～3.5 m 之间。当右转车道为变宽车道时，应按图 7-28 所示的宽度与渐变率设置。

左转车道的宽度规定如表 7-18 所列。

表 7-18　左转车道宽度

剩余分隔带类型	车道分画线/m	宽度大于 0.5 m 的标线带/m	实体岛/m	
左转车道宽度	3.5	3.25	3.0	3.25
左路缘带宽度	0	0	0.5	0.3

第五节　环形交叉口设计

一、环形交叉口的形式及适用条件

环形交叉口由环道、环岛、进口、出口及方向岛组成，如图 7-29 所示。

1. 形式

根据交叉口占地面积、中心岛大小和交通组织等因素，环形交叉口可分为以下三种基本形式：

(1) 普通环形交叉口。普通环形交叉口中心岛直径大于 25 m。

(2) 小型环形交叉口。小型环形交叉口中心岛直径为 5～25 m。

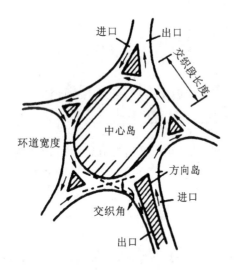

图 7-29 环形交叉的组成

(3) 微型环形交叉口。微型环形交叉口中心岛直径小于 5 m。

2. 环形交叉口的适用条件

(1) 各相交道路的车流量比较均匀,流向比较稳定,转弯车辆较多,特别是多路畸形交叉口。

(2) 交叉口高峰小时交通量低于 2000 辆/h。

(3) 非机动车和行人较少。车种单一的郊区道路上。

(4) 为控制扩建用地,近期作为过渡阶段的重要交叉口。

此外,在具有大量非机动车交通和行人众多的交叉口上,不宜采用环形交叉,因为它不仅增加了大量非机动车和行人通过交叉口时的行程和时间,而且在环道的外侧和进、出口处将被大量的非机动车车流和人流所包围,使机动车进、出环岛时均会产生很大困难,从而影响车辆的连续通行,使通行能力下降甚至经常造成交通阻塞。

二、中心岛设计

(一) 中心岛的形状和半径

1. 中心岛的形状

中心岛的形状应根据交通流的特性、相交道路的等级和地形、地物等条件确定。原则上应保证车辆能以一定速度的顺利完成交织运行,有利于主要道路方向车辆行驶方便,应满足交叉所在地的地形、地物和用地条件的限制。

中心岛的形状有圆形、椭圆形、卵形、方形圆角等,一般常用圆形。

2. 中心岛的半径

中心岛的半径应满足设计速度的要求,并按相交道路的条数和宽度,验算相邻道口之间的距离是否符合车辆交织行驶的要求。下面以圆形中心岛为例,介绍中心岛半径的计算方法。

1) 按设计速度的要求

设计速度要求的中心岛半径 R 仍按圆曲线半径公式计算,但因绕岛车辆紧靠中心岛宽度为 b 的车道中间行驶,跟中心岛边缘 $b/2$,故实际采用的中心岛半径应按下式计算

$$R = \frac{v^2}{127(\mu \pm i_h)} - \frac{b}{2} \text{ (m)} \tag{7-10}$$

式中 R——中心岛半径(m);

b——紧靠中心岛的车道宽度(m);

μ——横向力系数,建议大客车取 0.1～0.15,小客车取 0.15～0.20;

i_h——环道横坡度(%),一般采用 1.5% 或 2.0%,紧靠中心岛车行道的横坡向中心岛倾斜时,i_h 值为正,反之为负;

V——环道设计速度(km/h),实测资料:公共汽车位路段的 0.5 倍,载重车为路段的 0.6 倍,小客车为路段的 0.65 倍,供参考。

2) 按交织段长度的要求

所谓交织就是两条车流汇合交换位置后又分离的过程。进环和出环的两车辆在环道行驶时相互交织,交换一次车道位置所行驶的距离,称为交织长度。交织长度的大小主要取决于车辆在环道上行驶的速度。当相邻路口之间有足够的距离,使进环和出环的车辆在环道上均可在合适的机会相互交织连续行驶,该段距离称为交织段长度。其位置大致可取相邻道路机动车道外侧边缘延长线与环道中心线交叉点之间的弧长,如图 7-30 所示。

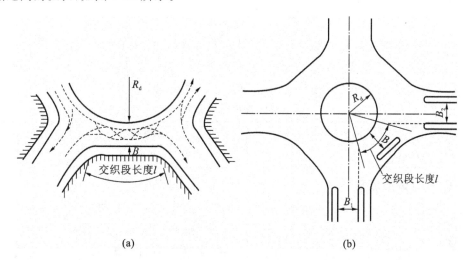

图 7-30 交织段长度

中心岛半径必须满足两个路口之间最小交织段长度的要求,否则,在环道上行驶中需要互相交织的车辆,就要停车等候,不符合环形交叉连续行驶的交通特征。环道上不同车速所需要的最小交织段长度如表 7-19 所示。

表 7-19 最小交织段长度

环道设计速度/(km/h)	50	45	40	35	30	25	20
最小交织段长度/m	60	50	45	40	35	30	25

按交织段长度要求的中心岛半径 R_d,近似地按交织段长度所围成的圆周大小推导,计算公式为

$$R_d = \frac{n(1+B_p)}{2\pi} - \frac{B}{2} \tag{7-11}$$

式中 n——相交道路的条数;

l——相邻路口之间的交织段长度(m);

B——环道宽度(m);

B_p——相交道路的平均路宽(m),中心岛为圆形,交汇道路为十字正交时,$B_p=(B_1+B_2)/2$,其中 B_1 和 B_2 分别为相邻路口行车道宽度。

由式(7-11)可知,交叉口相交道路的条数越多,为保证最小交织段长度的要求,则中心岛的半径就越大,会增加交叉口的用地面积和车辆在环道上的绕行距离,既不经济也不合理。因此,环形交叉的相交道路以不多于六条为宜。

对四路相交的环形交叉,一般用式(7-10)和式(7-11)分别计算中心岛半径,选取较大者。对中心线夹角差别较大或多路交叉口,也可先按式(7-10)确定中心岛的半径 R,再按下式验算交织段长度要求

或

$$\left. \begin{array}{l} l = \dfrac{2\pi}{n}\left(R+\dfrac{B}{2}\right)-B_p \quad (\text{m}) \\[2mm] l = \dfrac{\pi\alpha}{180}\left(R+\dfrac{B}{2}\right)-B_p \quad (\text{m}) \end{array} \right\} \quad (7\text{-}12)$$

式中 α——相交道路中心线的夹角(°),当夹角不等时,用最小夹角验算。

当用式(7-12)计算的 l 大于最小交织段长度时,符合要求;否则,增大 R 重新验算,直至符合要求为止。根据实践,中心岛最小半径如表7-20,可供参考。

表 7-20 中心岛最小半径

环道设计速度/(km/h)	40	35	30	25	20
中心岛最小半径/m	60	50	35	25	20

(二)环道的宽度

环道即环绕中心岛的单向行车带。其宽度取决于相交道路的交通量和交通组织。

一般,靠近中心岛的一条车道作绕行之用,最靠外侧的一条车道供右转弯之用,中间的一至两条车道为交织之用,环道上一般设计三到四条车道。实践证明,车道过多,易使行车混乱,导致不安全。当环道车道数从两条增加到三条时,通行能力提高最为显著;而当车道数增加到四条以上时通行能力增加得很少。因为车辆在绕岛行驶时需要交织,在交织段长度小于两倍的最小交织段长度(考虑占地和经济性,一般不可能超过两倍)时,车辆只能顺序行驶,不可能同时出现大于两辆车交织。不论车道数设计多少条,在交织断面上只能起到一条车道的作用。

因此,环道的车道数一般采用三条为宜;如交织段长度较长时,环道车道数可布置四条;若相交道路的行车道较窄,也可设两条车道。

如采用三条机动车道,每条车道宽 3.50~3.75 m,并按前述曲线加宽中单车道部分的加宽值,当中心岛半径为 20~40 m 时,环道机动车道的宽度一般为 15~16 m。

对非机动车交通可与机动车混行或分行布置,为保证交通安全,减少相互干扰,一般以分行为宜,可用分隔带(或墩)或标线等分隔。非机动车道宽度应视具体情况而定,一般不小于相交道路中的最大非机动车行车道宽度,也不宜超过 8 m。

(三) 交织角

交织角是进环车辆轨迹与出环车辆轨迹的平均相交角度。它以距右转机动车道外缘 1.5 m 和中心岛边缘 1.5 m 的两条切线交角来表示,如图 7-31 所示。

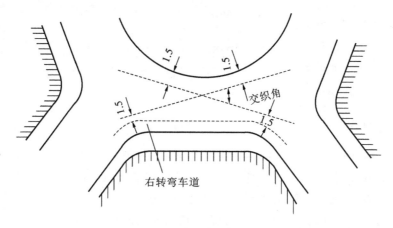

图 7-31　交织角(单位:m)

交织角的大小取决于环道的宽度和交织段长度。环道宽度越窄,交织段长度越大,则交织角越小,行车越安全。但交织段越长,中心岛半径增大,占地增加。根据经验交织角以控制在 20°～30°之间为宜。通常在交织段长度已有保证的条件下,交织角多能满足要求。

(四) 环道外缘线形及进出口曲线半径

从满足交通需要和工程节约考虑,环道外缘平面线形不宜设计成反向曲线形状,如图7-32。据观测,这种形状在环道的外侧约有 20% 的路面(图 7-32 中阴影部分)无车行驶,不合理也不经济。环道外缘平面线形宜采用直线圆角形或三心复曲线形状,如图 7-32 中实践所示。

环道进、出口的曲线半径取决于环道的设计速度。为使进环车辆的车速与环道车速相适应,应对进环车辆的车速加以限制。一般进口曲线半径采用接近或小于中心岛的半径,且各相交道路的进口曲线半径不要相差太大。环道出口曲线半径可比进口曲线半径大一些,以使车辆加速驶出环道。

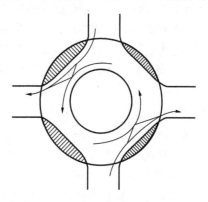

图 7-32　环道外缘线形

(五) 环道的横断面

环道的横断面形状对平稳行车和路面排水有很大影响,横断面的形状取决于路脊线的选择。通常环道横断面的路脊线设在交织车道的中间,若机动车与非机动车之间设有分隔带时,其路脊线也可设在分隔带上。环道路脊线通过设于进、出口之间的三角形方向岛或直接与交汇道路的路脊线相连,如图 7-33 所示,图中虚线为路脊线,箭头指向为排水方向。应在中心岛的周围设置雨水口,以保证环道内不产生积水。

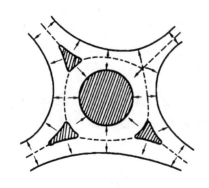

图 7-33 环道的路脊线

另外,进、出环道处的横坡度宜缓一些。

三、微型交叉口

针对普通环形交叉口存在的一些主要缺点,国内外一些研究机构对如何充分利用交叉口的有效面积,如何从经济上和用地上挖掘潜力,进行了大量的室内和实际道路行车试验,从而提出微型环形交叉口这一改进形式,并规定了微型环形交叉口的使用原则和设计方法。其中,英国运输和道路研究所在采用和发展微型环形交叉口方面很有成效。该研究所对以小汽车为主的交通条件进行了研究,并认为微型环形交叉口在使用原则和设计原理上应具有以下特点。

1. 微型环形交叉口的交通组织特点

(1) 进入交叉口的车流一律绕中心岛作单向行驶,直至所要去的路口离岛驶出(这一点与普通环形交叉口的交通组织原则相同)。

(2) 在使用管理上,采用"外侧先行"的原则。英国的交通规则是实行靠左侧行驶,所谓"外侧先行"系指给区域内从右侧驶来的车辆优先行驶。这一规定,尽管破坏了原来进环车辆的连续性,但是它使得车流不必要的交织显著减少,使每个入口都起到控制环行车辆先行的作用,驶入车辆则要等候环行车流间出现间隙才插入行驶。因此,交织段长度对提高通行能力而言不再是唯一的主要因素,而入口拓宽,车流活动空间增大,使环行车流间的空隙得到较充分的利用,因而具有较大的通行能力。

2. 微型环形交叉口的几何设计要点

(1) 交叉口的形状和线路布置,应为不同流向的车流提供尽可能宽的通道。因此,必须压缩中心岛直径(中心岛直径小于 5 m),以增加环道上车道数;同时,每个入口都必须拓宽(拓宽率一般为 1:3),入口的停车线伸进交叉口内一定位置,使停车线到中心岛的距离大致等于停车线上进口处的宽度;交叉口侧出口处也应逐渐加宽,一般拓宽率为 1:6。

(2) 妥善布置环形交叉口进出口的交通岛,使之能发挥有效的导流作用,即一方面要有利于车辆进环与出环;另一方面又要让入环的车流尽可能偏向外侧而不逼近中心岛绕行,并能尽快出环,而不与环行的或出环的车流发生冲突。这样可使中心岛尺寸缩小,在相等的交叉口面积上可以通过更多的车辆。

(3) 出于安全考虑,对任何的布置形式,除入环、出环的行车视距应有足够的保证之外,还要使相邻两个入环的行车视距也能满足要求。

(4) 微型环形交叉口的通行能力,经反复试验得下述经验公式

$$Q = K(\sum W + \sqrt{A}) \tag{7-13}$$

式中　Q——实际通行能力,辆/h;

　　　K——效率系数,取决于进口道数,对三路、四路和五路交叉口其值分别取 60、45 和 40;

　　　$\sum W$——所用进口道基本路宽总和,m;

　　　A——交叉口加宽面积,即交叉口边线以内的面积减去交叉口基本路宽所占的面积。

微型环形交叉口用地经济、管理简单,在一定的交叉口面积内能使通行能力明显提高,这对旧城市中心交叉口的改造具有现实意义。但应该指出,上述微型交叉口适用于以小汽车为主的交通条件,对有较大比例大型车辆、混合交通的我国城市道路来说,其使用效果尚需在理论与实践上进行研究和探讨。特别注意的是,在车道数较多的道路交叉口应该慎用。

第六节　交叉口立面设计

一、平面交叉处道路的纵面线形

(1) 平面交叉范围内,两相交道路的纵面宜平缓。纵面线形应满足停车视距的要求。

(2) 平面交叉范围内,两相交公路的纵面宜平缓。纵面线形应满足停车视距的要求。

(3) 主要公路在交叉范围内的纵坡应在 0.15%～3% 的范围内;次要公路紧接交叉的引道部分应以 0.5%～2.0% 的上坡通往交叉,如图 7-34 所示。

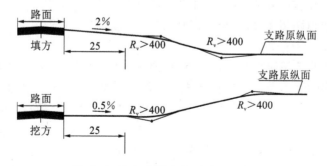

图 7-34　次要道路引道纵坡(单位:m)

主要公路在交叉范围内的设置超高时,次要公路的纵坡应服从主要公路的横坡。若次要公路在交叉前后相当长的范围内纵坡的趋势与主要公路的横坡相反,则次要公路应设置 S 形竖曲线,如图 7-35 所示。

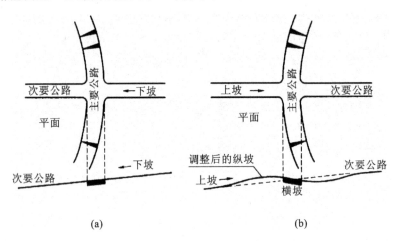

图 7-35　主要道路设置超高时次要道路引道纵坡
(a)不需调整次要道路纵坡;(b)调整次要道路纵坡

二、平面交叉的立面设计

交叉口竖向设计的目的,是要统一解决相交道路之间以及交叉口和周围建筑物之间在立面位置上的行车、排水和建造艺术三方面的要求。使相交道路在交叉口内能有一个平顺的共同面,便利车辆和行人交通;使交叉口范围内的地面水能迅速排除;使车行道和人行道的各点标高能与建筑物的地面标高相协调而具有良好的空间观感。

(一) 交叉口立面设计原则

立面设计主要取决于相交道路的等级、交通量、横断面形状、纵坡的大小和方向以及周围地形等。交叉口立面设计的一般原则如下。

(1) 主要道路通过交叉口时,设计纵坡保持不变。

(2) 同等级道路相交时,两相交道路的纵坡保持不变,而改变它们的横坡,使横坡与相交道路的纵坡一致。

(3) 主要与次要道路相交时,主要道路的纵横断面均保持不变,次要道路的纵坡应随主要道路的横坡而变。横坡应随主要道路的纵坡而变,次要道路的双向倾斜的横断面,应逐渐过渡到与主要道路的纵坡一致的单向倾斜的横断面,以保证主要道路行车方便。

(4) 为了保证交叉口排水,竖向规划时至少应将一条道路的纵坡离开交叉口。如遇特殊地形——交叉口处于盆地处,所有纵坡均向着交叉口时,必须考虑设置地下排水管道和进水井。

(二)交叉口立面设计的基本类型

交叉口竖向设计的形式,在很大程度上取决于地形,以及和地形相适应的相交道路的纵、横断面。如以十字形交叉口为例,根据相交道路纵坡方向的不同,竖向设计有以下六种基本形式,如图 7-36 所示。

(1)坡。斜坡地形上的十字交叉口(图 7-36(a))。

相邻两条道路的纵坡倾向交叉口,而另外两条相邻道路的纵坡由交叉口向外倾斜。交叉口位于坡地形上时便形成此种形式。竖向规划时,相交道路的纵坡均保持不变,而将纵坡倾向于交叉口的两条道路的横坡在进入交叉口前逐渐向相交道路的纵坡方向倾斜,在交叉口形成一个单向倾斜的斜面。

(2)谷。谷线地形上的十字交叉口(图 7-36(b))。

三条道路的纵坡向交叉口中心倾斜,而另一条道路的纵坡由交叉口向外倾斜。交叉口相交道路中有一条处于谷线上时,就可形成这种形式。在这种交叉口与谷线相交的道路进入交叉口前,在纵断面上产生转折,形成过街横沟,对行车极为不利,应尽量使纵坡转折点离交叉口远些,并在那里插入竖曲线。

(3)脊。脊线地形上的十字交叉口(图 7-36(c))。

三条道路的纵坡由交叉口向外倾,而另一条道路的纵坡则向交叉口倾斜。交叉口相交道路中有一条道路位于地形分水线上,便形成这种形式。在交叉口竖向规划时,应将纵坡倾向交叉口的道路的路拱脊线在交叉口分向三个方向,使主要道路的纵横坡都保持不变,仅调整次要道路接近交叉口部位的横坡即可。为了避免地面水流过人行横道和交叉口影响人行和车行交通,应在纵坡倾向交叉口的道路上的人行横道上侧设置进水口。

(4)背。屋脊地形上的十字交叉口(图 7-36(d))。

相交道路的纵坡全由交叉口中心向外倾斜。此种交叉口的竖向规划最容易,仅需要调整接近交叉口部位的一条道路的横坡,便可使交叉口上的坡度做成与相交道路的坡度相同。在这种情况下,地面水可直接排入交叉口四个路角的街沟,在交叉口范围内不设进水口,人行横道上只有少部分面积过水,对行人影响不大。

(5)鞍。马鞍形地形上的十字交叉口(图 7-36(e))。

相对两条道路的纵坡向交叉口倾斜,而另外两条相对道路的纵坡由交叉口向外倾斜。

(6)盆。盆地地形上的十字交叉口(图 7-36(f))。

相交道路的纵坡全向交叉口中心倾斜。这种情况下,地面水都流向交叉口集中,在交叉口处必须设置地下排水管道,以排泄地面水。为了避免雨水聚积于交叉口中心,还需要改变相交道路的纵坡,抬高交叉口中心的标高,并在交叉口四个角的低洼处设进水口。此种形式对行车、排水都不利,应尽量避免,应设法有一条主要道路的纵坡向交叉口外倾斜为宜,可采用将主要道路的纵坡转折点设在远离交叉口的地方。

图 7-36 交叉口竖向规划有六种基本形式

(a)斜坡地形上的交叉口;(b)谷线地形上的交叉口;(c)脊线地形上的交叉口;(d)屋脊地形上的交叉口;
(e)马鞍形地形上的交叉口;(f)盆地地形上的交叉口

对于十字形交叉口,上述六种基本形式中,坡、谷最常见,脊也多见,背、鞍、盆三中形式不常见。还有一种特殊形式,即相交道路的纵坡都为零。对于这种特殊形式的交叉口有两种处理办法:一是将交叉口中心的设计标高稍微提高一点;二是不改变道路的纵坡,而将相交道路的街沟按锯齿形设计,以排除地面水。

(三)交叉口立面设计的方法

交叉口立面设计的传统方法有方格网法、设计等高线法以及方格网设计等高线法三种。这些传统方法,虽然有它的优点,但在施工放样中的实用性较差,已较少使用。目前对简单的沥青路面交叉口,通常采用特征断面法;水泥混凝土路面交叉口和大型、复杂的沥青路面交叉口,一般采用高程图法。

1. 特征断面的确定和特征点高程的计算

交叉口的特征断面与选定的路脊线密切相关。路脊线应根据相交道路的等级和交叉角等因素确定,既要考虑行车平顺,又要考虑整个交叉口的均衡美观。

1)相同(或相近)等级道路相交时的特征断面

相同(或相近)等级的道路相交,立面设计时一般维持各自的纵坡不变,改变其横坡度。对 X 形交叉口和交叉角大于 75°的 T 形交叉口,路脊线通常是对向行车轨迹的分界线,即行车道的中线对斜交过大的 T 形交叉口(或 Y 形交叉口),其路中线不宜作为路脊线,应加以调整。

(1) X 形、T 形交叉口的特征断面。

X 形交叉口和 T 形交叉口分别被相交道路的中线分割成四部分和三部分。每部分的立面设计方法相同,以图 7-37、图 7-38 中 $A_1OA_2B_2EB_1$ 部分为例,介绍特征断面的确定和特征点高程的计算。

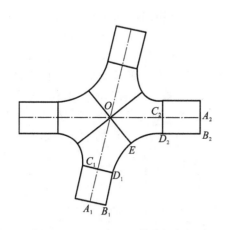
图 7-37 X 形交叉口的特征断面

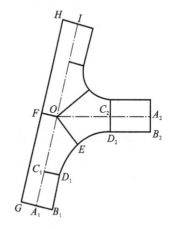
图 7-38 T 形交叉口的特征断面

X 形、T 形交叉口的特征断面主要有三种位置情况:

① 位于各相交道路进入交叉口前的路段上,即交叉口范围的边界线处,如 B_1A_1 断面和 B_2A_2 断面;

② 位于转角曲线的切点处如 C_1D_1 断面和 C_2D_2 断面;

③ 位于交叉口对角线处,如 OE 断面。

对路脊线上、交叉口入口处及转角曲线切点处的特征控制点 O、A_1、B_1、C_1、D_1、

C_2、D_2、A_2、B_2 和 F、G、H、I 等点的高程,均可根据相交道路的纵面线形和路拱横坡度值求得。

E 点的设计高程在公路平面交叉中应满足对角线上行车平顺和排水的要求,城市道路平面交叉还必须满足圆弧 D_1D_2 间的排水要求,即圆弧 D_1D_2 间的纵坡必须 0.3%。交叉口无导流岛时,因转角曲线半径较小,曲线短而难以采用合适的超高,在特殊困难情况下除设置排水所必需的横坡外,可不设超高,一般对角线 OE 的横坡宜控制在 $3\%\sim2\%$ 之间。记 $D_1D_2=l$,$D_1E=l_1$,D_1、D_2 设计高程分别记为 D_{1z}、D_{2z},则当行车平顺和排水要求均满足的条件下,E 点的设计高程 E_z 可按下式计算

$$E_Z = D_{1Z} + \frac{D_{2Z} - D_{1Z}}{l} \times l_1 \tag{7-14}$$

(2) Y 形交叉口的特征断面。

① 路脊线的调整。

Y 形交叉口斜交角过大,其原设计路中线不宜作为设计路脊线,路拱也区域不匀称,应予调整。调整时要求两转角曲线的切点在被交线上的里程相等。调整后新的路脊线如图 7-39 中的 EA、ED 和 EC,其中心控制点 E 的位置选定,应考虑行车平顺和交叉口布局的匀称、美观。通过多方案的选择和计算表明,可取多边形 $OC_1D_1D_2A_2A_1O$ 的重心 E 作为调整后路脊线新的交汇点。

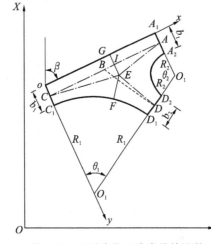

图 7-39 Y 形交叉口路脊线的调整

路脊线调整时先建立以 O 为原点,以 OA_1 为横轴 x,以 OO_1 为纵轴 Y 的局部直角坐标系 XOY,图中 R_1、R_2 分别为转角曲线 1、转角曲线 2 的半径,b_1 为主线的路面宽度,b_2 为被交线的路面宽度,θ_1 为交叉口的交叉角,则在 XOY 坐标系中多边形 $OC_1D_1D_2A_2A_1OCO$ 的重心坐标为

$$\left. \begin{array}{l} x_E = \dfrac{\sum F_i x_i}{\sum F_i} = \dfrac{F_0 x_{0E} - F_1 x_{1E} - F_2 x_{2E}}{F_0 - F_1 - F_2} \\[2mm] y_E = \dfrac{\sum F_i y_i}{\sum F_i} = \dfrac{F_0 y_{0E} - F_1 y_{1E} - F_2 y_{2E}}{F_0 - F_1 - F_2} \end{array} \right\} \tag{7-15}$$

式中 F_0——梯形 $A_1O_2O_{1C}$ 的面积;

F_1——扇形 $C_1D_1O_1$ 的面积;

F_2——扇形 $A_2D_2O_2$ 的面积;

(x_0E, y_0E)——梯形 $A_1O_2O_{1c}$ 的重心坐标;

(x_1E, y_1E)——扇形 $C_1D_1O_1$ 的重心坐标;

(x_2E, y_2E)——扇形 $A_2D_2O_2$ 的重心坐标。

采用重心法确定的重心 E 点位置，还要基本符合与主要行车方向路面边缘线的距离相等，如图中的 GE、EF，若 GE、EF 值相差较大，可在 EG 线方向适当移位至满足要求。当 $GE=EF$ 时，E 点就是中心控制点。

② 特征断面的确定与特征高程的计算。

Y 形交叉口的特征断面与 T 形交叉口类似，只是路脊线调整后对角线处的特征断面改为 EH、EF 断面，如图 7-40 所示。

特征点 A、C、D 以及 GE 与中线 AC 的交点 I 的高程可分别根据相交道路的纵面线形求得，E 点的高程为

$$h_E = h_1 + IE \cdot |i_Z| \tag{7-16}$$

式中 h_1——I 点设计高程；

i_Z——主线的路拱横坡。

H、F 点高程的确定与十字形、T 形交叉口的方法相同，不再赘述。

2) 主要道路与次要道路相交时的特征断面

主要道路与次要道路相交时，主要道路的纵横断面均维持不变，而将次要道路的双坡横断面，逐渐过渡到与主要道路纵坡相一致的单坡横断面，此时，路脊线的交点 O 移到次要道路路脊线与主要道路路面边线的交点 O_1（或 O_2）处（见图 7-41、图 7-42）。为适应主要道路的横

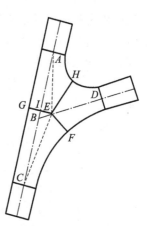

图 7-40　Y 形交叉口的特征断面

断面，应适当调整次要道路的纵断面，紧接主要道路处的纵坡宜根据主要道路的横坡、纵坡及交叉角计算得到的综合值（与合成坡度类似）来确定。

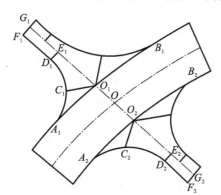
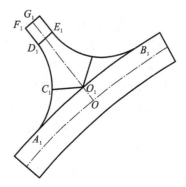

图 7-41　主次道路相交的四路交叉口的特征断面　　图 7-42　主次道路相交的三路交叉口的特征断面

主、次道路相交的四路和三路交叉口的特征断面仍是三种位置，即次要道路进入交叉口的路段上，如 F_1G_1、F_2G_2 断面；转角曲线与次要道路的相切处，如 D_1E_1、D_2E_2 断面；主要道路边线与次要道路路脊线交汇的对角线处，如 O_1C_1、O_2C_2 断面。

特征点 A_1、O_1、B_1、A_2、O_2、B_2 的高程可根据主要道路的纵面线形和横坡值计

算；E_1、G_1、D_1、F_1 的高程根据 O_1 点的设计高程和 O_1G_1 的纵坡及次要道路的横坡确定，E_2、G_2、D_2、F_2 的高程根据 O_2 点的设计高程和 O_2G_2 的纵坡及次要道路的横坡确定。C_1、C_2 点高程分别由 O_1、A_1、D_1 点和 O_2、A_2、D_2 点高程考虑满足行车的平顺和排水要求确定，计算方法同前。

3) 渠化右转车道的特征断面

对渠化右转车道或右转弯附加路面，因右转弯曲线一般需设超高，其特征断面位置的确定和高程的计算与上述方法不同。渠化右转车道上特征断面的位置，取决于右转弯曲线超高过渡段起、终点位置以及与相交道路的连接。通常右转车道上宽度和横坡的变化处为特征断面位置。

渠化右转车道上各处高程和横坡应满足右转车道与相交道路的平顺连接、右转弯曲线设置超高以及整个交叉范围内路面排水和视觉的需要。右转车道上高程的计算以右转车道左路缘线作为设计控制。当以左路缘线高程控制设计导致右转车道曲线内缘出现影响视觉的"下陷"（当超高较大时）或造成边沟设计困难时，在不妨碍路面排水的前提下，应适当调整左路缘线的高程。

右转车道或右转弯附加路面应按标准设置超高。导流岛岛边长度较短（<30 m）的转弯车道无法设置超高过渡，或右转弯附加路面存在排水困难、路容不美观及与直行车道路面衔接困难等问题而无法设置应有的或最大超高时，可适当减小超高值，但不能低于规定的最小值。

2. 交叉口设计高程的加密

确定了路脊线和特征断面上的设计高程，可大概反映交叉口的立面形状。对简单的沥青路面交叉口，采用特征断面法提供交叉口特征断面的定位里程、尺寸和设计高程，由此构成交叉口高程控制。

对水泥混凝土路面交叉口和大型、复杂的沥青路面交叉口，采用简单的特征断面法不能完整表达交叉口的立面，必须加密交叉口范围内的设计高程，即采用高程图法。加密设计高程常用的方法是增加计算辅助线，采用高程计算线网；若计算机辅助设计平面交叉，采用曲面模型（如双线性孔斯曲面）进行立面设计。

1) 高程计算线网

高程计算线网主要采用圆心法、等分法。

(1) 圆心法，如图 7-43 所示，在相交道路的脊线上根据需要，每隔一定距离（或等分）定出若干点，把这些点分别与相应的缘石曲线的圆心连成直线（只画至缘石处即可），这样，便可形成以路脊为分水线，以路脊交点为控制中心的标高计算线网。

(2) 等分法，如图 7-44 所示，将交叉口范围内的路脊线分为若干等分，然后将相应的缘石曲线也等分成相同的份数，按顺序连接各等分点，即得交叉口的标高计算线网。

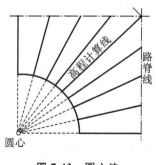

图 7-43 圆心法

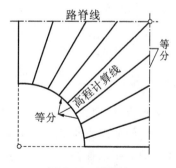

图 7-44 等分法

高程计算线所在位置是用于计算该断面路拱设计高程的依据,标准路拱横断面是与车辆行驶方向垂直的,应尽量使高程计算线与路拱横断面的方向一致,同时也便于计算。当等级相同或相近的道路相交时,采用等分法或圆心法高程计算线网均可;主要道路与次要道路相交的交叉和渠化右转车道的转弯曲线处,推荐采用圆心法高程计算线网。

每条高程计算线上高程点的数目,可根据路面宽度、施工需要确定。对路宽、坡陡、施工精度要求高的,高程点可多些;反之,则少些(见图 7-45、图 7-46)。

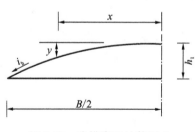

图 7-45 路拱高程计算图式

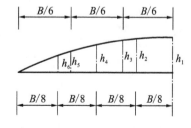

图 7-46 高程点数划分

高程计算线上两端的设计高程可根据特征断面上特征点的高程、相交道路的纵坡及转角曲线的纵坡求得。计算线上高程点的计算公式与所选用的路拱形式有关,当采用直线形路拱时,可根据每条高程计算线上两端的设计高程,采用线性插值方法计算;当采用抛物线形路拱时,可用下列公式计算

$$y = \frac{h_1}{B}x + 2\frac{h_1}{B}x^2 \tag{7-17}$$

$$y = \frac{h_1}{B}x + \frac{4h_1}{B^3}x^2 \tag{7-18}$$

式中 h_1——高程计算线两端(其中一端在路脊线上)的高差或路拱高度(m),$h_1 = \frac{B}{2} \cdot i_h$;

B——行车道宽度(m);

i_h——路拱横坡(%)。

以上两式可根据路面类型选用,一般宽 14 m 以下的次高级路面和中级路面可用式(7-17)计算;宽 14 m 以上的高级路面采用式(7-18)计算。

2) 双线性孔斯曲面模型

曲面模型是用一个个曲面片描述设计面,在各领域广泛使用的自由曲面模型有 Coons 曲面(孔斯曲面)、Bezier 曲面及样条曲面等。这些曲面模型能对设计面进行严格的数学表达,精度较好,但因是自由曲面,在平面交叉立面的描述中较难标定,通常选用较简单的双线性 Coons 曲面模型来描述交叉口的设计面。

双线性 Coons 曲面模型是三维曲面模型,用此模型对比较平缓的交叉口立面进行设计,能比较精确地表达交叉口的立面,而且交叉口范围内 Coons 曲面片个数不多,查找、计算速度较快,精度较高,适合计算机处理,因而,双线性 Coons 曲面模型多应用于交叉口的计算机辅助设计。

第八章　道路立体交叉设计

本章主要介绍立体交叉的组成部分、立体交叉的类型和适用条件、立体交叉的布置规划与形式选择、匝道及其端部的设计，并对立体交叉的景观设计、辅助设施设计、道路与其他设施的交叉设计、人行天桥设计等作了简要介绍。

第一节　概　　述

道路立体交叉是利用空间完成两条或两条以上道路的交叉，在交叉区域内，利用构造物使相交的道路与道路（或铁路）在不同标高的平面上相互交叉的连接形式。立体交叉是高等级道路（高速公路、一级公路和城市快速道路等）重要的组成部分，在道路交通中起着非常重要的作用，它取代了平面交叉口的信号管理，消除或减少了冲突点，方便了相交道路车辆的出入，使车辆能连续稳定地通过交叉口，大大提高了车速和道路的通行能力，为车辆快速、安全、经济、舒适地行驶提供了保证。

互通式立交往往占用土地较多，投资较大，不易改建，对周边环境影响也较大，故在建设立交前应进行交通量、交通类型、造价、地形、用地、环境协调等多方面综合考虑，并根据路网规划，经过技术、经济及环境效益的比较和分析后确定。

一、立体交叉的组成

立体交叉通常由跨线构造物、正线、匝道、出入口以及变速车道等部分组成，如图 8-1 所示。

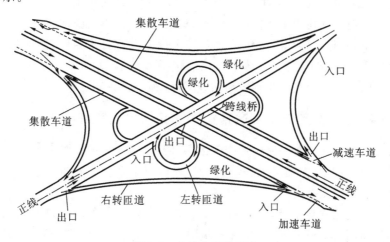

图 8-1　立体交叉的组成

1. 跨线构造物

跨线构造物是相交道路的车流实现空间分离的主体构造物,指设于地面以上的跨线桥(上跨式)或设于地面以下的地道或隧道(下穿式)。

2. 正线

正线是组成立体交叉的主体,指相交道路的直行车行道,主要包括连接跨线构造物两端到地坪标高的引道和立体交叉范围内引道以外的直行路段。正线可分为主线和次线。

3. 匝道

匝道是立体交叉的重要组成部分,是供上、下相交道路用于转弯车辆行驶的连接道,有时也包括匝道与正线以及匝道与匝道之间的跨线桥或地道。

4. 出口与入口

转弯车辆由正线驶出进入匝道的道口为出口,由匝道驶入进入正线的道口为入口。

5. 变速车道

为适应车辆变速行驶的需要,在正线右侧的出入口附近设置的附加车道为变速车道。变速车道分减速车道和加速车道两种,出口端为减速车道,入口端为加速车道。

6. 辅助车道

在正线的分、合流附近,为使匝道与高速公路车道数平衡和保持正线的基本车道数而在正线外侧增设的附加车道。

7. 集散车道

为了减少车流进出高速道路的交织和出入口数量,可在立体交叉范围内正线的一侧或两侧设置与其平行且分离的专用道路。

8. 绿化地带

在立体交叉范围内,由匝道与正线或匝道与匝道之间所围成的封闭区域,一般采用以美化环境的绿化栽植物,也可布设管渠、照明杆柱等设施。

除以上主要组成部分外,也包括立体交叉范围内的排水系统、照明设备以及交通工程设施等。对城市道路,立体交叉还应包括人行道、非机动车道和各种管线设施等。对于收费立体交叉也包括收费站、收费广场和服务设施等。

二、公路立体交叉与城市道路立体交叉的主要特征

城市道路立体交叉与公路立体交叉的主要组成部分和设计方法是一致的,但由于受地形、地物、用地、交通组成、收费制式、环境要求及技术标准等影响,二者设计的重点和考虑的因素有所不同,各具特点。

对于城市道路立体交叉,一般计算速度较低,交通组织较为复杂,存在非机动车、行人,横断面形式较多,受用地和建筑限制较大,地下管线多,环境要求高,一般不收费;相邻立体交叉间距较小,施工时要考虑维持原有交通和快速施工,立体交叉

形式复杂、多样。

对于公路立体交叉,一般地物障碍少,用地少,设计速度较高,线形指标也较高,但交通组成较为简单,占地也较多,一般需设收费站,且两立体交叉间的间距较大,施工时维持原有交通的要求较低,立体交叉形式较简单。

第二节　立体交叉的类型与适用条件

一、按相交道路的跨越方式分类

常用立体交叉的类型,按其跨越方式,可以分为上跨式和下穿式两种,如图 8-2 所示。

上跨式立交桥的主要交叉构筑物高于地面交通设施,而下穿式立交桥的主要交叉构筑物则低于地面交通设施。实践中还有半上跨式和半下穿式的立交桥。上跨与下穿均指用于分离式或互通式立交中的直行交通对地面线的相对位置。

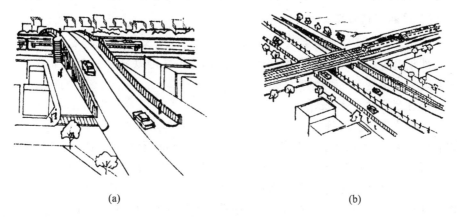

(a)　　　　　　　　　　　　　　　(b)

图 8-2　上跨式和下穿式立体交叉
(a)上跨式;(b)下穿式

1. 上跨式

上跨式是用跨线桥从相交道路的上方跨过的交叉形式,多用于被交道路地形低洼的乡村或城郊道路,以及对周围建筑物干扰较少的地带。这种立体交叉施工方便,造价较低,与地下管线干扰小,排水易处理,但占地较大,跨线桥影响视线和周围景观,引道较长或纵坡较大,不利于非机动车辆的行驶。

2. 下穿式

下穿式是利用地道或隧道从相交道路的下方穿过的交叉形式,多用于被交道路为高路堤或城区道路用地较紧、地面建筑物干扰大的凸形地带。这种立体交叉主线低于地面,占地较少,立面易处理,下穿构造物对视线和周围景观影响小,但施工时对地下管线干扰较大,排水困难,施工期较长,造价较高,养护和管理费用大。

二、按立体交叉的交通功能分类

立体交叉按其交通功能可分为分离式立体交叉和互通式立体交叉两类。

(一) 分离式立体交叉

分离式立体交叉是仅设跨线构造物(跨线桥或地道)一座,使相交道路在空间上分离,上、下道路间无匝道连接的交叉形式,如图8-3所示。

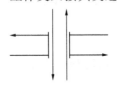

图8-3 分离式立体交叉

这种类型的立体交叉结构简单,占地少,造价低,但相交道路的车辆不能转弯行驶,适用于高速公路或城市快速路与铁路或次要道路之间的交叉。

符合下列条件者应设置分离式立体交叉:直行交通量大、转弯车辆少或因交通系统不允许转弯行驶时,可不设转弯车道的交叉处;公路与干线铁路交叉处;高速公路同其他各级道路交叉时,除在控制出入的地点设置互通式立体交叉外的交叉处;一般公路之间交叉时,因场地或地形条件限制时,为减少工程数量和降低造价时的交叉处。

(二) 互通式立体交叉

上下层之间用匝道或者其他的方式连接的立体交叉称为互通式立体交叉。根据交叉处车流迹线的交叉方式和几何形状的不同,又可以分为完全互通式、部分互通式和环形立体交叉三种类型。

1. 部分互通式立体交叉

相交道路的车流轨迹之间至少有一个平面冲突点的交叉。这是一种低级的互通式立体交叉,代表形式有部分苜蓿叶式立体交叉和菱形立体交叉等。其特点是形式简单,仅需要一座跨线构造物,占地小,造价低,但是存在平面立体交叉,对行车干扰大。使用于高速道路与次要道路相交,个别方向的交通量很小或分期修建,或者用地和地形等条件限制时,布置应该将平面交叉设置在次要的道路上。

1) 菱形立体交叉

菱形立体交叉是只设置右转和左转公用的匝道,使主要道路与次要道路连接,在跨线构造物两侧的次要道路上为平面交叉口。菱形立体交叉如图8-4所示为常用的形式。

菱形立体交叉优点如下。
① 保证主线上直行车辆快速畅行。
② 主线上具有高标准的单一进出口,交通标志简单。
③ 主线下穿时匝道坡度便于驶出车辆减速和驶入车辆加速。
④ 形式简单,仅需要一座跨线构造物,用地和工程费用小。

菱形立体交叉缺点如下。
① 次线与匝道连接处为平面交叉,影响了通行能力和行车安全。
② 次线在上层时,可能存在视觉性、错路运行或行车等待等问题。

菱形立体交叉多用于城市道路的主要道路与次要道路的相交且用地困难的情况,而公路上多为收费立交,一般不采用菱形立体交叉,图 8-4 所示分离式菱形立体交叉可用于高速道路与沿河(江)道路或分离式道路相交的情况。布设时应将平面交叉设置在次要道路上。主要道路采用上跨式或下穿式应视地形和排水条件而定,一般下穿式为宜。次要道路可通过渠化或设置交通信号等措施来组织交通。

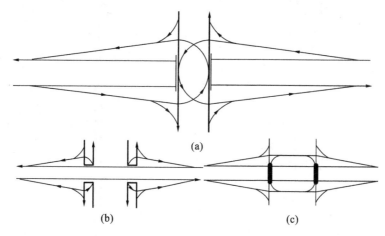

图 8-4 菱形立体交叉

2) 部分苜蓿叶式立体交叉

部分苜蓿叶式立体交叉是相对于全苜蓿叶式立体交叉而言的,在部分左转弯方向上不设置环圈式左转匝道,而在次要道路上以平面交叉的方式实现左转弯运行的立体交叉。如图 8-5 所示,可根据转弯交通量的大小或场地的限制,采用图示任一种形式或其他变形形式。

部分苜蓿叶式立体交叉优点如下。

① 可以保证主要道路上直行车辆快速畅行。

② 单一的驶出方式简化了主要道路上的交通标志。

③ 仅需要一座跨线构造物,用地和工程费用小。

④ 便于分期修建,远期可扩建为全苜蓿叶式立体交叉。

部分苜蓿叶式立体交叉缺点如下。

① 次要道路上存在平面冲突点,影响通行能力和行车安全。

② 次要道路上可能有停车等待和错路运行等现象。

③ 当次要道路平交路口需设置信号控制且出口匝道储存能力不足时,往往会影响主要道路交通。

2. 完全互通式立体交叉

相交道路的车流轨迹全部在空间分离的交叉。它是一种比较完善的高级形式立体交叉,代表形式有喇叭形立体交叉和苜蓿叶形立体交叉等,其特点是匝道数和转弯数相等,各个转弯方向都有专用匝道,无冲突点,行车安全,通行能力大,但占地

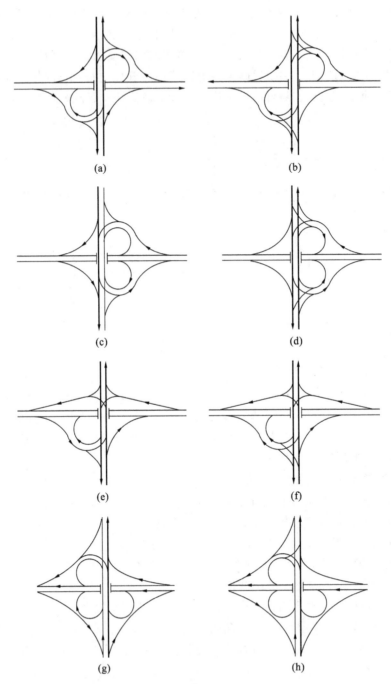

图 8-5 部分苜蓿叶式立体交叉

面积大、造价高,适用于高速道路与其他等级较高的道路相交。布设时应考虑相交道路的等级、使用性质和功能,结合交通量和地形条件,在满足交通功能的条件下,合理选择立体交叉的形式和布置立体交叉的匝道。尽量减少占地面积,降低造价。

1) 喇叭形立体交叉

喇叭形立体交叉是三路立体交叉的代表形式,如图 8-6 所示,它是以一个环圈式匝道(转向约为 270°)和一个半定向匝道来实现车辆左转弯的完全互通式立体交叉。喇叭形立体交叉可分为 A 式和 B 式,经环圈式左转匝道驶入主线(或正线)的为 A 式,驶出即为 B 式。

喇叭形立体交叉优点如下:
① 除环圈式匝道以外,其他匝道都能为转弯车辆提供较高速度的半定向运行;
② 只需一座跨线构造物,投资较省;
③ 没有冲突点和交织运行,通行能力大,行车安全;
④ 结构简单,造型美观,且行车方向容易辨别。

喇叭形立体交叉缺点如下:
① 环圈式匝道上行车速度低,线形较差,若采用较高的设计速度时,占地较大;
② 左转弯车辆绕行距离较长。

喇叭形立体交叉(见图 8-6)适用于高速道路与一般道路相交的 T 形交叉。环圈式匝道适应的交通量较小,设计速度小于等于 50 km/h。布设时应将环圈式匝道设置在交通量小的方向上;主线转弯交通量大时宜采用 A 式,反之可以采用 B 式。通常情况下,一般道路上跨时,转弯交通的视野开阔,下穿时宜斜交或弯穿。

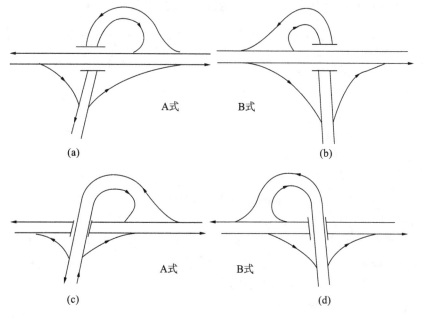

图 8-6 喇叭形立体交叉

2) 子叶式立体交叉

如图 8-7 所示,子叶式立体交叉是用两个环圈式匝道来实现车辆左转弯的完全

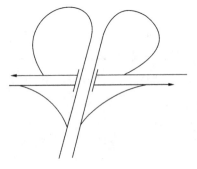

图 8-7 子叶式立体交叉

互通式立体交叉。

子叶式立体交叉优点如下：

① 只需要一座跨线构造物，造价较低；

② 匝道对称布置，呈叶状，造型美观。

子叶式立体交叉缺点如下：

① 环圈式左转匝道半径小，线形较差，运行条件不如喇叭形立体交叉好；

② 左转弯车辆绕行距离较长；

③ 正线上存在交织运行。

子叶式立体交叉的适用性与喇叭形立体交叉相近，多用于苜蓿叶式立体交叉的前期工程。布设时以使正线下穿为宜。

3) Y 形立体交叉

Y 形立体交叉是利用定向匝道或半定向匝道来实现车辆左转弯的完全互通式立体交叉，相应地可划分为定向 Y 形立体交叉和半定向 Y 形立体交叉两种。

(A) 定向 Y 形立体交叉。

定向 Y 形立体交叉如图 8-8 所示，它是左转车辆在定向匝道上由一个行车方向车道左侧驶出，并由左侧进入另一个行车方向车道的立体交叉方式。其中图(a)为三处两层式跨线构造物，图(b)为一处三层式跨线构造物。

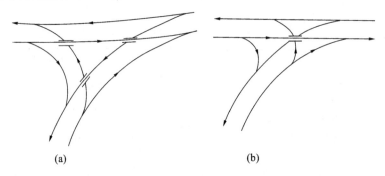

图 8-8 定向 Y 形立体交叉

定向 Y 形立体交叉优点如下：

① 对转弯车辆能提供直接、无阻的定向运行，行车速度高，通行能力大；

② 转弯行驶路径短捷，运行流畅，方向明确；

③ 正线外侧不需要过多地占用土地。

定向 Y 形立体交叉缺点如下：

① 正线双向行车道之间必须有足够的距离，以满足匝道纵断面布置的要求；

② 当正线单向有两条以上的车道时，左侧车道为超车道或快车道，使得左转弯车辆由左侧车道快速分离或汇入困难；

③ 需要跨线构造物较多，占地较大，造价较高。

定向 Y 形立体交叉适用于各方向交通量都很大的高速道路之间的交叉,特别是正线双向为分离式断面,且相距一定距离时较为适宜。另外,当正线外侧有障碍物时最为适宜。设计定向 Y 形立体交叉时,正线双向行车道之间在交叉范围内所拉开的距离,必须满足左转匝道纵坡和桥下净空的要求,在正线设计时就应该充分考虑立体交叉布设的要求。

(B) 半定向 Y 形立体交叉。

半定向 Y 形立体交叉如图 8-9 所示,它是由定向 Y 形立体交叉演变而来,是将定向左转匝道改为半定向左转匝道,即左转弯车辆由行车道的右侧分离或汇入正线。

半定向 Y 形立体交叉优点如下:

① 对左转弯车辆提供较高速度的半定向运行,通行能力较大;
② 各个方向运行流畅,方向明确,不会发生错路运行;
③ 正线外侧占用土地较少;
④ 左转弯车辆由正线右侧分离或汇入,运行方便,正线双向行车道之间不必分开。

半定向 Y 形立体交叉缺点如下:

① 匝道修建方便,运行长度较定向 Y 形的长;
② 需要跨线构造物多,占地较大,造价较高。

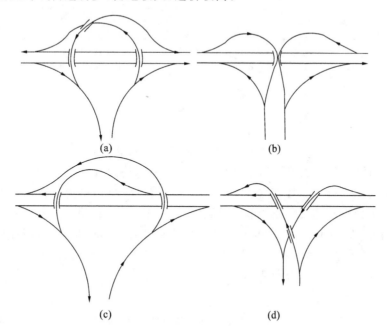

图 8-9 半定向 Y 形立体交叉

半定向 Y 形立体交叉的适用性与定向 Y 形立体交叉的基本相同,一般用于正线双向交通量相对比较大、且双向行车道之间不必拉开或难以拉开的情况,因正线外侧相对占地较少,更适宜于正线外侧有平行于路线的铁路、河流、房屋等障碍物的情况。

4）普通苜蓿叶式立体交叉

普通苜蓿叶式立体交叉如图 8-10 所示,它是最常用的互通式立体交叉形式之一。通过四个对称的环圈式左转匝道来实现各方向左转弯车辆的运行。

普通苜蓿叶式立体交叉优点如下:
① 交通运行连续而自然;
② 无冲突点,无须设信号控制;
③ 可以由部分苜蓿叶式立体交叉分期修建而成;
④ 仅需一座跨线构造物,造价较低。

普通苜蓿叶式立体交叉缺点如下:
① 左转弯车辆绕行距离较长,立体交叉占地较大;
② 环圈式左转匝道线形差,行车速度低;
③ 上、下线左转匝道出入口之间存在交织运行,限制了立体交叉的通行能力;
④ 正线上为双重出口,其中左转匝道出口在跨线构造物之后,使标志复杂;
⑤ 为设置附加的交织车道或变速车道,使跨线构造物长度或宽度增加。

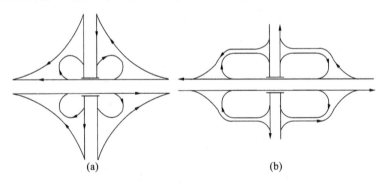

图 8-10 普通苜蓿叶式立体交叉

这种立体交叉的最大优点是造价较低,只需要一座跨线构造物就能够实现左转弯运行,成为全互通式立体交叉。但因用地的限制,环圈式左转匝道的平曲线半径不能太大,因而汽车速度和通行能力受到影响;另外,因跨线桥上、下存在交织路段,限制了通行能力,多用于高速道路与较高等级道路之间的相互交叉,而在城市区内因受到用地的限制很难采用。因其形式美观,如果在城市外围的环境基础上采用,加之适当绿化,也是较为合适的。

5）X 形立体交叉

X 形立体交叉又称半定向式立体交叉,是由四条半定向左转匝道组成的高级完全互通式立体交叉。如图 8-11 所示,图(a)为对向左转匝道对角靠拢布置,图(b)为对向左转匝道对角拉开布置。

这种立体交叉使各方向转弯车辆转向明确,自由流畅;单一的出口或入口,便于车辆运行和简化标志;无冲突点,无交织运行,行车安全,适应车速高,通行能力大。但层多桥长,造价高,占地面积大。它一般多用于高速道路之间、各左转弯交通量大、车速要求高、通行能力大的互通式立体交叉。

如图8-11(a)、(b)所示两种X形立体交叉形式,图(a)所示形式的转弯匝道线形更为流畅,转弯半径更大,适应的车速更高,桥梁建筑长度缩短,但总的建筑高度增加,匝道桥与跨线桥集中布设,使结构更复杂。布设时,宜将直行车道分别布置在较低层,而将对角左转匝道布置在高层。图(b)所示形式,可以合理利用空间高差的变化,以降低立体交叉的建筑高度,但要避免一条匝道几次上下起伏变化,以一次升降坡为宜。

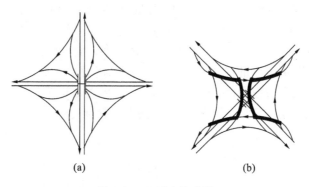

图 8-11　X形立体交叉
(a)对向左转匝道对角靠拢布置;(b)对向左转匝道对角拉开布置

6) 涡轮形立体交叉

涡轮形立体交叉是由四条半定向式左转匝道组成的一种高级完全互通式立体交叉,如图8-12所示。

这种立体交叉匝道纵坡和缓,适应车速较高;车辆进出正线较安全通畅,无冲突点,无交织运行,通行能力较大。但左转弯车辆绕行距离较长,营运费用较大;需建两层式跨线构造物5座,造价较高;占地面积大。它适用于高速道路之间转弯速度要求较低的互通式立体交叉。布设时,为使匝道平面线形与汽车行驶速度的变化相适应,通常匝道出口线形应比入口线形好。

7) 组合型立体交叉

组合型立体交叉是根据交通量并结合地形、地物限制条件在同一座立体交叉中采用两种或两种以上不同形式的左转匝道组合而成的全互通式立体交叉,如图8-13所示。

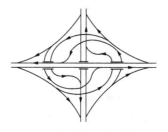

图 8-12　涡轮形立体交叉

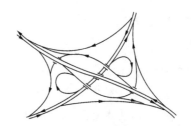

图 8-13　组合型立体交叉

这种立体交叉正线双向行车道在立体交叉范围内不拉开距离的情况下，左转匝道多为环形和半定向式。其特点为匝道组合形式多样；匝道布设形式与交通量相适应；充分利用地形、地物，因地制宜。它适用于有一个或两个左转弯且交通量较小的互通式立体交叉。布设时应合理设置环形左转匝道，尽量使结构紧凑减少占地。

3. 环形立体交叉

相交道路的车流轨迹线以交织的方式运行，存在交织路段的交叉。它是由环形平面交叉发展而来的，其特点是能保证主要道路直行，交通组织方便，无冲突点，占地较小，但通行能力受到环境交织能力的限制，车速受到中心岛半径大小的影响，构造物较多，左转弯车辆绕行距离长。它适用于主要道路与一般道路交叉，以用于五条及五条以上道路相交为宜。当采用环形立体交叉时，必须根据相交道路的性质进行比较和研究。考虑道路的最大通行能力和所采用的中心岛尺寸是否满足远期交通量和车速的要求。布设时，应让主要道路直通，中心岛可采用圆形、椭圆形或其他形状。如图 8-14 所示，其中(a)、(b)、(c)分别为三路、四路和多路交叉。

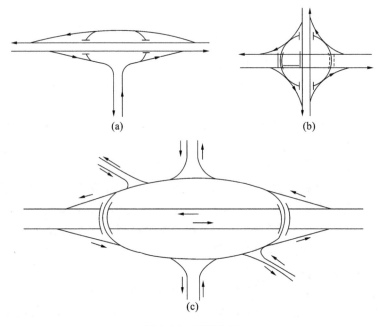

图 8-14 环形交叉

三、按其他方式分类

立体交叉还可按以下几种方式分类。

1. 按几何形状分类

(1) 三路 T 形立体交叉，如喇叭形、半定向形、定向形、环形、子叶形立体交叉等；
(2) 三路 Y 形立体交叉，如喇叭形、定向形立体交叉等；
(3) 十字形立体交叉，如菱形、苜蓿叶形、定向形立体交叉等。

2. 按交汇道路的条数分类

（1）三路立体交叉，由三条道路交汇于一处的立体交叉；

（2）四路立体交叉，由四条道路交汇于一处的立体交叉；

（3）多路立体交叉，由五条及五条以上道路交汇于一处的立体交叉。

3. 按层数分类

（1）双层式立体交叉；

（2）三层式立体交叉；

（3）多层式立体交叉。

4. 按用途分类

（1）公路立体交叉，指城镇范围以外的立体交叉；

（2）城市道路立体交叉，指城镇范围以内的立体交叉；

（3）公铁立体交叉，指道路与铁路的立体交叉；

（4）人行立体交叉，供行人(有时含非机动车)横跨道路的人行天桥或人行地道。

5. 按收费设施分类

（1）设收费设施立体交叉；

（2）不设收费设施立体交叉。

第三节 立体交叉的布置规划与形式选择

一、立体交叉的布置规划

（一）立体交叉位置的选定

道路立交规划的合理程度，对交叉处通行能力的提高、交通安全、行驶时间的节省和道路功能的提高有很大的影响，它不仅关系到地区的整体规划，还关系到道路的经济价值和城市美观、线路协调等。因此在规划立体交叉时，必须综合交通条件、自然条件、功能等方面的因素，进行全面的分析、比较，最后确定方案。

一般应根据下列条件选定立体交叉。

1. 相交道路的等级

高速公路同其他各级道路相交，必须采用立体交叉；一级公路与交通量大的其他道路相交，应采用立体交叉；其他各级道路间的交叉，在交通条件需要或有条件的地点，可采用立体交叉。

2. 相交道路的性质

国家及省属主干线公路之间及其与交通繁忙的一般公路相交时，应设置互通式立体交叉。

3. 相交道路的任务

高速公路、一级公路与通往大城市、重要政治或经济中心、重点工矿区、重要港口、机场、车站和游览胜地及重要交通源的公路相交处,应设置互通式立体交叉。

4. 相交道路的交通量

一级公路为干线公路且相交公路为四车道,按各种车辆折合成小客车的年平均昼夜交通量达到10000辆以上;城市道路当进入交叉口的交通量达4000～6000辆/h(小客车),相交道路为四车道以上,且对平面交叉采取交通管理及交通组织措施均难以改善交通状况时,可设置互通式立体交叉。

5. 人口数量

在人口超过3万人的城市附近,或互通式立体交叉影响范围的人口超过4.5万时,可设置互通式立体交叉。

6. 地形条件

当交叉处地形条件适宜修建立体交叉,且与平面交叉相比不会过多增加工程造价时可考虑采用立体交叉。如高填方路段与其他道路交叉处,较高的桥头引道与滨河路交叉等。

7. 经济条件

经对投资成本、营运费用和安全性分析,设置互通式立体交叉的效益投资比和社会效益等大于设置平面交叉时,可修建互通式立体交叉。

(二) 立体交叉的间距

互通式立体交叉的间距除了满足路线纵坡的变化外,还受到以下因素的影响。

1. 互通式立体交叉的间距主要取决于交通密度

合理的立体交叉间距应能均匀地分散交通,相互邻近的立体交叉应保持一定的间距,并与相邻立体交叉所负担的交通量保持平衡。即不能够产生一处立体交叉交通量过分集中;另一处立体交叉的交通量稀少,使整个干道和区域的交通流量分配不协调。立体交叉的间距若太大,则从道路使用的观点出发不能满足其交通需要,且对高等级公路的潜在功能发挥不充分。反之,其间距过密,不仅降低交通通行能力和行车速度,增加了交通事故的可能性,而且会导致交通运行上的困难,同时增加了建设投资。同样,城市道路的立体交叉间距过密也会造成交通运行上的困难,并且也不太现实。因此,确定立体交叉间距时,应作好地区的经济、交通调查,宜与地区交通密度分配协调一致。

2. 满足交织段长度要求

相邻立体交叉之间必须有足够的交织路段,以便在相邻立体交叉出入口之间设置足够的加减速车道。交织路段是前一个立体交叉匝道的合流点到后一个立体交叉匝道的分流点之间的距离。《日本高速公路设计要领》中规定:交织段的长度应根据交通量的大小而定,最少为150～200 m,如有可能尽量采用与加减速车道之和相等的长度,即250～500 m。这样再加上匝道分合流点至立体交叉中心的距离,则相邻两个立体交叉中心最小间距为1000 m左右。

3. 满足设置交通标志的要求

相邻立体交叉之间应该能保证足够的距离，使司机能在此路段内预见到所设置的一系列标志，并作出相应的反应。日本规定：城市高速路为 300～500 m，郊外高速公路应有 200 m 能看见标志的距离，由于互通式立交前的预告标志与服务设施有关，因此相邻立交最小间距还与这些设施的位置有关。

对互通式立体交叉的间距，高速公路规定在大城市、主要产业区附近为 5～10 km，其他地区为 15～25 km，最大间距应不超过 30 km；为避免交织运行影响车流平稳的最小间距不应小于 4 km，当路网结构或其他条件受限制时，经论证立交间距可适当减小，但加速车道渐变段终点至下一个立交减速车道渐变段起点的距离不得小于 1000 m，若小于 1000 m，且论证必须设置时，应将两者合并设置为复合式互通式立体交叉。

城市道路规定两座互通式立体交叉的最小间距按正线设计速度 80 km/h、60 km/h、50 km/h 和 40 km/h 分别采用 1 km、0.9 km、0.8 km 和 0.7 km。

二、立体交叉形式的选择

立体交叉的形式，提供了行车效率高、安全舒适、适应设计交通量和设计速度、满足车辆转弯需要，并与环境相协调的道路交通形式。选形是否合理，不仅影响立体交叉本身的功能，如通行能力、行车安全和工程经济等，而且对整个地区道路网规划、地方交通的发挥、工程投资及市容环境等都有密切的关系。

(一) 影响立体交叉形式选择的因素

影响因素可概括为道路、交通、环境及自然条件，具体内容详见图 8-15 所示。

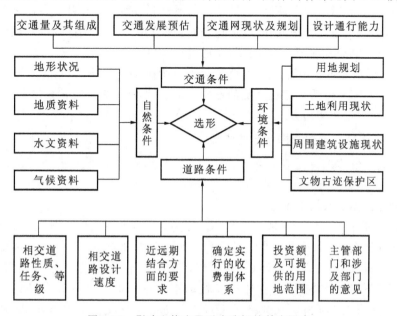

图 8-15　影响立体交叉形式选择的基本因素

(二) 立体交叉形式选择的基本原则

互通式立体交叉形式的选择,应根据道路、交通条件,结合自然、环境条件等综合考虑而定,并遵循下列基本原则。

(1) 立体交叉的形式,首先取决于相交道路的性质、任务和远景交通规划等方面的因素,选定的类型应确保行车安全畅通和车流的连续。相交道路的性质主要指道路的重要性,道路的类型与等级、设计车速和设计交通量等。

(2) 选用立体交叉形式必须与当地条件相适应,即与立体交叉所在地的特征、性质相适应。选形时要充分考虑地区规划、结合地形地质条件,可能提供的用地范围、周围建筑物及设施分布状况等条件。在满足交通要求前提下综合考虑,力求达到合理利用地形,工程、运营费用经济,并与环境协调,同时注意造型美观,结构合理新颖。

(3) 选形要注意远近期结合,从长远考虑。既要考虑近期交通要求,减少投资费用,又要考虑远期交通发展,改建提高的需要和可能性。例如,近期合理选用部分苜蓿叶式、部分互通式、平交型、两层式立体交叉等形式,既可节省投资,又能适应交通增长,然后逐步改建提高为全苜蓿叶式、全互通式、全立交式、三层及多层式立体交叉,以充分利用前期工程。

(4) 类型选择应该从实际出发,有利于施工养护及排水,尽量采用新技术、新工艺、新结构,以提高质量、缩短工期、降低成本。

(5) 选形和匝道布设要注意分清楚主次,全面安排,首先应满足主要道路的要求,然后考虑次要道路,并处理好相交道路的关系,选形要与路线、构造物设计、总体布局及环境相互配合,例如在处理相交道路的竖向位置时,铁路与公路相交一般以铁路上跨有利,可减少净空高度;高速公路与其他道路相交,原则上高速公路不变或者很少变动,次要道路抬高或降低,以保证高速公路的交通顺畅;城市立交以非机动车道不变或少变动有利于行人及自行车通过交叉口。

(6) 选形与定位相结合。立体交叉形式与所在位置条件密切相关,不同位置地形、地物及环境条件,适宜修建立交的形式不同。因而一般情况下的程序是:先定位后选形、选形与定位相结合。

(三) 立体交叉形式选择的方法步骤

立体交叉形式选择是在立体交叉位置选定后,在定位时提供的可选形式基础上,按下列步骤确定该位置可采用的立体交叉形式。

1. 初定立体交叉的基本形式

首先应选择立体交叉的总体布局,如采用收费还是不收费立体交叉,分离式还是互通式立体交叉;分离式立体交叉采用上跨式还是下穿式,互通式立体交叉采用完全互通式、部分互通式还是环形;立体交叉采用二层式、三层式还是四层式,主线是上跨还是下穿被交线;城市立体交叉机动车与非机动车是分离行驶还是混合行驶,是否考虑行人交通等。在此基础上进一步选择立体交叉的基本形式,如三路相交的喇叭形、子叶形、Y形,四路相交的苜蓿叶形、部分苜蓿叶形、X形、环形、菱形或其他组合形式等。

根据影响立体交叉的主要因素,表 8-1 为常用立体交叉形式的选择条件(相交道路按六车道计,交通量为当量小客车数),可供参考。

表 8-1 互通式立体交叉形式的选择

项目立体交叉形式	设计速度/(km/h)			交叉口总通行能力/(辆/h)	占地面积/hm²	相交道路等级及交叉口情况
	直行	左转	右转			
定向型立体交叉	80~100	70~80	70~80	13000~15000	8.5~12.5	1.高速公路相互交叉; 2.高速公路与市郊快速路相交
全苜蓿叶式立体交叉	60~80	30~40	30~40	9000~13000	7.0~9.0	1.高速公路相互交叉; 2.高速公路与快速主干路相交; 3.市区主要交叉口用地允许时
迂回式立体交叉	60~80	25~35	30~40	7000~9000	4.5~5.5	1.高速公路与其他高级路相互; 2.高速公路与市郊快速路相交
部分苜蓿叶式立体交叉	30~80	25~35	30~40	6000~7000	3.5~5.0	1.高速公路与快速主干路相交; 2.高速公路与市郊快速路相交
菱形立体交叉	30~80	25~35	25~35	5000~7000	2.5~3.5	1.高速公路与次要公路相交; 2.快速公路与主干路相交
三四层式环行立体交叉	60~80	25~35	25~35	7000~10000	4.0~4.5	1.快速路与快速路相交; 2.市区交叉口; 3.高等级公路与次要道路相交
三层式扁平苜蓿叶式立体交叉	60~80	25~35	25~35	6000~9000	6.0~7.0	1.高等级公路相互交叉; 2.市区交叉口
三肢喇叭式立体交叉	60~80	30~40	30~40	6000~8000	3.5~4.5	1.高速公路与快速路相交; 2.其他高等级公路相交; 3.地形允许的市区交叉口

续表

项目立体交叉形式	设计速度/(km/h)			交叉口总通行能力/(辆/h)	占地面积/hm²	相交道路等级及交叉口情况
	直行	左转	右转			
三肢环形立体交叉	60~80	25~35	25~35	5000~7000	2.5~3.0	1.高等级公路相互交叉； 2.市区T,Y形
三肢梨形子叶式立体交叉	60~80	25~35	25~35	5000~7000	3.0~4.0	1.高等级公路相互交叉； 2.子叶式可作为肢苜蓿叶式的前期
三肢定向形立体交叉	80~100	70~80	70~80	8000~11000	6.0~7.0	1.高速公路相互交叉； 2.相交道路为双向分离行驶,且地形适宜时

2. 确定立体交叉的设计形式

立体交叉设计方案应是理论与实际相结合的产物,是交通组织的理想运行方案与实际的道路、地形等结合后产生的最佳结果,是实际情况对理论值修正后的产物,也是理论值的具体体现。

对理论线位(运行路线)的主要修正因素如下。

1) 地形、地物

立体交叉用地的范围很大,因此地形、地物对立体交叉匝道的选位与选型有着很大的影响。匝道的紧凑与松散,直接关系着占地的多少和拆迁的多少,匝道所经地形的位置设计结构物的多少及投资数量等。怎样才算是最佳的组合,会由经验的多少而定。

2) 立交的管制方式

其中最主要的是是否建立立体交叉收费设施,这一点在交通组织时虽然考虑到,但收费广场对线形的要求是在这里实现的。

3) 几何尺寸

无论是匝道还是进入口、加减速车道以及主线、被交路,所有几何尺寸都会对匝道的位置有所限制和要求。因为匝道应是在满足这些几何尺寸之后的可行线形。其中最主要的因素有净空、纵坡、超高、各断面宽度等。

4) 结构物等工程要求

无论大小结构物,还是土石方工程,提交的方案应是工程量最小而运行效果最好的。因此,所有工程因素均是修正因素。

5) 各种形式对方案的限制因素

用所拟的形式对理论的线位进行修正。其中主要的是各种常规性的硬性指标限制。

3. 方案的比较与推荐

每个立体交叉的形式常常不是唯一可行的,而是各有优缺点。因此在选择形式的时候,也存在着比选的问题。这种比选是宏观上的,主要比较内容如下。

1) 功能上

是否与立体交叉的要求功能相一致,如果没有实现,怎样补充等。

2) 工程上

主要比较不同形式立体交叉的线形及服务水平,这是在能实现立体交叉基本功能的基础上比较的。比如两种形式的匝道设计车速一个是 60 km/h;另一个是 40 km/h,那么从数字上分析,前者显然优于后者。

3) 经济上

从立体交叉资源规模、运行效益分析进行比较,定性地得出结论。

4) 其他

如用地、拆迁等,是上述比较项目的补充。

当上述比较完成以后,进行方案形式的推荐,当无法从这一层定论何优何劣时,可作同深度的具体方案的设计,留下在最后的分析比较中解决。

三、立体交叉的设计资料和设计步骤

(一) 设计资料

在立体交叉设计之前,应通过实地勘测、调查收集下列所需设计资料。

1. 自然资料

收集或测绘立体交叉范围的 1∶500～1∶2000 地形图,详细标注建筑物的建筑线、种类、层高、地上及地下各种杆柱和管线等地物;调查并收集用地发展规划、水文、地质、土壤、气候资料;收集附近的国家控制点和水准点等。

2. 交通资料

收集各转弯及直行交通量、交通组成,推算设计交通量,绘制交通量流量流向图(分布图),调查非机动车和行人流量等。

3. 道路资料

调查相交道路的等级、平纵面线形、横断面形式和尺寸,相交角度、控制坐标和高程,路面类型及厚度,确定净空高度、设计荷载、设计速度及平纵横指标等。与铁路相交时,还应调查铁路的轨股数、间距、轨顶高程、列车通过次数、断道时间,净空和净宽要求等资料。

4. 排水资料

收集立体交叉所在区域的排水系统现状和规划,调查各种管渠的位置、埋深和尺寸。

5. 文书资料

收集设计任务书,上级主管部门和地方政府的具体要求、意见及有关文件,相关技术标准和规范等资料。

6. 其他资料

调查取土、弃土和材料来源，施工单位，施工季节，工期，交通组织和安全等方面的资料。

（二）设计步骤

（1）分析交通资料，包括现状和预测设计年交通量及交叉口的流量流向。

① 绘制交叉口流量流向图。

② 按各流向高峰每小时交通量计算占交叉口交通量的比例，分析交叉口运行特征，确定主流向或优先行驶流向。

（2）按控制地形和地物（包括不良地质控制范围），设定交叉口几何设计控制点。

（3）根据交叉地区可能影响设计的现有和规划路网情况及在路网中交叉口的交通功能，选择确定交叉口类型及立体交叉等级和形式。

（4）按地形图绘制适应交通需求和符合实际的几种可能交叉设计比较方案，简易略图。贯彻由简单到复杂，由平面到互通的原则。

（5）分析各种比较方案，并选其中两种或两种以上交叉设计比较方案，进一步研究和绘制初步平面布置图和纵断面布置图。

（6）根据立体交叉形态按流量大小，按比例采用不同粗细线条绘制其主线和各个匝道的流量流向分配图，以验证匝道选型和流量是否匹配，以提供作为立交方案中各项设计特征指标计算的依据。

（7）对每种交叉设计比较方案中各项设计特征指标，通行能力，交通量，服务水平，运行特征，总体适应性，施工期间的交通组织和分期施工的可能性等方面做出评价。

（8）根据各比较方案的平面布置图，计算征地面积和用地范围，拆迁工程量，投资概算。

（9）在以上步骤完成的基础上，提出推荐方案。

（10）确定采用方案。通过专家论证、征询有关方面意见并经主管部门审查后确定立体交叉方案。

（11）详细测量。对采用方案实地放线并详细测量，进一步收集技术设计所需的全部资料。

（12）技术设计。完成全部施工图的设计和工程预算。

第四节　匝道和端部设计

匝道是供相交道路转弯车辆转向使用的连接道。匝道使空间分离的两主线连接，形成互通式结构。匝道的线形和结构，直接影响转弯车辆行驶的技术条件和立交本身的经济环境效益。因而匝道的布置和设计是立体交叉设计的重要内容之一。

一、匝道的设计依据

1. 匝道设计速度

匝道设计速度主要是根据立体交叉等级、类型、转弯交通量的大小以及用地和建设费用等条件选定。由于匝道布设受立体交叉形式、地形、用地和建设费用等限制,其平、纵线形指标都较主线低。因此,匝道的设计速度也应较主线低,但降低不得过大,以免车辆在离开或进入主线时急剧减速或加速,导致行车危险,降低通行能力。匝道设计速度一般为主线设计速度的50%~70%,尤其是匝道位于高速道路到较低速道路的上坡道情况时。

各互通式立体交叉的匝道设计速度与立体交叉的形式密切相关,因此通常立体交叉匝道设计车速和形式应同时加以研究,尤其是枢纽互通式立体交叉的设计。

采用环形匝道时,为了行车安全和少占土地,规定其内环形匝道车速不大于40 km/h。

公路和城市道路互通式立体交叉匝道设计速度的规定见表8-2和表8-3。

表8-2 公路互通式立体交叉匝道设计速度

匝道类型		直接式	半直接式	环形
匝道设计速度 /(km/h)	枢纽互通式立交	80、70、60、50	80、70、60、50、40	40
	一般互通式立交	60、50、40	60、50、40	40、35、30

表8-3 城市道路互通式立体交叉匝道设计速度

被交道路设计速度/(km/h)	主线设计速度/(km/h)				
	120	80	60	50	40
80	60~50	50~40	—	—	—
60	50~40	45~35	40~30	—	—
50	—	40~30	35~25	30~20	—
40	—	—	30~20	30~20	25~20

选用匝道设计速度时应遵循以下原则。

(1) 右转匝道应尽量采用上限或中间值。

(2) 直连式或半直连左转匝道宜采用上限或中间值。

(3) 匝道设计速度是指匝道线形指标最小处所能保持的最大安全距离,并保证其余路段上的指标与匝道变速行驶的要求相适应。接近自由流出入口附近的匝道部分应有较高的设计速度;接近收费站或平面交叉的匝道端部,设计速度可酌情降低。

2. 规划交通量

匝道规划交通量是确定匝道类型、设计速度、车道数、几何形状、部分互通式或完全互通式以及是否分期修建等的基本依据。规划交通量主要根据相交道路的交通量,结合交通调查资料,通过分析、预测,推算设计年限的年平均日交通量作为设计依据,设计时一般采用设计小时交通量。

设计小时交通量的推算方法与相交道路相同。其交通组成以及直、左、右行方向的交通量,用交通量流向流量分布图表示。图8-16为某交叉口交通量流向流量分布图。

3. 通行能力

匝道的通行能力取决于匝道本身和出、入口处的通行能力,以三者之中较小者作为采用值。通常出口和入口的通行能力与匝道本身通行能力相比甚小,故匝道的通行能力主要受匝道出口或入口处通行能力的控制,并受主线通行能力、车道数、设计交通量等影响。单车道匝道的最大设计通行能力为1200 pcu/h,单车道环形匝道设计通行能力为800~1000 pcu/h。

二、匝道的分类

按匝道的功能及其与正线的关系、匝道横断面的车道类型,一般有以下两种分类方法。

(一) 按匝道的功能及其与正线的关系分类

按匝道的功能及其与正线的关系,分为右转匝道和左转匝道两类。

1. 右转匝道

车辆从正线右侧驶出后直接右转约90°,到被交道路的右侧驶入,一般不设跨线构造物,如图8-17所示。根据互通式立体交叉的形式和用地等限制条件,右转匝道可以布设为单(复)曲线、反向曲线、平行线或同向曲线四种。右转匝道属于右出右进的直接式匝道,其特点是形式简单,右出右进,出入直接方向明确,线形适顺,行车速度和线形指标较高,行程较短,行车安全。

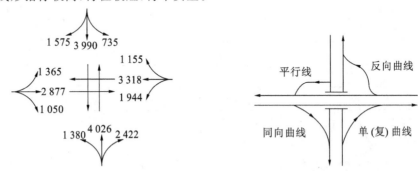

图8-16 交通量流向流量图(单位:pcu/h)　　图8-17 右转匝道示意图

2. 左转匝道

车辆须转90°~270°穿越对向车道及被交道路,除环形匝道外至少需要一座跨线构造物。按匝道布设与相交道路的关系,左转匝道可分为直接式、半直接式、间接式三种类型。

1) 直接式

直接式又称定向式或左出左进式,如图8-18所示。左转车辆直接从行车道左侧分流驶出,左转约90°,到被交道路行车道的左侧合流驶入。其优点是长度短,可降低营运费用;没有反向运行,最为自然,不会在立交处引起错路运行。缺点是跨线构造物较多,正相交道路的双向行车之间需有足够间距,对重型车和慢速车左侧高速驶出困难且不安全。

2)半直接式

半直接式又称半定向式,按车辆由相交道路的进出方式可分为左出右进式、右出左进式、右出右进式三种基本形式。

(1)左出右进式。

如图8-19所示,左转车辆从行车道左侧直接分流驶出后左转弯,到被交道路时由右侧合流驶入。与左出左进式匝道相比,右进改善了左进的缺点,车辆驶入安全,但仍存在左出问题;跨线构造物多。

(2)右出左进式。

如图8-20所示,左转车辆从行车道右侧分流右转驶出,在匝道上左转弯,到被交道路后直接由行车道左侧合流驶入。右出改善了左出的缺点,车辆驶出安全,但仍存在左进问题,驶入道路对向行车道间须有足够间距,其余特征与左出右进式匝道相同。

图8-18 直接式左转匝道
（左出左进）

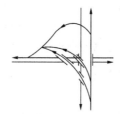

图8-19 左出右进式
左转匝道

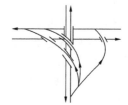

图8-20 右出左进式
左转匝道

(3)右出右进式。

如图8-21所示,左转车辆从行车道右侧分流右转驶出,在匝道上左转弯,到被交道路时由行车道右侧合流驶入。这是常用左转匝道形式,消除了左出、左进的缺点;行车安全方便,但匝道绕行长,跨线构造物最多。图中五种形式应视地形、地物及线形等条件而定。

3)间接式

间接式又称环形或环圈式,如图8-22所示,左转车辆驶过正线跨线构造物后,从行车道右侧向右回转约270°达到左转的目的,在被交道路的右侧驶入。特点是右出右进,分合自然,行车安全;匝道上不需设置跨线构造物,造价最低;但匝道线形指标低,适应车速低,通行能力较小,占地较大,左转车辆绕行距离长。环形匝道为苜蓿叶形和喇叭形立体交叉的标准组成部分。

（二）按匝道横断面的车道类型分类

互通式立体交叉的匝道按匝道横断面的车道类型,可分为以下四种。

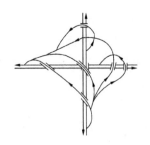
图 8-21 右出右进式左转匝道

图 8-22 环形左转匝道

1) 单向单车道匝道（Ⅰ型横断面）

如图 8-23(a)所示，这是一种常用的匝道形式。无论右转匝道或左转匝道，当转弯交通量较小且未超过单车道匝道的设计通行能力时，都可采用这种形式。

2) 单向双车道匝道（Ⅱ型横断面，简称双匝道）

如图 8-23(b)所示，匝道出入口之间的路段采用两个车道，但出入口采用单车道。两个车道之间可以采用画线分隔，右侧不设置紧急停车带。其主要适用于转弯交通量超过单车道匝道的设计通行能力，考虑超车需要的情况。

3) 单向双车道匝道（Ⅲ型横断面，简称标双匝道）

如图 8-23(c)所示，匝道(包括出入口)采用两个车道。两个车道之间可以采用画线分隔，右侧设置紧急停车带。其主要适用于转弯交通量超过单车道匝道的设计通行能力，且考虑超车和紧急停车需要的情况。

4) 对向双车道匝道（Ⅳ型横断面）

两个方向的车行道之间一般采用中央分隔带隔离，如图 8-23(d)所示，适用于转弯交通量满足设计通行能力要求且用地允许的情况。如果用地较紧张，也可画线分隔，但只适用于转弯交通量小于单车道匝道的设计通行能力的情况。当双向交通量较大时，也可以采用对向四车道匝道。

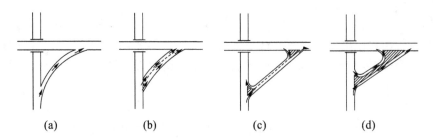

图 8-23 按匝道横断面车道类型分类
（Ⅰ—Ⅰ、Ⅱ—Ⅱ、Ⅲ—Ⅲ、Ⅳ—Ⅳ断面图另见图 8-25）

三、匝道线形设计标准

(一) 匝道平面线形指标

互通式立体交叉匝道的平面线形指标。应根据互通式立体交叉的形式、匝道设计速度、交通量、地形和用地条件以及造价等因素确定,并保证车辆能连续安全地运行,力求达到工程及运营经济。

1. 匝道圆曲线半径

匝道圆曲线设计容许的最大超高横坡和容许横向力系数决定了匝道圆曲线的最小半径。由于地域、气候的不同,采用不同的最大超高横坡和容许横向力系数,也有不同圆曲线最小半径限制,以及公路立体交叉匝道圆曲线最小半径的规定,如表8-4 所示。通常应选用大于一般值的半径,当受地形条件或其他特殊情况限制时,方可采用极限值。冰冻积雪地区不得采用极限值。

表 8-4 公路立体交叉匝道圆曲线的最小半径

匝道设计速度/(km/h)		80	70	60	50	40	35	30
圆曲线最小半径/m	一般值	280	210	150	100	60	40	30
	极限值	230	175	120	80	50	35	25

城市通路立体交叉匝道圆曲线最小半径的规定,见表8-5。选用时宜采用大于或等于表列 $i_h=2\%$ 最小半径,有条件的地方可采用不设超高的最小半径。

表 8-5 城市道路立体交叉匝道圆曲线的最小半径及平曲线最小长度

匝道设计速度/(km/h)	60	50	45	40	35	30	25	20
横向力系数 μ	0.18						0.16	0.14
超高 $i_h=6\%$ 的最小半径/m	120	80	65	50	40	30	20	15
超高 $i_h=4\%$ 的最小半径/m	130	90	75	60	45	35	25	20
超高 $i_h=2\%$ 的最小半径/m	145	100	80	65	50	40	30	20
不设超高的最小半径/m	180	125	100	80	60	45	35	30
平曲线最小长度/m	100	85	75	65	60	50	40	35

2. 匝道回旋线参数

缓和曲线最小长度确定,必须使离心加速度变化率不超过一定限度,且在方向操作上要有合理的时间。

匝道缓和曲线长度、回旋线参数宜不小于表8-6的规定。

表 8-6 匝道回旋线参数及长度

匝道设计速度/(km/h)	80	70	60	50	40	35	30
回旋线参数 A/m	140	100	70	50	35	30	20
回旋线长度/m	70	60	50	40	35	30	25

回旋线长度应不小于超高过渡所需的长度,其参数以 $A \leqslant 1.5R$ 为宜。反向曲线

间两个回旋线,其参数宜相等或相近。相差较大时,大小两参数之比不宜大于1.5,径相衔接的复曲线,其大小半径之比不应大于1.5,否则应设回旋线。

3. 分流点处匝道最小曲率半径

驶出匝道的分流点处,因从正线分离后行驶速度较高,应具有较大的曲率半径,并使其后的曲率变化与行驶速度的变化相适应,如图8-24所示。

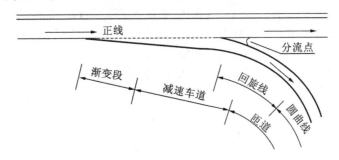

图 8-24 分流点处匝道曲率半径和曲率

在分流点处,匝道最小曲率半径规定如表8-7所示。

表 8-7 分流点处匝道最小曲率半径

主线设计速度/(km/h)		120	100	≤80
最小曲率半径/m	一般值	350	300	250
	极限值	300	250	200
回旋线参数 A/m	一般值	140	120	100
	极限值	120	100	80

(二)匝道纵断面线形指标

1. 匝道最大纵坡

互通式立体交叉一般交通量大,行驶车种复杂,为保证行车安全,立体交叉匝道最大纵坡值按互通式立体交叉等级、匝道计算行车速度采用不同标准;匝道因受上下线标高的限制,为克服高差、节省用地和建设拆迁,并考虑匝道上车速较低,故匝道纵坡一般比主线纵坡大。

公路互通式立体交叉匝道最大纵坡不应大于表8-8所列值。

表 8-8 公路互通式立体交叉匝道最大纵坡

匝道设计速度/(km/h)			80、70	60、50	40、35、30
最大纵坡/(%)	出口匝道	上坡	3	4	5
		下坡	3	3	4
	入口匝道	上坡	3	3	4
		下坡	3	4	5

匝道最大纵坡,因地形困难或用地紧张时可增大1%;出口匝道的上坡、入口匝道的下坡路段,在非冰冻积雪地区特殊困难情况下可增加2%。

城市道路立体交叉匝道的最大纵坡不应大于表 8-9 的规定。若机动车与非机动车在同一匝道上混行时，考虑到非机动车的行车要求，最大纵坡应按非机动车车行道的规定，一般不宜大于 3%。

表 8-9　城市道路立体交叉匝道最大纵坡

匝道设计速度/(km/h)		80	≤60
最大纵坡/(%)	冰冻地区	4	4
	非冰冻地区	4	5

2. 匝道竖曲线最小半径及最小长度

在纵断面纵坡的变坡点应设竖曲线，在匝道纵断面设计中竖曲线的设计受很多因素制约；其中离心力大小，在凸形竖曲线中表现为失重，对凹形竖曲线中表现为增重，对司乘人员及汽车悬挂系统不利；匝道长度及视距是决定竖曲线最小长度和半径的主要因素；匝道各设计速度对应的竖曲线最小半径及最小长度如表 8-10 所示。

表 8-10　匝道竖曲线的最小半径及长度

匝道设计速度/(km/h)			80	70	60	50	40	35	30
竖曲线最小半径/m	凸形	一般值	4500	3500	2000	1600	900	700	500
		极限值	3000	2000	1400	800	450	350	250
	凹形	一般值	3000	2000	1500	1400	900	700	400
		极限值	2000	1500	1000	700	450	350	300
竖曲线最小长度/m		一般值	100	90	70	60	40	35	30
		极限值	75	60	50	40	35	30	25

设计时应尽量采用大于或等于一般值的竖曲线半径，特殊困难时可适当减小，但不得低于表列极限值。

3. 分流鼻附近竖曲线半径和长度

分流鼻附近竖曲线半径和长度应不小于表 8-11 所列值。

表 8-11　分流鼻附近匝道竖曲线半径及长度

主线设计速度/(km/h)		120	100	80	60
凸形竖曲线半径/m	一般值	3500	2000	1600	900
	最小值	2000	1400	800	450
凹形竖曲线半径/m	一般值	2000	1500	1400	900
	最小值	1500	1000	700	450
竖曲线长/m	一般值	90	45	60	40
	最小值	60	50	40	35

(三)匝道横断面及加宽

1. 匝道横断面

匝道横断面由行车道、路缘带、硬路肩和土路肩(城市道路不设)组成,对向分隔的双车道匝道还应包括中央分隔带。匝道横断面类型如图 8-25 所示,选用条件如下。

(1)交通量小于 300 pcu/h,匝道长度小于 500 m,或交通量等于或大于 300 pcu/h 但小于 1200 pcu/h,匝道长度小于 300 m 时,应采用Ⅰ型。

(2)当交通量小于 300 pcu/h,匝道长度等于或大于 500 m,或交通量等于或大于 300 pcu/h 但小于 1200 pcu/h,匝道长度等于或大于 300 m 时,应考虑超车而采用Ⅱ型,但采用单车道出、入口。

(3)当交通量等于或大于 1200 pcu/h 但小于 1500 pcu/h 时,应采用Ⅱ型。

(4)当交通量等于或大于 1500 pcu/h 时,应采用Ⅲ型。

(5)当两条对向单车道匝道相依,且平、纵线形一致时,应采用Ⅳ型;当设计速度小于或等于 40 km/h,且位于非高速公路一方时,可采用Ⅱ型。

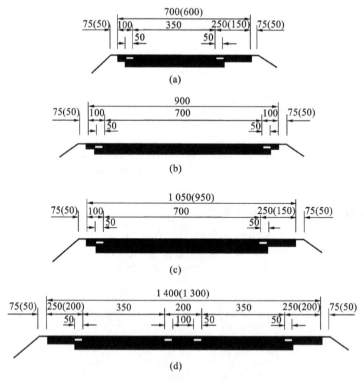

图 8-25 匝道横断面类型(单位:cm)

(a)Ⅰ型—单车道;(b)Ⅱ型—双车道;
(c)Ⅲ型—双车道(设供紧急停车用硬路肩);(d)Ⅳ型—对向分隔式双车道
注:不包括曲线上的加宽值。

匝道各组成部分的宽度：公路立体交叉车道宽度采用3.50 m，城市道路立体交叉当匝道设计速度不小于40 km/h时，采用3.75 m或4.00 m；当设计速度小于40 km/h，采用3.50 m；城市道路机、非混行的匝道，非机动车车道宽应视交通量而定。路缘带宽度为0.50 m。左侧硬路肩(含路缘带)宽度为1.00 m。右侧硬路肩(含路缘带)宽度，设供紧急停车用硬路肩时为2.50 m，条件受限制时可采用1.50 m，但对向分隔式双车道宜采用2.00 m；不设供紧急停车用硬路肩时为1.00 m。土路肩的宽度为0.75 m；条件受限制时，不设路侧护栏者可采用0.50 m。中央分隔带的宽度应不小于1.00 m。

匝道的车道、硬路肩宽度与正线不同时，应设置渐变率为1/40～1/20的过渡段。

2. 匝道的加宽及其过渡

匝道圆曲线的加宽值。应根据圆曲线半径按表8-12所示数值采用。圆曲线上路面的加宽一般设在圆曲线内侧，加宽的过渡可按照正线加宽过渡的方式进行。

表8-12 匝道圆曲线的加宽值

单车道匝道(Ⅰ型)		单向双车道或对向双车道匝道(Ⅱ型)	
圆曲线半径/m	加宽值/m	圆曲线半径/m	加宽值/m
25～27	2.00	25～26	2.25
27～29	1.75	26～27	2.00
29～32	1.50	27～29	1.75
32～36	1.25	29～31	1.50
36～42	1.00	31～33	1.25
42～48	0.75	33～36	1.00
48～58	0.50	36～39	0.75
58～72	0.25	39～43	0.50
≥72	0	43～47	0.25
		≥47	0

注：① 表中加宽值时对图8-25(a)的标准宽度而言，当遇特殊断面时，加宽值应调整，使加宽后的总宽度与标准一致。

② 对向分隔式双车道(Ⅳ型)，应按各自车道的圆曲线半径所对应的加宽值分别加宽。

③ 双车道设供紧急停车用硬路肩(Ⅲ型)的加宽为双车道(Ⅱ型)的加宽值减去Ⅱ、Ⅲ型二者硬路肩的差值。

(四) 匝道的超高及其过渡

1. 超高值

匝道上的圆曲线应根据规定要求设置必要的超高，超高值应根据匝道设计速度、圆曲线半径、公路条件、自然条件等经计算确定。积雪冰冻区超高不大于6%，合成坡度不大于8%。当圆曲线半径大于表8-13所列值时，可不设超高，保持正常路拱。

表 8-13 匝道上保持正常路拱的圆曲线半径(m)

匝道设计速度/(km/h)	80	70	60	50	40	35	30
保持正常路拱(2%)的圆曲线半径	3500	2600	2000	1300	800	650	500

2. 超高过渡段

匝道上直线与超高圆曲线之间,或两超高不同的圆曲线之间,应设置超高过渡段。超高过渡段长度应根据匝道的设计速度、横断面类型、旋转轴的位置以及超高渐变率等因素确定。超高过渡段长度计算公式与正线相同。匝道超高渐变率规定如表 8-14。

表 8-14 匝道超高渐变率

断面类型及旋转轴位置	单向单车道		单向双车道及非分隔式对向双车道	
匝道设计速度/(km/h)	左路缘带外边线	行车道中心线	左路缘带外边线	行车道中心线
80	1/200	1/250	1/100	1/200
70	1/175	1/235	1/135	1/185
60	1/150	1/225	1/125	1/175
50	1/125	1/200	1/100	1/150
≤40	1/100	1/150	1/100	1/150

横坡处于水平状态附近时,其超高渐变率不应小于表 8-15 的规定。

表 8-15 匝道最小超高渐变率

断面类型		单向单车道	单向双车道及非分隔式对向双车道
旋转轴位置	行车道中心线	1/800	1/500
	左路缘带外边线	1/500	1/300

匝道超高过渡应平顺和缓,不产生扭曲突变。超高过渡方式可根据实际条件,采用以行车道中线或以左路缘带外边线旋转,沿超高过渡段逐渐变化,直至达到圆曲线内的全超高。

3. 超高设置方式

(1) 有缓和曲线时,超高过渡在回旋线的全长或部分范围内进行。

(2) 没有缓和曲线时,可将所需过渡段长度的 1/3~1/2 插入圆曲线,其余设置在直线上。

(3) 两圆曲线径相连接时,可将过渡段的各半部分分别布置于圆曲线中。

(五) 匝道的视距

匝道全长范围内均应满足大于表 8-16 所列停车视距数值,积雪地区应不小于括号内的值。条件受限制时,分流点之前主线上的视距应大于 1.25 倍主线停车视距,有条件时宜满足表 8-17 所列识别视距的要求。

表 8-16　识别视距

主线设计速度/(km/h)	120	100	80	60
识别视距/m	350~460	290~380	230~300	170~240

表 8-17　匝道停车视距

匝道设计速度/(km/h)	80	70	60	50	40	35	30
停车视距/m	110(135)	95(120)	75(100)	65(70)	40(45)	35	30

四、匝道的线形设计要点

(一)匝道平面线形设计

1. 一般要求

(1)匝道平曲线的曲率变化应与逐渐变化的行驶速度相适应。

(2)匝道平面线形应与交通量相适应,转弯交通量大的匝道应采用较高的平面线形指标,行车路径应尽量短捷。

(3)驶出匝道的平面线形技术指标要高于驶入匝道。

(4)合流、分流处应具有良好的线形和视距条件。

(5)应尽量避免不必要的反弯。

2. 匝道平面线形设计

匝道平面线形要素仍是直线、圆曲线及缓和曲线。因匝道通常较短,难以争取到较长直线,故多以曲线为主。

一个线形简单的匝道,例如一般的右转弯匝道、左转弯直接式匝道等,通常可以用一段圆曲线或者多心(例如三心)圆曲线处理。如果各段圆曲线半径选择适当,则可以省去缓和曲线。当采用多心圆曲线时,两端连接出、入口的圆曲线应采用较大半径,中间的圆曲线可用小一些的半径;否则会使车辆多次减速和加速运行,且在中间路段过早加速,到驶入匝道时易失去控制。

对环形左转弯匝道,最简单的是采用单圆曲线,设计简单,但与匝道上车速的变化不适应;最好采用曲率半径由大到小再到大的水滴形或卵形曲线,可满足车速变化要求,但设计计算比较复杂。

一般而言,匝道的平面线形比道路路线平面线形要复杂,此外,匝道在平面位置和高程上都受到较严格的控制。

(二)匝道纵断面线形设计

1. 一般要求

(1)匝道及其同主线相连接的部位,其纵断面线形应尽可能地连续,避免线形的突变。

(2)匝道应尽可能采用较缓纵坡,以保证行驶的舒适与安全。特别是加速上坡匝道和减速下坡匝道应采用较缓的纵坡,应尽量避免采用等于或接近于最大纵坡值的坡度。

(3) 匝道及其端部纵坡变化处应采用较大半径的竖曲线,以保证足够的停车视距。合流、分流点及其附近的竖曲线,除满足停车视距的要求外,还应能看见前方道路的路况。

2. 匝道纵断面线形

匝道纵断面线形多受其两端相连接正线的高程、纵坡大小及坡向限制,当匝道跨越匝道或正线时,还要受跨线处高程的控制。不同形式的匝道,纵断面的布设会有所差异。

右转匝道纵断面线形常由一个以上竖曲线组合而成,但纵坡较小,起伏不大,竖曲线半径较大。左转匝道一般由反向或同向竖曲线组成,反向竖曲线的上端多为凸形,下端多为凹形,中间宜插入直坡段,也可直接连接;同向竖曲线宜加大半径,连成一个竖曲线或复合竖曲线。

匝道纵坡设计应尽量平缓,最好一次起伏,避免多次变坡。出口处竖曲线半径应尽可能大一些,以便误行或其他原因要倒车时不致造成危险或引起阻塞。入口附近的纵断面线形必须有同正线一致的平行区段,以看清正线,安全驶入。

(三) 匝道平、纵线形组合设计

匝道平、纵线形不但要满足有关规定,同时其平、纵线形组合设计也应满足一定的要求,使匝道立体线形平顺无扭曲,视野开阔,行车安全舒适,视觉美观,并与主线衔接处及周围环境协调配合。匝道平、纵线形组合设计的原则和要点与正线基本相同,但应注意出口处平、纵组合处理。

在出口处,若是越过凸形竖曲线以下坡驶入匝道时,坡顶之后的平曲线不应突然出现在驾驶员眼前,应将凸形竖曲线加长以增大视距,使驾驶员能及早发现平曲线的起点和方向,并有足够的安全运行时间。在入口处,若由匝道上坡驶入主线时,应纵断面与邻近正线基本一致,以保证通视三角区要求。

五、匝道的端部设计

匝道端部是邻近主线出入口部分的统称,包括匝道渐变段、变速车道、匝道端点。

在匝道端部汽车作为变速、分流、合流等复杂运动,是汽车驶出、驶入主线争夺时间和空间的场所,是互通式立体交叉易产生交通阻塞和交通事故的部位,故设计时应给予特别注意。

匝道端部可以根据端部变速车道的外形分为平行式和直接式。也可根据端部变速车道的车道数分为单车道和多车道型。

端部设计的一般原则是:出入顺适、安全,线形与主线协调一致,出入口标示清晰,主线与匝道间应能相互通视。

(一) 出口与入口设计

1. 主线出、入口

在合流端部,匝道与主线间应有保证视距的一定范围,其通视三角区规定如图 8-26 所示。

匝道出口位置应明显,易于识别。一般情况下,宜将出口设置在跨线桥前。当设置在其后时,则至跨线桥的距离宜大于 150 m。出口接下坡匝道时,应保证驾驶员能在出口前看清楚匝道中第一曲线的起点及曲率趋势。

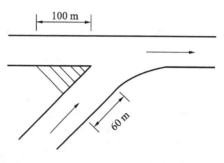

图 8-26 入口处通视区域

主线与匝道分流处,应给误行车辆提供返回的余地,行车道边缘应加宽一定偏置值,加宽后主线和匝道的路面边缘用圆弧连接,并用路面标线引导行驶方向,如图 8-27 所示。偏置值和分流鼻端圆弧半径见表 8-18。分流鼻处的加宽路面收敛到正常路面的过渡长度 Z_1 和 Z_2 可以按照表 8-19 的渐变率进行计算。

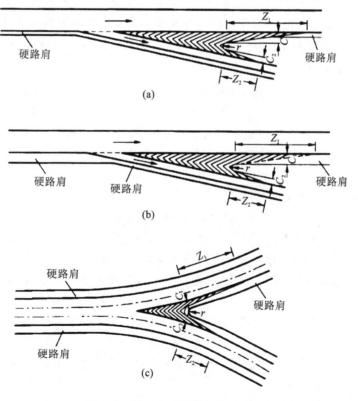

图 8-27 分流鼻处的铺面偏置加宽
(a)硬路肩较窄时;(b)硬路肩较宽时;(c)主线分岔时

表 8-18 分流鼻处偏置值与鼻端半径

分流方式	主线偏置值 C_1/m	匝道偏置值 C_2/m	端部半径 r/m
驶离主线	2.5~3.5	0.6~1.0	0.6~1.0
主线分岔	≥1.8		0.6~1.0

表 8-19 分流鼻端偏置加宽渐变率

设计速度/(km/h)	120	100	80	60	≤40
渐变率/(1/m)	1/12	1/11	1/10	1/8	1/7

2. 互通式立体交叉的平面交叉口

互通式立体交叉在次线或匝道上可设置平面交叉口。这种平交道口往往决定整个立体交叉的通行能力、服务水平和交通安全,设计时应予以充分重视。

在选定互通式立体交叉的形式时,应考虑所含平面交叉的必要性和合理性。设计中应将匝道布置在合适的象限内,使冲突点减至尽可能少的程度。对平面交叉应根据交通量、交通组成和行驶速度等作出合理的布置,并设置必要的标志、标线、分隔带、交通岛、变速车道、转弯车道等。行人与非机动车辆的交通对平面交叉影响很大,必要时应采取专辟车道、渠化或立体交叉等措施,与机动车分离行驶。

(二) 变速车道设计

在主线入口处,为使匝道上的车辆逐渐加速,利用主线道路上的车流空隙以等于或接近主线车流速度的车速驶入主线,以便在不干扰或中断主线交通流的情况下完成合流运行。这时应设置供车辆加速行驶所需的车道,即为加速车道。同理,在主线出口处,设置供车辆减速行驶所需的车道,称为减速车道。二者统称为变速车道。

1. 变速车道的形式

变速车道一般分为直接式和平行式两种,如图 8-28 所示。

(1) 平行式:是在正线外侧平行增设的一条附加车道。其特点是车道划分明确,行车容易辨认,但车辆行驶轨迹呈反向曲线对行车不利。原则上加速车道采用平行式,因加速车道较长,平行式容易布置。平行式变速车道端部应设渐变段与正线连接。

(2) 直接式:不设平行路段,由正线斜向渐变加宽,形成一条与匝道连接的附加车道。其特点是线性平顺且与行车轨迹吻合,对行车有利,但起点不易识别。原则上减速车道采用直接式,另外,加速车道较短或双车道变速车道应采用直接式。

2. 变速车道的横断面

变速车道横断面的组成与单车道匝道基本相同,是由车行道、路肩和路缘石带组成,各组成部分宽度如图 8-29 所示。城市道路可不设右路肩,但应保留路缘带。

第八章 道路立体交叉设计 343

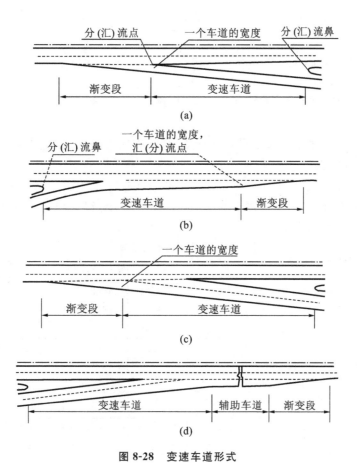

图 8-28 变速车道形式
(a)直接式单车道;(b)平行式单车道;(c)直接式双车道;(d)设辅助车道的直接式双车道

3. 变速车道的长度

变速车道由加速(或减速)车道和渐变段(或称三角端)组成。其主要平面尺寸包括加(减)速车道长度、渐变段长度及出、入口渐变率等部分,如图 8-30 所示。

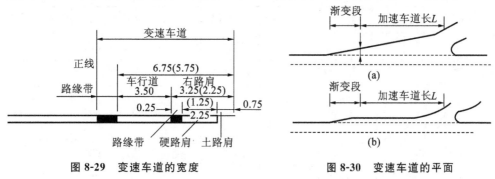

图 8-29 变速车道的宽度

图 8-30 变速车道的平面
(a)直接式;(b)平行式

(1)加、减速车道长度是指渐变车道宽达一个车道的位置与分流或合流端之间的距离。其计算公式为

$$L = \frac{V_1^2 - V_2^2}{26a} \tag{8-1}$$

式中 V_1——正线平均行驶速度,km/h;

V_2——匝道平均行驶速度,km/h;

a——汽车平均加(减)速度,m/s², 加速时 $a=0.8 \text{ m/s}^2 \sim 1.2 \text{ m/s}^2$;减速时 a 为 $2\sim 3 \text{ m/s}^2$。

平坡时加、减速车道长度可以按照表 8-20 查用,并根据正线纵坡大小,按照表 8-21 所示系数修正。

(2)渐变段。平行式变速车道渐变的长度不应该小于表 8-20 所列的数值。直接式变速车道渐变段按照边缘渐变率控制,出入端和入口端渐变率规定如表 8-21。

表 8-20 变速车道长度及渐变率

变速车道类别		主线设计速度/(km/h)	变速车道长度/m	渐变率/(l/m)	渐变段长度/m	主线硬路肩或其加宽后的宽度 C_1/m	分、汇流鼻端半径 r/m	分流鼻处匝道左侧硬路肩加宽 C_2/m
出口	单车道	120	145	1/25	100	3.5	0.6	0.60
		100	125	1/22.5	90	3.0	0.6	0.80
		80	110	1/20	80	3.0	0.6	0.80
		60	95	1/17.5	70	3.0	0.6	0.70
	双车道	120	225	1/22.5	90	3.5	0.7	0.70
		100	190	1/20	80	3.0	0.7	0.70
		80	170	1/17.5	70	3.0	0.7	0.90
		60	140	1/15	60	3.0	0.6	0.60
入口	单车道	120	230	—(1/45)	90(180)	3.5	0.6(0.55)	—
		100	200	—(1/40)	80(160)	3.0	0.6(0.75)	—
		80	180	—(1/40)	70(160)	2.5	0.6(0.75)	—
		60	155	—(1/35)	60(140)	2.5	0.6(0.70)	—
	双车道	120	400	—(1/45)	180	3.5	0.63	—
		100	350	—(1/40)	160	3.0	0.63	—
		80	310	—(1/37.5)	150	2.5	0.67	—
		60	270	—(1/35)	140	2.5	0.50	—

表 8-21　坡道上变速车道长度修正系数

正线平均坡度/(%)	i≤2	i≤3	i≤4	i≤6	正线平均坡度/(%)	i≤2	i≤3	i≤4	i≤6
下坡减速车道修正系数	1.0	1.1	1.2	1.3	下坡减速车道修正系数	1.0	1.2	1.3	1.4

(三) 辅助车道

在高速公路、一级公路和城市快速道路的全长或较长路段内，必须保持一定基本车道数。同时在正线与匝道的分、合流处必须保持车道数目的平衡，二者之间是通过辅助车道来协调的。

1. 基本车道数

基本车道数是指一条道路或其某一段内，根据交通量和通行能力的要求所必需的一定数量的车道数。基本车道数在相当长的路段内不应变动，不应通过互通式立体交叉而改变基本车道数，目的是防止因修建立体交叉而可能形成瓶颈或导致不必要的浪费。

2. 车道平衡原则

正线的车流量必然会因分、合流的存在而发生变化，分流减少，合流增大。为适应这种车流量的变化，保证车流通畅和工程经济，在分、合流处的车道数量应保持平衡。车道平衡的原则如下：

(1) 两条车流合流以后正线上的车道数量应不少于合流前交汇道路上所有车道数总和减一。

(2) 正线车道数量应不少于分流以后分叉道路的所有车道数总和减一。

(3) 正线上的车道数每次减少不应多于一条。

分、合流处应按车道数平衡公式(8-2)进行计算，以检验车道数是否平衡，如图 8-31 所示。

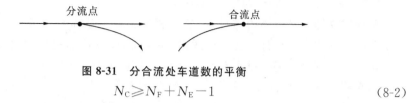

图 8-31　分合流处车道数的平衡

$$N_C \geqslant N_F + N_E - 1 \tag{8-2}$$

式中　N_C——分流前或合流后的正线车道数；

N_F——分流后或合流前的正线车道数；

N_E——匝道车道数。

3. 辅助车道

在分、合流处，既要保持车道数平衡，又要保持基本车道数，如果二者发生矛盾，可通过在分流点前与合流点后的正线上增设辅助车道的办法来解决，如图 8-32 所示。

在基本车道数连续的条件下,一般单车道匝道也能满足车道平衡的要求;而设置双车匝道时车道数不平衡,应增设辅助车道。一般规定辅助车道长度在分流端 1000 m,最小 600 m;在合流端为 600 m。另外当前一个立体交叉加速车道的末端至下一个立体交叉减速车道起点之间的距离小于 500 m 时,必须设辅助车道将两者连接起来。

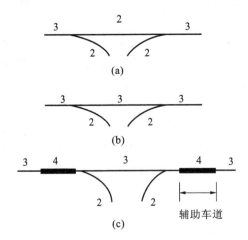

图 8-32　辅助车道
(a)车道数平衡,但基本车道数不连续;(b)基本车道数连续但车道数不平衡;
(c)车道数平衡且基本车道数连续

第五节　立体交叉的其他设计

一、立体交叉辅助设施设计要点

(一)立体交叉范围内的排水设计

互通式立体交叉范围内的排水,应与相交道路的排水统一设计,以构成完整的排水系统。立体交叉设计(尤其是公路立体交叉)应尽可能地采用雨水自流排水,雨水管出口的管底标高高于排水沟或河道通常水位。

当采用下穿式立体交叉时,地道一般在地面下的较深处,地面水和地下水的排除常需要设置泵站提升,为节省投资和管理费用,地道以外的地面水不应注入其内,尽量减少集水面积。为此,应在地道两侧设置挡水墙和截水设施。在纵坡设计时应在引道两端适当位置设置凸形分水点,引道最低点应设置在洞口外的适当位置,并在该处设置进水口和雨水管的连接。为保证排水需要,引道最小纵坡不小于 0.3%。立体交叉桥上应设有暗管将路面雨水引导至两端的排水系统排出桥面。雨水管渠的设计流量和水力计算详见道路排水设计。

(二) 交通标志和交通标线

立体交叉设计应能为车辆行驶提供明确的路线诱导和必要的交通信息。否则,会使驾驶员无所适从,极易引起迷路现象和错车运行,甚至导致交通事故。特别是大型复杂的立体交叉,更应合理设置交通标志和标线,以保证车辆安全快速通过。

(1) 交通标志:是立体交叉不可缺少的安全导向设施,主要包括指路标志、指示标志、禁令标志和警告标志。标志设置的地点应在驾驶员容易看到,能准确判读的醒目地点,且应不妨碍交通、不影响视线以及便于维修。标志的设置距离应能起到预告、指示和指引的作用,并设置在立体交叉之前的适当位置。如立体交叉的出入口标志,公路立体交叉必须在 2 km,城市立体交叉在 1 km 之前就要设置预告标志,然后在 500 m、100 m 处设置提示标志,到达出口时应设置指示标志,引导车辆驶离主线。再如警告标志设置距离应能保证车辆在标志前及时减速直至停车。

(2) 交通标线:是立体交叉交通安全设施的组成部分,其作用是管制和引导交通,它包括路面标线、突起路标和立面标记等。

路面标线形式有行车道中心线、行车道边缘线、车道分界线、停车线、人行横道、减速让行线、导流标线、行车道宽度渐变段标线、出入口标线、导向箭头以及路面文字或图形标记等。突起路标是固定于路面上的突起的标记块,应做成定向反射型。里面标记可设置在跨线桥的墩柱或侧墙断面上,或地道洞口和安全岛等壁面上。

交通标志和交通标线的具体做法应符合《道路交通标志和标线》中的相关规定。

第六节 道路与铁路、乡村道路及管线交叉

一、道路与铁路交叉

道路与铁路交叉分为立体交叉和平面交叉(又称道口)两种。

道路与铁路交叉形式的选择应根据道路和铁路的等级、交通量(年客货运量)、安全、经济等因素综合确定,原则上应考虑设置立体交叉。

道路与铁路交叉设计要点如下。

(1) 道路与铁路平面相交,以垂直交叉为宜。必须斜交时,其交叉的锐角应不小于 70°;受地形条件或其他特殊情况限制时,应不小于 60°。

(2) 平面交叉应设置在汽车瞭望视距不小于表 8-22 规定值的地点。瞭望视距为汽车驾驶员在距道口相当于该级道路停车视距并不小于 50 m 处能看到两侧铁路上火车的范围。

表 8-22 汽车瞭望视距

路段旅客列车设计速度/(km/h)	140	120	100	80
汽车瞭望视距/m	470	400	340	270

(3) 道口附近的铁路路线以直线为宜。道路路线宜为直线,道口两侧道路的直线长度,从最外侧钢轨算起,不应小于 50 m。

(4) 道口两侧道路的水平路段长度(不包括竖曲线),从铁路最外侧钢轨外侧算起,不应小于 16 m。紧接水平路段的道路纵坡,不应大于 3%;当受地形条件及其他特殊情况限制时,不得大于 5%。

对重车驶向道口一侧的道路下坡路段,紧邻道口水平路段的纵坡不应大于 3%。

(5) 道口应设置坚固、平整、稳定且易于翻修的铺砌层,其长度应延伸至钢轨以外 2.0 m。道口两侧道路在距铁路钢轨外侧 20 m 范围内,宜铺筑中级以上路面。道口铺砌宽度和道路引道宽度均不应小于相交道路的路基宽度。

公路、铁路相接近时的要求如下。

① 公路、铁路相接近时,两者的用地界之间宜保持一定的间隔,高速公路、一级公路不应小于 10 m,二、三、四级公路不应小于 5 m。当地形条件及其他特殊情况限制时,应保证公路、铁路各自设施不受影响和排水系统的独立完整。

② 公路、铁路相接近时,下列情况应设防眩设施:

a. 火车机车眩光对高速公路、一级公路的行车有干扰的路段;

b. 火车机车眩光对二级公路和交通繁忙的三级公路的行车有严重干扰的路段。

二、道路与乡村道路交叉

道路与乡村道路交叉设计要点如下。

(1) 平面交叉以正交为宜,当必须斜交时,其锐角应不小于 70°;受地形条件或其他特殊情况限制时,应不小于 60°。

(2) 交叉处公路两侧的乡村道路直线长度应各不小于 20 m。

(3) 交叉处公路两侧应分别设置不小于 10 m 的水平段。紧接水平段的纵坡不应大于 3%,困难地段不应大于 6%。

(4) 平面交叉处应使驭手或驾驶者在距交叉 20 m 处,能看到两侧二、三级公路停车视距并不小于 50 m 范围内的汽车。

(5) 经常有履带耕作机械通行时,交叉范围内的公路路面、路肩应进行加固。公路路基边缘外侧的乡村道路应各有不小于 10 m 的加固段。

三、道路与管线交叉

按管线的性质和用途,可分为管道、电线、电缆等。管道主要有给水管、污水管、雨水管、燃气管、暖气管、输油管等,电线、电缆包括电讯线、电力线、无轨电车及地铁电力线等。电讯线、电力线、电缆、管道等各种管线均不得侵入道路建筑限界,不得妨害道路交通安全,并不得损害道路的构造和设施。根据管线的布设位置,可有地下埋设和空中架设两种。

道路与管线交叉的设计要点如下。

(1) 道路与架空送电线路相交,以垂直交叉为宜。必须斜交时,其交叉的锐角应不小于 70°;受地形条件或其他特殊情况限制时,应不小于 60°。

(2) 道路从架空送电线路下穿过时,应从导线最大弧垂与杆塔间通过,并使送电线路导线与道路交叉处距路面的垂直距离不小于表 8-23 规定值,确保行车安全和架空送电线路的正常使用。

表 8-23　架空送电线路导线距路面的最小垂直距离

架空送电线路标称电压/kV	35～110	154～220	330	500
距路面最小垂直距离/m	7.0	8.0	9.0	14.0

(3) 架空送电线路导线与路面的垂直距离,应根据最高气温情况或覆冰无风情况求得的最大弧垂和根据最大风速情况或覆冰情况求得的最大风偏计算确定。

(4) 公路与原油、天然气输送管道相交,以垂直交叉为宜。必须斜交时,其交叉的锐角宜不小于 60°;受地形条件或其他特殊情况限制时应不小于 45°。

(5) 原油、天然气输送管道与高速公路、一级公路相交,应采用穿越方式,埋置地下专用通道;原油、天然气输送管道穿越二级公路、三级公路、四级公路时,应埋置保护套管。

(6) 穿越公路的地下专用通道的埋置深度,除应符合石油天然气行业标准的荷载相关规定外,还应符合《公路桥涵设计通用规范》的有关规定,并按所穿越公路的车辆荷载等级进行验算。穿越公路的保护套管其顶面距离路面底基层的底面应不小于 1.0 m。

(7) 严禁天然气输送管道利用公路桥梁跨越河流。原油、天然气输送管道穿(跨)越河流时,管道距大桥的距离,不应小于 100 m;距中桥不应小于 50 m。

(8) 严禁原油、天然气输送管道通过公路隧桥。

(9) 各种管线跨越公路的设施,不得侵入公路建筑限界,不得妨碍公路交通安全损害公路设施,也不得对公路及其设施形成潜在威胁。

第七节　人行天桥和地道

一、人行天桥和人行地道的设置地点

为保证行人交通安全,避免行人或自行车横穿干道而影响车速,道路在下列情况下宜设置人行天桥或人行地道。

(1) 横过交叉口一个路口的步行人流量大于 5000 人次/h,且同时进入该路口的当量小客车交通量大于 1200 辆/h 时。

(2) 通过环形交叉口的步行人流量达 18000 人次/h,且同时进入环形交叉的当量小客车交通量达到 2000 辆/h 时。

(3) 行人横过快速道路时。

(4) 铁路与道路相交,因列车通过一次而导致阻塞步行人流量超过 1000 人次或道口的关闭时间超过 15 min 时。

人行天桥或地道的布设应符合城市景观的要求,并应与附近地上或地下建筑物密切结合。人行地道在使用和美观上均较人行天桥有较好的效果,但其工程和维修费用也较高。因此,在下列情况下,可考虑修建人行地道:

① 重要建筑物及风景区附近,修人行天桥会破坏风景或城市美观;
② 地震多发地区的城市,人行立交过街设施宜采用地道;
③ 修建人行地道比修建人行天桥在工程费用和施工方法上有利;
④ 由障碍物影响,修建人行天桥需显著提高桥下净空时。

二、人行天桥和人行地道的设计

1. 人行天桥的设计

人行天桥的桥宽和人行地道的宽度主要取决于高峰小时的人流量和设计通行能力。设计时,人行天桥和人行地道的通行能力按 2000～2300 人/(h·m)计算;此外,还应考虑到桥宽与道路宽度、交叉口大小比例协调。我国已建的人行天桥和人行地道的宽度一般为 3.0～5.0 m。

2. 阶梯的设计

由于人流通过桥梯的速度低于通过桥面的速度,因此,人行天桥的通行能力往往受桥梯宽度的影响。为了使人流通过桥梯和桥面的速度一致,一般桥梯宽度应略大于桥面宽度。梯宽可根据人流量、通行能力按 1800 人/(h·m)计算决定。桥梯布置和结构应同建桥点景观相协调。

桥梯步级的宽度和高度之和等于 45 cm 为宜,一般常用步级宽度为 30 cm、高为 15 cm,或宽为 28 cm、高为 16 cm。在用地紧张的情况下,桥梯也可采用螺旋梯。

3. 人行天桥的净空

为满足大型集装箱车和无轨电车行驶,最小净空为 5 m。

4. 行人护栏的设置

为了引导行人上桥过街,避免穿越桥底,需沿街在桥梯两边 50～100 m 设置高栏杆,形式以采用 1.1～1.2 m 竖杆为宜。

第九章　城市高架道路和高速公路设计

本章主要介绍高架道路匝道设计、高架道路横断面及线形设计；介绍高速公路线形设计、横向通道设计，高速公路交通安全设施、监控系统、收费管理和服务设施布设等。

第一节　高架道路的特点和设置原则

现代城市由于城市规模的迅速扩张、交通结构不合理、机动车拥有量急增、运输繁忙等因素影响，道路交通量迅速膨胀，道路及交叉口供给现状与城市交通需求日益不相适应，导致交通拥堵成为城市最为突出的问题之一。

轨道交通作为许多世界级城市公共交通的重要组成，靠开拓地下空间找到了一些出路。但对于地面交通，除了采取加强旧城道路改造，优化交通管理措施外，在建筑密集、用地紧张、路网密布且道路拓宽难以实现的情况下，也致力于向地上空间发展，因此高架道路便应运而生。

高架道路是用高出地面 6 m 以上（净高加桥梁结构高度）的系列桥梁组成的城市空间道路，与地下道路相比，虽然两者均可负担客货运输，能与地面道路衔接，但造价则比地下铁道便宜。现行双向双车道地下道路（如隧道）易撞车，一旦发生交通事故，不安全，难以疏导，地道内空气污染大，并且地下道路较难构成多层互通立交。相比之下，高架道路则视野开阔，空气清新、行车舒适。因此欧美各国在 30 年前即已开始发展高架道路。日本、我国香港地区也具有 20～30 年的经验。我国广州于 1987 年 9 月，修建了人民路高架，上海于 1994 年建成内环线浦西段高架道路。

一、高架道路的优越性

（一）车速提高

高架道路实行机动车辆和非机动车辆分道行驶，跨越所有的交叉路口无任何干扰，设计的技术标准较高，因此，车辆时速可以达到 40～80 km，其车速为城市地面平均车速（10～20 km/h）的 2～5 倍。

（二）通行能力增大

高架道路的规划建设吸引了原有地面道路的一部分交通流，使得原有道路交叉口受阻情况得到改善，使交通比以前更为顺畅，交通流量增大。地面（3～4 车道）的通行能力为 1500～2400 pcu/h，高架道路（3～4 车道）的通行能力为 4000～6000 pcu/h。

(三)道路功能明确

城市道路网是由快速路,主、次干道,支路以及便道组成。城市道路由于机非混行、交叉口受阻等原因,往往使得主次快慢无法分清,都变成了慢速路。高架道路可以建成快速干道,使得机、非交通流分离,明确城市道路网的功能。此外,高架道路还可以客货运兼顾,满足客货运的运输需求,提高高架道路的使用效率。

(四)提高道路交通安全

由于高架路上只行驶机动车,避免了机动车和非机动车交通流的冲突,也无与慢行交通的干扰,所以虽然车速较快,但行车比地面道路安全得多。同时高架道路使得快慢交通流分离,这也可以提高道路交通安全。

(五)减少建设用地

高架道路充分利用了上部空间,增加了有效的道路面积。一条宽 40 m 的道路,最多可以布置 8 条车行道和每侧 4~5 m 的人行道,如果建造高架道路则地面可布置 6 条机动车道,架空有 6 条车行道,车道面积可以增加 50%。

(六)投资省拆迁少

高架道路因为可以利用原道路上空修建,因而可以减少拆迁,从而节省投资。高架道路与地下道路的建造成本在某些城市一般达到 1:3 左右。同时,在城市内修建高架道路还具有工期短、可分期建设、运行维护费用低等优点。

二、对环境方面的负面影响

(一)影响景观和视觉

高架主线犹如一条灰色的混凝土"龙",纵贯在十分拥挤的交通道路上空,对于其下的行人和车辆而言产生了压抑感,加之粗短的墩柱体系更令城市空间显得狭隘,破坏了城市干道在空间上的流畅性,虽几经绿化美化,但收效甚微。对于周边居民也有着不良影响,遮蔽视线、干扰私密性,这些都是不可忽视的问题。

因此,建造高架道路对不同城市应有区别,慎重而行,即使需修建也要规划好位置,对于闹市区、商业中心等人流繁忙的路段则不宜建造。

(二)加重废气污染

交通量剧增导致有限空间内机动车行驶所造成的尾气急剧增加。

高架道路下的地面通风不良,废气不易扩散,高架道路开通后,车辆增加,废气量也增加。

(三)带来噪声和振动污染

修建高架道路使得周边噪声和振动污染也有所增加。地面车辆受高架道路的遮盖,声波折射音量加大,而高架道路由于标高较高,噪音源与高层建筑的距离近,虽然在必要地段设有隔音墙,但噪声污染只是对少数层位有所减弱,不能消除。此外高架道路安装隔音墙后,对路边建筑的采光、通风有所影响。

总之,城市高架道路在交通功能和社会经济效益方面比拓宽道路有明显的优势,但其对环境也有一定的负面影响。在具体应用时应根据城市实际情况进行研究和分析。

三、高架道路的设置条件和原则

通常高架道路沿原路轴线设置,即设置在原路幅内,设置匝道处,则需拓宽原路的部分路段。桥下中央为桥墩,两侧可供地面道路车辆行驶。由于高架桥沿街道轴线建造,有碍城市景观和环境保护,故选线应服从整个城市规划、交通规划和快速干道布局的要求,并且必须进行工程规划及可行性研究,其内容包括工程方案比选,调查沿线交通流量、流向,按递增率预测增长量,分配地面与高架流量,分析和评述工程规模、投资和经济效益等。此外,还须进行方案比较。

(一) 设置条件

(1) 道路等级:高架道路建设适用于原道路等级为城市快速路、主干路、入城高速公路。相应的规划路幅宽度,一般要求 50 m 以上,条件困难时不小于 40 m。设计速度应为 80 km/h、60 km/h。

(2) 交通量较大:交通量是设置高架道路的定量指标,具有一定量的交通流量方可使高架道路发挥更大的经济效益。全线交通条件低劣,已无法采用其他工程设施或交通管理措施来改善交通的主要干道,可以设置高架道路。原来等级低、但在路网中地位显赫的、能起到骨架作用的,可改造为高架路作为快速干道。

(3) 交叉口流量:适用于直行车辆占路口总交通量的比重较大(85%~95%),沿线交叉口交通状况均属低劣的一般干道,必要时也可设置短程高架连续立交,以改善交叉口的交通,使直行车通行无阻。

(4) 适用相交道路:跨越河流或铁路的桥梁其引道两端交叉口车辆较多,且交叉口距河流或铁路距离小的道路上,宜将引道建成高架桥以便跨过交叉口。

(二) 选线原则

(1) 为保证高架道路交通的快速和通畅,不宜选择标准过低的线位,除非沿线允许线形截弯取直。

(2) 为减少高架道路对沿街建筑通风、采光、噪声的不利影响,高架道路边缘应距房屋至少有 7 m 的距离。

(3) 为发挥车速提高带来的经济效益,高架干道全程长度应适宜。过长的高架路势必经过较多的交叉口,设置匝道过多将导致横向拆迁过多。

(三) 高架桥结构设计遵循的几个主要原则

(1) 为保证高架桥下的通车净空高度和减少匝道及引道(引桥)的长度,要求高架桥的结构高度尽可能小。

(2) 由于高架结构工程量大,故选用经济、实用的结构形式至关重要。

(3) 由于高架桥施工工期紧,因此应能便于快速施工,标准段结构尽可能采用工厂预制。

(4) 高架桥段为城市景观,应注意外形线条流畅、跨高比协调,并考虑与周围环境的协调。

高架桥上部结构一般采用空心板梁、预制工字梁、预制单箱梁结构或多室箱梁等,交叉路口跨度大应采用预应力混凝土 T 梁,特殊路段采用钢梁,在重要景观路段采用新颖结构,脊骨梁和低高度箱梁等。下部结构,桥墩采用双柱式、单柱式。

第二节 高架道路匝道

匝道是保证高架道路与城市路网联系并按一定间隔设置的坡道,它与地面道路的连接点是高架道路系统的咽喉要塞之一。匝道布置的合理程度,直接影响了高架道路的作用和功能的发挥,对工程的使用效益起着重要作用。

一、匝道设置的原则

(一) 总原则

匝道的合理设置是有效使用城市高架道路的重要条件,应最大限度地满足高架道路系统在路网中担负的交通要求,扩大高架道路的利用率,使高架道路通行时间最短;充分发挥每一条匝道的功能,使高架与地面道路系统均能切实起到疏解市内交通、集散对外交通、分流过境交通的作用。

(二) 具体原则

(1) 匝道的设置位置应符合交通现状与规划路网中的主要流向。

(2) 匝道的间距应合理,保证高架道路及其地面道路,横向道路交叉口行驶条件,一方面要确保高架道路有较高比例的基本路段,减少因匝道出入车流引起的交织、合流、分流区的影响范围,另一方面应注意匝道间距不宜过大,致使匝道与地面道路衔接段的流量过于集中而交通拥挤。

(3) 因地制宜,远近结合,注意用地和建筑拆迁条件,预留好缓建匝道或远期立交的位置。

(4) 下匝道布置应避免进入主要横向道路交叉口范围。匝道口与交叉口进口道渠化段之间应具有足够长度的缓冲段,并应注意邻近地区路网的交通组织作用,因地制宜设立辅助车道,疏通交通。

(5) 高架匝道的设置应成对出现,并遵循先设下匝道后设上匝道的原则,这样使上匝道与高架道路衔接处高架道路主线的车流处于非饱和状态,可提供较多的插入空档,有利于提高上匝道的通行能力,避免车辆阻滞在匝道上。

二、匝道的布置方式及其适用条件

匝道按其布置位置、型式、交通组织的不同有多种分类。

(一) 按匝道衔接方式

1. 平行式匝道

平行式匝道指平行于高架主线设置的匝道,如图 9-1(a)、(d)、(e),常用于城市高架道路因受沿线建筑拆迁、道路红线等因素的影响和制约,高架道路主线宽度有限而邻近路网密度高、相交道路等级较低的场合。其特点是匝道呈菱形布置,使高架与地面道路形成不完全互通(有冲突点),此种型式的匝道易受前方交叉口交通组织状况和高架主线交通流量的影响,其通行能力变化较大,易发生交通拥堵。

2. 定向式匝道

定向式匝道指匝道在地面的出入口均设在横向道路上,是具有弯道的坡道,使高架与相交地面道路形成部分互通。如图 9-1(b)、(c)所示,这种型式匝道常用于匝道有大量转向车流而邻近路网密度高、路网完善、交通量较小且建筑条件许可的场合。其优点是利用附近路网来集散上、下匝道的交通,以减少主要道路地面交叉口的交通压力。缺点是增加绕行交通。右转定向式匝道占用相交横向道路的用地较多,左转定向式匝道则要跨越或下穿主线,对交叉口临街景观影响较大。

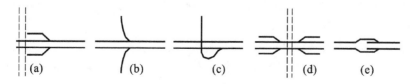

图 9-1 匝道形式

(二) 按匝道与相交道路相对位置

按匝道与相交道路相对位置的不同,平行式匝道可以分为路口型和路段型。

1. 路口型匝道

匝道设于交叉口前后且面对交叉口,即在入交叉口前设下匝道,出交叉口后设上匝道,以便车辆进出相交道路,如图 9-2(a)。这种布设方式除高架道路上直行车辆外,所有其他直行和转向车辆都需在地面交叉口通过,使交叉口交通压力增大,若横路车辆较多时,经常发生交通阻塞而影响到匝道车辆下不来,严重时高架路外侧车道也排起长队;其次,由于匝道下地处与停车线间的距离(即红灯时停车的长度加上由匝道下来的左转车与地面的右转车的交织长度)不够,见图 9-3,因而会造成该处交通混乱。

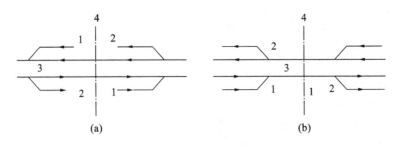

图 9-2 平行式匝道的型式
(a) 路口型；(b) 路段型
1—上坡匝道；2—下坡匝道；3—高架主线；4—相交道路中心线

这种布设方式在满足车流利用交叉口进行集散的同时，也给交叉口的交通组织带来更大的压力，从而削弱高架道路解决交叉口交通问题的作用。因此，两条等级高的道路相交时，宜考虑建造互通式立交，而对于多条（四条以上）道路相交的畸形交叉口则也不宜设置此种型式匝道。

2. 路段型匝道

匝道背对交叉口并布设于两个交叉口之间的路段上，在进交叉口前设上匝道，出交叉口后设下匝道，见图 9-2(b)。车流上、下匝道均在路段上完成其过程，从而不会加剧交叉口的冲突，有利于交叉口集散交通功能的发挥，这种布设常用于相交道路转弯交通比重相对较大的，宜疏散至路段上上下匝道的情况，以减少交叉口的交通混乱。

这种布设方式使高架车流与横向地面车流形成真正的分离式立交，车辆行驶条件得到改善，但与此同时高架道路对地面交通的吸引力也相对削弱，使高架行驶率有所降低。

两种布设方法从实际操作来看，路口型在线形设计上更利于在交叉处进行拓宽，道路会美观一些，而路段型则需拓宽交叉口及设匝道处的路幅，道路线型变化多而且可能会使拆迁量加大，带来实施的困难。

但应当指出的是，城市路网密度大，道路间隔小，相邻交叉口的间距较短，因此，要清晰界定两种布设方法显得勉为其难，因此，基于大多数高架道路采取了面对交叉口（即路口型）的匝道布设方式，有时从甲路来考察匝道类型则是路口型，而从甲路前方或后方路口来考察则又为路段型了。

（三）按匝道与地面道路处衔接点与同方向地面道路横断面上的相对位置

可分为内置式、外置式和中间式匝道，见图 9-3。

1. 内置式匝道

匝道紧贴高架主线，匝道与地面衔接点落于地面道路内侧即仅在匝道外侧有地面道路车流。它主要适用于：

（1）沿高架主线方向的两个交叉口间距较大而地面道路路幅有限；

（2）出入匝道的车流以左转和直行为主，右转比重较小，而如果下高架的右转车流比重较大，则会加剧下匝道车流交织。

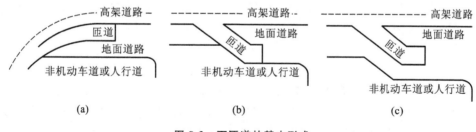

图 9-3 下匝道的基本形式
(a) 内置式；(b) 外置式；(c) 中间式

2. 外置式匝道

匝道与地面道路衔接点落在地面道路外侧(即地面道路与非机动车道之间)，为折线式坡道，匝道内侧有地面道路车流，这种布设方法在上海市已建高架道路系统中使用极广泛，占总数 90% 以上。它主要适应于：

(1) 沿主线方向，相邻交叉口间距较小而交叉口处地面道路宽度较富余，并可作为中间式匝道过渡的类型；

(2) 出入匝道车流以直行和右转为主，左转和调头车占的比重小。

这种布设方法的主要缺陷是如果出口匝道车流左转过多，则为交叉口的交通组织带来麻烦，故可对下匝道车流采取禁止左转措施并应在高架主线标志中及时提醒。如果地面道路右转车辆过多，也会造成交织过多，必要时也可对地面道路右转进行禁止。

3. 中间式匝道

匝道与地面道路衔接点落于地面道路中间，即匝道内侧为地面直行(或直左)车流，外侧为地面右转车流，这种型式可用于对外置式匝道的改进，由于消除了下匝道右转车流与地面车流的交织，可提高交叉口通行能力。如果左转车辆从出口匝道下来过多，为减少交织也可必要时予以禁止，则无交织。

三、匝道与地面道路交叉口的衔接

匝道的起坡(上匝道)点与终坡(下匝道)点在地面道路的位置对交叉口的交通影响较大，匝道进出高架道路的车流均需通过地面道路交叉口来集散。因此，匝道坡脚至交叉口停车线，应在同一路口交通信号管理之下。在设计中应尽可能增加交叉口进口道的车道数(较路段)，以提高交叉口的通行能力。另外匝道坡脚至交叉口停车线的距离是一个重要的设计参数，该距离是否合适，将影响交通的正常运行。交叉口距下匝道的距离如太短，将造成匝道左(右)转车辆和地面道路右(左)转车辆难以交织运行，使交通发生混乱和交叉口通行能力下降；而距离过长将增加不必要的工程投资。对上匝道，也必须有足够的距离，以满足交叉口各转向车流在上匝道前的交织。

(一) 下匝道与地面道路交叉口的衔接

车辆由高架路经下匝道过渡到地面道路行驶过程依不同行驶状态所需距离可分为三部分：匝道段(下称为 $L_{匝}$)、交织段(下称为 $L_{交织}$)和停车段(下称为 $L_{队}$)(图

9-4)。如果下匝道至前方交叉口进口道停车线总长为 L,匝道与地面衔接点至前方交叉口停车线的距离为 L_0,则有

$$L = L_{匝} + L_0 \tag{9-1}$$

$$L_0 = L_{队} + L_{交织} \tag{9-2}$$

式中　$L_{匝}$——匝道行驶所需长度(m)。

直接式匝道的长度仅与匝道坡度和高架路的高度有关。在匝道设计车速为 40 km/h 的情况下,高架路正常路段坡度不超过 4%,困难路段不超过 5%。当高架路净空要求为 5.5 m,桥面结构厚度为 1.5 m 时,匝道所需最小水平长度为

$$L_{匝} = 桥地高差/坡度 \tag{9-3}$$

若取正常坡度 4%,则 $L_{匝} = (5.5+1.5)/4\% = 175(m)$。

式中　L_0——下匝道坡脚至交叉口停车线距离。

下匝道坡脚至交叉口停车线的距离,由红灯期间的车辆排队长度 $L_{队}$ 以及匝道左(右)转和地面道路右(左)转车辆转换车道所需的交织长度 $L_{交织}$ 两部分组成。

$L_{队}$——红灯期间的车辆排队长度,该距离的计算方法是根据交叉口进口车道的通行能力确定(见图 9-4)。

$$N_s = 3600 \Psi_s \left(\frac{t_g - t_1}{t_{is}} + 1 \right) / t_c$$

式中　N_s——一条直行车道的设计通行能力(pcu/h);

　　　t_c——信号周期(s);

　　　t_g——绿灯时间(s);

　　　t_1——变为绿灯后第一辆车启动并通过停车线的时间(s),可采用 2.3 s;

　　　t_{is}——直行或右行车辆通过停车线的平均间隔时间(s/pcu),该数值取决于车辆的到达分布,可取 =2.8 s/pcu;

　　　Ψ_s——直行车道通行能力折减系数,可取 =0.85。

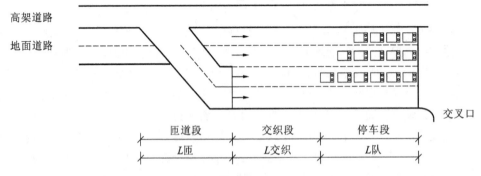

图 9-4　下匝道与地面交叉口的衔接

如果信号周期采用 $t_c = 90$ s,绿灯时间 $t_g = 42$ s,则 $N_s = 516$ pcu/h。

每一个信号周期(90 s)一条直行车道的通行能力为 $516 \times \frac{90}{3600} = 12.9$ pcu/t_c,当

交叉口进口道每条直行车道的到达车辆大于 12.9 pcu/t_c 时,交叉口将出现阻塞。可见在一个绿灯时间内,一条直行车道只能通过 12.9 辆当量小汽车。考虑到车辆的到达是随机的,假定车辆在红灯时间内的最大到达数占整个周期的 70%～100%,则在交叉口饱和前,车辆遇红灯受阻数最多为 9.03～12.9 辆当量小汽车;当量小汽车的车头距离以 6 m 考虑,则车辆的排队长度最大为 54.18～77.4 m。

上述计算是相交道路均为主干道的情况,如横向道路是次干道,则主干道方向的绿灯时间还可稍长,因此,上述计算结果可以认为是交叉口未饱和时主干道方向的最大排队长度。$L_{交织}$ 为下匝道左(右)转和地面道路右(左)转车辆所需的交织长度。可用下式计算:

$$L_{交} = n \times t \times v / 3.6 \tag{9-4}$$

式中 $L_{交}$——交织长度(m);

n——下匝道左(右)转或地面道路右(右)转所需交织转换的最大车道数;

t——交织转换一条车道的时间(s),一般取 $t=4\sim6$ s;

v——设计车速(km/h)。

地面道路设计车速为 40 km/h,地面道路右转和匝道左转车辆最多需交织转换两条车道,则交织转换两条车道的最小长度(取 $t=4$ s)为 89 m。即在交叉口饱和前,对设计车速为 40 km/h 和信号周期为 90 s,左、右转车辆最多需交织转换两条车道的下匝道坡脚至交叉口停车线距离为 143～166 m。不同的设计车速和信号周期也可通过上述方法,计算下匝道坡脚至交叉口停车线的距离。

(二)上匝道坡脚与交叉口停车线的距离

上匝道坡脚至交叉口停车线的距离,只要保证横向道路和对向车流上匝道所需的交织长度即可。交织长度仍可采用公式(9-4)计算。考虑到交织车辆在交叉口内就可改变行驶轨迹,因此,交织转换一条条车道的时间可采用小值。上匝道坡脚至交叉口停车线的距离采用 50～89 m。

四、匝道最小间距

高架道路的驶入、驶出匝道的连接点往往是通行能力最小的控制路段。当交通量达到饱和或超饱和时,将出现驶入匝道上车辆应无法在主干线车流中找到可穿插(合流)空档而排队阻塞,在驶出匝道时车辆因地面道路的原因导致匝道交通受阻而影响主干线车流驶出。因此,在交通拥挤及堵塞情况下,合流、分流或交织区可能会形成车辆排队现象;它的范围变化很大,可长至几公里,考虑在稳定车流情况下,满足合流、分流或交织区的驶入、驶出匝道不同组合情况下的最小匝道间距。

高架道路由基本路段、交织区和匝道连接点三种不同类型的路段组成。

高架道路基本路段是指不受驶入、驶出匝道的合流、分流及交织流影响的路段。

交织区是指一条或多条车流沿着高架道路一定长度,穿过彼此车行路线的路段,交织路段一般由合流区和紧接着的分流区组成。

匝道连接点是指驶入及驶出匝道与高架道路的连接点。由于汇集了合流或分流的车辆,因而形成的连接点是一个紊流区。

高架道路基本路段处于任何匝道或交织区的影响区域之外。关于匝道连接点或交织区的影响范围,美国《道路通行能力手册》建议采用如下标准。

(一) 驶入匝道

从匝道连接点起,技术行车速度为 80 km/h 时,向上游 102 m,向下游 508 m;技术行车速度 60 km/h 时,向上游 77 m,向下游 381 m,为驶入匝道连接点前后的影响范围。

(二) 驶出匝道

从匝道连接点起,技术行车速度为 80 km/h 时,向上游 508 m,向下游 102 m;技术行车速度为 60 km/h 时,向上游 381 m,向下游 77 m,为驶出匝道连接点前后的影响范围。

(三) 交织区

技术行车速度为 80 km/h 时,合流点上游 102 m 为交织区的起点,分流点向下游 102 m 为交织区的终点;技术行车速度为 60 km/h 时,合流点上游 77 m 为交织区的起点,分流点下游 77 m 为交织区的终点。

根据上述标准,可得到驶入、驶出匝道不同组合情况下,保证匝道间互不干扰的最小间距见表 9-1。

表 9-1 为在稳定车流状态下,保证匝道间互不干扰的最小间距。为了使高架道路具有较好服务水平,应尽可能提高高架道路基本路段的比例。在设计中,匝道间距应尽可能大于表 9-1 中数值。在市区内,匝道的平均间距一般取 1~2 km 为宜,过长则显得不方便。

表 9-1 高架干道匝道最小间距

最小间距/m \ 匝道位置	驶出-驶入	驶入-驶入	驶出-驶出	驶入-驶出
$V=80$ km/h 时	204	610	610	1016
$V=60$ km/h 时	154	458	458	762

五、高架道路匝道变速车道的形式选择

车辆在离开高架干道进入匝道前需要减速;而从匝道进入高架干道需要加速。因而高架桥上需要增辟加速车道或减速车道(统称"变速车道")。变速车道一般有两种设计形式,即平行式和直接式(见图 9-5)。

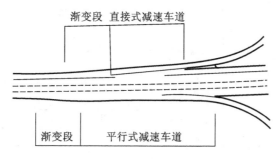

图 9-5 高架匝道变速车道

(一) 平行式加速车道

平行式即有一条附加的变速车道,与主线平行设置。平行式变速车道与主线连接处设置渐变段。平行式车道将起点做成有适当出口角度的三角段(即渐变段),直到楔形端部间都采用相同宽度。平行式与直接式相比是明显强调了变速车道的起点,车道划分明确,行车容易辨认,但车辆通过整个变速车道时需沿 S 形曲线行驶,这对行车不利。一般行驶者大多希望由直接式进入,而不愿走 S 形线路。主线的交通量小时,这种倾向特别强烈。但是对加速车道而言,交通量大时,就要在寻找驶入主线机会的同时而使用加速车道的全长。一般由于加速车道要比减速车道长,若采用直接式则三角段就变得细长而难以布置了。故加速车道原则上采用平行式。

(二) 直接式变速车道

直接式是以平缓的角度出入匝道,不设平行段,由出入口沿主线渐变加宽,形成一条附加的变速车道与匝道相连。直接式变速车道全长由三角段构成,起点不如平行式明确,但是不必走 S 形线路且与实际行车轨迹是相符合的。一般情况下的行驶者大多愿意走直接式进出口。故原则上一般减速车道、双车道的变速车道采用直接式。

(三) 变速车道形式选择举例

上海市内环线一期工程,无论加速车道还是减速车道均采用直接式变速车道。二期工程东北段采用直接式,西南段采用平行式加速车道和直接式减速车道(见图 9-5)。

(四) 高架变速车道长度

高架变速车道长度包括车辆合流分流过程(变速过程和转换车道过程)中所需的加速或减速长度与过渡段长度。其中,变速长度由高架主线平均速度,匝道平均速度和车辆加速度所决定。过渡段长度则应考虑变速车道与直行车道连接通畅的渐变率决定的长度以及车辆转换车道所需的距离。我国的《城市道路设计规范》规定了不同的主线设计车速和匝道设计车速下的加减速长度和过渡段长度。根据高架车速为 60~80 km/h,匝道的车速为 40 km/h,则所对应的加速车道长度为 180~210 m;减速车道长度为 60~85 m;过渡段长度为 50~60 m(我国《城市道路设计规范》和日本有关设计标准对匝道变速车道的规定列于表 9-2)。

表 9-2 变速车道与渐变段长度表

参数 车速/(km/h)		加速车道长/m	减速车道长/m	渐变段长/m	
				直拉式	平行式
城市道路设计规范	80	210	85	75	60
	60	180	60	60	50
日本东京高架	80	160	140(110)	80	80
	60	120	120(90)	60	60

第三节 高架道路横断面设计

一、主线高架道路宽度

(1) 四车道双向主线横断面通常采用 18 m 宽,其组成为:

0.5 m 防撞墙+0.5 m 路缘带+3.75 m+3.5 m+0.5 m 路缘带+0.5 m 中央分隔墙+0.5 m 路缘带+3.5 m+3.75 m+0.5 m 路缘带+0.5 m 防撞墙=18 m,供双向 4 车道。

(2) 六车道双向主线横断面常采用 26 m 宽,其组成为:

0.5 m 防撞墙+0.5 m 路缘带+3.75×3+0.5 m 路缘带+0.5 m 中央分隔墙+0.5 m 防撞墙+3.75×3+0.5 m 路缘带+0.5 m 防撞墙=26 m。

双向分离式高架道路可分为 3 车道与 2 车道的高架道路。

(3) 三车道单向主线横断面常用 12.75～13 m 宽,其组成为:

0.5 m 防撞墙+0.5 m 路缘带+3.75+3.5×2 车道+0.5 m 路缘带+0.5 m 防撞墙=12.75 m

(4) 二车道单向主线横断面常用 9.5 m 宽,其组成为:

0.5 m 防撞墙+0.5 m 路缘带+3.75×2+0.5 m 路缘带+0.5 m 防撞墙=9.5 m。

二、匝道宽度

(1) 双车道匝道常采用 8.5～9 m 宽。

交通量较大,并为避免匝道上因行驶车速不同,影响通行能力与服务水平,可设置双车道,其布置为:

0.5 m 防撞墙+0.25 m 路缘带+3.75 m+3.5 m+0.25 m 路缘带+0.5 m 防撞墙,总宽为 9 m。

(2) 单车道匝道常采用 8 m 宽。

单车道用于交通流量不大,或为避免并入主线时带来过多交通压力。其布置为:

0.5 m 防撞墙+0.25 m 路缘带+3.75 m 车道+2.75 m 停车带+0.5 m 防撞墙=7.75 m≈8 m。

凡匝道平曲线半径<250 m 的应按规范要求增加宽值,验算路面宽度是否符合要求,规范规定直线段单车道匝道路面宽度最小为 7 m。

三、高架道路横坡

高架道路采用 1.5%~2% 直线横坡，对于不需超高的主线，设置双向直线横坡，需设超高横坡的设单向直线横坡。

匝道一般采用 2% 单向直线横坡，需设超高路段的，设 4% 单向超高横坡，具体根据平曲线半径查表。

四、高架道路横断面形式

高架道路横断面形式按桥墩布局的不同和交通组织方法的不同，分别有：独柱墩（用于匝道）、双柱墩（用于主线）及两者在一起的单层高架有匝道的横断面图（见图 9-6(a)）；二层门架墩即复式门架墩又称椅式墩。椅式墩应用于高低两层的并联桥上（图 9-7）。双层式的高架在交通组织可有三种做法，交通组织上可以是：

(1) 上、下双层各自单向行车（见图 9-7(a)）；
(2) 上、下双层均是双向行车；
(3) 上层双向是远距离交通，下层双向是近距离交通。

一般采用第一种较有利（见图 9-7）。

椅式墩双层高架如图 9-7 所示。

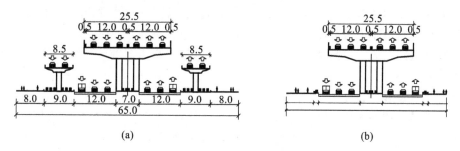

图 9-6　高架道路横断面图
(a)有匝道横断面；(b)无匝道横断面

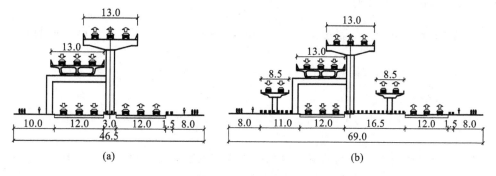

图 9-7　椅式墩双层高架道路横断面图
(a) 无匝道横断面；(b)有匝道横断面

第四节 高架道路线形设计

一、高架道路主要设计技术标准

1. 计算行车速度

高架路的高架道路层面宜采用城市快速路标准,计算行车速度一般采用 80 km/h、60 km/h。在一条高速道路一般宜采用同一标准,但在城市建设环境条件的种种制约下,也可分段采用不同的车速标准。不过出于行驶安全的考虑,一条道路上主线车速标准的级差不应大于 20 km/h。

匝道计算行车速度一般采用 40 km/h,对布设困难的匝道也可以采用30 km/h。

地面道路由于其疏解交通和辅道的重要地位和作用,一般应按城市主干路标准,可选择采用 40 km/h、50 km/h。

2. 建筑限界

道路建筑限界应满足规范要求。道路建筑限界是为了保证道路上各种车辆的正常运行与安全,在一定通行净高和通行净宽范围内,不得有任何障碍物侵入的空间范围。

高速道路的通行净高考虑其高速行车要求,一般宜按不小于 5.0 m 控制,并应注意高架道路与匝道通行净高的一致和连贯性。

地面道路的通行净高考虑无轨电车布设要求应不小于 5.0 m。如考虑有轨电车的通行要求,则通行净空标准不小于 5.5 m。

3. 排水设计

高架道路的路面排水设计标准按暴雨重现期为 2~5 年,径流系数采用 0.9,地面道路的设计标准按暴雨重现期为 1.0 年,径流系数采用 0.8~0.5。

起始管段集水时间,地面道路 15 min,高架道路 5 min。

二、总体设计原则

(1) 在总体规划指导思想指导下,以所在道路规划为依据进行该路上面的高架工程设计。

(2) 合理解决工程两终端的接口处理,并注意与横向道路的联系,发挥高架道路快速干道的功能。

(3) 满足沿线工厂、单位、住宅车辆出入要求,保持高架下地面道路的城市道路功能。

(4) 高架道路的线形与桥梁结构的造型应考虑城市景观的需要,采用轻盈挺拔,外型和谐的结构线条,以达到改善城市环境、美化城市的目的。

(5) 考虑近、远期结合。例如近期建设必要的上下匝道,预留立交匝道接口,沿线立交可分期建设。

(6) 缩短施工期限,尽可能采用预制构件和能加速施工进度的设计,合理组织施工和组织交通。

(7) 结合工程建设特点,采用安全可靠、经济合理的新技术、新工艺。

三、高架道路路线平面设计

(一) 定线

高架道路中心线原则上与地面道路中心线合一,设计定线以规划红线为依据,但原道路规划中心线有时不符合高等级道路设计规范要求,例如圆曲线处未设缓和曲线或小偏角折点未设平曲线,对等级低的城市道路或交叉口处是允许的,但作为高架道路(跨越交叉口)则需要在小偏角折点上加设大半径平面圆曲线,并且在小于不设缓和曲线的平面圆曲线处加设缓和曲线,这样在不影响建筑物拆迁情况下局部会略偏离红线,此外相邻的两圆曲线之间如有断背曲线(较短的直线)可以改曲线半径。例如某高架道路原规划中心线在某路附近有相邻两圆曲线,半径分别为 500 m 与 600 m,中间夹有 44 m 长的短直线,形成断背曲线,高架道路设计宜改为一个半径为 750 m 的圆曲线,两端加设缓和曲线各 70 m,与红线偏差很小,对建筑物影响不大。

高架干道的定线应尽量减少对沿线建筑通风、采光、噪声的不利影响,高架道路边缘距房屋至少应有 7 m 的距离。

(二) 高架道路紧急停车带设置和中央分隔带开口

1. 紧急停车带设置

常用高架道路主线断面为双向四车道 18 m 宽,如果一旦主线上发生车辆抛锚,或因交通事故占用一条车道,则主线通行能力将有所降低,并影响后续车辆行驶,故四车道高架道路两侧需设置紧急停车带。参考高速公路紧急停车带设置的标准,高架道紧急停车带设置间距可控制在 1 km 范围内(上下匝道位置一并考虑)。紧急停车带宽度定为 2.0 m,长度参考桥梁所用标准跨结构跨度(如 20~22 m)。紧急停车带两侧过渡段长度也在一跨内解决(长度 20~22 m)。

2. 中央分隔带开口

通常高架主线上设置 0.5~1 m 中央分隔墩,为适应车辆在紧急情况下疏散的需要,以及牵引车辆掉头的需要,在中央分隔带的一定间距内设置开口。其间距控制在 1 km 以内,开口长度为 15 m。开口采用活动式分隔栏封闭。

高架干道平面图实例见图 9-8。

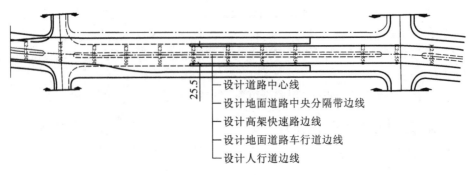

图 9-8 高架道路平面图实例

四、高架道路纵断面设计

(一) 高架主线纵断面

高架主线起坡处如设在路段上可以选择 3%～3.8% 上坡,如设在交叉口附近,则往往为了缩短坡长,并保持距交叉口一定的距离,使上下高架主线的车辆免受交叉口信号灯影响,在桥上或路口排队,所以坡度一般可做到 4%,北方地区尽量使最大纵坡不要过大。全线应控制所经各交叉口保持地面道路穿越或沿高架桥两侧行驶地面车辆所需的净高,据此确定各段的坡长与坡度,最小纵坡宜大于 3‰。在大型交叉口上空跨越时除有互通式立交按层次设计(详见立交纵断面设计)标高外,尚须考虑有否人行天桥在高架桥下面,以此控制桥面标高。

主线最大纵坡、最小竖曲线半径和最小曲线长度根据设计车速查《城市道路设计规范》确定相应值(详见表 9-3)。

(二) 匝道纵断面

由于高架行驶车辆主要为 8T 以下机动车,技术性能较好,故在南方地区接地匝道最大纵坡可采用到 5%～6%。通常接地的上匝道最大纵坡应小于接地的下匝道最大纵坡。而环形匝道(迂回式、定向式和苜蓿叶式)的纵坡视半径大小而异,总之使纵横坡的合成坡度在《规范》值允许范围内。匝道的最小竖曲线半径也根据计算行车速度相应的规范值取用(见表 9-3)。

五、高架道路工程中地面道路设计

(一) 地面道路横断面设计

主线的地面道路横断面宽度通常为 50 m,在有匝道处可拓宽为 62～65 m,如图 9-6 与图 9-7,有些高架道路一侧或中央还设有远期轻轨交通,则要预留 8.8～10 m 空间。在匝道与高架线衔接处(并板处),横断面组成会有变化,相应宽度也作调整,例图 9-7 高架道路采用门架形式布置墩时,则分隔带可用不对称宽度布置。

表 9-3　高架道路线形设计技术标准表

内　容	单位	高架道路		匝道			地面道路
		一般路段	局部路段	路段	立交		
计算行车速度	km/h	80	60	40	30	35	40	40
圆曲线不设超高最小半径	m	1000	600	300	45	60	80	300
设超高最小圆曲线半径	m	250	150	70	30	40	50	70
不设缓和曲线最小圆曲线半径	m	2000	1000	500	350	—	500	500
平曲线最小长度	m	140	100	70	50	60	65	70
缓和曲线最小长度	m	70	50	35	25	30	35	35
最大纵向坡度（采用值）	%	3	4	5	5	5	5	3
纵坡坡段最小长度	m	290	170	110	85	—	110	110
最大超高坡度	%	6	4	2	6	6	6	2
停车视距	m	110	70	40	30	35	40	40
凸型竖曲线极限最小半径	m	3000	1200	400	250	300	400	400
凸型竖曲线一般最小半径	m	4500	1800	600	400	450	600	600
凹型竖曲线极限最小半径	m	1800	1000	450	250	350	450	450
凹型竖曲线一般最小半径	m	2700	1500	700	400	550	700	700
竖曲线最小长度	m	70	50	35	25	30	35	35

（二）横向道路

与主线相交的横向道路按规划与道路等级布置其横断面，但为与主线道路配合，需改善交叉口的行驶条件，因此相交横向道路至少应拓宽 100 m 长，并用 50 m 的过渡段与原路断面接顺。

（三）地面道路的纵断面设计

主线的地面道路一般情况下维持原状，以与周围建筑物相协调。沿线如有铁路道口，也应维持原状标高并保持一定距离。相交道路的交叉口原标高也不宜作大变动，如有变化的路段，宜尽量利用老路路基，比原路至多高 0.1~0.3 m 为佳。凡道路纵坡变化处均应设置竖曲线，其半径值根据《城市道路设计规范》按道路等级相应的标准取用（见表 9-3）。

（四）地面道路交叉口设计

高架主线所经交叉口应按交通量大小、道路的等级分成几类改进交叉口。

对于主-主相交的道路交叉口均应予以拓宽，增辟一至三条车道，每条车道取用 3.25~3.5 m，拓宽长度 100~150 m。例如应增辟专用右转车道和左转车道。使主要交叉口的进口道车道数为三至四条。通常主线的地面道路主要交叉口进口道处车道数取 4 条。相交道路进口道采用三条车道。

对于主-次相交路口，主线地面道路进口道数为三至四条，次要道路进口道数可维持原状断面。

(五) 地面道路排水设计

高架道路地面道路排水采用雨水进水口方式，通过雨水井纳入原道路的排水系统。

进水口分别设在机动车道和非机动车道外侧边线处。进水口间距一般为 30～40 m。在连接匝道和高架落地接坡处为加快吸纳坡道上的雨水，设两只三联雨水进水口。

排水纵坡应大于 3%。当道路纵坡小于 3% 时，应设锯齿形边沟排水。

六、高架道路附属设施

(一) 护栏

高架桥梁和匝道桥的桥面两侧均设防撞护栏。防撞护栏底宽 50 cm，距沥青路面高 85 cm，为 30 号钢筋混凝土结构，防撞护栏内预留照明和监控的穿线管及电线接线箱。

(二) 中央分隔墩

高架道路主线桥面中轴上设中央分隔墩，底宽 50 cm，高 80 cm，中央分隔墩与桥面之间有钢筋连接，固定在桥面上，用 30 号钢筋混凝土结构。

(三) 桥面照明

桥面灯杆位于主线桥面的两侧，匝道桥面的一侧，灯杆设在桥墩处。

(四) 桥面排水

在桥墩处，防撞护栏内侧桥面上设进水口。高架主线在桥面两侧设雨水排水沟管，匝道在桥面一侧设雨水排水沟管，并在匝道落地处设一排排水口，雨水由排水口进入 150 预埋铸铁落水管。落水管将桥面雨水引入地面排水系统排放。

第五节　高速公路几何线形设计

一、横断面设计

(一) 通行能力

我国目前规定高速公路每车道的小时通行能力为 2000 辆/小时。当年平均日交通量达到 1 万辆(中型卡车)，并要求汽车在公路上连续不断行驶时，即可以考虑修建高速公路。如果预测的未来交通量超过 4.5 万辆/日，可修建六车道高速公路。

(二) 设计速度

设计速度是指良好情况下，能够保证安全行驶的最大速度。行驶速度一般为设计速度的 85%;设计速度涉及高速公路的几何设计标准,投资的多少等一系列问题;而高速公路的车速,除了汽车性能外,还与路线线型设计的平曲线、纵坡、超高、视距、路面宽度、中央分隔带宽度、交通标志和安全设施的设置等均有关,所以同一路线上各路段行驶车速是不相同的。

英国高速公路的平均车速为 113 km/h,并有 40% 的小汽车车速超过该值。法国高速公路的计算车速最高挡为 140 km/h,有 25% 的车辆速度超过该值。目前世界各国高速公路设计速度取值的总趋势是,几何设计与控制向更高车速发展。如德国和意大利由以往计算行车速度用 160 km/h,改为 140 km/h,美国则采用 129 km/h。因为过高的车速容易发生交通事故,并且也增加了燃料的消耗。比较发达的国家,汽车的经济车速是 80 km/h。车速增到 100 km/h 时,要比 80 km/h 多消耗 10%~20% 的燃料。

国外高速公路把设计速度分为四个等级,如德国、法国、意大利等西欧国家采用 140 km/h、120 km/h、100 km/h、80 km/h 四个等级,而日本、墨西哥则采用 120 km/h、100 km/h、80 km/h、60 km/h 四个等级。

(三) 主线横断面

设计速度为 120 km/h 的高速公路,按通行能力需要可设单向二车道、三车道、四车道即双向四车道、六车道、八车道,并采用相应的路基宽度(见图 9-9(a))。

设计速度 100 km/h 的高速公路、一级公路,当交通量超过四个车道的通行能力时,其车道数可按双数增加,路基也应采用相应宽度(见图 9-9(b))。

在平原地区横断面上各个车道一般都放在同一个平面上,做成整体式的路基断面形式。但在山岭和丘陵地形,由于横断面地面线坡度较大,为节省土石方,一般须做成分离式断面形式(见图 9-9(c))。

我国《公路路线设计规范》(JTJ011—03)规定高速公路车道宽度 $v=60$ km/h 采用 3.50 m 外,其余均采用 3.75 m。

高速公路中间带的功能是:分隔对向车流,防止对向车辆碰撞;减少干扰,保证车速;减轻夜间对向车灯的眩光;清晰显示内侧边缘、引导驾驶员视线;防止行车任意转弯调头;并可作为设置安全护栏、标志、绿化及其他交通设施之用。路缘带则起着诱导视线及增加侧向余宽的作用。

中间带宽度应等于设施带宽度和两边侧向余宽之和。如果采用较窄中间带的设计方式,设施带的宽度应考虑到植树与设置防冲护栏的需要,一般为 0.8 m;侧向余宽应考虑到弯道视距、养护人员安全操作宽度、埋设地下管线等因素,以上这些需要 1.0 m 的宽度;路缘带作为中间带的一部分与行车道相连接而设置,以显示行车道边缘,宽度为 0.50~0.75 m。因此侧向余宽总计应为每边 1.75 m,中间带的全宽应为 4.5 m。其中中央分隔带的宽度以 3 m 为宜。在中央分隔带两侧和两边路肩上一般需设置安全护栏。

高速公路受到地形限制时,当设计车速为 120 km/h 时,中央分隔带可减至 2 m,这样中间带宽度可以为 3.5 m;对设计速度为 80 km/h、60 km/h 的山岭区高速公路,中央分隔带宽度可减至1.0 m,当受地形或特殊情况限制时还可把路缘带宽度减至0.5 m,这样中间带总宽为2.0 m,但从中央分隔带的作用考虑其宽度不宜任意缩减,见图9-9。

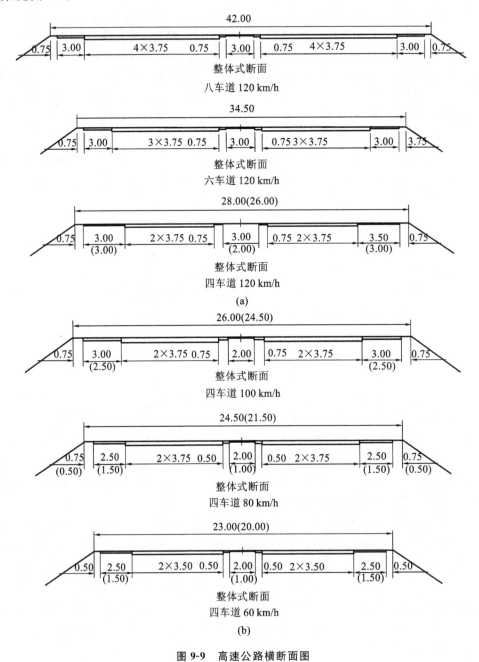

图 9-9 高速公路横断面图
(a)高速公路 120 km/h 横断面;(b)高速公路四车道横断面;(c)高速公路分离式横断面

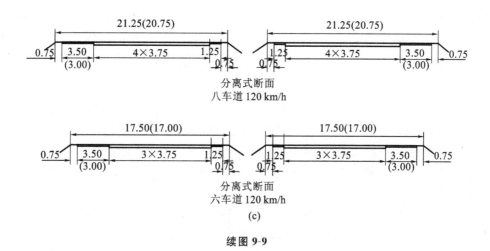

续图 9-9

二、高速公路平面设计

(一) 高速公路路线定线原则

我国已建高速公路经验可归纳为下列几点。

(1) 开辟新线,保留原公路线作为地方性辅道。

充分利用老路,这是一般公路改建时的一条原则,但对高速公路则不适合,因为高速公路是全封闭的专供汽车高速行驶的道路。在我国目前和交通情况下,必须修辅道,以供快、慢车及行人分道行驶,加之高速公路标准要求高,旧路的利用程度有限,且需要改建为高速公路的路线,其现交通量均较大,保留旧路还可保证施工期内的正常交通。从实践中,有的公路利用老路改建,毁了原有道路和桥梁,后来要另修辅道则是一个惨痛的教训。

(2) 路线与城市应有一定距离。

高速公路沿线各城市都希望高速公路的布局能纳入本地区的规划,借此发展地方交通。高速公路可适当靠近小城镇,但不可穿越城镇,既方便城镇运输又保证高速公路的行车速度和安全。高速公路过于靠近城市,会影响城市的远景发展。同时还大大增加高架桥梁与立体交叉数量,使高速公路的造价大为提高,应该将高速公路布局位于城市之外相当距离的地方。这无论从交通规划、土地利用、环境保护各方面来看都是有利的。高速公路与城市连接,一般以支线相通。一般高速公路仅设一个出入口与城市联系。若是两条高速公路在城市附近某处相交,则这一互通式立体交叉应远离该城市,而另用联络道连接城市。对于大城市,一般高速公路也仅设两个出入口与城市联系,其间距一般为 5~6 km,车流一般是通过城市所建的高速环道或其他干道连接。

(3) 尽量少跨越河流,以减少桥梁,特别是大桥的数量。

(4) 尽可能减少互通立交和通道的数量,并尽可能将通道位置延至桥涵位置以与桥结合。条件许可时可下挖通道,以减少纵坡转折点、降低填土高度,并节约用地。

(二)路线线形设计的要求

路线线形设计应满足行车安全、线形连续、视觉舒顺、形态优美等要求。具体应注意下列要点。

(1) 高速公路除汽车动力行驶要求外,应考虑人体生理和心理等因素,即线形设计采用视觉分析为基础的三维空间设计,以保证线形的舒顺与美感。

因为车速高,流量大,对视距及平、纵面线形设计要求高,通常应尽量采用《公路技术标准》规定的一般最小(或最大)值,而极限值则仅在地形地物受限制,不得已的情况下予以引用。

(2) 平纵面的线形应避免突然变化,以使司机有足够的时间来感觉和逐渐改变车速及方向。平纵线形的配合,要能保证视觉上的舒适顺畅。长直线易使司机疲倦而发生事故,只有在道路所指方向明显无障碍,地形适宜而又符合经济原则时,才允许采用长直线段。目前多采用透视图、车速图等来分析评价线形的优劣。

国外学者认为,高速公路平面线形应以曲线为主,平面线形宜成为一条连续线形。美国研究报告提出,理想的平面线形为圆曲线占 2/3,缓和曲线占 1/3,没有直线和曲线的突然变化,行车将顺畅舒适。

日本的九洲和东名高速公路几乎全部采用圆曲线加回旋曲线。英国高速公路的直线占有率由过去的 20% 下降至现今的 4%。日本和原联邦德国对直线的长度作了限制,规定不得大于设计车速的 20 倍。英国则规定直线长度不宜大于 2.4 km。

我国认为线形过于弯曲不仅增加路线长度和投资,还要增加养护费用和运行费用。我国《路线设计规范》只对最短直线作限制。从目前几条高速公路的平直比来看,基本都接近 1∶1,也有 4∶1 和 2∶1 的。

我国已设计高速公路最大直线长度有大于 3 km 的。其数值宜根据我国实际情况和地形特点确定,如平原区过分强调曲线也不尽合理。在开阔的平原地区,很少有地形、地物障碍,从适应地形出发,以直线为主,曲线为辅,为避免直线呆板、单调感,可以通过景观进行调整,如设各种标志,种植不同种类的行道树,采用低路堤、浅路堑,尽量保留自然景观等措施。在峰岭纵横沟壑交错的重山地区,从适应地形出发,应以曲线为主、直线为辅。又如水网地区竖曲线长度比例必然大,则要求相应平曲线占总长比例也大,以使平纵线形协调。

(3) 汽车高速行驶要求路线具有动态平顺性,线形设计应能满足司机驾驶时具有适宜的行驶节奏。设计的路线应使司机视线内的前方路段无波浪式的起伏和大急剧转折。

平曲线与竖曲线的协调。平、竖曲线最好是一一对应,即竖曲线的顶点大致与平曲线中点相对应,这样的平、竖曲线重叠将有助于视线诱导,从而有助于行车安全。平、竖曲线互相错开 1/4 相位尚属可行,而错开 1/2 则线形不顺。平纵组合设计不能过分强调平竖一对一的平曲线包竖曲线的要求,以避免过分切割造成大填大挖,增加工程量。

(4)《公路工程技术标准》中规定了高速公路的最大纵坡,平原微丘为3%,山岭重丘为5%。从现有高速公路来看,一般都小于3%,这与我国的车种结构有关。

许多高速公路发达的国家规定,最大纵坡大于4%时,需设爬坡车道,供载重汽车达不到路段行车速行驶,而我国以载重汽车为主,采用小于3%的纵坡是比较合理的。但也涉及一些其他问题,特别在平原地区,村庄密集、河流纵横,桥梁和横向通道明显增多,对纵坡设计带来了困难。为使纵坡平缓,则填土高度必将增加,而地基处理、填土来源、工程造价增加等问题接踵而来。降低相交道路标高,以桥孔代替填土,采用上跨式桥等措施,可降低填土高度,减少施工困难。

纵断面线形的好坏同平面线形有很大关系,设计时尽可能做到纵断面线形与平面线形密切配合。

第六节　高速公路横向通道设计

高速公路与乡村道路、行人专用道的立体交叉(分离式)称为横向通道。横向通道的密度和标准对高速公路的线形设计、投资规模、沿线乡镇的经济和方便村民生产生活等有密切的关系,城镇周边较近范围内横向通道的密度要大于较远范围的密度。我国高速公路横向通道的布置密度高于国外,这与居民点的分散、交通工具、机械化耕作程度等有关,表9-4为各类横向通道净高。一般横向通道布置密度可控制在1/1000～1/700(座/m),沿海地区可取低限。

表9-4　相交道路及横向通道的净空高度表

项　目		净空高度/m
横向道路	高速公路、一级、二级公路	5.0
	三级、四级公路	4.5
横向通道	汽车孔	3.2～3.5
	机耕孔	2.7
	人孔	2.2

我国已建高速公路绝大部分路段因设置横向通道不得不将路基提高,一般平均提高到3～4 m。这样做虽有利于排水及修建通道,但占地多,填土高度提高1 m,增加用地宽度约为6 m,不仅浪费土地,而且使路基的造价大于路面的造价。由于填土较高,在路基自重压力下出现路面沉降或开裂现象,软土地段尤为严重。若关闭高速公路返工维修将对行车不利,造成较大的经济损失。为此,高填路需要延长施工周期,自然沉降,并分层压实。高路堤造成两旁边坡较陡,必须要采取安全措施来防止翻车事故。采用低填路,则横向通道排水困难,需增设泵站。通常用下列方法解决低填方所出现的问题。

(1)减少下穿式通道的数量,降低通道底标高。在高速公路一侧或两侧修建必要的侧道贯通,以归并穿越高速公路,过多的小河航道也可采用挖掘人工渠道进行适当归并。同样可以采用降低通道底标高,通道处下挖以满足净空的要求,辅以必需的排水设施的方法。

(2) 重新划分高速公路两侧土地归属,尽量减少两侧居民交换量。

(3) 横向通道汽孔、机孔和人孔尽可能结合桥梁边孔布置以节省工程投资量。

图 9-10 为利用桥梁边孔安排高速公路横向通道的实例。图中利用桥孔一侧安排人行通道净高 2.2 m,宽度 4 m;另一侧安排机耕通道净高 2.7 m,净宽 4 m。

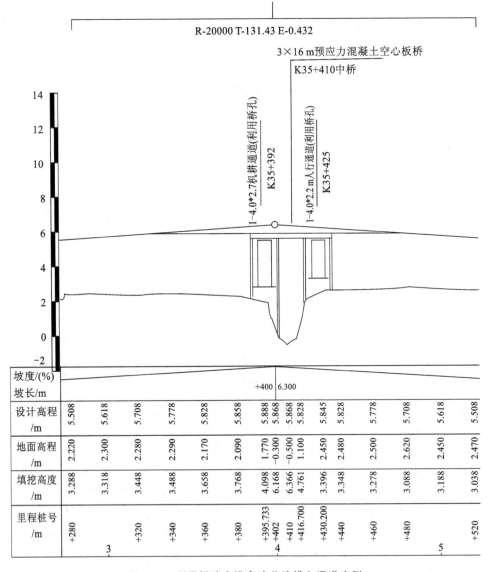

图 9-10 利用桥孔安排高速公路横向通道实例

第七节　高速公路交通安全设施

交通安全设施是保证交通安全的重要手段,对于高速公路尤为重要,设施包括交通标志、交通标线、反光道标、防护设施和禁入设施等。

一、交通标志

高速公路上车速高,车流量大,要及时预告驾驶员前方道路的运行情况,所以要设置指路标志和指路预告标志,并力求其简洁、明了,避免因信息过多或不足而导致交通事故的发生。

1. 标志的夜间可见性

交通标志有指示标志、指路标志、警告标志和禁令标志。指示标志和指路标志的文字及图案应反光,底色不反光,并要附有外部照明。无外部照明时,重要的标志要求全幅反光。圆形指示标志及警告标志、禁令标志应全部反光。通常高速公路除互通式立体交叉起终点采用路灯照明外,路段上均不采用路灯照明,但必须确保安全,所以一般标志均采用定向反光膜材料。

2. 标志字体的高度

当车辆以 90 km/h 速度行驶时,预先提示距离需要 200 m,司机才能从容应付紧急情况以避免事故的发生。作为指示和指路标志上的字体高度直接影响判读距离。日本阪神高速公路规定:设计车速为 60 km/h 的道路,其标志字体高度为 50 cm;车速为 80 km/h 的道路,字体高度为 60 cm。

我国标志尺寸最大采用 300 cm×150 cm。字体高度主线部分最大为 65 cm,立体交叉指路板上采用 60 cm,而匝道和地方道路的标志板上则采用 50 cm。

3. 标志的形式

标志形式的选择应考虑路面宽度和环境的影响因素,通常采用的门式结构标志与环境相互协调。此外,还可选用 F 或 T 式等。标志结构的基础,一般道路多采用扩大基础,高路堤的高速公路,由于新填土常发生施工后沉降,而且边坡处土体压实常不足,因此对于板面较大的标志,可采用桩基础。

二、交通标线

高速公路的交通标线有车道边线,车道边界线、立交斑马线、导向箭头以及主线进出口处平面交叉的交通渠化标线等。

交通标线应能分别划出左侧路缘带、车道、硬路肩以及交叉口的渠化、车道指向,使道路各部分功能明确划分,车辆各行其道,从而确保安全。

道路标线材料有溶剂型和热溶型两种,前者使用寿命短、成本低、施工方便;后者相反,但需要专用加热设备。一般认为热溶型漆适合于高速公路,如近期交通量不大,路面又分期实施时,也可采用溶剂型漆标线。

三、防护设施

高速行驶易发生车辆失控等故障,所以高速公路的防护设施对保障安全起着重要的作用。

(一) 防护设施的要求

高速公路对防护设施的要求如下。
(1) 良好的视线诱导效果。
(2) 防止车辆迎面碰撞或滑出路侧。
(3) 冲撞时产生的减速度能使乘客免受伤害。
(4) 撞车后回至原车行道时,尽可能不妨碍其他车辆行驶,如可满足上述部分要求的钢筋混凝土防冲墙,能防止车辆冲击,但因刚度大易导致乘客伤亡,波形护栏从受力角度分析,属于弹性连续梁,可起到缓冲的效果。

目前我国高速公路多采用波形护栏,由于分隔带宽度仅 3 m,有冲撞危及对向行驶车辆的可能,所以大多连续设置两排单面型的防护栏。

(二) 路侧防护栏的设置

路侧防护栏应在下列地点设置。
(1) 桥梁及人工构筑物的两端。
(2) 超过 3 m 高的路堤路段。
(3) 横向穿越孔处。
(4) 平曲线超高处。
(5) 标志、照明立柱及紧急电话等需要保护处。
(6) 匝道及视线需要诱导处。
(7) 其他需要设置处。

高速公路的桥涵部分采用防冲撞墙,路堤部分采用波形防护栏,两者连接时即将弹性梁直接搭接在刚性墙上。由刚性过渡到弹性结构时,空隙间距应不大于 1 m。

中央分隔带开口处是供紧急状态下车辆运行的临时通道。故在此处设置防护设施相当重要,并应兼有随时拆卸以供通车的功能,通常采用活动式双面型防护栏。

波形防护栏系钢质 W 型(见图 9-11),厚 4 mm。立柱钢管直径 140 mm,厚 4 mm,每隔 4 m 一根,入土深度 170 cm。护栏高度 75 cm,栏及桩均采用冷弯型钢,并采用熔融镀锌进行防腐处理。

四、禁入设施

设于收费口及立交范围内的禁入栅有两种形式:
(1) 框架式铁丝网,高 2.5 m;
(2) 带刺铁丝栅,高 2.5 m,起到禁入栅的作用。

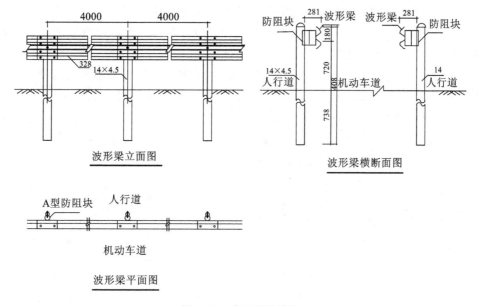

图 9-11　波形防冲护栏

五、反光诱导标志

车辆夜间高速行驶时,可视距离较短,因此夜间合理引导车辆安全行驶尤为重要。高速公路的反光诱导标志为车辆夜间行驶提供了安全保证。

路边线轮廓标志(路右侧)是夜间诱导的重要措施,它能明显划出道路的外侧轮廓。通常利用防护栏立柱和防冲墙设置定向反光片,该反光片用红色塑料制定而成,其高度为 1.0 m,间距 48 m。路左侧(中央分隔带内)设置夜间诱导标志,可使路线线形充分显示,起到良好的诱导效果。通常用黄色反光片附在护栏的凹槽处,既可避免占用空间,又可避免因设置在较低处影响反光效果。其可视距离为 400 m,弯道上设置间距为 24 m。

在中央分隔带开口处设置圆形诱导标志,反光片直径为 10 cm,安装诱导反光标志后,夜行时借助汽车头灯的照射,通过标志反射片的定向回光,能显示出道路的轨迹、交叉口及弯道,继而提高运行能力,提高夜间行车的安全度,避免交通事故的发生。

第八节　高速公路监控系统

高速公路车速快、流量大,一旦发生事故,很短时间内就会造成严重堵塞,尤其在夜间,若不及时处理,会造成连续事故,建立监控系统极为必要。

监控系统主要有通讯系统、闭路电视和可变情报板。通常由微波通信网和信息传输系统共同完成电话、监控和数字图像传播业务。紧急电话通常每隔 1 km 交错设置一部,供车辆发生事故或故障时与监控部门联系。大型可变情报板应及时提供动态情报,可变限速标志则应提供限速指令。此外,在路段重要地段安装电视监视器数台,以使监控中心能在大型交通控制模拟板上直观显示全线道路交通动态,电视监视器则可直接显示监控路段的交通情况;重要地段还应安装车辆监测器以便统计交通流量、车速和道路占有率。监控系统按运行程序分为信息收集系统、分析处理系统和执行保障系统,其构成及运行体制如图9-12所示。

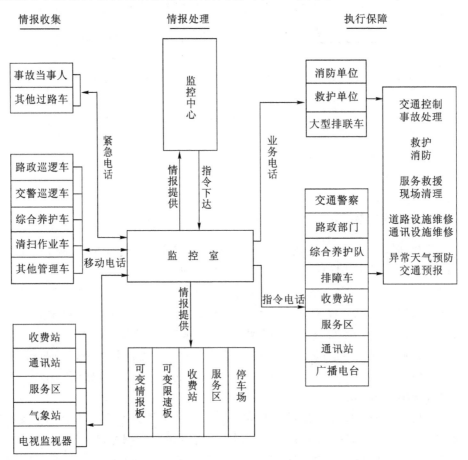

图 9-12 高速公路监控管理系统构成及运行体制图

一、信息收集系统

高速公路运行信息有道路信息、交通信息、气象信息。信息的收集途径如下。

1. 紧急电话

紧急电话是实用可靠的事故检测手段,每隔1 km安装一对紧急电话,设置于防护栏开口处外侧。电话为立柱箱盒式,迎车方向贴有反光标记,通话后打印机即打出通话时刻及话机编号。

2. 闭路电视

闭路电视摄像机设置在瓶颈或易发生阻塞的立交处，可以观测 500 m 以内路段交通情况，也能兼顾收费站及相关道路，安装高度为 10~12 m。摄像机收集到的信息直接反映在电视监视器中，以供总控室人员分析处理。

3. 车辆检测器

车辆检测器收集车流量和车速。通常将环形线圈检测器埋设在互通式立交前后的主线上，间距为 1~2 km，检测器可向中央控制系统提供车身长度及其通过时间，以计算占有率。

二、信息分析处理

信息分析处理是监控管理的中心内容。来自道路、交通、气象信息等各方面的信息经分析处理后由各有关部门执行；如发生事故、交通阻塞，则立刻指令交警迅速到现场处理事故、维护交通安全、清理现场，并及时向过往车辆提供情报；在异常天气时应及早采取预防措施。

三、信息提供

信息经过综合分析处理后及时向过往车辆提供道路交通信息，短时内能够引导驾驶人员在各种情况下正确合理地使用高速公路，使其达到快速、安全、畅通的服务水平。情报提供主要通过下列三种手段和方式。

1. 大型可变情报板

通过大型可变情报板可及时向车辆提供异常情况、道路行车情况、交通阻塞和交通事故等情报。可变情报板的合理间距为 15 km，通常布置在立交出口匝道前的主线上、高速公路入口处，或收费口外的道路上，其结构形式有门架式和 F 式。我国均采用汉字显示，字体高度为 60 cm×60 cm，可视距离达 200 m 以上，一般每块板容纳 12 个字。

2. 可变限速板

通过可变限速板可控制行驶速度。当交通量达到最大时，可将速度限制到相应水平，当交通量低于设计值时，则可限制车速，以避免事故的发生。一旦发生事故、拥挤阻塞或不良气候（大雾、下雪、结冰）使过往车辆减速时，可变限速板可以减少尾端冲撞，防止事故发生，保证道路通畅。为此通常将之布置在运行区段的前端，以便展示行驶要求。可变限速板的合理间距为 10 km，显示时速可从 20~120 km，字高 50~60 cm，视距可达 150 m，通常为直径 1 m 的圆形板，其外圈与数字均由红色超高亮度发光二极管组成。

3. 远程预报

大型可变情报板及可变限速板均系信息近程提供及监控设施，一般设于路段数百米以内。对于暂处于其他路段的车辆，也需超前提供交通网各处的交通信息，因此远程预报也是高速公路的重要信息提示手段。其中无线广播的"交通台"定时预报,已为各国普遍采用,几乎成为"行车伴友"。此外尚可通过收费站、服务区、停车场的信息板或发放宣传卡等提供道路交通综合信息。

四、监控系统

监控系统的中心控制系统是把收到的信息进行监视、记录并作更高级的分析,控制中心系统的主要设备有中心计算机、人机对话设备、传输处理设备。其功能是显示并记录检测数据,计算各区段交通流整体变量,预测交通状态;进行流入控制以平滑交通流,预防交通事故和阻塞;启动闭路电视系统,以直接观察现场情况;选择调度策略,记录和显示交通调度情况。目前我国高速公路交通尚未达到设计容量,所以高速公路近期交通控制采用主线控制,即用可变情报板和限速板对主线上的车辆进行主要控制的方法,而对起讫点交通量较大的入口采用禁止流入控制为辅的方法。随着交通量的增长和交通控制范围的扩大,再增加主线入口和匝道入口为主的控制。

目前处于自然交通流状态时,监控主要对突发的交通事故进行控制,而交通量增加到出现交通拥挤和阻塞时,中央控制室应疏导交通,预防阻塞,实行有效的控制。图 9-13 为沪杭高速公路莘松段监控示意图。

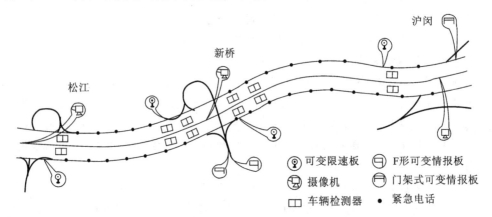

图 9-13　沪杭高速公路莘松段监控示意图

第九节　高速公路收费管理和服务设施布设

高速公路应根据服务水平、交通量、路网规划、路段长度、沿线地形、地物、景观、环保等,选择适当地点布设收费管理和服务设施。服务设施的建设规模应根据设计交通量、交通组成等计算确定。服务设施一般包括公共汽车停靠站、停车区、服务区等。根据服务功能的不同,这些设施可以单独设置,也可以组合设置。根据服务需要,服务设施可在高速公路沿线布设,也可与互通式立体交叉配合布设。

一、收费站设计

从广义上讲,收费系统应由收费政策(包括是否收费、收费理由和收费对象)、经济理论(包括收费依据和收费标准)、管理机制(包括收费机构和收费方式)和收费技术(收费手段)四个部分构成。从狭义上讲,收费系统仅包括经济理论、管理机制和收费技术三个部分。

一般意义上的收费系统是指从车辆进入收费道路开始,车辆交纳通行费直到费款安全进入储存点以及能提供各种收费过程相关信息的设备和人员的集合体。它主要包括收费出入口的收费站场、车道控制设备、车道外场设备、计算机终端、收费站的计算机系统及各分中心的计算机系统。

对于高速公路而言,收费系统通常采用以下几种收费制式:全线均等收费制(简称均一式)、路段均等收费制(简称开放式)、按实际行驶里程收费制(简称封闭式)和开放式与封闭式相结合的混合式收费系统。而收费管理系统通常有人工收费管理系统、半自动收费管理系统及全自动收费管理系统三种。

(一) 收费站类型和形式

收费站设计包括土建工程和机电工程两部分。土建工程包括收费广场、收费车道、收费站配套设施,收费站配套设施又包括收费雨棚、地下通道、收费站房、标志与标线等。此处主要以半自动收费方式为基础来介绍收费站土建工程的设计方法。

收费站类型和形式的选择是收费公路设计的重要内容之一,若考虑不周,收费站将成为交通"瓶颈"和事故多发段,从而给道路使用者和经营者造成经济与时间上的损失。

1. 收费站类型

根据收费站所处的位置,收费站可分为主线收费站和匝道收费站。

1) 主线收费站

主线收费站是指设置在高速公路主线上的收费站,开放式收费系统的收费站一般采用主线收费站。一般在高速公路上每隔一定距离设置一座具有双向收费车道的主线收费站。主线收费站的优点是设备、人员集中,有利于管理。缺点是收费站选址要求较严,一般要求在线路顺畅、视线较好的地方;当高速公路交通量较大时,主线收费站容易因停车缴费而产生严重延误。

2) 匝道收费站

匝道收费站是指设置在高速公路匝道或联络道上的收费站。封闭式收费系统除在高速公路两端各设一个主线收费站外,其余均设在匝道上。匝道收费站的布设方式可分为集中式与分散式两类,如图 9-14 所示。

① 集中式。集中式收费站是将在同一立交每一个进出匝道均引至一处,集中设置双向收费站,并与普通道路相衔接,如图 9-15(a)所示。集中式收费站的优点是便

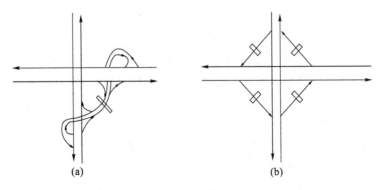

图 9-14 匝道收费站平面图

于收费站的集中管理,提高了人员、设备的使用效率。缺点是因为集中设置,会限制立交几何线形的设计,所有出入收费道路的车辆都要绕行集中在一起,在转绕交通量大时,容易引起交通阻塞而影响相关象限车辆的运行,发生车辆交织现象。

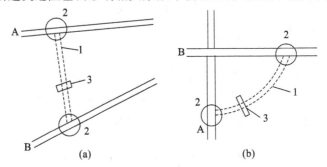

图 9-15 收费道路设置立交的方法
(a)收费道路;(b)交叉道路
1—联络道;2—三肢立体交叉;3—收费站

② 分散式。分散式收费站是在互通立交的每一匝道设一个收费站(亭),如图 9-15(b)所示。也可以若干匝道设一个收费站。分散式收费站的优点是可避免车辆平面交叉,减少车辆绕行,也可缩短收费广场的渐变段即离,增加收费站设置区位选择的弹性等。缺点是人员、设备分散,投资大,管理不便,在实际中很少采用。

2. 匝道收费站形式

一般认为,在封闭式收费系统中,采用集中式管理的匝道收费站比较合理,因而,高速公路对收费站立交形式有较严格的要求。高速公路设置收费站立交的做法是在收费道路与其相交道路的交叉口的适当距离处另设一条联络道,使联络道与两条路相交形成一个二肢立体交叉。所有车辆都算集中经由联络道转弯出入,这时只需在联络道上设置一个收费站。

1) 联络道设置原则

① 联络道所在的象限主要取决于地形和地物的情况,同时考虑交通量的大小,原则上任一象限都可设置;

② 联络道的位置和长度都要满足两端三肢立交处的加减速车道的设计要求。

2) 联络道两端的三肢立体交叉可供选择的形式

① 喇叭形立体交叉。只建一个构造物，最为经济。

② Y 形立体交叉。驶出、驶入运行皆最流畅，适宜于转向交通量大的情况，在道路一侧空间受到限制时多采用，须建两层桥三处或三层桥一处，造价较高。

③ 双子叶形立体交叉。造型美观，只需建一个构造物，但较为不足的是主线驶出车辆须通过环形匝道。

3) 收费站立体交叉形式

常见的收费站立体交叉形式见图 9-16，各立体交叉的特点分述如下。

① 单喇叭形。适用于主要路线与一般次要路线相交；只需一个构造物；造价经济，采用最多；主线快速车辆驶出流畅，次要路线上车辆出入为平交。

② 双喇叭形。适用于两条主要路线相交，或次要路线交通量相当大时；需建两个构造物；两条线路上车辆进出皆流畅。

③ 单 Y 形。适用于高速公路与一般公路相交；需要两层桥三处或三层桥一处，造价较高；高速车辆出入主线皆流畅；主线外侧用地较窄，适用于外侧有河流、铁路、厂房等障碍物的情况。

④ 双 Y 形。适用于高速公路与其他干线公路相交的情况，建桥多，造价高。

⑤ Y 形＋喇叭形。适用于高速公路与其他干线公路相交的情况，Y 形应设置在高速公路处。

⑥ 喇叭形＋子叶形。与双喇叭相似，但双子叶立体交叉进出车辆要绕环形匝道，宜设在交通量较小的道路上。

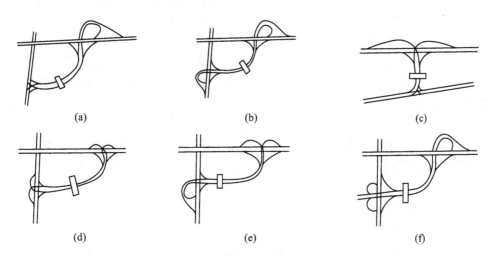

图 9-16 常见的收费站立体交叉形式

(a)单喇叭形收费立体交叉；(b)双喇叭形收费立体交叉；(c)单 Y 行收费立体交叉；
(d)双 Y 形收费立体交叉；(e)Y 形＋喇叭形收费立体交叉；(f)喇叭形＋子叶形收费立体交叉

对于一个匝道收费站,采用何种立体交叉形式,是采用集中式还是分散式,应根据进出车流量、立体交叉附近地形、相交道路的结构和性质等因素,从土建、设备投资、营运管理和人力成本等多方面综合考虑,进行多目标决策,在满足功能要求的基础上,使总成本最小者为最佳收费站立体交叉形式。

(二) 收费广场设计

收费广场设置于收费岛前后,其功能为供车辆加、减速缓冲过渡,车辆等待缴费。收费广场的设计应能最大限度地防止交通事故和产生交通拥挤,为收费业务和收费站管理提供一个安全、舒适、高效的收费工作环境。

1. 设计原则

目前普遍采用的收费系统都要求停车收费,为了使车辆顺利进入任何收费车道,具有足够的缴费空间和驶回正常车道的汇合空间,在设计收费广场时应遵循以下原则。

(1) 收费广场不得成为安全方面的障碍。互通立体交叉匝道上的收费广场,不能影响主线上的交通。

(2) 收费广场不应成为交通的"瓶颈"。收费广场要备有足够的收费车道数和停车空间供交通高峰期使用。

(3) 收费广场应尽量设置在平坦且为直线的路段上,保证车辆停车和启动安全、容易,收费方便。

(4) 收费广场的设计要适应收费业务和交通管理业务的要求。一般应在收费制式和系统方案(包括设备)确定之后,按其工艺要求进行收费广场的规划和设计。一次设计,分期施工,做好土建预留、预埋工作,并留有余地。

(5) 给收费作业人员提供一个安全以及较舒适的环境。

2. 收费广场线形设计

收费广场的线形设计原则上应保证交费的车辆有足够的视距,便于驾驶员从远处看清,并做好停车准备。收费站的线形布置一般包括:平面线形、纵断面线形、横断面和从收费广场到一般路段的渐变段等。

1) 平面曲线半径

由于驾驶员需在收费站处停车,若其出口过于弯曲,对驾驶员的视线有不良影响,且容易造成交通事故,因此收费广场的平面线形以直线为佳。收费广场设在主线上时,尽量设置在直线段,平面线形应与主线线形一致,见表9-15。收费广场设在匝道上时,要求平面曲线的半径不得小于200 m。

2) 竖曲线半径

主线收费广场宜避免设置于凹形竖曲线的最低处或长下坡路段的下方,其竖曲线的半径应与主线标准一致,见表9-5;收费广场设在匝道上时,竖曲线半径原则上应大于800 m,特殊地区无法达到此标准时,竖曲线半径也应至少在700 m以上。

表 9-5 收费广场设计标准

计算行车速度/(km/h)		20	100	80	60	40
最小曲线半径/m	一般值	2000	1500	1100	500	250
	极限值	1500	1000	700	350	200
最小竖曲线半径/m	凸形 一般值	45000	25000	12000	6000	2000
	凸形 极限值	23000	15000	6000	3000	1500
	凹形 一般值	16000	12000	8000	4000	3000
	凹形 极限值	12000	8000	4000	2000	1500

3）纵断面坡度

车辆在进入收费广场之前先要减速，随后驾驶员根据收费站标志、标线的指示，根据自身的车型选择车道分流。车辆先排队，再完成收费交易手续，如领券（卡）或交费等，最后离开收费车道，加速同主线车流汇合。由于车辆频繁起停，驾驶员操作较多，注意力分散，因此要求收费广场及收费车道应尽量平坦，以确保安全。收费广场中心线前后最大纵坡应小于2.0%，若特殊地区无法达到此标准时，至少应在3%以下。此坡度的范围以收费广场中心线前后最小各为50 m，对于设计车速大于80 km/h的主线收费广场，中心线前后至少各为100 m。

4）横断面坡度

为了便于收费广场排水，要求收费广场设置一定的横坡，其标准值为1.5%，最大值为2.0%。

5）收费广场直线段

收费广场直线段的长度，如图9-19所示，除满足收费岛长度要求外，还要考虑交通高峰时车辆在各车道的排队长度。一般匝道收费广场直线长度 L_0 为30～50 m。主线收费广场的交通需求较大，收费车道较多，交通高峰时，多数车辆集中在中心部分的车道上，而两侧的车道比较空闲，因此主线收费广场的直线段为50～80 m。

6）收费广场前后渐变段

为使车辆容易进入收费车道，以及在车流较多时容许某种程度的排队长度，应有一适当长度的渐变段，并应满足表9-11的要求。从收费广场向标准宽度路段过渡的渐变段，要求能够使车辆顺畅行驶，便于分流和合流，随意进入或离开任一车道。设 L 为渐变段长度，S 为渐变段宽度，则主线渐变率 S/L 一般取1/7，至少不应大于1/5；互通立交匝道收费站广场主线渐变率，不应大于1/3，如图9-17所示。

7）从匝道收费广场中心线到匝道分岔点的距离

一般情况下，在互通式立体交叉的匝道收费站，考虑驾驶员自离开收费亭行驶2～4 s后，才能开始注意前方道路的状况，而状况判断与反应行为等需要3～4 s，合计5～8 s。对于不熟悉路况的驾驶员，如果从收费广场中心到匝道分岔点的距离不够，交费后的驾驶员容易产生操作困难而无法进入相应的匝道。因此，为使驾驶员有充

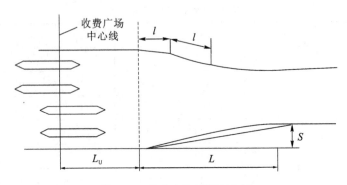

图 9-17 收费广场平面示意图

分时间判断方向,要求收费广场中心到匝道分岔点的距离应大于 75 m。到被交叉公路的平交点的距离不应小于 150 m。不能满足要求时,应在被交叉公路上增设停留车道。

3. 收费广场平面布置

1) 收费车道平面布置

开放式收费的收费站由于双向收费车道数相等,广场轴线和路线轴线一般会重合。但封闭式收费由于进、出口收费车道数量差异,收费广场内车道的布置有三种方案,具体如图 9-18 所示。

图 9-18(a)是进、出口收费车道分别设在路线中心线的两侧,中央收费岛中心线与路线中心线重合形成对称布置。这样的布置方式适用于进/出口收费车道数差别不多的主线收费站和匝道收费站。当车道数较多时,外侧收费车道与路中心线距离远,会产生靠近路中心的收费车道形成排队而外侧车道却可能出现空闲的现象。

图 9-18(b)是由于进、出口收费车道数差别较大,将路线中心线和中央收费岛中心线错开设置,以解决单向交通流大的问题。这种布置方式的优点在于从总体上看收费车道绕行距离短,缺点是广场段路线线形必须加以局部调整,将入口一侧车辆绕行距离增加。

图 9-18(c)是将进、出口收费车道在纵向上错开设置,这样的布置方式适合于地形地物受限制的地方或对某一独立构造物(比如桥梁、隧道等)进行收费的场合。其优点是收费广场的占地宽度几乎缩小一半,平面上布置可以比较灵活;其缺点是将原来集中在一处的收费设施分成两个相对分离的收费设施,工程量和管理工作会有所增加。

2) 收费岛平面布置

收费岛在平面上有两种布置形式,一种是将收费亭对齐,一种是将收费岛对齐,如图 9-19 所示。前者便于收费广场横向管道的施工和布线作业;后者使收费车道出口方向距离加长,便于安装车型自动识别设备。

3) 预留管线

收费广场的管线包括收费车道横穿管线、收费广场两侧人井至广场照明和广场摄像机的管线以及收费广场至监控机房前人井的管线。收费车道横穿管的内径不

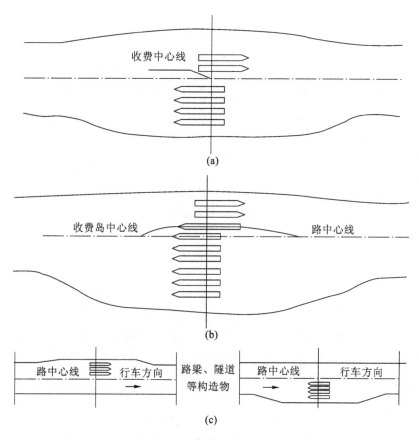

图 9-18 收费车道平面布置图
(a)中央收费岛中心线与路线中心线重合形成对称布置;
(b)中央收费岛中心线与路线中心线不重合形成不对称布置;
(c)进、出口收费车道在纵向错开

宜小于 90 mm。横穿管在穿过光缆、电缆之前应预穿子管。横穿管的孔数可根据线缆的数量决定,每个子管应留有 10% 的余量,强电和弱电横穿管应选择不同的路由,其间距应符合有关规定。

收费广场及收费岛上的人井与手孔应符合相关的设计标准。

4. 收费广场附属设施

1) 收费雨棚

收费广场雨棚主要功能是遮阳、挡雨雪,并提供醒目的视觉效果,提示驾驶员注意前方有收费站,准备停车缴费。雨棚结构多为金属网架结构或钢筋混凝土结构,造型一般应体现当地建筑风格或民俗风情。雨棚的长度一般为收费广场中心线宽度,宽度除根据收费岛的长度外,还应考虑收费岛上设备的布设情况,一般不小于 14 m,以获得良好的防晒、防雨效果。雨棚净空除考虑通行净空外,还需考虑视觉效果,其通行净空高度一般可取 5.5~6.0 m,对于较大的主线收费广场,为避免产生压

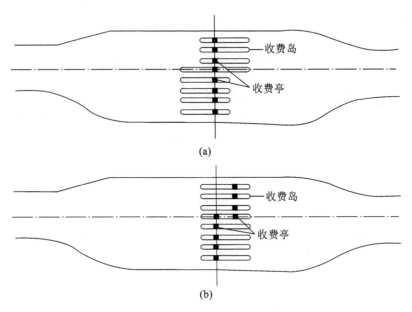

图 9-19 收费岛平面布置图
(a)收费亭横向中心线对齐;(b)收费岛横向联合向中心线对齐

抑感,可增加至 6.0～7.0 m。雨棚信号灯、照明灯具等都需要安装在雨棚上,因此设计时应考虑供电、通信线路的路由以及排水管的设置。

2) 地下通道

当收费车道较多(多于 8 个)的收费站且收费业务特别繁忙时,应设置地下通道,通道一端通向收费站房,每一个收费岛设置一个出入阶梯。人行通道的净宽应大于 2.0 m,净高应大于 2.2 m。地下通道应注意通风、排水和出口的安全。在地下通道一般可设置电缆排架,用以铺设收费岛的供电、通信电缆。如因其他原因,不宜设置地下通道,可移至雨棚之上设置人行通道。

3) 收费站房

收费站房是收费站的管理和控制中心,设有收费监控室、财务室、站长室、工作室、会议室等,附属建筑包括变配电房、发电机房、车库等。收费站房通常设置在收费广场出口翼侧。监控室和站长室一般设在二楼。值班室面向收费广场,且与收费广场中心线有较大的夹角(30°～60°),通过宽敞的玻璃窗,监控员能用肉眼看清所有收费广场的情况。收费票据库、财务室和通信机房等重要房间也应设置在二层,且平面布置上应注意保证财务等房间的安全性。

收费站房与收费广场边缘之间应保证适当间距(15 m 左右),在此范围内不得修建永久性建筑。收费站房的设计应符合我国民用建筑设计规范。

4) 收费广场标志与标线

收费广场的标志与标线设计应符合《道路交通标志和标线》(GB 5768-99)的规定。

① 收费广场的预告标志。

车辆进入收费站时,需从较高的速度减速到零,如不事先对驾驶员进行收费预告,逐级指示,使驾驶员提前做好准备,并逐步减速,事故的发生是不可避免的。

一般来说,收费站的预告标志有 4～5 块,其中 3 块分别是 2 km、1 km、500 m 预告标志,主要设于主线收费站前 2 km、1 km、500 m 的位置,进行先期预告,另有 1 块预告标志则置于收费广场前适当位置。如果是出口匝道收费站,在两条出口匝道的交汇处设 1 块标志,指示驾驶员前方不远处即是收费站。

② 收费广场的禁止标志。

在高速公路的入口,一般在互通或主线收费站之前,应设置禁止拖拉机通行标志、禁止摩托车通行标志、禁止非机动车通行标志、禁止行人通行标志,必要时还应设置限高标志,为节省立柱、基础与版面可把以上述标志合并设置。

③ 收费广场的标线。

收费广场的标线主要包括收费岛标线、收费岛迎车方向地面标线和减速线。

收费岛标线用来表示收费岛的位置,为驶入收费车道的车辆提供清晰的标记,避免车辆撞上收费岛。颜色为黄黑相间的斜线,线宽各为 15 cm,由岛头中间以 45°角向两边标画。

收费岛迎车流方向地面标线用来表示收费车道的位置,为缴费车辆提供清晰标记,并要求在标线区内的车辆顺序排队,不能越线插队,颜色为白色,线宽 45 cm,间隔 100 cm,成 45°斜角,外围标线宽 20 cm,迎行车方向长 15 cm。

减速线用于警告驾驶员前方应减速慢行,避免发生车辆碰撞,设置于主线收费站前和出口匝道适当位置。减速线为白色反光虚线,根据设置位置的不同,可以是单虚线、双虚线,重复三次,垂直于行车方向设置。减速标线间距应使驶向收费车道的车辆通过各标线间隔的时间大致相等,以利于行驶速度逐步降下来,其中第一道减速线(指最靠近收费站)设置于距收费广场中心线 50 m 的地方。

(三)收费车道设计

当高速公路交通量较大的情况下,收费广场有可能形成一个"瓶颈",造成交通拥挤、降低通行能力,影响高速公路上车辆的运行。因此,合理设置收费广场收费车道数量是收费系统设计的重要内容。

1. 收费车道数的确定

确定收费车道数的因素主要包括交通量、服务水平、服务时间及出入口的布置形式等。收费车道数决定收费站的规模、收费设备和收费人员的多少。

2. 收费车道设计

1) 收费车道宽度

收费车道的宽度主要取决于通行车辆的外形尺寸,即确定收费车道宽度时,需考虑车辆的宽度以及低速下车辆横向摆动幅度,使车轮与收费岛之间保持一定距离,即保证车辆安全运行,又方便收费。

道路上行驶的货车宽度,进口车一般为 1.98～2.5 m,个别为 2.65 m;国内车一般为 2.26～2.60 m;牵引车为 2.80 m;大客车、公共汽车的宽度为 2.27～2.6 m;小客车宽度一般为 1.60～2.0 m,个别进口车为 2.3 m;国内矿山货车宽度为 3.55 m,进口车为 3.75 m。因而城市及郊区道路车道宽度一般可采用货车 2.5 m,大客车、公共汽车为 2.6 m,小客车为 2.0 m。矿山及供特种车辆使用的专用道路,视具体情况选用适当的车道宽度。

根据《道路交通管理条例》规定,车辆货载不得超过车宽,考虑应留有一定的余地,收费车道一般宽为 3.0 m,对于以大中型车辆为主的收费广场,宽度宜为 3.2 m。行驶方向右侧最外车道宽度为 3.5～4.0 m,为特种车辆通行使用。

对于不停车收费系统,为了使车辆能以较高车速通过收费站,其收费车道宽度一般为 3.6 m,路肩宽 1.2 m。

若采用混合式收费技术,不停车收费车道应设置在最内侧使车辆直接快速通过,增加通过量;机器收费车道设于中间,人工收费车道设于最外侧,而所有收费车道的最外侧的超宽车道供大型车辆使用。应在收费站 200 m 前用门架形式将各个收费车道收费方式与开闭情况用标志说明,在收费雨棚上也需标明车道使用的收费方式和开闭状况,避免驾驶员在收费广场中的车道变换。

收费车道应采用水泥混凝土结构。如果收费系统准备安装电磁式的环行线圈车辆检测器,则在安装范围内(一般收费岛所在范围)应采用素水泥混凝土结构。

2) 收费岛设计

收费岛是为了分隔收费车道,以免车辆相互干扰,同时提供一个安全区域而设置的安全岛的突起物。岛上设有收费亭、收费设备(如电动栏杆、通行信号灯)、通行管道和通行手孔等装置。

收费岛宽一般为 2.0～2.2 m,寒冷地区为 2.7 m。收费岛中间段高度为 0.15～0.25 m,岛长为 22～36 m。采用不停车收费时,则必须考虑不停车收费的设计速度与车道控制设备的合适位置相适应,对收费岛长度提出相应要求。如采用车速40 km/h 的不停车收费,又准备使用自动栏杆进行控制,其岛长可能超过 40 m。因此,设计时根据收费系统所安装的收费设备情况具体确定岛长,收费岛尺寸规定见表 9-6。

表 9-6 收费岛尺寸要素

种类		长度/m	宽度/m	岛面高度/m
主线收费站	标准值	36.0		
	一般值	28.0～36.0	2.0～2.4	0.15～0.25
匝道收费站	标准值	32	2.2	0.2
	一般值	18.0～36.0	2.5～2.7	0.15～0.25
严寒地区或特殊值特殊情况	标准值	36	2.2	0.2
	一般值	15.0～36.0	2.0～2.7	0.15～0.25

收费岛的端部应具有一定的高度(不超过10 m)并敛成楔形,采用钢筋混凝土基础,岛头和两侧用水泥混凝土或钢护栏做防护,收费亭外侧四周加防撞柱,以防止车辆失控而冲上收费岛,破坏收费设备,威胁收费工作人员的安全。

收费岛岛头应设置黄黑相间的反光立面标志,在多雾区还应在岛头设置雾灯,并可设置必要的引导标志及防撞设施。

3) 收费亭设计

收费亭为设置在收费岛上的建筑,其内设有收费计算机、柜台(存放票证与通行券)、操作台,供收费人员进行收费作业。

收费亭应视野开阔,便于收费员看清车辆的车型和行驶状况;由于收费亭内设备较多,因此,线缆布设要合理;为了收费员能够安全出入,收费亭的门应设置在收费亭后侧。典型收费亭的结构如图9-20所示。

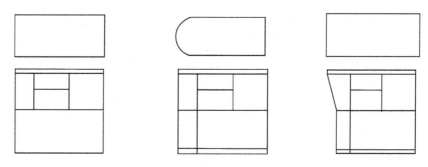

图9-20 收费亭结构示意图

收费岛的宽度变化时,收费亭的宽度也应随之变化,并保持收费岛比收费亭宽0.3 m,即收费亭外表离收费岛边最小距离应大于0.3 m。集中式匝道收费的收费亭尺寸规定见表9-7。分散式匝道收费的收费亭宽度为1.9~2.1 m,长度为1.5~2.0 m。收费亭要求美观大方,整体强度高,保温性和密封性好;正面玻璃窗要保证收费人员的视线良好,北方地区要采用防冻结构;侧窗要方便收费员收费操作。

表9-7 收费亭尺寸要素

尺寸种类	标准值		一般值	
	单向	双向	单向	双向
长度/m	2.6	3.6	2.4~2.8	3.2~4.4
宽度/m	1.6	1.6	1.4~1.9	1.4~1.9
高度/m	2.5	2.5	2.4~2.6	2.4~2.6

由于收费亭外车辆长期停车并频繁加、减速,空气污染较严重,为减少汽车排放的废气对收费工作人员的健康危害和对收费电子设备的腐蚀,收费亭内应设有排气装置。

二、高速公路沿线设施布设

(一) 公共汽车停靠站的布设

随着我国高速公路的建设,中长途公共汽车客运将是人们出行的主要运输方式,规划和设计高速公路时必须在沿线设置公共汽车停靠站,以满足乘客上下车的需要。公共汽车停靠站应根据沿线城镇分布、出行需求,并结合服务区或互通式立体交叉设置。

1. 布设形式

1) 在收费立体交叉的连接线上布设

这种布设形式适用于公共汽车离开或进入一条高速公路时采用。当高速公路与次要公路在次要公路上采用平面交叉时,如图 9-21(a)所示,公共汽车停靠站布设在平面交叉与收费站之间连接线的两侧;当高速公路与高速公路相交时,如图 9-21(b)所示,公共汽车停靠站布设在收费站之前或之后连接线的两侧。这种布设应注意上下车的乘客横穿连接线而影响交通和安全问题,必要时可在连接线上设置人行天桥或人行地道。

图 9-21 在收费立体交叉连接线上布设停靠站

2) 在收费立体交叉内的高速公路上布设

这种布设形式适用于公共交通在高速公路途经该立体交叉时采用。如图 9-22 在立体交叉的三角地带(一般为绿化区),平行于高速公路增设公共汽车停车车道。为不影响高速公路正线车辆的正常行驶,应在正线与停车车道之间设置隔离带或栅栏分隔,停车车道两端与出、入口附近的匝道连接,形成港湾式停靠站。利用通道、梯道、盘道等组合设施,组织乘客进出立体交叉。这种公共汽车停靠站与互通式立体交叉配合布设的形式,充分利用立体交叉匝道的变速车道作为公共汽车进出正线时变速行驶,与公共汽车停靠站布设在立体交叉范围以外的路段上相比,减少了设置长度,节省用地和投资;但需设置专用人行设施组织乘客进入或离开立体交叉范围的公共汽车停靠站,又使投资有所增加。

2. 平面布设

布设在收费立体交叉连接线上的公共汽车停靠站,车辆行驶速度低,公共汽车

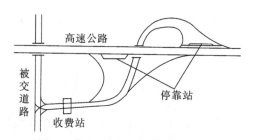

图 9-22 在收费立体交叉的高速公路上布设

停靠站平面布设可不考虑车辆加、减速行驶的要求。当收费站各行驶方向外侧供大型车行驶的边车道车辆很少时,边车道可作为公共汽车停靠站,但在边车道右侧应增设公共汽车停靠站站台。站台长度不小于 20 m,宽度不小于 2 m,以供乘客候车,如图 9-23(a)所示。如收费站外侧的边车道兼作收费车道使用,应在边车道右侧增设公共汽车停靠站,以不影响其他车辆进出收费站,其平面布设如图 9-23(b)所示。

布设在收费立体交叉内高速公路上的公共交通停靠站,横向必须用隔离带与直线车道分离。另外公共汽车停靠站两端应设足够长的二次变速车道,使车速与互通式立体交叉匝道的变速车道(一次变速车道)车速相适应,其平面布置如图 9-24 所示。二次变速车道的长度取决于匝道减速端出口或加速端入口处的行车速度及车辆的平均减速度或加速度,二次变速车道的长度可用式(9-5)计算。

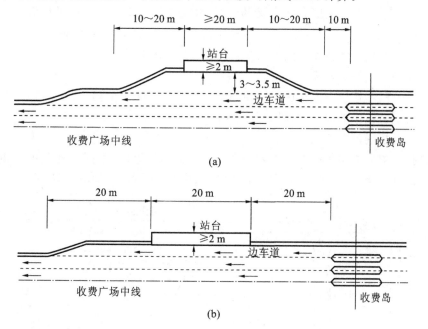

图 9-23 连接线上公共汽车停靠站的平面布设

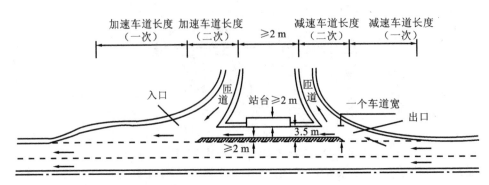

图 9-24 收费立体交叉内高速公路上公共汽车停靠站的平面布设

$$L_2 = \frac{v_2^2}{26a} \tag{9-5}$$

式中 L_2 ——二次变速车道的长度(m);
v_2 ——匝道减速端出口或加速端入口的行车速度(km/h);
a ——汽车平均减速度或加速度(m/s²)。

(二) 停车区的布设

高速公路应根据规划在互通式立体交叉范围内或沿线布设停车区,以满足车辆停车、加油等需要。在高速公路沿线一侧或两侧布设停车区需要的专用征地,修建供车辆通行的构造物。高速公路停车区可与互通式立体交叉合并设置,布设在互通式立体交叉范围内。根据立体交叉的形式、用地条件,考虑交通便利及出入方便等因素,合理确定停车区的位置,不可影响互通式立体交叉的交通流量、交通安全和行车速度。互通式立体交叉与停车区结合的布设方式有以下几种。

1. 在连接线一侧布设

因另一侧车辆进出停车区需横穿车道,仅适用于高速公路与次要道路相交、连接线上交通量较小的情况,如图 9-25 所示。

2. 在连接线两侧布设

连接线双向需停车的车辆互不干扰,可用于不同等级、不同交通量的情况。但停车后需在连接线上改变行驶方向的车辆,须横穿车道行驶,如图 9-26 所示。

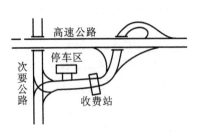

图 9-25 在连接线一侧布设停车区

图 9-26 在连接线两侧布设停车区

3. 在连接线中间布设

如图 9-27 所示,在收费立体交叉连接线双向行车之间布设停车区,车辆在停车区内可改变行驶方向,不存在横穿车道的问题。该布设形式主要适用于收费立体交叉连接线双向行车之间有足够间距,出口和入口收费站分别布设的情况。

4. 在跨线桥下布设

在不收费互通式立体交叉范围内布设停车区,不收费立体交叉为连续交通流,为使互通式立体交叉范围内封闭区域的车辆进出不阻碍正线和匝道车辆的正常行驶,停车区的出、入口不宜设在主要行驶方向的匝道上,如图 9-28 所示。当互通式立体交叉采用上跨式或多层式时,引道较长且多用跨线桥,桥下空间可用于设置停车区。

图 9-27 在连接线中间布设停车区

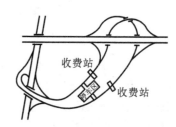

图 9-28 在跨线桥下布设停车区

(三) 服务区的布设

高速公路的服务区是为驾乘人员提供中途休息、进餐等服务,以及为车辆提供停车、加油、维修等必要服务的场所。服务区应包括停车场、公共厕所、休息室、加油站、维修站、餐厅、商店、绿地等具有各自服务功能的设施。

1. 布设原则

(1) 服务区应尽可能与互通式立体交叉配合设置,利用互通式立体交叉的用地范围及用地条件等合理布设。服务区各种设施应功能齐全,各组成部分之间位置应合理。

(2) 在保证互通式立体交叉的交通功能和线形布设不受影响的前提下,应根据停车车位数据合理确定服务区的用地规模。

(3) 服务区的布设,应根据互通式立体交叉进出交通量的大小、服务区规模、地形情况,合理确定其布置形式。

2. 布置形式

服务区可根据具体情况布设在互通式立体交叉范围正线的一侧或两侧。

1) 正线一侧布设一个服务区

在互通式立体交叉范围内正线一侧布置一个服务区,供所有出入立体交叉需要服务的车辆使用。出入互通式立体交叉服务较小的交通时,采用这种布置形式,如图 9-29 所示。其特点是占地较少,出入服务区的车辆只有分流与合流运行,不存在平面交叉，需建 3 座跨线构造物，但正线另一侧直行车辆使用服务区不便。

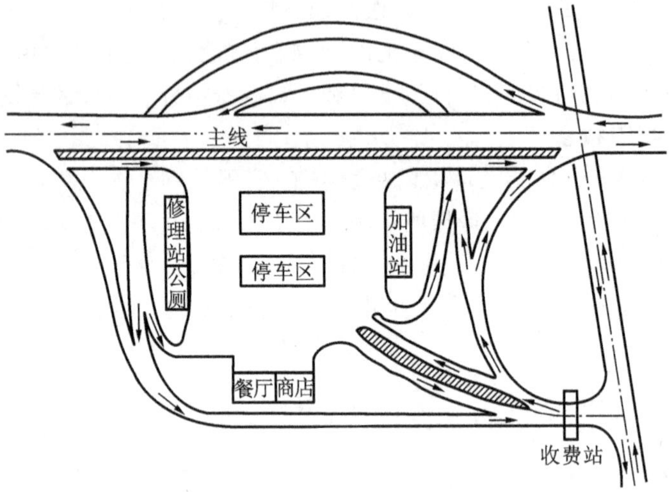

图 9-29　正线一侧布置一个服务区

2）正线一侧布置两个服务区

在互通式立体交叉范围内正线一侧布置两个服务区，分别供由收费站驶出和驶入的车辆使用。适用于出入互通式立体交叉需要服务的交通量较大，且正线一侧用地限制不严的情况。如图 9-30 所示，其特点是驶出和驶入的服务车辆分别使用各自的服务区，只有分流与合流运行，不存在平面交叉，只需 2 座跨线构造物，但占地面积较大，主线另一侧直行车辆使用服务区不便。

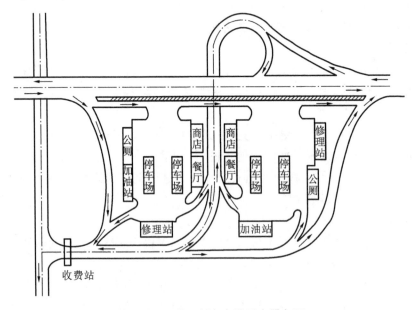

图 9-30　正线一侧各布置两个服务区

3) 正线两侧各布置一个服务区

在互通式立体交叉范围内正线两侧各布置一个服务区,分别供两侧驶出和驶入需要服务的车辆使用。适用于出入互通式立体交叉需服务较多的交通量,正线两侧用地限制不严的情况,如图 9-31 所示。其特点是两侧需服务的出入车辆使用各自的服务区,可分散交通,适用服务的交通量大;只需 2 座跨线构造物,正线直行交通需要服务的车辆可方便使用服务区,由收费站驶入的左转车辆可采用定向匝道或平面交叉进入服务区;立体交叉占地面积较大。

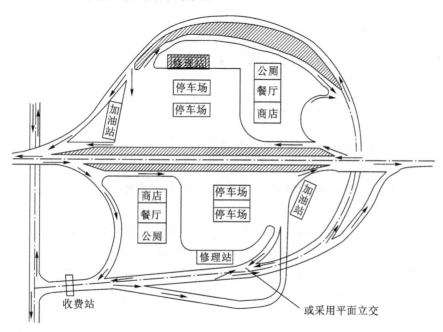

图 9-31 正线两侧各布置一个服务区

第十章 道路沿线设施设计

本章主要介绍城市道路排水设计；介绍公共交通站点的种类、间距和站台布置方式；汽车和自行车停车场的布局、规模及停放方式；道路照明的标准、布置以及立体交叉范围内的照明设计要点。

第一节 城市道路排水设计

一、道路排水系统及其构造物的布设

（一）城市道路排水设计概述及一般要求

为了保证车辆和行人的正常交通，改善城市卫生条件，以及避免路面的过早损坏，要求迅速排除地面的雨水和雪水，因此要求在城市道路的设计中进行合理的排水系统设计。

道路排水是城市排水系统中的一个部分。城市的排水包括道路的积水，工业废水和生活污水等的排除。排水系统的制度可以分为合流制和分流制。

① 合流制：将污水和雨水用同一管道排除的称为合流制排水系统。过去我国很多城市大都采用合流制，污水直接排入天然水体。但是，随着工业的发展和城市环境保护意识的增强，现在大多城市都将混流的污水和雨水经过污水处理厂处理后再进行排放。

② 分流制（见图 10-1）：将雨水和污水分别设置管道系统排除，成为分流制排水系统。其中汇集和处理生活污水或工业废水的系统称为污水排除系统；汇集和排泄雨水的系统称为雨水排除系统。分流制又可以分为两种情况：一种情况是分别设置污水和雨水管道系统；另一种情况是只有污水管道系统，不设雨水暗管，雨水沿着地面、街道边沟和明渠泻入天然水体。

合流和分流制度的选择，应当根据当地的自然条件，环境保护要求，污水利用情况，原有排水设施及水质、地形、气候、水量和水体等条件，从全局出发，通过技术经济的比较，综合考虑确定。新建的排水系统一般采用的都是分流制，同一城市的不同地区可以采用不同的排水制度。

1. 道路排水设计标准

（1）城市道路排水重现期见表 10-1，重现期高于地区排水标准时，应当增设必要的排水设施。

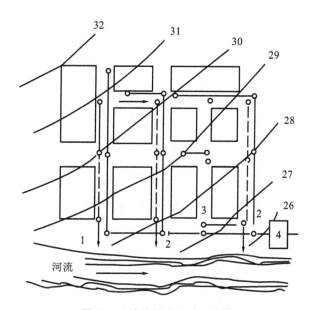

图 10-1 分流排水系统示意图
1—雨水管道；2—污水管道；3—检查井；4—污水处理厂

表 10-1 城市道路排水设计重现期

城市级别＼道路类别	快速路	主干路	次干路	支路	广场停车场	立体交叉
大城市设计重现期/a	2～5	1～3	0.5～2	0.5～1	1～3	2～5
中、小城市设计重现期/a	2～5	0.5～2	0.5～1	0.33～0.5	1～3	1～3

（2）当郊区道路所在地区有城市排水管网设施或排水规划时，应按表 10-1 中规定选用适当的重现期。

（3）郊区道路为公路性质时，其排水标准参照 JTGB01—2003《公路工程技术标准》和 JTJ018—1996《公路排水设计规范》的规定进行设计。

（4）计算道路的雨水口流量时，偏沟水深不宜大于缘石高度的 2/3。

（5）道路路面雨水径流量应该按照现行的《室外排水设计规范》执行。

2. 道路排水设计范围及原则

（1）城区道路排水设计应按照城市排水规划进行，符合现行 GBJ14—87《室外排水设计规范》(1997 年版)规定。无排水规划时，应先做出排水规划，然后进行设计。排水设计中应当解决因修建道路而引起的道路两侧建筑物和居民排水困难等问题。

（2）郊区道路排水设计应当处理好与农田排灌的关系。

（3）郊区道路排水设计包括边沟设计、排水沟设计与涵洞设计等。设计流量根据当地的水文公式进行计算。

（4）城区道路排水一般采用管道形式。设计时应根据当地材料和道路类别选择。城区道路排水包括边沟、雨水口和连接管的布设,不包括排水干管设计。

(5) 快速路的路面水应排泄迅速,以防止路面形成水膜影响行车安全。

3. 广场、停车场地面水排除的规定

(1) 广场、停车场的排水方式应根据铺装种类、场地面积和地形等因素确定。广场、停车场单向尺寸大于或等于150 m,或地面纵坡大于或等于2%且单向尺寸大于或等于100 m时,宜采用划区分散排水方式。广场、停车场周围地形较高时,应设截流设施。

(2) 广场、停车场宜采用雨水管道排水,并避免将汇水线布置在车辆停靠或人流集散地点。雨水口应设在场内分隔带、交通岛与通道出入口汇水处。

(3) 停车场的修车、洗车污水应处理达到排放标准后排入城市污水管道,不得流入树池与绿池。

4. 立体交叉范围地面水排除的原则

(1) 对立体交叉桥下的地面水,宜采用自流排除。当不能自流排除,有条件修建蓄水池时,可采用调蓄排水;无调蓄条件时,应设泵站排水。立体交叉处地下水位较高,影响路基稳定时,应按《城规》的有关规定与当地经验采取降低地下水的措施。

(2) 在下穿式立体交叉引道两端纵坡的起点处应设倒坡,并在道路两侧采取排水措施,以减少坡底聚水量。纵坡大于2%的坡段内,不宜设置雨水口,应在最低点处集中收水,两边应各设并联的雨水口,数量应按立体交叉系统的设计流量计算确定。

5. 郊区道路排水设施的设计规定

(1) 道路跨越河溪、排水沟与农田排灌沟渠时,应根据当地流水状态和材料情况合理选择各种类型的过水构筑物及防止冲刷或淤积的工程措施。

(2) 涵洞的流量应结合各地区的特点选取适当的公式计算。无压涵洞内顶高与涵洞内设计水位的高差 Δh 见表10-2。

表10-2 无压涵洞内顶高与涵洞内设计水位的高差 Δh

涵洞口进口净高 h/m	涵洞类型		
	管涵	拱涵	箱涵
≤3	≥$h/4$	≥$h/4$	≥$h/6$
>3	≥0.75	≥0.75	≥0.5

(3) 郊区道路采用明渠排水时,小于或等于0.5 m的低填土路基和挖土路基,均应设边沟。边沟宜采用梯形截面,底宽应大于或等于0.3 m,最小设计流速为0.4 m/s,最大流速规定见表10-3。超过最大设计流速时,应采取防冲刷措施。梯形边沟的边坡坡度应根据土质条件按表10-5选用。

(4) 排除道路范围以外的水时,适宜采用明渠,断面形式为梯形或矩形。排水沟穿经城镇居住区时,宜做成管渠。

表 10-3　明渠最大设计流速

土质或防护类型	最大设计流速/(m/s)	土质或防护类型	最大设计流速/(m/s)
粗沙土	0.8	干砌石片	2.0
中液限的细粒土	1.0	浆砌砖,浆砌片石	3.0
高液限的细粒土	1.2	混凝土铺砌	4.0
草皮护面	1.6	石灰岩或砂岩	4.0

注:1. 表中数值使用于水流深度为 0.4～1.0 m。
　　2. 如水流深度在 0.4～1.0 m 范围以外时,表列流速应乘以表 10-4 中的修正系数。

表 10-4　流速修正系数

水流深度/m	<0.4	>1.0	≥2.0
修正系数	0.85	1.25	1.40

表 10-5　明渠边坡坡度

土质或防护类型	边坡坡度	土质或防护类型	边坡坡度
含有低液限的细粒土的沙	1:3.5～1:3	砾石土或卵石土	1:1.25～1:1.5
松散的沙类土	1:2.5～1:2	风化岩石	1:0.25～1:0.5
密实的沙类土	1:2～1:1.5	岩石	1:0.1～1:0.25
低液限的细粒土	1:2～1:1.5	用砖、石或混凝土铺砌	1:0.75～1:1
中液限的细粒土	1:1.5～1:1.25	—	—

(二)雨水排水系统类型

城市路面排水系统根据其构造特点可以分为:明式、暗式和混合式三种。

1. 明式系统

公路和一般乡镇道路采用明沟排水较多,应注意盖板、涵管等构造物的铺设。明沟可设在路面的两边或一边,也可以在车行道中间。明沟排水断面的尺寸,可以按照汇水面积经水力计算确定。

2. 暗式系统

包括街沟、干管、连管、雨水口、检查井、出水口等主要部分。道路上及其相邻地区的地面水依靠道路设计的纵横坡度,流向行车道两侧的街沟,然后顺街沟的纵坡流入沿街沟设置的雨水口,再由地下连管通到干管,排入附近河流或其他水体中去(见图 10-2)。

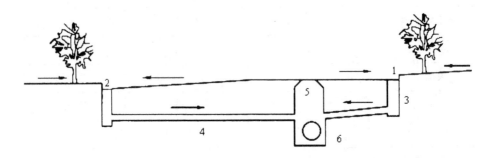

图 10-2　暗式排水示意图
1—街沟；2—进水孔；3—雨水口；4—连管；5—检查井；6—雨水干管

3. 混合式系统

这是明沟和暗管相互结合的一种方法。

采用明沟可以降低造价，但是往往引起交通不方便，桥涵费用增加，占用土地较多，影响环境。因此在交通较为密集的地方应当采用暗式系统。明沟可以应用在交通较为稀少的地区。

（三）排水系统构造物的布置

1. 雨水管的布置

城市道路雨水干管一般设置在街道中间或者一侧，并适宜设置在快车道以外。当道路红线宽度大于 60 m 时，可以考虑沿街道两侧做双线布置。城市道路的雨水管应平行于道路的中心线或规划红线。

雨水管应尽可能避免与河流、铁路以及其他地下管线的交叉，避免造成施工困难；必须交叉时，应尽量减少正交，并保证相互之间有一定的竖向间隙。雨水管应当尽可能不布置在主要交通干道的行车道以下，减少雨水管道检修及施工对道路交通的干扰，适宜设置在绿化带或较宽的人行横道下。注意与行道树、杆柱、侧石等保持一定的距离。

2. 检查井和雨水口的布置

1）检查井

为了对管道进行检查和疏通，管道系统上必须设置检查井；同时检查井还起到连接沟管的作用（见图 10-3）。相邻两个检查井之间的管道应在同一直线上，便于检查和疏通操作。检查井一般设置在管道容易沉积污物以及经常要检查的地方，如管道改变方向处、改变坡度处、改变标高处、改变断面处和交汇处、跌水处，以及直线管段上每隔一定距离都应该设置检查井。检查井在直线段上的最大间距根据《城市排水设计规范》规定按表 10-6 采用。

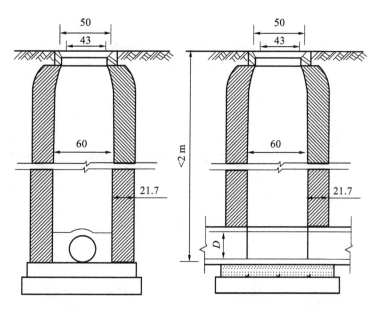

图 10-3 检查井(单位:cm)

表 10-6 雨水管道检查井最大间距

管径或暗渠净高/mm	最大间距/m
＜700	75
700～1500	125
＞1500	200

2) 雨水口

雨水口是在雨水管道或合流管道上收集雨水的构筑物。地面上、街道上的雨水首先进入雨水口,再经过连接管流入雨水管道。雨水口一般设在街区内、广场上、街道交叉口和街道边沟的一定距离处,以防止雨水漫过道路或造成街道及低洼地区的积水,妨碍交通。

雨水口的布设数量,应该按照汇水面积所产生的流量及雨水口的进水能力确定。在纵断面凹处,街道低洼点、汇水点及人行横道上游,应设置雨水口,雨水口应该避免设在临街建筑物的门口、停车站、分水点及其他地下管道顶上。

(1) 雨水口布设的形式。

雨水口的布设形式,应根据不同道路横断面形式合理地布置。目前国内常见的形式有以下几种。

① 单幅式:布设两排雨水口(如图 10-4 所示)。
② 双幅式:布设两排或四排雨水口(如图 10-5 所示)。
③ 三幅式:布设两排至六排雨水口,又分 A 型、B 型两种(如图 10-6 所示)。

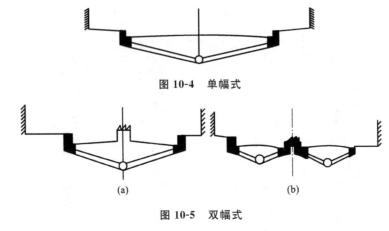

图 10-4　单幅式

图 10-5　双幅式

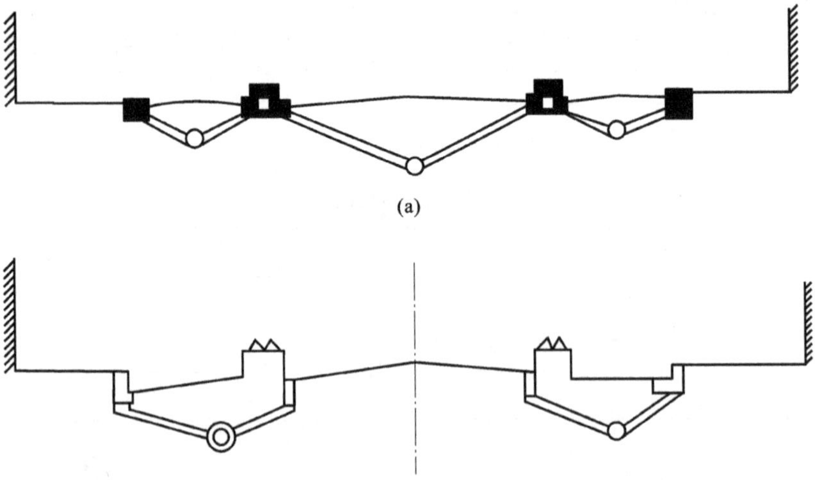

图 10-6　三幅式

(a) A 型雨水口；(b) B 型雨水口

(2) 雨水口的泄水能力。

雨水口的泄水能力按照下式计算：

$$Q = \omega \cdot C \cdot \sqrt{2gh} \cdot k \tag{10-1}$$

式中　Q——雨水口的排泄流量，m³/s；

ω——雨水口的进水面积，m²；

C——孔口系数，圆角孔用 0.8，方角孔用 0.6；

g——重力加速度，$g = 9.80$ m/s²；

h——雨水口上允许储存的水头，一般认为街沟的水深不宜大于侧石高度的 2/3，一般采用 $h = 0.02 \sim 0.06$ m；

k——孔口阻塞系数，一般 $k = \dfrac{2}{3}$。

由上式可知,当由降雨强度算出需要排泄的流量,并规定了允许积水深度后就可以计算出每个雨水口所需要的进水面积,从而决定了进水箅的数量。

(3) 雨水口的构造形式及使用地点。

雨水口的构造物包括进水箅、井身和连接管三个部分(见图10-7)。根据进水箅布置的不同,雨水口可以分为平式、立式和联合式三种。

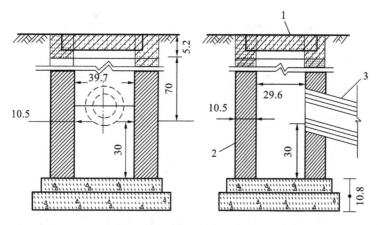

图 10-7 雨水口

① 平式雨水口:又分为缘石平箅式及地面平箅式两种。缘石平箅式雨水口,适用于有路缘石的道路,主要排除路面水;地面平箅雨水口式适用于无路缘石的路面、广场及地面低洼聚水处等。

② 立式雨水口:有立孔式和立箅式两种,适用于有路缘石的道路,其中立孔式适用于箅隙容易被杂物堵塞的地方。

③ 联合式雨水口:在水平和垂直方向上均有雨水箅子,宜用于径流集中且有杂物阻塞处。

(4) 雨水口布设。

雨水口设计包括雨水的平面布置、结构形式、间距、竖向高程等设计。其中最重要的是雨水口的布置。这里重点讨论雨水口的平面布置。其布设方法步骤如下。

① 确定街沟纵断面上低洼积水点和交叉口竖向规划上必需的雨水口。如街道上排水的汇合点、凹竖曲线的低洼处等,均应设置雨水口。

② 根据道路横纵坡度、街道宽度、路面种类、周围建筑地形及排水情况,选择雨水口形式及布设方式。

③ 根据当地暴雨强度、雨水口的排水能力等因素,确定雨水口的数量、位置与间距。间距一般为 30～80 m。纵坡较大时,水的流速大,不能充分进入雨水口即行越过;坡度过小时,往往形成积水,此时均应适当缩小雨水口的间距,减小的数值由计算决定。

④ 在交叉口处应根据路面雨水径流情况及方向布设雨水口。

⑤ 雨水口的连接,必要时可以串联,一般不超过两个。雨水口连管的最小管径

为 200 mm，坡度不小于 1%，长度不超过 25 m，覆土高度不小于 0.7 m。

⑥ 雨水口的标高布置。立式雨水口，应使雨水口圈框低于两侧路面 3 cm，箅面比雨水口圈框再低 1 cm（联合式雨水口相同）；平式雨水口，应使雨水口圈框低于附近路面 3~5 cm，并使周围地面坡向雨水口。雨水口井的深度不宜大于 1 m，冰冻地区，应对雨水口及其基础采取防冻胀措施。在泥沙量较大的地区，可根据需要设置沉泥槽。

二、雨水管渠设计流量计算

雨水管设计流量计算一般按照下式计算。

$$Q = q \cdot \psi \cdot F \tag{10-2}$$

式中　Q——雨水设计流量(L/s)；
　　　q——设计暴雨强度，(L/s)/10000 m²；
　　　ψ——径流系数；
　　　F——流域汇水面积，10000 m²。

采用公式(10-2)计算时应注意，在流域内当有生产废水和生活污水排入雨水管渠时以及有上游的雨水管渠内的雨水流入设计管段时，都应将其计算在内。

三、雨水管渠的水力计算

雨水管渠的水力计算，主要是根据已经求出的设计流量，计算确定雨水管的管径和明渠的断面尺寸，或校核管渠坡度和流速，从而定出各管道标高和埋设深度，以便于施工。

雨水管渠的水力计算基本公式如下。

$$Q = \omega v \tag{10-3}$$

其中　Q——流量(m²/s)；
　　　ω——水流有效面积(m²)；
　　　v——流速(m/s)。

即

$$v = C\sqrt{Ri} \tag{10-4}$$

其中　i——水力坡降或者管渠坡底，$i = \dfrac{h}{l}$ 即管段的起点和终点的高差 h 与该段长度 l 之比；

　　　C——流速系数，$C = \dfrac{1}{n}R^{\frac{1}{6}}$；

　　　R——水力半径(m)。

即

$$R = \dfrac{\omega}{\chi} \tag{10-5}$$

式中　χ——湿周(m)。

其中，n 为粗糙系数，其值见表 10-7。

表 10-7 管渠粗糙系数 n

管渠类别	n 值	管渠类别	n 值	管渠类别	n 值
陶土管	0.013	钢管	0.012	干砌片石渠道	0.025—0.030
砼管和钢筋砼管	0.013—0.014	水泥砂浆抹面渠道	0.013—0.014	土明渠（带草皮）	0.025—0.030
石棉水泥管	0.012	浆砌砖渠道	0.015	木槽	0.012—0.014
铸铁和管	0.013	浆砌片石渠道	0.017		

对于排水管道采用的材料一般为混凝土、钢筋混凝土和铸铁，$n=0.013\sim0.014$，计算时通常采用 $n=0.013$。

在进行水力计算时，常采用下列基本公式。

流量
$$Q = \frac{1}{n} \cdot \omega \cdot R^{\frac{2}{3}} l^{\frac{1}{2}} \tag{10-6}$$

流速
$$v = \frac{1}{n} \cdot R^{\frac{2}{3}} \cdot l^{\frac{1}{2}} \tag{10-7}$$

管道直径（满流）
$$D = \sqrt{\frac{4Q}{\pi v}} \tag{10-8}$$

管道满流时
$$\omega = \frac{\pi D^2}{4} \tag{10-9}$$

梯形断面
$$\omega = (b + mh_0)h_0 \tag{10-10}$$

式中　b——渠道底宽(m)；

　　　m——边坡系数；

　　　h_0——正常水深(m)。

管道满流时水力半径 R 为
$$R = \frac{D}{4} \tag{10-11}$$

梯形断面为
$$R = \frac{(b+mh_0)h_0}{b+2h_0\sqrt{1+m^2}} \tag{10-12}$$

式中符号意义同前。

四、雨水管渠设计

（一）雨水管道布置的基本原则

雨水管道的总体布置，要根据城市总体规划、居住区的详细规划，结合地形、现状及道路网规划来确定，力求做到工程经济合理，管网疏密恰当，并避免埋得过深或过浅，坡度过陡或过缓。一般应着重考虑以下问题。

（1）充分利用地形，分区就近排入水体。

规划雨水管道时，尽量利用自然地形坡度，以最短的距离，重力流排入附近的池塘、河流、湖泊或郊区灌溉系统。只有当水体位置较远，且地形平坦或地形不利的情况下,才需要考虑设置出口泵站,这时要尽可能使出口泵站排泄的雨水量减少到最低限度,以节约泵站设施的投资。

(2) 雨水干管应沿排水地区低处布置。

在地形起伏较大的地区,雨水干管应结合主要道路走向沿山谷低处布置,两侧斜坡地可借助支管连接。具体布置时,应先根据地形划分地面径流的分水岭线,然后在相邻分水线间分别沿谷线低处布置。

(3) 合理选择和布置出水口。

出水口结合地形、水体具体情况,可分散或适当集中布置,如图 10-8 所示。管道通向池塘和河流的出水口比较简单,造价不高时,宜考虑分散布置。若河流水位变化很大,管道出水口离常水位很远时,出水口的建筑费用就很大,此时不宜采用过多的出水口,宜适当集中选择合理的位置。

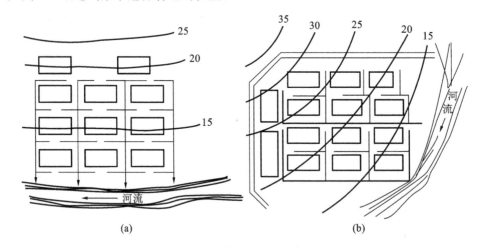

图 10-8 出水口布置示意图
(a)分散布置;(b)集中布置

(二)雨水管道设计的步骤

(1) 在 1:2000~1:5000 并绘有规划总图的地形图上划分排水流域,规划雨水管道路线,确定水流方向。

(2) 划分各段管道的汇水面积,并确定水流方向。将计算面积及各管道的长度,填写在图中。各支管汇水面积之和应等于该干管所服务的总汇水面积。

(3) 依地形图的等高线,确定各设计管段起讫点的地面标高;确定沿干管的控制点的高程,准备进行水力计算。

(4) 按整个区域的地面性质求出径流系数。

(5) 依道路、广场、建筑街坊的面积大小、地面种类、坡度、覆盖情况,以及街坊内部的排水系统等因素,计算起讫点地面集水时间。

(6) 根据区域性质、泻水面积、q_{20} 值、地形,以及漫溢后的损失大小等因素,确定设计重现期。

(7) 确定暴雨强度公式，并绘制单位径流量与汇水时间关系图。

(8) 确定设计流量。进行水力计算，确定管道断面尺寸、纵断面坡度，并绘制纵断面图。

(9) 编写必要的设计和施工说明。

第二节 公共交通站点的布置

公共交通人均占有道路资源在各种交通方式中最小，可有效缓解各个城市普遍存在的交通拥堵状况，因此公共交通的发展受到各国的高度重视。而其中公共交通站点的布置是公共交通规划设计中的一个重要部分。

一、公共交通站点的种类和布置

我国道路尤其是城市道路承担着大量的客运交通量，城市道路的客运交通应优先发展公共交通。在规划设计公共交通路线的同时，应重视公共交通站点的合理布置。

城市公共交通站点（简称公交站）分为首末站、枢纽站和中间停靠站。合理规划布置公交站点需对客流的流向、流量进行调查分析，必要时可通过试用予以调整。因不同公交站点的交通性质、交通量和用地等要求各不相同，一般优先考虑首末站和枢纽站的布置。

1. 首末站

首末站是供车辆始发、折返或暂时停放，同时兼作乘客上下的站点。除环形公交路线外，每条公交路线都有一对首末站。终点站在布置时主要考虑掉头和车辆暂时停放的要求。

公共交通车辆需在首末站进行调头，部分车辆需暂时停歇、加水、清洁、保养及小修工作，以及公交车辆的夜间存放，首末站要占用较大的场地，每处用地面积 $1000 \sim 1400 \ m^2$ 是营运的最低要求。一般布置在城市道路外的用地上或大型停车场内。

2. 枢纽站

在城市居民大量集散之处，常设有几条公交线路经过，这里上下车和换车的乘客多。为了方便乘客，各条线路常设的比较集中，这种站点称为枢纽站。有时为了使客运能力与客运负荷协调，也常需要在此停备一些公交车辆，以便做区间掉头只用。所以，在这些枢纽点的路边宜另辟场地，至少应将附近的人行道拓宽，以便乘客换车和候车。

枢纽站的布置应注意乘客、行人和车辆的安全，尽量使换车乘客不穿越行车道且步行距离最短。

3. 停靠站

停靠站是指公交车辆在公交线路上中途停靠的位置，以供乘客安全上下车而设的一种道路设施。停靠站一般是靠近交叉口设置的,要对车辆不过交叉口和过交叉口两种位置做出合适的选择。

停靠站主要布置在客流集散的地点,如干道交叉口、火车站、大型商场、重要机关单位、大型工矿企业或大专院校等地点。

二、公交站的间距

公交站的设置间距,应以方便乘客,节省乘客出行时间及提高站间行车速度为原则。站距小,设站过多,增加乘客的乘车时间,车辆速度较低,且频繁启动、制动,轮胎与燃料消耗大;如站距过大,虽然车辆运行速度提高,乘客的乘车时间减少,但增加了乘客的步行时间,乘车不便。

乘客公交出行的出行时间包括步行时间、公交靠站时间和路上行车时间三部分,通过计算,公交站比较合理的间距,中心区一般以 500 m~600 m 为宜,外围区为 1000 m 左右。

求出最合适的平均站距后,在具体设置站点时,还应根据居民点、商店、工厂、学校、娱乐场所、交叉口等人流较集中的地点进行合理布置。如在交叉口附近设站时,为不影响交叉口的交通组织和通行能力,宜安排在交叉口出口道一侧或便于客流集散的一侧,距交叉口 50 m~100 m 为宜。交通量较小的道路,站位距交叉口不小于 30 m。

三、公交站台的布置方式

公交站台的布置方式与道路横断面布设形式有关,主要有沿人行道边设置和沿行车道分隔带设置两种。

1. 沿人行道边设置

这种布置方式一般只需在人行道上辟出一段用地作为站台,以供乘客候车和上下车,如图 10-9 所示。站台高度以 30 cm 为宜,并避免有杆柱障碍,以方便乘客上下车。其特点是构造简单,对乘客上下车最安全,但停靠的车辆占用非机动车道,对非机动车交通影响较大,多适用于非机动车交通量较小、车道较宽的单幅路或双幅路。

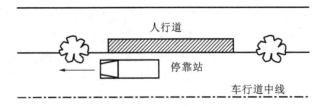

图 10-9 沿人行道边设置的停靠站

为了减小停靠站对道路通行能力的影响,来往方向的站点宜错开 15~30 m 布设。

2. 沿行车道分隔带设置

这种布置方式,站台需全部或部分占用行车道分隔带,以供乘客候车和上下车,如图 10-10 所示。其特点是停靠的公交车辆对非机动车影响小,但上下车乘客需横穿非机动车道,影响非机动车道的交通。适用于非机动车交通量较大的三幅路或四幅路。

当分隔带较窄时,可采用图 10-10(a)的方式,为使乘客上下车和候车方便、安全,布置展台的分隔带宽度不应小于 2 m,站台长度视停靠的车辆数而定。

当分隔带较宽时(≥4 m),可采用如图 10-10(b)的方式,利用减窄一段分隔带宽度改为路面,做成港湾式停靠站,以减少停靠车辆所占的车道宽度,保证正线上的交通畅通。港湾的宽度和长度根据停靠车辆类型而定,一般至少有两个停车位。该法对机动车道较窄的路段较适用。

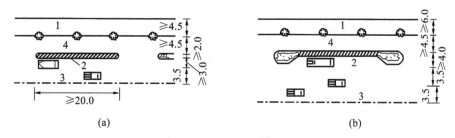

图 10-10 沿行车道分隔带设置的停靠站(单位:m)
1—人行道;2—停靠站;3—路中线;4—非机动车道

第三节 停车场设计

城市停车场的布置与设计,要综合考虑城市规划、用地条件及服务对象等条件,按不同情况,采取分散或配合广场一并规划。如对一些中小城市,在受地形、用地条件等条件限制或车辆较少的情况下,就可以设计多功能的广场,使一场多用。

在规划和设计城市道路时,应考虑车辆的停放场地,设计独立的城市公共停车场。城市公共停车场是指在道路外的独立地段为机动车和自行车设置的露天或室内公共停车场,包括汽车停车场和自行车停车场。

一、汽车停车场的设计

(一)停车场的布局与规模

停车场的布局一般应考虑以下几个方面:

(1)为减轻外地进城车辆对市区交通的压力,应在城市外围地带设置专用停车场,如在进、出城几个主要方向的道路附近。

(2)对外交通枢纽所在地及市中心地区应设置停车场,如车站、码头、机场、广场等。

(3) 在车辆大量集中的大型公共建筑物附近,如大型体育场、影剧院、大型超市、商场、重要机关单位等。

整个城市的停车场总面积可按下式计算

$$F = A \cdot n \cdot a \tag{10-13}$$

式中 F——停车场需要的总面积;

A——城市内汽车总数;

n——使用停车场汽车的百分比;

a——每一辆汽车占用的面积,与车辆类型和停车方式有关。

(二) 停车场的设计原则

(1) 停车场的设置应符合城市规划与道路交通组织的要求,还应便于各种车辆的使用。

(2) 公用停车场在全市应尽量均衡分布,专用停车场应紧靠使用单位布置。

(3) 停车场出、入口宜分开设置,设置交通标志,并应有良好的通视条件。重要建筑物前停车场的出入口应设在次要干道上;若设在主要干道旁时,应尽量远离交叉口。出入口宽度在 7 m～10 m 之间。

(4) 为保证车辆在停车场外不发生滑溜和满足足球场地排水要求,在平原区,场内纵坡一般在 0.3%～0.5% 之间;在山区或丘陵区可根据实际情况而定。

(5) 停车场内交通路线必须明确,宜采用单向行驶路线,避免互相交叉,并应与进出口行驶方向一致。

(三) 设计步骤

1. 选定设计车辆

停车场应以停车高峰时所占比重大的车辆作为设计车辆。设计车辆分为小型车、大型车、特殊大型车三种类型,其外形尺寸见表 10-8。

(1) 小型车,包括小客车、小吉普车、小型客车、2 t 以下货车。

(2) 大型车,包括普通载重汽车、大客车。

(3) 特殊大型车,包括拖挂车、铰接公共汽车、平板车。

表 10-8 停车场设计车辆的外形尺寸

设计车辆	车身长度 L/m	车身宽度 B/m
小型车	5.0	1.8
大型车	12.0	2.5
特殊大型车	18.0	2.5

2. 选定车辆停放方式

停车场内车辆的停放方式,对于车位组合、单位停车面积以及停车场总面积的计算等有关。

车辆的停放方式,按汽车纵轴线与通行道的夹角关系分为平行式、垂直式和斜放式三种类型。

(1) 平行式:车辆平行于通行道方向头尾相接停放,如图10-11所示。这种方式单位长度内停放的车辆数较多,进出车辆方便、迅速,但占地较长。

(2) 垂直式:车辆垂直于通行道方向停放,如图10-12所示。这种方式单位长度内停放的车辆数较多,用地紧凑,但停车带占地较宽,进出停车时需倒车一次,要求通行道至少有两个车道宽。

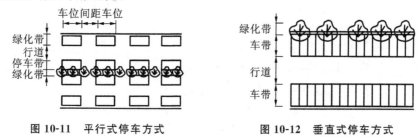

图 10-11　平行式停车方式　　　图 10-12　垂直式停车方式

(3) 斜放式:车辆与通行道成一定角度停放,一般按30°、45°、60°三种角度停放,如图10-13所示。因停放不易排列整齐,且占地面积不经济,故较少采用。

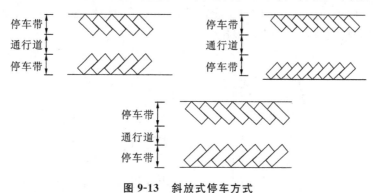

图 9-13　斜放式停车方式

车辆停放方式一般采用平行式或垂直式,具体采用哪一种方式,还应根据停车场常用的车辆疏散情况及场地限制条件而定。对车辆随来随走的停车场宜采用垂直式的停车方式;车辆零来整走则宜采用平行式停车方式。

3. 确定停车带和通行道宽度

停车带和通行道是停车场的主要组成部分,其宽度确定应考虑以下因素。

(1) 设计车辆,如车长、车宽和车门宽等。

(2) 车辆的最小转弯半径。

(3) 停车方式和车辆之间的安全净宽。

(4) 驾驶员的驾驶熟练程度等。

停车带和通行道宽度应按《城规》机动车停车场设计参数的有关规定执行。

4. 确定单位停车面积

单位停车面积即停放一辆汽车所需的用地面积,它与车辆尺寸和停放方式、通行道的条数和宽度、车辆集散要求以及绿化面积等因素有关。

(1) 平行于通行道停放时[图 10-14(a)]，单位停车面积 A_1 可按下式计算

$$A_1 = (L+C_1)(B+0.5)+(L+C_1)\times \frac{S_1}{2} \quad (\mathrm{m}^2) \quad (10\text{-}14)$$

(2) 垂直于通行道停放时[图 10-14(b)]，单位停车面积 A_2 可按下式计算

$$A_2 = (L+0.5)(B+C_2)+(B+C_2)\times \frac{S_2}{2} \quad (\mathrm{m}^2) \quad (10\text{-}15)$$

式中　L——车身长度(m)；
　　　B——车身宽度(m)；
　　　C_1——平行停放时两车前后之间的净宽(m)；
　　　C_2——垂直停放时两车左右之间的净宽(m)；
　　　S_1——平行式停车通行道宽度(m)；
　　　S_2——垂直式停车通行道宽度(m)。

公共停车场的面积，宜按当量小汽车停车位数计算。地面停车场用地面积，每个停车位宜为 25～30 m²；停车楼和地下停车库的建筑面积，每个停 30～35 m²。此外，停车场的设计还应综合考虑停车场内的路面结构、绿化、照明、排水，以及根据不同性质的停车场设置相应的附属设施。

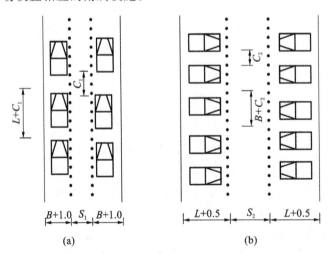

图 10-14　单位停车面积计算图(单位：m)
(a)平行停放方式；(b)竖直停放方式

二、自行车停车场设计

在自行车大量聚集的地点，如超市、商场、体育场、电影院、公园、风景点等处均应设置多处自行车停车场。在闹市区，应充分利用行人较少的街巷或附近空地设置自行车停车场，并尽量避免占用人行道。

由于自行车体积小，使用灵活，对停车场地的形状和大小要求比较自由，布设也

较简单,设计时可按每辆占地(包括通行道)1.5~1.8 m² 计算。停放方式多为垂直停放和成一定角度斜放,按场地条件可单排或双排两种排列。其中垂直设支架固定的形式为常见的停放方式。如图 10-15 所示,图(a)是将前轮搁在固定的架子上,车辆相对排列,相互错开;图(b)是竖向错开车把;图(c)是将自行车斜放成 60°;图(d)是前轮和车身成 30°,车把相互咬合;图(e)是垂直走道平行排列。

自行车停车场出入口不宜少于 2 个。出入口的宽度,一般至少有 2.5~3.5 m。以保证每个口能满足一对相同车辆进出时的需要。场内停车区应分组安排,每组场地长度以 15~20 m 为宜。

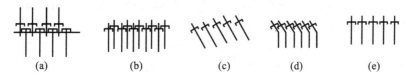

图 10-15 自行车的停放方式

对公路,为方便旅客和保障行车安全,应于适当地点设置停车场。在车站、渡口、食宿站、服务区、游览区、城镇附近等处,自行设置各自的停车设施,不得占用行车道作为停车场。

第四节 道路照明设计

道路照明是城市建设中不可缺少的一项公用设施,它的首要任务是保证车辆和行人交通的安全与畅通。大量资料报告表明,约有 30%~40% 的交通事故是发生在夜间的,且夜间事故中重伤、死亡等重大事故所占比例较大,其原因在于提供给驾驶员安全行车所必需的视觉信息不足。道路照明还可提高运输效率,且对美化城市环境有重要意义。

道路照明技术经过照度、亮度和视觉功能评价三个发展阶段,现已在国际上形成一个专门的学科。道路照明过去沿用人眼不能直接感觉的照度评价指标,随着生理光学的发展,照明设计已逐渐过渡到以人眼所能感受到的亮度为基础了。

我国城市道路一般均设有照明设施。另外,照明设置还广泛的设置在以下位置:公路的收费广场、服务区、停车区、管理设施等厂区;城市出入口路段的互通式立交、特大桥梁和通往机场等特殊路段;高速公路、一级公路的隧道(长度大于 100 m)。其他二、三、四级公路的隧道,其照明设施科根据具体情况而定。

一、照明标准

照明标准通常用水平照度和不均匀度来表示。水平照度是指受光面为水平面的照度,照度的单位是 lx(勒克司),一个 lx 就是在 1 m² 照射面上,均匀分布 1 lm(流明)的光通量(引起视觉作用的光通强度)。

不均匀度是表示受光物体表面照度的均匀性系数，即：

$$不均匀度 = 最高水平照度/最低水平照度$$

照明标准的选取与道路等级、交通量大小、路面的反光性质、路灯的悬吊方式及高度有关，为保证道路照明能为驾驶员及行人提供良好的视觉环境，达到辨认可靠和视觉舒适的基本要求，道路照明应满足平均亮度（照度）、亮度（照度）均匀度和眩光限制三项指标。此外，道路照明设施还应有良好的诱导性。

光的平均亮度（L_{av}），是指发光强度为 1 cd（坎德拉）的光源均匀分布在 1 m² 的照射面上所产生的视觉效果。光亮度单位为"cd/m²"。

光的平均照度（E_{av}），是指光通量（引起视觉的光能强度）为 1 lm（流明）的光源均匀分布 1 m² 的照射面所产生的视觉效果。光照度单位为"lx（勒克司）"。

平均照度换算系数 lx/cdm²，沥青路面为 15，水泥混凝土路面为 10。

亮度或照度的均匀度，是指亮度或照度的最小值与平均值之比。

照明标准的选定与道路等级、交通量、路面反光性质、路灯悬吊方式和高度等有关。城市道路照明标准，应根据城市的规模、性质、道路分类，按表 9-9 选用。公路特殊部位及相关场所的照明标准推荐值见表 10-9。

表 10-9 城市道路照明标准

道路类型	照明水平亮度		均匀度		眩光限制
	平均亮度 L_a /(cd/m²)	平均照度 E_{av}/lx	亮度均匀度 L_{min}/L_a	照度均匀度 E_{min}/E_a	
快速路	1.5	0.40	20	0.40	严禁采用非截光型灯具
主干路	1.0	0.35	15	0.35	严禁采用非截光型灯具
次干路	0.5	0.35	8	0.35	不得采用非截光型灯具
支路	0.3	0.30	5	0.30	不得采用非截光型灯具
居住区道路	—	—	1～2	—	采用的灯具不受限制

注：① 表中所列的平均亮度（照度）为维持值。新安装灯具，路面初始亮度（照度）值应比表中数值高 30%～50%；

② 表中所列亮度（照度）值，均为机动车道上的数值。三幅路、四幅路中非机动车道上的亮度（照度）值，可采用机动车道上亮度（照度）值的 1/2；

③ 表中平均照度值适用于沥青路面。对于水泥混凝土路面，可降低 30%；

④ 表中各项数值适用于干燥路面；

⑤ 通向大型公共建筑（如体育馆、展览馆、大型剧场等）的主要道路、市中心或商业区中心的道路、大型交通枢纽等处的照明可采用主干道的标准；

⑥ L_{min}——最小亮度/(cd/m²)；

L_a——平均亮度/(cd/m²)；

E_{min}——最小照度/lx；

E_a——平均照度。

公路一般不作照明设计,主要是通过设置反光标志、标线来增加道路的视线诱导性。在运输特别繁忙和重要的路段,其局部照明可参照城市道路照明标准。

二、照明系统的布置

照明布局应尽量发挥照明器的配光特性,以取得较高的路面亮度、满意的均匀度,并注意尽量限制产生眩光。

(一)平面布置

1. 照明器在道路上的布置

(1) 沿道路两侧对称布置,如图 10-16(a)所示,适用于宽度超过 20 m、车辆和行人多的道路上,一般可获得良好的路面亮度。

(2) 沿道路两侧交错布置,如图 10-16(b)所示,适用于宽度超过 20 m 的主要道路上,照度及均匀度都比较理想。

(3) 沿道路中心布置,如图 10-16(c)所示,适用于道路两侧行道树分叉点较低、遮光较严重的街道。这种布置经济简单、照度叫均匀,但易产生眩光,维修不便。

(4) 沿道路单侧布置,如图 10-16(d)所示,一般适用于宽度在 15 m 以下的道路上。其特点是经济简单,但照度不均匀。

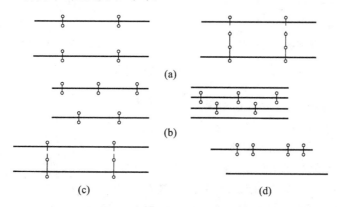

图 9-16　道路照明一般布置方式

(a)沿道路两侧对称布置;(b)沿道路两侧交错布置;(c)沿道路中线布置;(d)沿道路单侧布置

(5) 平曲线上布置照明器,路面较窄时在曲线外侧布置,路面较宽时在两侧对称布置,反向曲线路段灯具安装在一侧。在曲线半径小的路段上应缩短灯距。

(6) 坡道上照明器的布置应使灯具的开口平行坡道。在凸形竖曲线范围灯距的间距要适当缩小。

2. 照明器在交叉口的布置

T 形交叉口,照明器多设在道路尽头的对面,能有效照亮交叉口,也利于驾驶员识别道路;十字形交叉口设在交叉口前进方向右侧;环形交叉口宜将灯具设在环道外侧;铁路道口,照明器安装在前进方向右侧。

（二）横向布置

照明器一般布置在人行道绿化带或分隔带边上，灯杆竖在距路缘石 0.5～1.0 m 处。照明器通过支架悬臂挑出在道路的上空，悬挑长度不宜超过灯具安装高度的 1/4，一般为 2～4 m，如图 10-17 所示。

（三）照明器的安装高度和纵向间距

为保证路面亮度（照度）均匀度，并将眩光限制在容许范围内，灯具的安装高度、纵向间距和路面有效宽度应符合规定。

照明器的安装高度 h，纵向间距 L 和配光特性三者间的关系见式(10-16)，如图 10-18 所示。

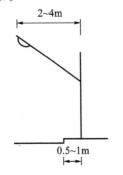
图 10-17 照明器横向布置

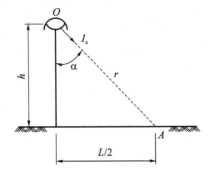
图 10-18 照明布置关系

$$E_A = \frac{I_a \cos\alpha}{r^2} = \frac{I_a \cos^3\alpha}{h^2} \tag{10-16}$$

式中　E_A——路面上任意点 A 的平均照度(lx)；
　　　I_a——光源 O 在 α 方向的发光强度；
　　　r——O 点至 A 点的距离(m)；
　　　h——光源 O 的高度(m)；
　　　α——O 点至 A 点的连线与路面垂直方向的夹角(°)。

照明器纵向间距一般为 30～50 m，高度为 12～15 m。

照明影响道路安全、行车顺畅与舒适。在行人比较集中、存在路侧干扰及交叉干扰的市区和郊区，应安装固定的照明设备。对乡区公路，在运输特别繁忙和重要路段，可配置路灯；在有条件的交叉口、人行横道等处可采用局部照明；一般路段由车辆本身的车灯照明。

三、立体交叉照明设计

立体交叉的照明应为路面提供足够的亮度（照度）外，还应考虑下穿道路的灯具在下穿道路上产生的光斑和上跨道路的灯具在下穿道路上产生的光斑衔接协调，使该处的照明均匀度不低于规定值，并应防止下穿道路的灯具在上跨道路上造成眩光。

立体交叉应有足够的环境照明。采用常规照明方式时，应分别采用平面交叉、曲线路段、坡道等相应的办法解决,使各个部分的照明互相协调。

当互通式立体交叉不设连续照明(如远离城区的立交)时,在交叉口、出入口、曲线路段、坡道等交通复杂的路段都应设置照明。同时,照明装置应延伸到临界区之外并逐渐降低。

亮度水平(过渡照明)应利于驾驶员的视觉适应。过渡照明路段(约 200 m)灯具的设置方法,通常是保持原来的安装高度和间距,逐渐减少光源功率,直至路面亮度水平降至 0.3 cd/m^2 左右。

参 考 文 献

[1] 中华人民共和国交通部.公路工程技术标准(JTG B01—2003)[S].北京:人民交通出版社,2004.
[2] 中华人民共和国交通部.公路路线设计规范(JTG D20—2006)[S].北京:人民交通出版社,2006.
[3] 中华人民共和国建设部.城市道路设计规范(CJJ 37—90)[S].北京:中国建筑工业出版社,1991.
[4] 张雨化.道路勘测设计[M].北京:人民交通出版社,1997.
[5] 徐循初.城市道路与交通规划(上册)[M].北京:中国建筑工业出版社,2005.
[6] 徐循初.城市道路与交通规划(下册)[M].北京:中国建筑工业出版社,2007.
[7] 杨少伟.道路勘测设计[M].3版.北京:人民交通出版社,2009.
[8] 尤晓晖.现代道路勘测设计[M].2版.北京:清华大学出版社;北京交通大学出版社,2012.
[9] 裴玉龙.道路勘测设计[M].北京:人民交通出版社,2009.
[10] 吴瑞麟,沈建武.道路规划与勘测设计[M].广州:华南理工大学出版社,2002.
[11] 杨少伟.道路勘测设计[M].北京:人民交通出版社,1997.
[12] 赵一飞,杨少伟.高速公路设计[M].北京:人民交通出版社,2006.
[13] 中华人民共和国交通部.公路项目安全性评价指南(JTG/T B05—2004)[S].北京:人民交通出版社,2004.
[14] 张廷楷,等.道路勘测设计[M].上海:同济大学出版社,1996.
[15] 杨少伟.道路勘测设计[M].2版.北京:人民交通出版社,2004.
[16] 张金水.道路勘测与设计[M].2版.上海:同济大学出版社,2009.
[17] 孙家驷.道路勘测设计[M].2版.北京:人民交通出版社,2005.
[18] 林祖乙,等.国际集装箱运输[M].北京:人民交通出版社,1997.
[19] 吴瑞麟,李亚梅,张先勇.公路勘测设计[M].武汉:华中科技大学出版社,2010.
[20] 洪承礼.港口规划与布置[M].北京:人民交通出版社,1999.
[21] 宗蓓华,真虹.港口装卸工艺学[M].北京:人民交通出版社,2003.
[22] 陈家源.港口通过能力理论与计算方法[M].大连:大连海事大学出版社,2003.
[23] 蔡峥.集装箱码头的通过能力、堆场通过能力、出入口车道数计算公式探讨[J].水运工程,1998,11.
[24] 时利,林占胜.浅析公路设计新理念[J].交通与路建,2012.
[25] 杨静蕾.集装箱码头内部物流网络运作研究[J].上海海运学院,2003.

[26] 余志生.汽车理论[M].2版.北京:机械工业出版社,1990.

[27] 李杰,等.城市道路设计[M].北京:高等教育出版社,2007.

[28] 陈渤.山区高速公路长大下坡路段避险车道设计方法研究[D].成都:西南交通大学,2007.

[29] 潘兵宏.山区高速公路平均纵坡研究[D].西安:长安大学,2008.

[30] 张建军.连续长大下坡路段避险车道设置原则研究[D].安徽:合肥工业大学,2005.

[31] 杨少伟,等.高速公路中间带形式及安全性[J].中国公路学报,2006.

[32] 许娅娅,雒应.测量学[M].3版.北京:人民交通出版社,2009.

[33] 日本道路公团.日本高速公路设计要领[M].交通部工程管理司译制组,译.陕西:陕西旅游出版社,1991.

[34] 大塚胜美,木仓正集.公路线形设计[M].沈华春,译.北京:人民交通出版社,1981.

[35] 汉斯·洛伦茨,中村英夫,中村良夫,编译.公路线形与环境设计[M].尹家骅,赵恩棠,张文魁,沈华春,译.北京:人民交通出版社,1984.

[36] 高速公路丛书编委会.高速公路规划与设计[M].北京:人民交通出版社,1998.

[37] 潘兵宏,张驰.公路路线计算机辅助设计与实例[M].北京:人民交通出版社,2007.

[38] 关昌余,丽萌.新理念公路设计指南[M].北京:人民交通出版社,2005.

[39] 王成旭,李元新,谢亮,等.山区高速公路选线的认识[J].吉林交通科技,2007(4).

[40] 国外道路标准规范编译组.道路交叉口安全设计指南[M].北京:人民交通出版社,2006.

[41] 周蔚吾.公路平面交叉口优化设计[M].北京:知识产权出版社,2006.

[42] 陈胜营,汪亚干,张剑飞.公路设计指南[M].北京:人民交通出版社,2000.

[43] 杨少伟.道路立体交叉规划与设计[M].北京:人民交通出版社,2000.

[44] 周荣沾.城市道路设计[M].北京:人民交通出版社,1988.

[45] 徐家钰,程家驹.道路工程[M].上海:同济大学出版社,2004.

[46] 张金喜,等.道路工程专论[M].北京:科学出版社,2010.

[47] 高速公路丛书编委会.高速公路立交工程[M].北京:人民交通出版社,2001.

[48] 高速公路丛书编委会.高速公路交通工程及沿线设施[M].北京:人民交通出版社,1999.

[49] 许宏科,赵祥模,关可.高速公路收费系统理论及应用[M].北京:电子工业出版社,2003.

[50] 中华人民共和国交通部.公路环境保护设计规范(JTJ/T 006—98)[S].北京:人民交通出版社,1998.

[51] 中华人民共和国交通部.公路建设项目环境影响评价规范(JTG B03—2006)

[S].北京:人民交通出版社,2006.

[52] 刘朝晖,等.公路线形与环境设计[M].北京:人民交通出版社,2002.

[53] 杨玉芝,等.道路勘察设计阶段应注意的环境保护问题[J].黑龙江交通科技,2001,(2).

[54] 中华人民共和国交通部.公路勘测规范((JTG C10—2007)[S].北京:人民交通出版社,2007.

[55] 刘天玉.交通环境保护[M].北京:人民交通出版社,2004.

[56] 田平,钟建民,钱晓鸥.公路环境保护工程[M].北京:人民交通出版社,2008.

[57] 雒应,许娅娅.公路测设新技术[M].北京:人民交通出版社,2006.

[58] 许金良.公路CAD技术[M].北京:人民交通出版社,1999.

[59] 朱照宏.公路计算机辅助工程[M].北京:人民交通出版社,2000.

[60] 邬伦,刘瑜,等.地理信息系统——原理、方法和应用[M].北京:科学出版社,2001.

[61] 符锌砂.公路航空摄形测量与遥感[M].北京:人民交通出版社,2003.

[62] 熊光愣.先进仿真技术与仿真环境[M].北京:国防大学出版社,1997.

[63] 吴家铸,程志平,等.视景仿真技术及应用[M].西安:西安电子科技大学出版社,2001.

[64] 徐家钰.城市道路设计[M].北京:中国水利水电出版社;知识产权出版社,2005.

[65] 杨宏志.人车路与环境仿真构架及实施策略研究[D].西安:长安大学,2003.